经济管理
应用数学基础
——微积分
（下）

万建香　杨廷　刘伟　黄莉茸　蔡玥　编

中国教育出版传媒集团

高等教育出版社·北京

内容简介

　　本书根据"经济管理类本科数学基础课程教学基本要求",以满足经济管理类本科生的学习需求为指导思想,系统介绍了微积分中积分部分的知识。本书主要内容包括不定积分、定积分、二重积分、微分方程与差分方程简介、无穷级数,附录中给出了一些经典的微积分综合应用案例。本书力求深入浅出、通俗易懂、突出重点、循序渐进,各章配有本章导学、学习目标和学习要点,每节后一般都有学习小结,每章后给出思维导图。各节练习题分为基础题和提高题,各章配有总习题。全书纸质内容与数字资源一体化设计,紧密配合,书中的重难点内容配有微视频,且部分典型习题给出了详细解答,读者可扫描书中的二维码进行学习。

　　本书可以作为高等学校经济管理类专业微积分课程的教材和全国硕士研究生招生考试的教学参考书。

图书在版编目(CIP)数据

　　经济管理应用数学基础.微积分.下/万建香等编.--北京:高等教育出版社,2023.3
　　ISBN 978-7-04-059993-0

　　Ⅰ.①经… Ⅱ.①万… Ⅲ.①经济数学-高等学校-教材②微积分-高等学校-教材　Ⅳ.①F224.0

　　中国国家版本馆 CIP 数据核字(2023)第 026348 号

Jingji Guanli Yingyong Shuxue Jichu——Weijifen

| 策划编辑 | 胡　颖 | 责任编辑 | 胡　颖 | 封面设计 | 张志奇 | 版式设计 | 杨　树 |
| 责任绘图 | 李沛蓉 | 责任校对 | 刘丽娴 | 责任印制 | 耿　轩 | | |

出版发行	高等教育出版社	网　　址	http://www.hep.edu.cn
社　　址	北京市西城区德外大街 4 号		http://www.hep.com.cn
邮政编码	100120	网上订购	http://www.hepmall.com.cn
印　　刷	固安县铭成印刷有限公司		http://www.hepmall.com
开　　本	787mm×1092mm　1/16		http://www.hepmall.cn
印　　张	18.5		
字　　数	380 千字	版　　次	2023 年 3 月第 1 版
购书热线	010-58581118	印　　次	2023 年 3 月第 1 次印刷
咨询电话	400-810-0598	定　　价	43.60 元

前　言

为了适应高等教育信息化的新形势及教学改革的新变化，更好地满足经济管理类本科生的学习需求和混合式教学需求，我们根据"经济管理类本科数学基础课程教学基本要求"，在多年教学实践的基础上编写了本书。以本书内容为蓝本，我们于 2019 年在爱课程（中国大学 MOOC）平台开设了微积分课程，该课程获江西省 2020 年省级精品在线开放课程。

在编写过程中，我们始终坚持如下特色：

1. 注重学科的科学性、系统性和高阶性。依据"经济管理类本科数学基础课程教学基本要求"，注重采用案例导入基本知识、案例应用培养学生运用数学知识解决问题的能力，力求做到深入浅出、通俗易懂、突出重点、循序渐进，兼顾考研深造所需。

2. 注重学生学习的可持续发展和进一步深造的需要。书中配有丰富的例题和习题，难易程度分布均匀；每章都介绍了如何用 MATLAB 求解相关问题，意在让读者了解微分实验知识，以开拓视野，提高学习兴趣。

3. 融入现代教育技术，提高读者学习兴趣。本书融入了数字资源，对书中的重难点内容进行讲解，且部分典型习题给出了详细解答，读者可扫描书中的二维码进行学习。

本书由江西财经大学信息管理学院教师编写。杨廷编写第 6 章，黄莉茸编写第 7 章和第 8 章，刘伟编写第 9 章，万建香编写第 10 章。数字资源主要由齐亚伟、邓咏梅、叶榕、俞丽兰、蔡玥、杨廷完成。全书由杨廷统稿。

本书入选凸显江西财经大学校训"信敏廉毅"特色的优秀品牌教材"信毅教材"资助计划。衷心感谢江西财经大学信息管理学院对教材编写和 MOOC 课程建设的支持和指导。感谢数学系全体老师参与课程的教学实践，他们的辛勤付出为我们的教材编写和课程建设积累了丰富的资源和经验，是本次教材编写的重要基础。

由于编者水平有限，书中难免存在疏漏和不妥之处，恳请读者批评指正。

编　者
2022 年 11 月

目 录

第6章

不定积分

本章导学　　积分学是微积分中的另一个基本组成部分，积分学包括两个基本内容：不定积分和定积分. 本章介绍不定积分，定积分将在下一章讨论.

不定积分是作为微分的逆运算引进的，在微分学中，给定函数 $F(x)$，求其导数 $F'(x)$ 或微分 $dF(x)$，而对应的反问题是对给定的函数 $f(x)$，找出一个可导函数 $F(x)$，使 $F'(x)=f(x)$ 或 $dF(x)=f(x)dx$. 这就是不定积分的任务.

微分学与积分学互为逆运算，正如算术中乘法与除法的关系那样，乘法是基础，在微分学与积分学中，微分学是基础.

本章介绍不定积分的基本概念、性质及求不定积分的基本方法.

学习目标　　1. 理解原函数和不定积分的基本概念；

2. 熟练掌握基本积分公式；

3. 熟练掌握不定积分的性质、换元积分法和分部积分法；

4. 了解几种特殊类型函数的积分技巧.

学习要点　　原函数及其几何意义；不定积分的概念及其性质；基本积分公式及直接积分法；第一换元积分法；第二换元积分法；分部积分法；有理函数的分解；有理函数的积分；三角函数有理式的积分；无理函数的积分.

§6.1　不定积分的概念和性质

一、原函数与不定积分

先看一个例子.

设已知做直线运动的质点的速度为 $v(t)$，求质点的运动方程.

设质点的运动方程为 $s = s(t)$，$s(0) = 0$，于是有 $s'(t) = v(t)$. 由此，问题归结到求一个可微函数 $s(t)$，使 $s'(t) = v(t)$，并满足 $s(0) = 0$.

抽去问题的物理内容，从数学的角度看，就是要进行求导的逆运算，即设 $f(x)$ 在区间 I 上有定义，求区间 I 上的可微函数 $F(x)$，使 $\dfrac{\mathrm{d}F(x)}{\mathrm{d}x} = f(x)$（$x \in I$）.

我们已经知道了如何求一个已知函数的导数和微分，但有时候往往会遇到与此相反的问题，即已知一个函数的导数（或微分），求这个函数. 例如，已知质点做直线运动时的速度 $v(t)$，要求路程 $s(t)$；已知边际成本，要求总成本函数. 从数学角度来说，即求一个函数，使它的导数等于已知函数. 这种问题在数学及其应用中具有普遍意义，因而有必要在一般形式上对它进行讨论.

1. 原函数

定义 6-1　设 $f(x)$ 是定义在区间 I 上的函数，如果存在函数 $F(x)$，使得对已知区间 I 上的任意点 x 都有

$$F'(x) = f(x) \quad \text{或} \quad \mathrm{d}F(x) = f(x)\,\mathrm{d}x,$$

就称函数 $F(x)$ 是函数 $f(x)$ 在区间 I 上的一个原函数.

例如，由于 $(x^2)' = 2x$，故 $F(x) = x^2$ 是 $f(x) = 2x$ 的一个原函数.

又如，在区间 $(0, +\infty)$ 内，$(\ln x)' = \dfrac{1}{x}$，所以 $F(x) = \ln x$ 是 $f(x) = \dfrac{1}{x}$ 在区间 $(0, +\infty)$ 内的一个原函数；在区间 $(-\infty, 0)$ 内，$(\ln(-x))' = \dfrac{1}{x}$，所以 $F(x) = \ln(-x)$ 是 $f(x) = \dfrac{1}{x}$ 在区间 $(-\infty, 0)$ 内的一个原函数.

原函数与导函数是一对互为相反的概念. 在某区间内，若 $f(x)$ 是 $F(x)$ 的导函数，则 $F(x)$ 是 $f(x)$ 的一个原函数；反之，若 $F(x)$ 是 $f(x)$ 的一个原函数，则 $f(x)$ 是 $F(x)$ 的导函数.

引入原函数的概念后，上述问题可以表述为：已知函数 $f(x)$，求其原函数.

关于原函数，首先要问：一个函数具备什么条件，才能保证它的原函数一定存在？

定理 6-1 若函数 $f(x)$ 在某区间上连续,则 $f(x)$ 在该区间上必存在原函数.

简单地说,连续函数一定有原函数.

这个定理的证明将在第 7 章给出.

由于初等函数在其有定义的区间上是连续的,所以根据定理 6-1,初等函数在其有定义的区间上都有原函数.

其次,如果函数 $f(x)$ 有原函数,其原函数是否唯一? 如果不唯一,一共有多少个? 其一般表达式形式如何?

定理 6-2 如果函数 $F(x)$ 是函数 $f(x)$ 在某区间上的一个原函数,那么

(1) 对任意常数 C,$F(x)+C$ 也是函数 $f(x)$ 的原函数;

(2) $f(x)$ 的任意两个原函数之间只相差一个常数.

证明 (1) 由于 $F(x)$ 是 $f(x)$ 的一个原函数,所以

$$F'(x)=f(x).$$

$$(F(x)+C)'=F'(x)=f(x),$$

从而 $F(x)+C$ 也是函数 $f(x)$ 的原函数.

(2) 设 $F(x)$ 与 $G(x)$ 是 $f(x)$ 的任意两个原函数,则

$$F'(x)=f(x), \quad G'(x)=f(x),$$

即

$$F'(x)=G'(x).$$

由拉格朗日中值定理的推论 2,有

$$F(x)=G(x)+C.$$

这个定理表明,如果函数 $f(x)$ 在某区间上有原函数 $F(x)$,那么 $f(x)$ 在该区间上有无穷多个原函数. 这个定理还给出了 $f(x)$ 的全体原函数的一般表达形式:

$$F(x)+C \quad (C \text{ 为任意常数}),$$

它们称为函数 $f(x)$ 的原函数族.

至此,可以引入不定积分的概念.

2. 不定积分

定义 6-2 如果函数 $f(x)$ 在某区间上存在原函数,那么 $f(x)$ 的原函数全体称为 $f(x)$ 在该区间上的不定积分,记为

$$\int f(x)\,\mathrm{d}x,$$

这里 "$\int$" 称为积分符号,$f(x)$ 称为被积函数,$f(x)\,\mathrm{d}x$ 称为积分表达式,x 称为积分变量.

按此定义,如果函数 $F(x)$ 是函数 $f(x)$ 的一个原函数,那么 $f(x)$ 的不定积分为

$$\int f(x)\,\mathrm{d}x = F(x) + C \quad (C \text{ 为任意常数}). \tag{6-1}$$

任意常数 C 又称为积分常数.

由此可知,求不定积分实际上只需求出一个原函数,再加上任意常数 C 即可.

例如,由于 $(\sin x)' = \cos x$,即 $\sin x$ 是 $\cos x$ 的一个原函数,所以 $\cos x$ 的不定积分为

$$\int \cos x \, dx = \sin x + C.$$

例 6-1　求 $\int x^2 \, dx$.

解　因为

$$\left(\frac{1}{3} x^3 \right)' = x^2,$$

所以

$$\int x^2 \, dx = \frac{1}{3} x^3 + C.$$

例 6-2　求 $\int \frac{1}{x} \, dx$.

解　当 $x > 0$ 时,$\int \frac{1}{x} \, dx = \ln x + C$;

当 $x < 0$ 时,$\int \frac{1}{x} \, dx = \ln(-x) + C$.

所以

$$\int \frac{1}{x} \, dx = \ln|x| + C \quad (x \neq 0).$$

例 6-3　若曲线 $y = f(x)$ 上任意一点的切线斜率为 $2x$,且通过点 $(1,2)$,求曲线的函数关系式 $y = f(x)$.

解　由题意,曲线 $y = f(x)$ 的切线斜率为 $2x$,即

$$y' = f'(x) = 2x,$$

则

$$y = f(x) = \int 2x \, dx = x^2 + C.$$

又曲线通过点 $(1,2)$,即有

$$y \big|_{x=1} = f(1) = 1^2 + C = 2,$$

得 $C = 1$. 故所求曲线的函数关系式为

$$y = x^2 + 1.$$

例 6-4　求 $\int e^{-|x|} \, dx$.

解　当 $x \geqslant 0$ 时,$\int e^{-|x|} \, dx = \int e^{-x} \, dx = -e^{-x} + C_1$;

当 $x < 0$ 时,$\int e^{-|x|} \, dx = \int e^x \, dx = e^x + C_2$.

由于一个函数的原函数必是连续函数,故

$$\lim_{x \to 0^+}(-e^{-x}+C_1) = \lim_{x \to 0^-}(e^x+C_2),$$

即有 $C_1 = C_2 + 2$. 从而

$$\int e^{-|x|}dx = \begin{cases} -e^{-x}+2+C, & x \geq 0, \\ e^x+C, & x < 0 \end{cases} \quad (C \text{ 为积分常数}).$$

3. 不定积分的几何意义

在例 6-3 中,我们已求得 $y = x^2 + C$,而曲线 $y = x^2 + C$ 可以认为是由曲线 $y = x^2$ 沿 y 轴方向平移距离 $|C|$ 所得到的:当 $C > 0$ 时,沿 y 轴正向平移;当 $C < 0$ 时,沿 y 轴负向平移,故函数族 $y = x^2 + C$ 的图形是一曲线族,而所求曲线 $y = x^2 + 1$ 是曲线族 $y = x^2 + C$ 中通过点 $(1,2)$ 的那一条.

一般情形下,如果函数 $F(x)$ 是 $f(x)$ 的一个原函数,就称曲线 $y = F(x)$ 为函数 $f(x)$ 的一条积分曲线. 把曲线 $F(x)$ 沿 y 轴平移可以得到曲线族 $y = F(x) + C$. 不定积分 $\int f(x)dx$ 的图形就是 $f(x)$ 的全部积分曲线组成的积分曲线族. 显然,若在每一条曲线上横坐标相同的点处作切线,则这些切线是相互平行的(图 6-1).

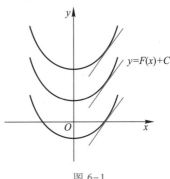

图 6-1

二、不定积分的性质

由不定积分的定义,可以直接得到下面的性质.

性质 6-1 (1) 若 $f(x)$ 有原函数,则

$$\left(\int f(x)dx\right)' = f(x) \quad \text{或} \quad d\left(\int f(x)dx\right) = f(x)dx.$$

(2) 若 $F(x)$ 可导,且导函数 $F'(x)$ 连续,则

$$\int F'(x)dx = F(x) + C \quad \text{或} \quad \int dF(x) = F(x) + C.$$

性质 6-1 说明不定积分运算与微分运算是互逆的. 若先积分后微分,则两者的作用相互抵消;反之,若先微分后积分,则作用抵消后还差一个积分常数. 可简单地记为"先积后微,形式不变;先微后积,差个常数".

性质 6-2 两个函数代数和的不定积分等于它们各自不定积分的代数和,即若 $f(x)$ 和 $g(x)$ 有原函数,则

$$\int(f(x) \pm g(x))dx = \int f(x)dx \pm \int g(x)dx. \tag{6-2}$$

证明 为了说明等式(6-2)成立,只需要说明等式右端的导数等于左端不定积分的被积函数 $f(x) \pm g(x)$ 就可以了. 对式(6-2)右端求导,有

$$\left(\int f(x)\,\mathrm{d}x \pm \int g(x)\,\mathrm{d}x\right)' = \left(\int f(x)\,\mathrm{d}x\right)' \pm \left(\int g(x)\,\mathrm{d}x\right)' = f(x) \pm g(x).$$

所以式(6-2)的右端表达式是左端的被积函数的原函数,而且右端表达式中的不定积分已包含积分常数,故不必另写. 由此可知,式(6-2)的右端确实是 $f(x)\pm g(x)$ 的不定积分. 性质得证.

性质 6-2 可以推广到有限多个函数的情形,即有

$$\int (f_1(x) \pm f_2(x) \pm \cdots \pm f_n(x))\,\mathrm{d}x = \int f_1(x)\,\mathrm{d}x \pm \int f_2(x)\,\mathrm{d}x \pm \cdots \pm \int f_n(x)\,\mathrm{d}x.$$

性质 6-3   求不定积分时,被积函数中的非零常数可以提到积分号外面,即若 $f(x)$ 有原函数,则

$$\int kf(x)\,\mathrm{d}x = k\int f(x)\,\mathrm{d}x \quad (k \text{ 为常数},k \neq 0). \tag{6-3}$$

性质 6-3 的证明和性质 6-2 的证明类似,只需证明式(6-3)右端的导数等于左端不定积分的被积函数即可.

本节小结

本节主要介绍了原函数和不定积分的概念、几何意义、不定积分的性质. 不定积分运算虽然是微分运算的逆运算,但是不定积分需要具有一定的技巧,注意:

1. 求原函数与求微分的联系、区别,可导函数的导数只有一个,可积函数的原函数有无穷多个.

2. 原函数与不定积分的联系和区别,不定积分是原函数的全集.

3. 不定积分的性质是以后进行不定积分的基础.

练习 6.1

基础题

1. 什么是函数 $f(x)$ 的原函数? 什么是 $f(x)$ 的不定积分? 它们之间有什么区别与联系?

2. 填空题:

(1) $\dfrac{\mathrm{d}}{\mathrm{d}x}\displaystyle\int \mathrm{e}^{-x^3}\,\mathrm{d}x =$ _____;

(2) $\displaystyle\int \mathrm{d}\cos x =$ _____;

（3）$\mathrm{d}x =$ _____ $\mathrm{d}(ax+b)(a\neq 0)$；

（4）$\dfrac{1}{\sqrt{x}}\mathrm{d}x =$ _____ $\mathrm{d}(\sqrt{x})$；

（5）$\dfrac{1}{1-x}\mathrm{d}x =$ _____ $\mathrm{d}\ln(1-x)$；

（6）$x\mathrm{e}^{-x^2}\mathrm{d}x =$ _____ $\mathrm{d}\mathrm{e}^{-x^2}$；

（7）$\sin 2x\mathrm{d}x =$ _____ $\mathrm{d}(\cos 2x)$．

3. 填括号，并计算相应的不定积分：

（1）$(\qquad)' = 10$，求 $\displaystyle\int 10\mathrm{d}x$；

（2）$(\qquad)' = 2\sin x$，求 $\displaystyle\int 2\sin x\mathrm{d}x$；

（3）$\mathrm{d}(\qquad) = 5x^4\mathrm{d}x$，求 $\displaystyle\int 5x^4\mathrm{d}x$．

4. 已知 $f'(x) = \sqrt{x}$，且 $f(1) = 1$，求 $f(x)$．

5. 已知 $f(x)$ 的一个原函数为 $\ln x$，求 $f'(x)$．

提高题

1. 一物体由静止开始运动，经 t s 后的速度是 $3t^2$ m/s，问：

（1）在 3 s 后物体与出发点的距离是多少？

（2）物体走完 360 m 需要多长时间？

2. 证明 $y = \dfrac{x^2}{2}\mathrm{sgn}\, x$ 是 $|x|$ 在 $(-\infty, +\infty)$ 上的一个原函数．

§6.2 基本积分公式

我们在求函数的导数时必须掌握基本初等函数的求导公式，为了有效地计算不定积分，必须掌握一些基本积分公式．由于不定积分运算是微分运算的逆运算，所以任何一个微分公式反过来就是一个求不定积分的公式，故由基本初等函数的求导公式可以得到下面的基本积分公式．

一、基本积分公式

（1）$\displaystyle\int 0\mathrm{d}x = C$（$C$ 为任意常数，下同）；

（2）$\int k \mathrm{d}x = kx + C$；

特别地，$\int 1 \mathrm{d}x = x + C$，简写为 $\int \mathrm{d}x = x + C$；

（3）$\int x^{\mu} \mathrm{d}x = \dfrac{x^{\mu+1}}{\mu+1} + C \ (\mu \neq -1)$；

特别地，$\int \dfrac{1}{x^2} \mathrm{d}x = -\dfrac{1}{x} + C$，$\int \dfrac{1}{2\sqrt{x}} \mathrm{d}x = \sqrt{x} + C$，这两个不定积分公式在下节换元积分法中有广泛应用；

（4）$\int \dfrac{1}{x} \mathrm{d}x = \ln|x| + C$；

（5）$\int a^x \mathrm{d}x = \dfrac{a^x}{\ln a} + C \ (a > 0, a \neq 1)$；

特别地，$\int \mathrm{e}^x \mathrm{d}x = \mathrm{e}^x + C$；

（6）$\int \sin x \mathrm{d}x = -\cos x + C$；

（7）$\int \cos x \mathrm{d}x = \sin x + C$；

（8）$\int \sec^2 x \mathrm{d}x = \tan x + C$；

（9）$\int \csc^2 x \mathrm{d}x = -\cot x + C$；

（10）$\int \sec x \tan x \mathrm{d}x = \sec x + C$；

（11）$\int \csc x \cot x \mathrm{d}x = -\csc x + C$；

（12）$\int \dfrac{1}{\sqrt{1-x^2}} \mathrm{d}x = \arcsin x + C \left(\text{或} \int \dfrac{1}{\sqrt{1-x^2}} \mathrm{d}x = -\arccos x + C\right)$；

（13）$\int \dfrac{1}{1+x^2} \mathrm{d}x = \arctan x + C \left(\text{或} \int \dfrac{1}{1+x^2} \mathrm{d}x = -\operatorname{arccot} x + C\right)$.

要验证这些公式，只要验证等式右端的导数等于左端不定积分的被积函数即可，这种方法是我们验证不定积分的计算是否正确的常用方法.

关于积分公式（12）和（13），都有两种不同形式的结果，但表示同一原函数族. 以公式（12）为例：

$$\int \dfrac{1}{\sqrt{1-x^2}} \mathrm{d}x = \arcsin x + C = \dfrac{\pi}{2} - \arccos x + C = -\arccos x + \left(C + \dfrac{\pi}{2}\right),$$

这里 $C + \dfrac{\pi}{2}$ 也是任意常数，可记为 C'，即得

$$\int \frac{1}{\sqrt{1-x^2}}\mathrm{d}x = -\arccos x + C'.$$

同理,

$$\int \frac{1}{1+x^2}\mathrm{d}x = -\operatorname{arccot} x + C.$$

二、直接积分法

直接积分法是将被积函数进行适当变形,利用基本积分公式和不定积分性质求不定积分的一种方法.

例 6-5　求不定积分 $\int \left(2x^3 - x + 1 + \frac{1}{\sqrt{x}} + \frac{1}{x^2}\right)\mathrm{d}x.$

解　$\int \left(2x^3 - x + 1 + \frac{1}{\sqrt{x}} + \frac{1}{x^2}\right)\mathrm{d}x = 2\int x^3 \mathrm{d}x - \int x\mathrm{d}x + \int 1\mathrm{d}x + \int \frac{1}{\sqrt{x}}\mathrm{d}x + \int \frac{1}{x^2}\mathrm{d}x$

$$= \frac{1}{2}x^4 - \frac{1}{2}x^2 + x + 2\sqrt{x} - \frac{1}{x} + C.$$

说明　在分项积分后,每个不定积分的结果都含有一个任意常数,但由于任意常数之和(或差)仍是任意常数,所以只要总的写一个任意常数就可以了.

例 6-6　求不定积分 $\int (10^x - 2\sin x + 3\sqrt[3]{x})\,\mathrm{d}x.$

解　$\int (10^x - 2\sin x + 3\sqrt[3]{x})\,\mathrm{d}x = \int 10^x \mathrm{d}x - \int 2\sin x\mathrm{d}x + \int 3\sqrt[3]{x}\,\mathrm{d}x$

$$= \frac{10^x}{\ln 10} + 2\cos x + 3\frac{x^{\frac{1}{3}+1}}{\frac{1}{3}+1} + C$$

$$= \frac{10^x}{\ln 10} + 2\cos x + \frac{9}{4}x^{\frac{4}{3}} + C.$$

例 6-7　求不定积分 $\int 3^x \mathrm{e}^x \mathrm{d}x.$

解　$\int 3^x \mathrm{e}^x \mathrm{d}x = \int (3\mathrm{e})^x \mathrm{d}x = \frac{(3\mathrm{e})^x}{\ln(3\mathrm{e})} + C = \frac{3^x \mathrm{e}^x}{1+\ln 3} + C.$

例 6-8　求不定积分 $\int \frac{x^4}{1+x^2}\mathrm{d}x.$

解　$\int \frac{x^4}{1+x^2}\mathrm{d}x = \int \frac{x^4-1+1}{1+x^2}\mathrm{d}x = \int \left(x^2 - 1 + \frac{1}{1+x^2}\right)\mathrm{d}x$

$$= \frac{1}{3}x^3 - x + \arctan x + C.$$

例 6-9 求不定积分 $\int \tan^2 x \mathrm{d}x$.

解 $\int \tan^2 x \mathrm{d}x = \int (\sec^2 x - 1) \mathrm{d}x = \tan x - x + C$.

例 6-10 求不定积分 $\int \dfrac{\sqrt{1+x^2}}{\sqrt{1-x^4}} \mathrm{d}x$.

解 $\int \dfrac{\sqrt{1+x^2}}{\sqrt{1-x^4}} \mathrm{d}x = \int \dfrac{1}{\sqrt{1-x^2}} \mathrm{d}x = \arcsin x + C$.

例 6-11 求不定积分 $\int \dfrac{(x-1)^3}{x^2} \mathrm{d}x$.

解 $\int \dfrac{(x-1)^3}{x^2} \mathrm{d}x = \int \dfrac{x^3 - 3x^2 + 3x - 1}{x^2} \mathrm{d}x = \int \left(x - 3 + \dfrac{3}{x} - \dfrac{1}{x^2} \right) \mathrm{d}x$

$$= \dfrac{x^2}{2} - 3x + 3\ln|x| + \dfrac{1}{x} + C.$$

例 6-12 求不定积分 $\int \dfrac{\cos 2x}{\sin x - \cos x} \mathrm{d}x$.

解 $\int \dfrac{\cos 2x}{\sin x - \cos x} \mathrm{d}x = \int \dfrac{\cos^2 x - \sin^2 x}{\sin x - \cos x} \mathrm{d}x = \int -(\sin x + \cos x) \mathrm{d}x$

$$= \cos x - \sin x + C.$$

例 6-13 求不定积分 $\int \dfrac{1+x+x^2}{x(1+x^2)} \mathrm{d}x$.

解 $\int \dfrac{1+x+x^2}{x(1+x^2)} \mathrm{d}x = \int \dfrac{x + (1+x^2)}{x(1+x^2)} \mathrm{d}x = \int \left(\dfrac{1}{1+x^2} + \dfrac{1}{x} \right) \mathrm{d}x$

$$= \int \dfrac{1}{1+x^2} \mathrm{d}x + \int \dfrac{1}{x} \mathrm{d}x = \arctan x + \ln|x| + C.$$

例 6-14 求不定积分 $\int \dfrac{1+\cos^2 x}{1+\cos 2x} \mathrm{d}x$.

解 $\int \dfrac{1+\cos^2 x}{1+\cos 2x} \mathrm{d}x = \int \dfrac{1+\cos^2 x}{2\cos^2 x} \mathrm{d}x = \int \left(\dfrac{1}{2} + \dfrac{1}{2\cos^2 x} \right) \mathrm{d}x$

$$= \dfrac{1}{2}x + \dfrac{1}{2}\tan x + C.$$

例 6-15 求不定积分 $\int \dfrac{1}{\sin^2 x \cos^2 x} \mathrm{d}x$.

解 $\int \dfrac{1}{\sin^2 x \cos^2 x} \mathrm{d}x = \int \dfrac{\cos^2 x + \sin^2 x}{\sin^2 x \cos^2 x} \mathrm{d}x = \int \left(\dfrac{1}{\sin^2 x} + \dfrac{1}{\cos^2 x} \right) \mathrm{d}x$

$$= \int (\csc^2 x + \sec x^2) \mathrm{d}x = -\cot x + \tan x + C.$$

例 6-16   求不定积分 $\int \sin^2 \dfrac{x}{2} \mathrm{d}x$.

解 $\int \sin^2 \dfrac{x}{2} \mathrm{d}x = \int \dfrac{1}{2}(1 - \cos x)\mathrm{d}x = \dfrac{1}{2}\int \mathrm{d}x - \dfrac{1}{2}\int \cos x \mathrm{d}x$

$$= \dfrac{1}{2}x - \dfrac{1}{2}\sin x + C.$$

从以上例题可以看出,在应用直接积分法求不定积分时,通常要将被积函数进行恒等变形后,才能使用基本积分公式.

本节小结

本节主要介绍了不定积分的基本积分公式和直接积分法.注意:

1. 基本积分公式是求不定积分的基础,要熟练掌握.

2. 不定积分的结果是所有原函数的集合,不要丢掉后面的"C".

3. 求不定积分具有很高的技巧,经常要用到三角变换、因式分解、有理化等初等数学知识,要熟练掌握.

练习 6.2

基础题

1. 求下列不定积分:

(1) $\int \left(x + \dfrac{1}{x} + \dfrac{1}{x^2} \right) \mathrm{d}x$;

(2) $\int \left(\dfrac{1}{\sqrt{1 - x^2}} - 3\sin x + 2\sqrt[3]{x} \right) \mathrm{d}x$;

(3) $\int (x^e + e^x + e^e)\mathrm{d}x$;

(4) $\int (2^x - 3^x)^2 \mathrm{d}x$;

(5) $\int \sqrt{x\sqrt{x\sqrt{x}}}\, \mathrm{d}x$;

(6) $\int \dfrac{\sqrt{x\sqrt{x}}}{\sqrt{x}} \mathrm{d}x$;

(7) $\int \dfrac{x^4 + 1}{1 + x^2} \mathrm{d}x$;

(8) $\int \dfrac{2x^2 + 1}{x^2(x^2 + 1)} \mathrm{d}x$;

(9) $\int \cos^2 \dfrac{x}{2} \mathrm{d}x$;

(10) $\int \dfrac{\cos 2x}{\sin^2 x \cos^2 x} \mathrm{d}x$;

(11) $\int \cot^2 x \mathrm{d}x$.

2. 某厂生产某种产品的边际成本 $C'(x) = 7 + \dfrac{25}{\sqrt{x}}$，已知固定成本为 1 000 元，求总成本函数 $C(x)$.

提高题

1. 设函数 $F(x)$ 满足 $F'(x) = \dfrac{\cos 2x}{\sin^2 2x}$，$F'\left(\dfrac{\pi}{4}\right) = -1$，求 $F(x)$.

2. 一曲线上任意一点 (x, y) 处的切线斜率为 $\dfrac{1}{x} - \dfrac{1}{x^2}$，且当 $x = 1$ 时 $y = 0$，求该曲线的方程.

§6.3   换元积分法

利用不定积分的性质和基本积分公式可以求出不少函数的原函数，但实际上遇到的不定积分凭这些方法是不能完全解决的. 从本节开始，我们将介绍一些求不定积分的常规方法. 在上册中我们介绍过复合函数求导法则，本节介绍与复合函数求导法则相对应的求不定积分的方法——换元积分法，简称换元法.

换元积分法通常分为两类：第一类是把积分变量 x 作为自变量，引入中间变量 $u = \varphi(x)$；第二类是把积分变量 x 作为中间变量，引入自变量 t，作变换 $x = \varphi(t)$，从而将复杂的被积函数化为较简单的类型，进一步利用基本积分公式与不定积分的性质求出积分. 下面先讨论第一换元积分法.

一、第一换元积分法

我们知道，若 $\mathrm{d}F(u) = f(u)\,\mathrm{d}u$，且 $u = \varphi(x)$ 连续可导，则
$$\mathrm{d}F(\varphi(x)) = F'(\varphi(x))\,\mathrm{d}\varphi(x) = f(\varphi(x))\,\mathrm{d}\varphi(x) = f(\varphi(x))\varphi'(x)\,\mathrm{d}x.$$
把此连等式中的四个部分作为被积表达式，分别求积分，可得
$$\int f(\varphi(x))\varphi'(x)\,\mathrm{d}x = \int f(\varphi(x))\,\mathrm{d}\varphi(x) = \int F'(\varphi(x))\,\mathrm{d}\varphi(x)$$
$$= \int \mathrm{d}F(\varphi(x)) = F(\varphi(x)) + C.$$
若引进中间变量 $u = \varphi(x)$，则上述连等式可以改写为

$$\int f(u)u'\mathrm{d}x = \int f(u)\mathrm{d}u = \int F'(u)\mathrm{d}u = \int \mathrm{d}F(u) = F(u) + C \quad (u = \varphi(x)).$$

从上面的分析过程可得到下述结论.

定理 6-3 若函数 $f(u)$ 有原函数 $F(u)$，且函数 $u = \varphi(x)$ 可导，则 $F(\varphi(x))$ 是函数 $f(\varphi(x))\varphi'(x)$ 的一个原函数，即有换元积分公式

$$\int f(\varphi(x))\varphi'(x)\mathrm{d}x = F(\varphi(x)) + C. \tag{6-4}$$

证略.

由这个定理可以看出，如果积分 $\int g(x)\mathrm{d}x$ 可以通过恒等变形化为 $\int f(\varphi(x))\varphi'(x)\mathrm{d}x$ 的形式，那么积分过程如下：

$$\int g(x)\mathrm{d}x \xLongequal{\text{恒等变形}} \int f(\varphi(x))\varphi'(x)\mathrm{d}x$$

$$\xLongequal{\text{凑微分}} \int f(\varphi(x))\mathrm{d}\varphi(x)$$

$$\xLongequal[\text{变量代换}]{u = \varphi(x)} \int f(u)\mathrm{d}u$$

$$= F(u) + C$$

$$\xLongequal[\text{变量回代}]{\varphi(x) = u} F(\varphi(x)) + C.$$

以上积分方法称为**第一换元积分法**，也称**凑微分法**.

例 6-17 求不定积分 $\int (3-x)^{20}\mathrm{d}x$.

解 被积函数 $(3-x)^{20}$ 是一个复合函数：$(3-x)^{20} = u^{20}, u = 3-x$. 因此，作变换 $u = 3-x$，则 $\mathrm{d}u = -\mathrm{d}x$，即 $\mathrm{d}x = -\mathrm{d}u$. 于是

$$\int (3-x)^{20}\mathrm{d}x = -\int u^{20}\mathrm{d}u = -\frac{1}{21}u^{21} + C = -\frac{1}{21}(3-x)^{21} + C.$$

例 6-18 求不定积分 $\int \frac{1}{3+2x}\mathrm{d}x$.

解 被积函数 $\frac{1}{3+2x}$ 是一个复合函数：$\frac{1}{3+2x} = \frac{1}{u}, u = 3+2x$. 因此，作变换 $u = 3+2x$，则 $\mathrm{d}u = 2\mathrm{d}x$，即 $\mathrm{d}x = \frac{1}{2}\mathrm{d}u$. 于是

$$\int \frac{1}{3+2x}\mathrm{d}x = \frac{1}{2}\int \frac{1}{u}\mathrm{d}u = \frac{1}{2}\ln|u| + C = \frac{1}{2}\ln|3+2x| + C.$$

例 6-19 求不定积分 $\int x\sqrt{1-x^2}\mathrm{d}x$.

解 作变换 $u = 1-x^2$，则 $\mathrm{d}u = -2x\mathrm{d}x$，即 $x\mathrm{d}x = -\frac{1}{2}\mathrm{d}u$. 于是

$$\int x\sqrt{1-x^2}\,\mathrm{d}x = -\frac{1}{2}\int\sqrt{u}\,\mathrm{d}u = -\frac{1}{3}u^{\frac{3}{2}} + C = -\frac{1}{3}(1-x^2)^{\frac{3}{2}} + C.$$

我们也可以不设中间变量,直接凑微分如下:

$$\int x\sqrt{1-x^2}\,\mathrm{d}x = \int\sqrt{1-x^2}\left(-\frac{1}{2}\right)(1-x^2)'\mathrm{d}x$$

$$= -\frac{1}{2}\int\sqrt{1-x^2}\,\mathrm{d}(1-x^2)$$

$$= -\frac{1}{3}(1-x^2)^{\frac{3}{2}} + C.$$

在利用凑微分法求不定积分时,以下的凑微分形式是经常出现的:

(1) $\displaystyle\int f(ax+b)\,\mathrm{d}x = \frac{1}{a}\int f(ax+b)\,\mathrm{d}(ax+b)\ (a\neq 0)$;

(2) $\displaystyle\int x^\alpha\,\mathrm{d}x = \int\frac{1}{\alpha+1}\mathrm{d}(x^{\alpha+1}+b)\ (\alpha\neq -1)$;

(3) $\displaystyle\int f(\sqrt{x})\frac{\mathrm{d}x}{\sqrt{x}} = 2\int f(\sqrt{x})\,\mathrm{d}(\sqrt{x})$;

(4) $\displaystyle\int f(\mathrm{e}^x)\mathrm{e}^x\mathrm{d}x = \int f(\mathrm{e}^x)\,\mathrm{d}(\mathrm{e}^x)$;

(5) $\displaystyle\int f(\ln x)\frac{\mathrm{d}x}{x} = \int f(\ln x)\,\mathrm{d}(\ln x)$;

(6) $\displaystyle\int f(\sin x)\cos x\mathrm{d}x = \int f(\sin x)\,\mathrm{d}(\sin x)$;

(7) $\displaystyle\int f(\cos x)\sin x\mathrm{d}x = -\int f(\cos x)\,\mathrm{d}(\cos x)$;

(8) $\displaystyle\int f(\tan x)\sec^2 x\mathrm{d}x = \int f(\tan x)\,\mathrm{d}(\tan x)$;

(9) $\displaystyle\int f(\cot x)\csc^2 x\mathrm{d}x = -\int f(\cot x)\,\mathrm{d}(\cot x)$;

(10) $\displaystyle\int f(\arcsin x)\frac{1}{\sqrt{1-x^2}}\mathrm{d}x = \int f(\arcsin x)\,\mathrm{d}(\arcsin x)$;

(11) $\displaystyle\int f(\arccos x)\frac{1}{\sqrt{1-x^2}}\mathrm{d}x = -\int f(\arccos x)\,\mathrm{d}(\arccos x)$;

(12) $\displaystyle\int f(\arctan x)\frac{1}{1+x^2}\mathrm{d}x = \int f(\arctan x)\,\mathrm{d}(\arctan x)$;

(13) $\displaystyle\int f(\mathrm{arccot}\,x)\frac{1}{1+x^2}\mathrm{d}x = -\int f(\mathrm{arccot}\,x)\,\mathrm{d}(\mathrm{arccot}\,x)$.

例 6-20   求不定积分 $\displaystyle\int\frac{\mathrm{d}x}{1+\mathrm{e}^x}$.

解 $\displaystyle\int \frac{\mathrm{d}x}{1+\mathrm{e}^x} = \int \frac{\mathrm{e}^{-x}}{\mathrm{e}^{-x}(1+\mathrm{e}^x)}\mathrm{d}x = \int \frac{\mathrm{e}^{-x}}{1+\mathrm{e}^{-x}}\mathrm{d}x = \int \frac{-1}{1+\mathrm{e}^{-x}}\mathrm{d}(1+\mathrm{e}^{-x})$

$\qquad\qquad = -\ln(1+\mathrm{e}^{-x}) + C = x - \ln(1+\mathrm{e}^x) + C.$

例 6-21 求不定积分 $\displaystyle\int \frac{\mathrm{d}x}{x(1+3\ln x)}.$

解 $\displaystyle\int \frac{\mathrm{d}x}{x(1+3\ln x)} = \frac{1}{3}\int \frac{\mathrm{d}(1+3\ln x)}{1+3\ln x} = \frac{1}{3}\ln|1+3\ln x| + C.$

例 6-22 求不定积分 $\displaystyle\int \cos^3 x\mathrm{d}x.$

解 $\displaystyle\int \cos^3 x\mathrm{d}x = \int (1-\sin^2 x)\cos x\mathrm{d}x = \int (1-\sin^2 x)\mathrm{d}(\sin x)$

$\qquad\qquad = \sin x - \frac{\sin^3 x}{3} + C.$

例 6-23 求不定积分 $\displaystyle\int \sin^2 x\cos^5 x\mathrm{d}x.$

解 $\displaystyle\int \sin^2 x\cos^5 x\mathrm{d}x = \int \sin^2 x\cos^4 x\cos x\mathrm{d}x$

$\qquad\qquad = \int \sin^2 x(1-2\sin^2 x + \sin^4 x)\mathrm{d}(\sin x)$

$\qquad\qquad = \int (\sin^2 x - 2\sin^4 x + \sin^6 x)\mathrm{d}(\sin x)$

$\qquad\qquad = \frac{1}{3}\sin^3 x - \frac{2}{5}\sin^5 x + \frac{1}{7}\sin^7 x + C.$

一般地,当被积函数中含有正弦函数或余弦函数的奇次幂时,对该正弦函数或余弦函数凑微分.

例 6-24 求不定积分 $\displaystyle\int \cos^4 x\mathrm{d}x.$

解 $\displaystyle\int \cos^4 x\mathrm{d}x = \int \left(\frac{1+\cos 2x}{2}\right)^2 \mathrm{d}x = \frac{1}{4}\int (1+2\cos 2x + \cos^2 2x)\mathrm{d}x$

$\qquad\qquad = \frac{1}{4}\int \left(1 + 2\cos 2x + \frac{1+\cos 4x}{2}\right)\mathrm{d}x$

$\qquad\qquad = \frac{1}{4}\int \left(\frac{3}{2} + 2\cos 2x + \frac{\cos 4x}{2}\right)\mathrm{d}x$

$\qquad\qquad = \frac{3}{8}x + \frac{1}{4}\sin 2x + \frac{1}{32}\sin 4x + C.$

一般地,当被积函数为正弦函数或余弦函数的偶次幂时,利用倍角公式降幂.

例 6-25 求不定积分 $\displaystyle\int \cos 3x\cos 2x\mathrm{d}x.$

解 $\displaystyle\int \cos 3x\cos 2x\mathrm{d}x = \frac{1}{2}\int (\cos x + \cos 5x)\mathrm{d}x = \frac{1}{2}\sin x + \frac{1}{10}\sin 5x + C.$

例 6-26　求不定积分 $\int \tan^4 x \mathrm{d}x$.

解　$\int \tan^4 x \mathrm{d}x = \int \tan^2 x \tan^2 x \mathrm{d}x = \int (\sec^2 x - 1) \tan^2 x \mathrm{d}x$

$$= \int (\sec^2 x \tan^2 x - \sec^2 x + 1) \mathrm{d}x$$

$$= \int \tan^2 x \mathrm{d}(\tan x) - \int \sec^2 x \mathrm{d}x + \int \mathrm{d}x$$

$$= \frac{1}{3} \tan^3 x - \tan x + x + C.$$

例 6-27　求不定积分 $\int \tan x \mathrm{d}x$.

解　$\int \tan x \mathrm{d}x = \int \frac{\sin x}{\cos x} \mathrm{d}x = -\int \frac{1}{\cos x} \mathrm{d}(\cos x)$

$$= -\ln |\cos x| + C = \ln |\sec x| + C.$$

类似可求得 $\int \cot x \mathrm{d}x = -\ln |\csc x| + C$.

例 6-28　求不定积分 $\int \frac{1}{a^2 + x^2} \mathrm{d}x$.

解　$\int \frac{1}{a^2 + x^2} \mathrm{d}x = \frac{1}{a^2} \int \frac{1}{1 + \left(\dfrac{x}{a}\right)^2} \mathrm{d}x = \frac{1}{a} \int \frac{1}{1 + \left(\dfrac{x}{a}\right)^2} \mathrm{d}\left(\frac{x}{a}\right)$

$$= \frac{1}{a} \arctan \frac{x}{a} + C.$$

例 6-29　求不定积分 $\int \frac{1}{\sqrt{a^2 - x^2}} \mathrm{d}x \ (a > 0)$.

解　$\int \frac{1}{\sqrt{a^2 - x^2}} \mathrm{d}x = \frac{1}{a} \int \frac{1}{\sqrt{1 - \left(\dfrac{x}{a}\right)^2}} \mathrm{d}x = \int \frac{1}{\sqrt{1 - \left(\dfrac{x}{a}\right)^2}} \mathrm{d}\left(\frac{x}{a}\right)$

$$= \arcsin \frac{x}{a} + C.$$

例 6-30　求不定积分 $\int \frac{1}{x^2 - a^2} \mathrm{d}x$.

解　$\int \frac{1}{x^2 - a^2} \mathrm{d}x = \frac{1}{2a} \int \left(\frac{1}{x - a} - \frac{1}{x + a}\right) \mathrm{d}x$

$$= \frac{1}{2a} \left(\int \frac{\mathrm{d}(x - a)}{x - a} - \int \frac{\mathrm{d}(x + a)}{x + a}\right)$$

$$= \frac{1}{2a} \ln \left|\frac{x - a}{x + a}\right| + C.$$

例 6-27、例 6-28、例 6-29、例 6-30 的结论可作为公式用.

例 6-31 求不定积分 $\int \dfrac{\mathrm{d}x}{x^2 + 2x + 3}$.

解 $\int \dfrac{\mathrm{d}x}{x^2 + 2x + 3} = \int \dfrac{\mathrm{d}x}{(x+1)^2 + \left(\sqrt{2}\right)^2} = \int \dfrac{\mathrm{d}(x+1)}{(x+1)^2 + \left(\sqrt{2}\right)^2}$

$$= \frac{1}{\sqrt{2}} \arctan \frac{x+1}{\sqrt{2}} + C.$$

例 6-32 求不定积分 $\int \dfrac{1-x}{\sqrt{9-4x^2}} \mathrm{d}x$.

第一换元
积分法

解 $\int \dfrac{1-x}{\sqrt{9-4x^2}} \mathrm{d}x = \int \dfrac{1}{\sqrt{9-4x^2}} \mathrm{d}x - \int \dfrac{x}{\sqrt{9-4x^2}} \mathrm{d}x$

$$= \frac{1}{2} \int \frac{\mathrm{d}(2x)}{\sqrt{3^2 - (2x)^2}} + \frac{1}{8} \int \frac{\mathrm{d}(9 - 4x^2)}{\sqrt{9 - 4x^2}}$$

$$= \frac{1}{2} \arcsin \frac{2x}{3} + \frac{1}{4} \sqrt{9 - 4x^2} + C.$$

例 6-33 求不定积分 $\int \sec x \mathrm{d}x$.

解 $\int \sec x \mathrm{d}x = \int \dfrac{\cos x}{\cos^2 x} \mathrm{d}x = \int \dfrac{\mathrm{d}(\sin x)}{1 - \sin^2 x} = \dfrac{1}{2} \ln \left| \dfrac{1 + \sin x}{1 - \sin x} \right| + C$

$$= \ln |\sec x + \tan x| + C.$$

类似可求得 $\int \csc x \mathrm{d}x = \ln |\csc x - \cot x| + C$.

例 6-34 求下列不定积分：

(1) $\int \mathrm{e}^{f(x)} f'(x) \mathrm{d}x$；   (2) $\int \dfrac{f'(x)}{1 + f^2(x)} \mathrm{d}x$.

解 (1) $\int \mathrm{e}^{f(x)} f'(x) \mathrm{d}x = \int \mathrm{e}^{f(x)} \mathrm{d}f(x) = \mathrm{e}^{f(x)} + C$.

(2) $\int \dfrac{f'(x)}{1 + f^2(x)} \mathrm{d}x = \int \dfrac{1}{1 + f^2(x)} \mathrm{d}f(x) = \arctan f(x) + C$.

例 6-35 设 $\int f\left(\dfrac{x}{2}\right) \mathrm{d}x = \sin x^2 + C$，求 $\int \dfrac{x f(\sqrt{2x^2 - 1})}{\sqrt{2x^2 - 1}} \mathrm{d}x$.

解 由已知，有

$$\int f\left(\frac{x}{2}\right) \mathrm{d}\left(\frac{x}{2}\right) = \frac{1}{2} \sin x^2 + C = \frac{1}{2} \sin\left(2 \cdot \frac{x}{2}\right)^2 + C.$$

令 $u = \dfrac{x}{2}$，则

$$\int f(u) \mathrm{d}u = \frac{1}{2} \sin(2u)^2 + C.$$

因此

$$\int \frac{xf(\sqrt{2x^2 - 1})}{\sqrt{2x^2 - 1}} dx = \frac{1}{2} \int f(\sqrt{2x^2 - 1}) d(\sqrt{2x^2 - 1})$$

$$= \frac{1}{4} \sin(2\sqrt{2x^2 - 1})^2 + C$$

$$= \frac{1}{4} \sin(8x^2 - 4) + C.$$

例 6-36　设 $f'(\cos x + 2) = \sin^2 x + \tan^2 x$，求 $f(x)$.

解　将 $f'(\cos x + 2) = \sin^2 x + \tan^2 x$ 两端对 $\cos x + 2$ 进行积分，得

$$f(\cos x + 2) = \int (\sin^2 x + \tan^2 x) d(\cos x + 2)$$

$$= \int \left((1 - \cos^2 x) + \frac{1 - \cos^2 x}{\cos^2 x} \right) d(\cos x)$$

$$= -\int \left(\cos^2 x - \frac{1}{\cos^2 x} \right) d(\cos x)$$

$$= -\left(\frac{\cos^3 x}{3} + \frac{1}{\cos x} \right) + C$$

$$= -\left\{ \frac{[(\cos x + 2) - 2]^3}{3} + \frac{1}{(\cos x + 2) - 2} \right\} + C.$$

所以

$$f(x) = -\frac{(x-2)^3}{3} - \frac{1}{x-2} + C.$$

　　第一换元积分法在积分学中应用非常广泛，并且从上面的例题中可以看出，用第一换元积分法求不定积分时，不但要熟悉基本的公式，而且需要一定的技巧. 要掌握这种积分方法，除熟悉一些典型例题外，还应多做练习，不断积累经验.

　　上述各例用的都是第一换元积分法，但在很多情形下用上述方法积分会很困难，所以我们还要掌握一些别的积分方法. 下面介绍第二换元积分法，即利用代换 $x = \varphi(t)$ 的方法.

二、第二换元积分法

　　从第一换元积分法中我们体会到引入一个新变量可以简化被积函数，受这一启发，我们往往把被积函数中的根式设成一个新变量，或引入一个新变量以消除被积函数中的根式，抑或引入一个新变量以改变被积函数的形式，使得出现的不定积分容易求出，所有这些方法习惯上称为**第二换元积分法**. 先通过一个例子来说明这种方法.

　　例如求 $\int \frac{1}{1 + \sqrt{x}} dx$，由于被积函数含有无理根式 $\sqrt{x}$，用直接积分法和第一换元积分法

不易求出,所以通过换元将根号去掉. 令 $t=\sqrt{x}$,则 $x=t^2$,$\mathrm{d}x=2t\mathrm{d}t$,有

$$\int \frac{1}{1+\sqrt{x}}\mathrm{d}x = \int \frac{2t}{1+t}\mathrm{d}t = \int\left(2-\frac{2}{1+t}\right)\mathrm{d}t$$

$$= 2t - 2\ln|1+t| + C$$

$$= 2\sqrt{x} - 2\ln(1+\sqrt{x}) + C.$$

在这个例子的求解过程中,我们已经引入了第二换元积分法. 一般地,有如下定理.

定理 6-4 设 $x=\varphi(t)$ 为单调可导函数,并且 $\varphi'(t)\neq 0$,又设 $f(\varphi(t))\cdot$ $\varphi'(t)$ 具有原函数 $F(t)$,则 $F(\varphi^{-1}(x))$ 是 $f(x)$ 的一个原函数,即有换元公式

第二换元
积分法

$$\int f(x)\mathrm{d}x = F(\varphi^{-1}(x)) + C,$$

其中 $t=\varphi^{-1}(x)$ 是函数 $x=\varphi(t)$ 的反函数.

证明 因为 $F(t)$ 是函数 $f(\varphi(t))\cdot\varphi'(t)$ 的一个原函数,所以

$$F'(t) = f(\varphi(t))\cdot\varphi'(t).$$

由函数 $F(t)$,$t=\varphi^{-1}(x)$ 构造复合函数 $F(\varphi^{-1}(x))$,根据复合函数求导法则和反函数求导法则,有

$$(F(\varphi^{-1}(x)))' = F'(\varphi^{-1}(x))(\varphi^{-1}(x))' = F'(t)\frac{1}{\varphi'(t)}$$

$$= f(\varphi(t))\varphi'(t)\frac{1}{\varphi'(t)} = f(\varphi(t)) = f(x),$$

所以 $F(\varphi^{-1}(x))$ 是 $f(x)$ 的一个原函数,即

$$\int f(x)\mathrm{d}x = F(\varphi^{-1}(x)) + C.$$

定理的条件保证了 $x=\varphi(t)$ 的反函数 $t=\varphi^{-1}(x)$ 存在及反函数的导数存在.

由定理 6-4,我们可以得出第二换元积分法的一般步骤:

$$\int f(x)\mathrm{d}x \xrightarrow[\text{变量代换}]{x=\varphi(t)} \int f(\varphi(t))\varphi'(t)\mathrm{d}t$$

$$= F(t) + C$$

$$\xrightarrow[\text{变量回代}]{t=\varphi^{-1}(x)} F(\varphi^{-1}(x)) + C.$$

第二换元积分法常用的变量代换有根式代换、三角代换和倒代换,下面分别介绍.

1. 根式代换

当被积函数中含有 $\sqrt[n]{ax+b}\,(a\neq 0)$ 时,可令 $\sqrt[n]{ax+b}=t$,将原积分化为不含根式的积分,再进行计算.

例 6-37 求 $\displaystyle\int \frac{x+1}{\sqrt[3]{3x+1}}\mathrm{d}x.$

解　令 $\sqrt[3]{3x+1}=t$，则 $x=\dfrac{1}{3}(t^3-1)$，$\mathrm{d}x=t^2\mathrm{d}t$. 于是

$$\int\frac{x+1}{\sqrt[3]{3x+1}}\mathrm{d}x=\int\frac{\dfrac{1}{3}(t^3-1)+1}{t}\cdot t^2\mathrm{d}t=\frac{1}{3}\int(t^4+2t)\mathrm{d}t$$

$$=\frac{1}{3}\left(\frac{1}{5}t^5+t^2\right)+C$$

$$=\frac{1}{15}(3x+1)^{\frac{5}{3}}+\frac{1}{3}(3x+1)^{\frac{2}{3}}+C.$$

例 6-38　求 $\displaystyle\int\frac{\mathrm{d}x}{\sqrt{x}+\sqrt[3]{x}}$.

解　令 $\sqrt[6]{x}=t$，则 $x=t^6$，$\mathrm{d}x=6t^5\mathrm{d}t$. 于是

$$\int\frac{\mathrm{d}x}{\sqrt{x}+\sqrt[3]{x}}=\int\frac{6t^5}{t^3+t^2}\mathrm{d}t=6\int\frac{t^3}{t+1}\mathrm{d}t$$

$$=6\int\frac{t^3+1-1}{t+1}\mathrm{d}t$$

$$=6\int\left(t^2-t+1-\frac{1}{t+1}\right)\mathrm{d}t$$

$$=2t^3-3t^2+6t-6\ln|1+t|+C$$

$$=2\sqrt{x}-3\sqrt[3]{x}+6\sqrt[6]{x}-6\ln\left|1+\sqrt[6]{x}\right|+C.$$

2. 三角代换

当被积函数含有无理根式 $\sqrt{a^2-x^2}$，$\sqrt{a^2+x^2}$，$\sqrt{x^2-a^2}$ 时，可以考虑用三角变换 $x=a\sin t$，$x=a\tan t$，$x=a\sec t$ 等去掉根号.

例 6-39　求 $\displaystyle\int\sqrt{a^2-x^2}\,\mathrm{d}x$（$a>0$）.

解　令 $x=a\sin t$，$-\dfrac{\pi}{2}\leqslant t\leqslant\dfrac{\pi}{2}$（图 6-2），则

$$\mathrm{d}x=a\cos t\,\mathrm{d}t,\qquad\sqrt{a^2-x^2}=\sqrt{a^2-a^2\sin^2 t}=a\cos t.$$

于是

$$\int\sqrt{a^2-x^2}\,\mathrm{d}x=\int a\cos t\,a\cos t\,\mathrm{d}t=\int a^2\cos^2 t\,\mathrm{d}t=a^2\int\frac{1+\cos 2t}{2}\mathrm{d}t$$

$$=\frac{a^2}{2}t+\frac{a^2}{4}\sin 2t+C=\frac{a^2}{2}t+\frac{a^2}{2}\sin t\cos t+C$$

$$=\frac{a^2}{2}\arcsin\frac{x}{a}+\frac{a^2}{2}\cdot\frac{x}{a}\cdot\frac{\sqrt{a^2-x^2}}{a}+C$$

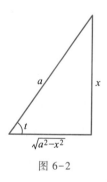

图 6-2

$$= \frac{a^2}{2}\arcsin\frac{x}{a} + \frac{1}{2}x\sqrt{a^2 - x^2} + C.$$

例 6-40 求 $\int \dfrac{\mathrm{d}x}{\sqrt{x^2 + a^2}}$ $(a>0)$.

解 令 $x = a\tan t, -\dfrac{\pi}{2}<t<\dfrac{\pi}{2}$（图 6-3），则

$$\mathrm{d}x = a\sec^2 t\,\mathrm{d}t, \quad \sqrt{x^2+a^2} = \sqrt{a^2\tan^2 t + a^2} = a\sec t.$$

于是

$$\begin{aligned}
\int \frac{\mathrm{d}x}{\sqrt{x^2 + a^2}} &= \int \frac{a\sec^2 t}{a\sec t}\mathrm{d}t = \int \sec t\,\mathrm{d}t \\
&= \ln|\sec t + \tan t| + C_1 \\
&= \ln\left|\frac{\sqrt{x^2 + a^2}}{a} + \frac{x}{a}\right| + C_1 \\
&= \ln\left|\sqrt{x^2 + a^2} + x\right| - \ln a + C_1 \\
&= \ln\left|\sqrt{x^2 + a^2} + x\right| + C \quad (C = C_1 - \ln a).
\end{aligned}$$

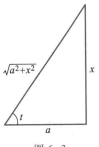

图 6-3

例 6-41 求 $\int \dfrac{\mathrm{d}x}{\sqrt{x^2 - a^2}}$ $(a>0)$.

解 $f(x) = \dfrac{1}{\sqrt{x^2-a^2}}$ 的连续区间为 $(-\infty, -a) \cup (a, +\infty)$.

当 $x \in (a, +\infty)$ 时，令 $x = a\sec t, 0<t<\dfrac{\pi}{2}$（图 6-4），则 $\mathrm{d}x = a\sec t\tan t\,\mathrm{d}t$. 于是

$$\begin{aligned}
\int \frac{\mathrm{d}x}{\sqrt{x^2 - a^2}} &= \int \frac{a\sec t\tan t\,\mathrm{d}t}{a\tan t} = \int \sec t\,\mathrm{d}t \\
&= \ln|\sec t + \tan t| + C_1 \\
&= \ln\left|x + \sqrt{x^2 - a^2}\right| + C \quad (C = C_1 - \ln a).
\end{aligned}$$

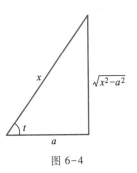

图 6-4

当 $x \in (-\infty, -a)$ 时，令 $x = a\sec t, \dfrac{\pi}{2}<t<\pi$，则 $\mathrm{d}x = a\sec t\tan t\,\mathrm{d}t$. 于是

$$\begin{aligned}
\int \frac{\mathrm{d}x}{\sqrt{x^2 - a^2}} &= \int \frac{a\sec t\tan t\,\mathrm{d}t}{-a\tan t} = -\int \sec t\,\mathrm{d}t \\
&= -\ln|\sec t + \tan t| + C_1 \\
&= -\ln\left|x - \sqrt{x^2 - a^2}\right| + C_2 \\
&= -\ln\left|\frac{(x - \sqrt{x^2 - a^2})(x + \sqrt{x^2 - a^2})}{x + \sqrt{x^2 - a^2}}\right| + C_2
\end{aligned}$$

$$= \ln \left| x + \sqrt{x^2 - a^2} \right| + C \quad (C = C_2 - \ln a).$$

综上所述,不论 $x \in (a, +\infty)$ 或 $x \in (-\infty, -a)$,均有

$$\int \frac{\mathrm{d}x}{\sqrt{x^2 - a^2}} = \ln \left| x + \sqrt{x^2 - a^2} \right| + C \quad (a > 0).$$

今后在计算不定积分时,一般不再分区间讨论,而只是作"形式"计算.

例 6-40、例 6-41 的结果可以合记为

$$\int \frac{1}{\sqrt{x^2 \pm a^2}} \mathrm{d}x = \ln \left| x + \sqrt{x^2 \pm a^2} \right| + C \quad (a > 0).$$

除上述两种变量代换外,还有一些很有用的代换,下面我们通过一个例题介绍其中的一种——倒代换.

例 6-42　求 $\displaystyle\int \frac{\mathrm{d}x}{x^2 \sqrt{a^2 + x^2}}$ $(a > 0)$.

分析　本题可通过三角代换来求:令 $x = a\tan t$,$-\dfrac{\pi}{2} < t < \dfrac{\pi}{2}$,这里我们采用另一种代换——倒代换.

解　令 $x = \dfrac{1}{t}$,则 $\mathrm{d}x = -\dfrac{1}{t^2}\mathrm{d}t$. 于是

$$\int \frac{\mathrm{d}x}{x^2 \sqrt{a^2 + x^2}} = \int \frac{t^2}{\sqrt{a^2 + \dfrac{1}{t^2}}} \cdot \frac{-1}{t^2} \mathrm{d}t = -\int \frac{|t|}{\sqrt{a^2 t^2 + 1}} \mathrm{d}t.$$

当 $x > 0$ 时,

$$\int \frac{\mathrm{d}x}{x^2 \sqrt{a^2 + x^2}} = -\int \frac{t}{\sqrt{a^2 t^2 + 1}} \mathrm{d}t = -\frac{1}{2a^2} \int \frac{\mathrm{d}(a^2 t^2 + 1)}{\sqrt{a^2 t^2 + 1}}$$

$$= -\frac{1}{a^2} \sqrt{a^2 t^2 + 1} + C = -\frac{1}{a^2} \frac{\sqrt{a^2 + x^2}}{x} + C.$$

当 $x < 0$ 时,结果相同.

一般地,当被积函数的分母中含有 x 的幂时,可以考虑倒代换. 应该注意到上述解答过程无论是 $x > 0$ 还是 $x < 0$,积分结果都是一样的. 但是在某些情况下,x 的取值范围会影响积分结果.

例 6-43　求 $\displaystyle\int \frac{\mathrm{d}x}{x\sqrt{x^2 - 1}}$.

解　**方法一**　令 $x = \sec t$,则 $\mathrm{d}x = \sec t \tan t \mathrm{d}t$. 我们分 $x > 1$ 和 $x < -1$ 两种情况来讨论.

当 $x > 1$ 时,$0 < t < \dfrac{\pi}{2}$,于是

$$\int \frac{\mathrm{d}x}{x\sqrt{x^2 - 1}} = \int \frac{\sec t \tan t \mathrm{d}t}{\sec t \tan t} = t + C = \arccos \frac{1}{x} + C.$$

当 $x<-1$ 时，$\dfrac{\pi}{2}<t<\pi$，于是

$$\int \frac{\mathrm{d}x}{x\sqrt{x^2-1}} = \int \frac{\sec t\tan t\,\mathrm{d}t}{\sec t(-\tan t)} = -t+C = -\arccos\frac{1}{x}+C.$$

方法二　令 $x=\dfrac{1}{t}$，则 $\mathrm{d}x=-\dfrac{1}{t^2}\mathrm{d}t$.

当 $x>1$ 时，$0<t<1$，于是

$$\int \frac{\mathrm{d}x}{x\sqrt{x^2-1}} = \int \frac{t}{\sqrt{\dfrac{1}{t^2}-1}} \cdot \frac{-1}{t^2}\mathrm{d}t = -\int \frac{\mathrm{d}t}{\sqrt{1-t^2}} = -\arcsin t+C = -\arcsin\frac{1}{x}+C.$$

当 $x<-1$ 时，$-1<t<0$，于是

$$\int \frac{\mathrm{d}x}{x\sqrt{x^2-1}} = \int \frac{t}{\sqrt{\dfrac{1}{t^2}-1}} \cdot \frac{-1}{t^2}\mathrm{d}t = \int \frac{\mathrm{d}t}{\sqrt{1-t^2}} = \arcsin\frac{1}{x}+C.$$

方法三　令 $\sqrt{x^2-1}=t$.

当 $x>1$ 时，$x=\sqrt{t^2+1}$，$\mathrm{d}x=\dfrac{t}{\sqrt{t^2+1}}\mathrm{d}t$，于是

$$\int \frac{\mathrm{d}x}{x\sqrt{x^2-1}} = \int \frac{1}{\sqrt{t^2+1}\cdot t} \cdot \frac{t}{\sqrt{t^2+1}}\mathrm{d}t = \int \frac{\mathrm{d}t}{t^2+1}$$

$$= \arctan t+C = \arctan\sqrt{x^2-1}+C.$$

当 $x<-1$ 时，$x=-\sqrt{t^2+1}$，$\mathrm{d}x=-\dfrac{t}{\sqrt{t^2+1}}\mathrm{d}t$，于是

$$\int \frac{\mathrm{d}x}{x\sqrt{x^2-1}} = \int \frac{\mathrm{d}t}{t^2+1} = \arctan t+C = \arctan\sqrt{x^2-1}+C.$$

以上几种解法无疑都是正确的，虽然答案的形式可能不一样，但经过变形，可以发现彼此间最多相差一个常数.

例 6-44　求 $\displaystyle\int \frac{\sqrt{a^2-x^2}}{x^4}\mathrm{d}x$.

解　**方法一**　令 $x=a\sin t\left(-\dfrac{\pi}{2}<t<\dfrac{\pi}{2}\right)$，则 $\mathrm{d}x=a\cos t\,\mathrm{d}t$. 于是

$$\int \frac{\sqrt{a^2-x^2}}{x^4}\mathrm{d}x = \int \frac{a^2\cos^2 t\,\mathrm{d}t}{a^4\sin^4 t} = \int \frac{1}{a^2}\cot^2 t\csc^2 t\,\mathrm{d}t = -\frac{1}{a^2}\int \cot^2 t\,\mathrm{d}(\cot t)$$

$$= -\frac{1}{3a^2}\cot^3 t+C = -\frac{1}{3a^2}\left(\frac{\sqrt{a^2-x^2}}{x}\right)^3+C$$

$$= -\frac{(a^2-x^2)^{\frac{3}{2}}}{3a^2 x^3}+C.$$

方法二 令 $x = \dfrac{1}{t}$，则 $\mathrm{d}x = -\dfrac{1}{t^2}\mathrm{d}t$. 于是

$$\int \frac{\sqrt{a^2 - x^2}}{x^4}\mathrm{d}x = \int \frac{\sqrt{a^2 - \left(\dfrac{1}{t}\right)^2}}{\left(\dfrac{1}{t}\right)^4}\left(-\frac{1}{t^2}\right)\mathrm{d}t = -\int \sqrt{a^2 t^2 - 1}\,|t|\,\mathrm{d}t.$$

当 $x > 0$ 时，

$$\int \frac{\sqrt{a^2 - x^2}}{x^4}\mathrm{d}x = -\int \sqrt{a^2 t^2 - 1}\,t\mathrm{d}t = -\frac{1}{2a^2}\int \sqrt{a^2 t^2 - 1}\,\mathrm{d}(a^2 t^2 - 1)$$

$$= -\frac{(a^2 t^2 - 1)^{\frac{3}{2}}}{3a^2} + C = -\frac{(a^2 - x^2)^{\frac{3}{2}}}{3a^2 x^3} + C.$$

当 $x < 0$ 时，

$$\int \frac{\sqrt{a^2 - x^2}}{x^4}\mathrm{d}x = -\int \sqrt{a^2 t^2 - 1}\,(-t)\mathrm{d}t = \frac{1}{2a^2}\int \sqrt{a^2 t^2 - 1}\,\mathrm{d}(a^2 t^2 - 1)$$

$$= \frac{(a^2 t^2 - 1)^{\frac{3}{2}}}{3a^2} + C = -\frac{(a^2 - x^2)^{\frac{3}{2}}}{3a^2 x^3} + C.$$

所以

$$\int \frac{\sqrt{a^2 - x^2}}{x^4}\mathrm{d}x = -\frac{(a^2 - x^2)^{\frac{3}{2}}}{3a^2 x^3} + C.$$

从上面几个例题可以看出，换元积分法的运用没有通用的一般途径可循，但熟记一些典型例题，对拓展思路、简化运算有很大的帮助. 在此，我们列出一些比较重要的积分公式，作为基本积分公式的补充：

$$\int \tan x\mathrm{d}x = -\ln|\cos x| + C = \ln|\sec x| + C;$$

$$\int \cot x\mathrm{d}x = \ln|\sin x| + C = -\ln|\csc x| + C;$$

$$\int \sec x\mathrm{d}x = \ln|\sec x + \tan x| + C;$$

$$\int \csc x\mathrm{d}x = \ln|\csc x - \cot x| + C;$$

$$\int \frac{1}{a^2 - x^2}\mathrm{d}x = \frac{1}{2a}\ln\left|\frac{x + a}{x - a}\right| + C \quad (a > 0);$$

$$\int \frac{1}{a^2 + x^2}\mathrm{d}x = \frac{1}{a}\arctan \frac{x}{a} + C \quad (a > 0);$$

$$\int \frac{1}{\sqrt{a^2 - x^2}}\mathrm{d}x = \arcsin \frac{x}{a} + C \quad (a > 0);$$

$$\int \sqrt{a^2 - x^2}\, dx = \frac{x}{2}\sqrt{a^2 - x^2} + \frac{a^2}{2}\arcsin\frac{x}{a} + C \quad (a > 0);$$

$$\int \frac{1}{\sqrt{x^2 \pm a^2}}\, dx = \ln\left| x + \sqrt{x^2 \pm a^2}\right| + C \quad (a > 0).$$

例 6-45 求 $\int \dfrac{dx}{\sqrt{4x^2 + 9}}$.

解 $\displaystyle\int \frac{dx}{\sqrt{4x^2 + 9}} = \int \frac{dx}{\sqrt{(2x)^2 + 3^2}} = \frac{1}{2}\int \frac{d(2x)}{\sqrt{(2x)^2 + 3^2}}$

$$= \frac{1}{2}\ln\left(2x + \sqrt{4x^2 + 9}\right) + C.$$

例 6-46 求 $\int \dfrac{dx}{\sqrt{x^2 + 2x + 3}}$.

解 $\displaystyle\int \frac{dx}{\sqrt{x^2 + 2x + 3}} = \int \frac{d(x+1)}{\sqrt{(x+1)^2 + (\sqrt{2})^2}} = \ln\left(x + 1 + \sqrt{x^2 + 2x + 3}\right) + C.$

例 6-47 求 $\int \dfrac{dx}{\sqrt{1 + x - x^2}}$.

解 $\displaystyle\int \frac{dx}{\sqrt{1 + x - x^2}} = \int \frac{d\left(x - \dfrac{1}{2}\right)}{\sqrt{\left(\dfrac{\sqrt{5}}{2}\right)^2 - \left(x - \dfrac{1}{2}\right)^2}}$

$$= \arcsin\frac{x - \dfrac{1}{2}}{\dfrac{\sqrt{5}}{2}} + C$$

$$= \arcsin\frac{2x - 1}{\sqrt{5}} + C.$$

本节小结

本节主要介绍了求不定积分的第一换元积分法和第二换元积分法（根式代换、三角代换、倒代换）.注意：

1. 第一换元积分法（凑微分法）主要利用基本初等函数的微分公式进行凑微分. 读者应该熟练掌握常见的凑微分形式,并结合被积函数的复合结构进行凑微分,凑微分时首先应该确定被积函数的主体.

2. 应用第二换元积分法时不能只对被积函数作换元,应该对整个积分表达式作换元,即 dx 也必须换元.

3. 应用换元积分法必须回代,结果用原积分变量表示,特别要注意三角代换的回代技巧.

练习 6.3

基础题

1. 用第一换元积分法求下列不定积分:

(1) $\int (5x - 3)^8 dx$;

(2) $\int x\sqrt{2x^2 - 1}\, dx$;

(3) $\int \dfrac{\sqrt{1 + \ln x}}{x} dx$;

(4) $\int e^{-x} dx$;

(5) $\int \csc x\, dx$;

(6) $\int \sin^2 x \cdot \cos^4 x\, dx$;

(7) $\int \dfrac{x^2}{x + 1} dx$;

(8) $\int \dfrac{x}{x^2 + 1} dx$;

(9) $\int \dfrac{1}{x^2 + 2x + 1} dx$;

(10) $\int \dfrac{1}{x^2 + 2x - 3} dx$;

(11) $\int \dfrac{1}{x^2 + 2x + 5} dx$;

(12) $\int \dfrac{1}{\sin^2 x + 3\cos^2 x} dx$;

(13) $\int f(ax + b) dx\, (a \neq 0)$,其中 $F'(u) = f(u)$.

2. 用第二换元积分法求下列不定积分:

(1) $\int \dfrac{1}{1 + \sqrt{x + 2}} dx$;

(2) $\int \dfrac{x^3}{1 + \sqrt[3]{1 + x^4}} dx$;

(3) $\int \dfrac{1}{\sqrt{(1 - x^2)^3}} dx$;

(4) $\int \dfrac{1}{x^2\sqrt{3 + x^2}} dx$;

(5) $\int \dfrac{1}{\sqrt{1 + 9x^2}} dx$;

(6) $\int \dfrac{x^2}{\sqrt{a^2 - x^2}} dx\, (a > 0)$;

(7) $\int \dfrac{1}{\sqrt{1 + 4x + x^2}} dx$.

提高题

用换元积分法计算下列不定积分:

(1) $\displaystyle\int \frac{x^2 - 1}{x^4 + 1} \mathrm{d}x$;

(2) $\displaystyle\int \frac{1}{1 - x^2} \ln \frac{1 + x}{1 - x} \mathrm{d}x$;

(3) $\displaystyle\int \frac{\cos x}{\sqrt{2 + \cos x}} \mathrm{d}x$;

(4) $\displaystyle\int \frac{\sin x + \cos x}{\sqrt[3]{\sin x - \cos x}} \mathrm{d}x$;

(5) $\displaystyle\int \frac{x + 2}{x^2 + 3x + 4} \mathrm{d}x$.

§6.4 分部积分法

分部积分法是计算不定积分时应用比较广泛的一种方法:由函数乘积的求导公式导出求原函数的公式,运用它可以将一个积分转化为另一个积分.

定理 6-5 若函数 $u = u(x)$ 和 $v = v(x)$ 都有连续的导数,则

$$\int u(x)v'(x)\mathrm{d}x = u(x)v(x) - \int u'(x)v(x)\mathrm{d}x \tag{6-5}$$

或

$$\int u(x)\mathrm{d}(v(x)) = u(x)v(x) - \int v(x)\mathrm{d}(u(x)). \tag{6-6}$$

式(6-6)可简记为

$$\int u\mathrm{d}v = uv - \int v\mathrm{d}u.$$

证明 因为

$$\mathrm{d}(uv) = v\mathrm{d}u + u\mathrm{d}v,$$

即

$$u\mathrm{d}v = \mathrm{d}(uv) - v\mathrm{d}u,$$

上式两端积分得

$$\int u\mathrm{d}v = uv - \int v\mathrm{d}u.$$

式(6-5)和式(6-6)称为**分部积分公式**.它将两个积分 $\int u\mathrm{d}v$, $\int v\mathrm{d}u$ 互相转化,只要能求出其中一个,就能求出另一个.在实际运用中希望将其中一个较难的积分转化为另一个较为简单的积分.

例 6-48 求不定积分 $\displaystyle\int x\mathrm{e}^x \mathrm{d}x$.

解 这个积分用直接积分法或换元积分法都不易得出结果,现在我们用分部积分法求解.

被积函数 xe^x 是两个函数的乘积, 选其中一个为 u, 另一个为 v'.

若选 $u=e^x, dv=xdx$, 则 $v=\dfrac{1}{2}x^2$ (为方便计算, 此处及以后相应处均省略任意常数). 代入分部积分公式, 有

$$\int xe^x dx = e^x \cdot \frac{1}{2}x^2 - \int (e^x)' \frac{1}{2}x^2 dx = \frac{1}{2}x^2 e^x - \frac{1}{2}\int x^2 e^x dx.$$

上式右端的不定积分比原积分更不易求出, 所以此种选取方式不妥.

若取 $u=x, dv=e^x dx$, 则 $v=e^x$. 于是

$$\int xe^x dx = xe^x - \int (x)' e^x dx = xe^x - \int e^x dx = xe^x - e^x + C.$$

例 6-49　求不定积分 $\displaystyle\int x\sin 2xdx$.

解　若取 $u=x, dv=\sin 2xdx$, 则 $v=-\dfrac{1}{2}\cos 2x$. 于是

$$\int x\sin 2xdx = x\left(-\frac{1}{2}\cos 2x\right) - \int \left(-\frac{1}{2}\cos 2x\right) dx$$

$$= -\frac{x}{2}\cos 2x + \frac{1}{4}\sin 2x + C.$$

在分部积分中, 必须适当地选取 u 和 dv, 才能将较难的积分转化为另一个较为简单的积分, 选取 u 和 dv 时要考虑下面两点:

（1）能比较方便地从 dv 求得 v;

（2）$\displaystyle\int vdu$ 较 $\displaystyle\int udv$ 更容易计算.

考虑到这两点, 一般地, 幂函数、对数函数、反正弦函数、反正切函数等函数微分后会"简单"些, 宜取作 $u(x)$, 而经积分后会"简单"些的函数宜取作 $v(x)$.

对分部积分的运算比较熟练以后, 可以省略变量代换的过程, 以简化运算步骤.

例 6-50　求不定积分 $\displaystyle\int x\ln xdx$.

解　$\displaystyle\int x\ln xdx = \int \ln xd\left(\frac{x^2}{2}\right) = \frac{1}{2}x^2\ln x - \int \frac{x^2}{2} \cdot \frac{1}{x}dx = \frac{1}{2}x^2\ln x - \frac{1}{4}x^2 + C.$

例 6-51　求不定积分 $\displaystyle\int \arctan xdx$.

解　$\displaystyle\int \arctan xdx = x\arctan x - \int \frac{x}{1+x^2}dx = x\arctan x - \frac{1}{2}\ln(1+x^2) + C.$

对某些不定积分来说, 有时需用连续用若干次分部积分公式, 如下例.

例 6-52　求不定积分 $\displaystyle\int \ln^2 xdx$.

解　$\displaystyle\int \ln^2 xdx = x\ln^2 x - \int x \cdot 2\ln x \cdot \frac{1}{x}dx$

$$= x\ln^2 x - 2\int \ln x \mathrm{d}x$$

$$= x\ln^2 x - 2\left(x\ln x - \int x \cdot \frac{1}{x}\mathrm{d}x\right)$$

$$= x\ln^2 x - 2\left(x\ln x - \int \mathrm{d}x\right)$$

$$= x\ln^2 x - 2(x\ln x - x + C_1)$$

$$= x\ln^2 x - 2x\ln x + 2x + C \quad (C = -2C_1).$$

例 6-53 求不定积分 $\int e^x \sin x \mathrm{d}x$.

解 $\int e^x \sin x \mathrm{d}x = e^x \sin x - \int e^x \cos x \mathrm{d}x.$

分部积分法

上式最后一个积分与原积分是同一类型的,对它再用一次分部积分,有

$$\int e^x \sin x \mathrm{d}x = e^x \sin x - \int e^x \cos x \mathrm{d}x$$

$$= e^x \sin x - \left[e^x \cos x - \int e^x(-\sin x)\mathrm{d}x\right]$$

$$= e^x \sin x - e^x \cos x - \int e^x \sin x \mathrm{d}x.$$

右端的积分与原积分相同,把它移到左端并与原积分合并,再在两端同时除以 2,得

$$\int e^x \sin x \mathrm{d}x = \frac{1}{2}e^x(\sin x - \cos x) + C.$$

这种形式的积分方法又称为**回复积分法**.

例 6-54 求不定积分 $\int \sqrt{x^2 + a^2}\,\mathrm{d}x$.

解 $\int \sqrt{x^2 + a^2}\,\mathrm{d}x = x\sqrt{x^2 + a^2} - \int \frac{x^2}{\sqrt{x^2 + a^2}}\mathrm{d}x$

$$= x\sqrt{x^2 + a^2} - \int \frac{x^2 + a^2 - a^2}{\sqrt{x^2 + a^2}}\mathrm{d}x$$

$$= x\sqrt{x^2 + a^2} - \int \left(\sqrt{x^2 + a^2} - \frac{a^2}{\sqrt{x^2 + a^2}}\right)\mathrm{d}x$$

$$= x\sqrt{x^2 + a^2} - \int \sqrt{x^2 + a^2}\,\mathrm{d}x + a^2\int \frac{1}{\sqrt{x^2 + a^2}}\mathrm{d}x.$$

移项得

$$2\int \sqrt{x^2 + a^2}\,\mathrm{d}x = x\sqrt{x^2 + a^2} + a^2\int \frac{1}{\sqrt{x^2 + a^2}}\mathrm{d}x.$$

从而

$$\int \sqrt{x^2 + a^2}\,\mathrm{d}x = \frac{1}{2}x\sqrt{x^2 + a^2} + \frac{a^2}{2}\ln(x + \sqrt{x^2 + a^2}) + C.$$

从例 6-54 中我们看到,利用分部积分公式可以通过移项解方程的方法求不定积分,这是分部积分公式的一个特点,出现这种情形往往需要多次应用分部积分公式. 值得注意的是,连续使用分部积分公式时的 $u(x)$,$v(x)$ 选择要一致,否则将会得到 $I=I$ 的方程.

例 6-55 求不定积分 $\int e^{ax}\sin bx\mathrm{d}x$.

解 $\int e^{ax}\sin bx\mathrm{d}x = \int \sin bx\mathrm{d}\left(\dfrac{e^{ax}}{a}\right)$

$$= \frac{e^{ax}}{a}\sin bx - \frac{b}{a}\int e^{ax}\cos bx\mathrm{d}x$$

$$= \frac{e^{ax}}{a}\sin bx - \frac{b}{a^2}\int \cos bx\mathrm{d}(e^{ax})$$

$$= \frac{e^{ax}}{a}\sin bx - \frac{b}{a^2}e^{ax}\cos bx - \frac{b^2}{a^2}\int e^{ax}\sin bx\mathrm{d}x.$$

移项得

$$\int e^{ax}\sin bx\mathrm{d}x = \frac{e^{ax}(a\sin bx - b\cos bx)}{a^2 + b^2} + C.$$

例 6-56 求不定积分 $\int \sec^3 x\mathrm{d}x$.

解 $\int \sec^3 x\mathrm{d}x = \int \sec x\mathrm{d}(\tan x)$

$$= \sec x\tan x - \int (\sec x)'\tan x\mathrm{d}x$$

$$= \sec x\tan x - \int \sec x\tan^2 x\mathrm{d}x$$

$$= \sec x\tan x - \int \sec x(\sec^2 x - 1)\mathrm{d}x$$

$$= \sec x\tan x - \int (\sec^3 x - \sec x)\mathrm{d}x$$

$$= \sec x\tan x - \int \sec^3 x\mathrm{d}x + \ln|\sec x + \tan x|.$$

移项得

$$\int \sec^3 x\mathrm{d}x = \frac{1}{2}(\sec x\tan x + \ln|\sec x + \tan x|) + C.$$

在积分过程中,往往要兼用几种积分方法,如下例.

例 6-57 求不定积分 $\int e^{\sqrt{x}}\mathrm{d}x$.

解   令 $t=\sqrt{x}$,则 $x=t^2$,$\mathrm{d}x=2t\mathrm{d}t$. 于是

$$\int e^{\sqrt{x}} dx = \int 2te^t dt = 2\left(te^t - \int e^t dt\right)$$

$$= 2(te^t - e^t) + C = 2e^{\sqrt{x}}(\sqrt{x} - 1) + C.$$

例 6-58 求不定积分 $\displaystyle\int \frac{x + \sin x}{1 + \cos x} dx$.

解 $\displaystyle\int \frac{x + \sin x}{1 + \cos x} dx = \int \frac{x + \sin x}{2\cos^2 \dfrac{x}{2}} dx = \int \frac{x}{2\cos^2 \dfrac{x}{2}} dx + \int \frac{\sin x}{2\cos^2 \dfrac{x}{2}} dx$

$$= \int x d\left(\tan \frac{x}{2}\right) + \int \frac{2\sin \dfrac{x}{2}\cos \dfrac{x}{2}}{2\cos^2 \dfrac{x}{2}} dx$$

$$= x\tan \frac{x}{2} - \int \tan \frac{x}{2} dx + \int \tan \frac{x}{2} dx$$

$$= x\tan \frac{x}{2} + C.$$

例 6-59 求不定积分 $I_n = \displaystyle\int \cos^n x dx$.

解 $I_n = \displaystyle\int \cos^n x dx = \int \cos^{n-1} x d(\sin x)$

$$= \sin x\cos^{n-1} x + (n - 1)\int \sin^2 x\cos^{n-2} x dx$$

$$= \sin x\cos^{n-1} x + (n - 1)\int \cos^{n-2} x dx - (n - 1)\int \cos^n x dx$$

$$= \sin x\cos^{n-1} x + (n - 1)I_{n-2} - (n - 1)I_n.$$

得到递推公式

$$I_n = \frac{1}{n}\sin x\cos^{n-1} x + \frac{n-1}{n}I_{n-2}.$$

利用容易求得的 $I_0 = \displaystyle\int dx = x + C$ 和 $I_1 = \displaystyle\int \cos x dx = \sin x + C$，再利用上面得到的递推

公式计算 $I_n = \displaystyle\int \cos^n x dx$.

例 6-60 求不定积分 $I_n = \displaystyle\int \frac{1}{(a^2 + x^2)^n} dx \ (n \in \mathbf{N}_+)$.

解 用分部积分法，当 $n > 1$ 时，有

$$I_{n-1} = \int \frac{1}{(a^2 + x^2)^{n-1}} dx = \frac{x}{(a^2 + x^2)^{n-1}} + 2(n - 1)\int \frac{x^2}{(a^2 + x^2)^n} dx$$

$$= \frac{x}{(a^2 + x^2)^{n-1}} + 2(n-1) \int \left[\frac{1}{(a^2 + x^2)^{n-1}} - \frac{a^2}{(a^2 + x^2)^n} \right] \mathrm{d}x.$$

得到递推公式

$$I_{n-1} = \frac{x}{(a^2 + x^2)^{n-1}} + 2(n-1)(I_{n-1} - a^2 I_n),$$

即

$$I_n = \frac{1}{2a^2(n-1)} \left[\frac{x}{(a^2 + x^2)^{n-1}} + (2n-3) I_{n-1} \right]. \tag{6-7}$$

由递推公式可逐步推得 I_n，如由 $I_1 = \frac{1}{a} \arctan \frac{x}{a} + C$ 可推出

$$I_2 = \int \frac{1}{(a^2 + x^2)^2} \mathrm{d}x = \frac{1}{2a^2} \left(\frac{x}{a^2 + x^2} + \frac{1}{a} \arctan \frac{x}{a} \right) + C.$$

该递推公式后面还会用到.

例 6-61　已知 $f(x)$ 的一个原函数是 e^{-x^2}，求 $\int x f'(x) \mathrm{d}x$.

解　$\int x f'(x) \mathrm{d}x = \int x \mathrm{d}f(x) = x f(x) - \int f(x) \mathrm{d}x.$

而已知 $f(x)$ 的一个原函数是 e^{-x^2}，所以

$$\int f(x) \mathrm{d}x = \mathrm{e}^{-x^2} + C.$$

两端同时对 x 求导，得

$$f(x) = -2x \mathrm{e}^{-x^2}.$$

故

$$\int x f'(x) \mathrm{d}x = x f(x) - \int f(x) \mathrm{d}x = -2x^2 \mathrm{e}^{-x^2} - \mathrm{e}^{-x^2} + C' \ (C' = -C).$$

至此，我们已经讨论了一些求不定积分的最基本的方法，在积分过程中，有的积分一题多解，有的积分要兼用多种积分方法，灵活运用这些方法，需要加强练习.

本节小结

本节主要介绍了不定积分的分部积分法，适用分部积分法的被积函数类型比较典型，主要有幂函数与指数函数乘积、幂函数与三角函数乘积、幂函数与对数函数乘积、指数函数与三角函数乘积、三角函数与三角函数乘积等形式.注意：

1. 部分不定积分需要适当换元后才能使用分部积分法，最后回代变量.

2. 有时使用分部积分法会导出递推公式，要特别注意递推技巧.

练习 6.4

基础题

1. 求下列不定积分:

(1) $\int \ln x \mathrm{d}x$;

(2) $\int x^2 \sin x \mathrm{d}x$;

(3) $\int \dfrac{x\cos x}{\sin^3 x} \mathrm{d}x$;

(4) $\int \dfrac{x^2}{(1+x^2)^2} \mathrm{d}x$;

(5) $\int \csc^3 x \mathrm{d}x$;

(6) $\int \dfrac{x^2}{\sqrt{a^2+x^2}} \mathrm{d}x$ $(a > 0)$;

(7) $\int \arcsin x \mathrm{d}x$;

(8) $\int \mathrm{e}^x \cos x \mathrm{d}x$;

(9) $\int \cos\sqrt{x} \mathrm{d}x$;

(10) $\int \dfrac{\arctan \mathrm{e}^x}{\mathrm{e}^x} \mathrm{d}x$.

2. 设 $f(x)$ 的一个原函数是 $\dfrac{\sin x}{x}$,求 $\int xf'(x) \mathrm{d}x$.

提高题

1. 利用分部积分法计算 $I_n = \int \dfrac{x^2 \mathrm{e}^x}{(x+2)^2} \mathrm{d}x$.

2. 证明:若 $I_n = \int \tan^n x \mathrm{d}x (n = 2,3,\cdots)$,则 $I_n = \dfrac{1}{n-1} \tan^{n-1} x - I_{n-2}$.

*§6.5 几种特殊类型函数的积分

一、有理函数及其分解

有理函数又称为有理分式,是指由两个多项式的商所表示的函数,即具有下列形式的函数:

$$\frac{P(x)}{Q(x)}=\frac{a_0x^n+a_1x^{n-1}+\cdots+a_{n-1}x+a_n}{b_0x^m+b_1x^{m-1}+\cdots+b_{m-1}x+b_m},\qquad(6\text{-}8)$$

其中 m 和 n 都是非负整数,$a_0,a_1,\cdots,a_n$ 及 $b_0,b_1,\cdots,b_m$ 为实数,且 $a_0b_0\neq0$.

我们假定多项式 $P(x)$ 和 $Q(x)$ 没有公因式.当 $P(x)$ 的次数 n 小于 $Q(x)$ 的次数 m 时,称有理函数(6-8)为真分式;当 $n\geq m$ 时,称它为假分式.

利用多项式的除法,我们总可以将一个假分式化为一个多项式和一个真分式之和的形式,如

$$\frac{x^5}{x^3+x-2}=x^2-1+\frac{2x^2+x-2}{x^3+x-2}.$$

多项式的积分,我们已经会求了,而要计算真分式的积分,则需要用到真分式的下列性质.

性质 6-4　多项式 $Q(x)$ 在实数范围内总可以唯一地分解为一次因式和二次质因式①的乘积,即

$$Q(x)=b_0x^m+b_1x^{m-1}+\cdots+b_{m-1}x+b_m$$

$$=b_0(x-a)^\alpha\cdots(x-b)^\beta(x^2+px+q)^\lambda\cdots(x^2+rx+s)^\mu,\qquad(6\text{-}9)$$

其中 $p^2-4q<0,\cdots,r^2-4s<0$.

例如,若 $Q(x)=x^4+1$,则 $Q(x)=(x^2+\sqrt{2}x+1)(x^2-\sqrt{2}x+1)$.

性质 6-5　若

$$Q(x)=b_0(x-a)^\alpha\cdots(x-b)^\beta(x^2+px+q)^\lambda\cdots(x^2+rx+s)^\mu$$

(其中 $p^2-4q<0,\cdots,r^2-4s<0$),则真分式 $\dfrac{P(x)}{Q(x)}$ 可唯一地分解成如下形式的部分分式之和:

$$\frac{P(x)}{Q(x)}=\frac{A_1}{x-a}+\frac{A_2}{(x-a)^2}+\cdots+\frac{A_\alpha}{(x-a)^\alpha}+\cdots+\frac{B_1}{x-b}+\frac{B_2}{(x-b)^2}+\cdots+\frac{B_\beta}{(x-b)^\beta}+$$

$$\frac{M_1x+N_1}{x^2+px+q}+\frac{M_2x+N_2}{(x^2+px+q)^2}+\cdots+\frac{M_\lambda x+N_\lambda}{(x^2+px+q)^\lambda}+$$

$$\frac{R_1x+S_1}{x^2+rx+s}+\frac{R_2x+S_2}{(x^2+rx+s)^2}+\cdots+\frac{R_\mu x+S_\mu}{(x^2+rx+s)^\mu},$$

其中 $A_i(i=1,2,\cdots,\alpha),B_j(j=1,2,\cdots,\beta),M_k,N_k(k=1,2,\cdots,\lambda),R_l,S_l(l=1,2,\cdots,\mu)$ 均为常数.

有理函数化为部分分式之和的一般规律:

(1) 若分母 $Q(x)$ 中有因式 $(x-a)^k$,则分解后有下列 k 个部分分式之和:

$$\frac{A_1}{x-a}+\frac{A_2}{(x-a)^2}+\cdots+\frac{A_k}{(x-a)^k}.$$

---

① 质因式是指除自身和数字因式外,不能再分解为其他因式的积的因式.

特别地, 当 $k=1$ 时, 分解后只有一项 $\dfrac{A}{x-a}$.

（2）若分母 $Q(x)$ 中有因式 $(x^2+px+q)^k$（其中 $p^2-4q<0$）, 则分解后有下列 k 个部分分式之和:

$$\frac{M_1x+N_1}{x^2+px+q}+\frac{M_2x+N_2}{(x^2+px+q)^2}+\cdots+\frac{M_kx+N_k}{(x^2+px+q)^k}.$$

特别地, 当 $k=1$ 时, 分解后只有一项 $\dfrac{Mx+N}{x^2+px+q}$.

例如, 真分式

$$\frac{1}{x(x-1)^2}=\frac{A}{x}+\frac{B}{x-1}+\frac{C}{(x-1)^2},$$

A,B,C 为待定系数, 可以用如下方法求出待定系数:

方法一　两端去分母, 得 $A(x-1)^2+Bx(x-1)+Cx=1$, 即

$$(A+B)x^2+(C-2A-B)x+A=1.$$

这是一个恒等式, 因此左、右两端多项式中 x 的同次幂的系数相等, 有

$$\begin{cases} A+B=0, \\ C-2A-B=0, \\ A=1, \end{cases}$$

从而解得

$$A=1,\ B=-1,\ C=1.$$

方法二　两端去分母, 得 $A(x-1)^2+Bx(x-1)+Cx=1$, 在等式中代入特殊的 x 值, 从而求出待定系数.

令 $x=1$, 得 $C=1$; 令 $x=0$, 得 $A=1$; 令 $x=2$, 得 $B=-1$.

所以

$$\frac{1}{x(x-1)^2}=\frac{1}{x}-\frac{1}{x-1}+\frac{1}{(x-1)^2}.$$

例 6-62　将下列各分式化为部分分式之和:

（1）$\dfrac{3x-4}{x^2-3x+2}$;　　　　　　　　（2）$\dfrac{4}{x(x^2+4)}$;

（3）$\dfrac{x^3+1}{x(x-1)^3}$;　　　　　　　　（4）$\dfrac{2x+2}{(x-1)(x^2+1)^2}$.

解　（1）分母 $x^2-3x+2=(x-1)(x-2)$, 故设

$$\frac{3x-4}{x^2-3x+2}=\frac{3x-4}{(x-1)(x-2)}=\frac{A}{x-1}+\frac{B}{x-2},$$

两端去分母, 得

$$3x-4=A(x-2)+B(x-1).$$

令 $x=1$, 得 $A=1$; 令 $x=2$, 得 $B=2$. 所以

$$\frac{3x-4}{x^2-3x+2}=\frac{1}{x-1}+\frac{2}{x-2}.$$

（2）设 $\dfrac{4}{x(x^2+4)}=\dfrac{A}{x}+\dfrac{Bx+C}{x^2+4}$，两端去分母，得

$$4=A(x^2+4)+(Bx+C)x.$$

比较左、右两端 x 的同次幂系数，得

$$\begin{cases} A+B=0, \\ C=0, \\ 4A=4, \end{cases}$$

解得

$$A=1, \quad B=-1, \quad C=0.$$

所以

$$\frac{4}{x(x^2+4)}=\frac{1}{x}-\frac{x}{x^2+4}.$$

（3）设 $\dfrac{x^3+1}{x(x-1)^3}=\dfrac{A}{x}+\dfrac{B}{x-1}+\dfrac{C}{(x-1)^2}+\dfrac{D}{(x-1)^3}$，两端去分母，得

$$x^3+1=A(x-1)^3+Bx(x-1)^2+Cx(x-1)+Dx.$$

令 $x=1$，得 $D=2$；令 $x=0$，得 $A=-1$。

比较 x^3 的系数，得 $A+B=1$，解得 $B=2$。

比较 x^2 的系数，得 $-3A-2B+C=0$，解得 $C=1$。

所以

$$\frac{x^3+1}{x(x-1)^3}=\frac{-1}{x}+\frac{2}{x-1}+\frac{1}{(x-1)^2}+\frac{2}{(x-1)^3}.$$

（4）设 $\dfrac{2x+2}{(x-1)(x^2+1)^2}=\dfrac{A}{x-1}+\dfrac{B_1x+C_1}{x^2+1}+\dfrac{B_2x+C_2}{(x^2+1)^2}$，两端去分母，得

$$2x+2=A(x^2+1)^2+(B_1x+C_1)(x-1)(x^2+1)+(B_2x+C_2)(x-1).$$

比较左、右两端 x 的同次幂系数，得

$$\begin{cases} A+B_1=0, \\ -B_1+C_1=0, \\ 2A+B_1-C_1+B_2=0, \\ -B_1+C_1-B_2+C_2=2, \\ A-C_1-C_2=2, \end{cases}$$

解得

$$A=1, \quad B_1=-1, \quad C_1=-1, \quad B_2=-2, \quad C_2=0.$$

所以

$$\frac{2x+2}{(x-1)(x^2+1)^2}=\frac{1}{x-1}-\frac{x+1}{x^2+1}-\frac{2x}{(x^2+1)^2}.$$

二、有理函数的积分

有理函数的积分可化为多项式的积分和有理真分式的积分. 多项式的积分问题早已解决,并且通过前面对有理真分式分解的讨论,可将有理真分式的积分归结为以下四种类型的分式的积分问题:

(1) $\displaystyle\int\frac{A}{x-a}\mathrm{d}x$;   (2) $\displaystyle\int\frac{A}{(x-a)^n}\mathrm{d}x(n>1)$;

(3) $\displaystyle\int\frac{Mx+N}{x^2+px+q}\mathrm{d}x$;   (4) $\displaystyle\int\frac{Mx+N}{(x^2+px+q)^n}\mathrm{d}x(n>1)$,

其中 $p^2-4q<0$.

下面分别对它们进行讨论.

(1) $\displaystyle\int\frac{A}{x-a}\mathrm{d}x=A\int\frac{1}{x-a}\mathrm{d}(x-a)=A\ln|x-a|+C.$

(2) $\displaystyle\int\frac{A}{(x-a)^n}\mathrm{d}x=A\int\frac{1}{(x-a)^n}\mathrm{d}(x-a)=A\frac{1}{1-n}(x-a)^{1-n}+C$

$$=\frac{A}{1-n}\frac{1}{(x-a)^{n-1}}+C\quad(n>1).$$

(3) 对于 $\displaystyle\int\frac{Mx+N}{x^2+px+q}\mathrm{d}x$, 由 x^2+px+q 分出完全平方项,有

$$x^2+px+q=x^2+2\cdot\frac{p}{2}\cdot x+\left(\frac{p}{2}\right)^2+\left(q-\frac{p^2}{4}\right)=\left(x+\frac{p}{2}\right)^2+\left(q-\frac{p^2}{4}\right).$$

由于 $p^2-4q<0$,所以 $q-\dfrac{p^2}{4}>0$,不妨记 $q-\dfrac{p^2}{4}=a^2$,并作代换 $t=x+\dfrac{p}{2}$,则

$$\mathrm{d}x=\mathrm{d}t,\quad Mx+N=Mt+\left(N-\frac{M}{2}p\right).$$

于是

$$\int\frac{Mx+N}{x^2+px+q}\mathrm{d}x=\int\frac{Mt+\left(N-\frac{M}{2}p\right)}{t^2+a^2}\mathrm{d}t$$

$$=M\int\frac{t}{t^2+a^2}\mathrm{d}t+\left(N-\frac{M}{2}p\right)\int\frac{1}{t^2+a^2}\mathrm{d}t$$

$$=\frac{M}{2}\int\frac{1}{t^2+a^2}\mathrm{d}(t^2+a^2)+\left(N-\frac{M}{2}p\right)\int\frac{1}{t^2+a^2}\mathrm{d}t$$

$$=\frac{M}{2}\ln(t^2+a^2)+\frac{1}{a}\left(N-\frac{M}{2}p\right)\arctan\frac{t}{a}+C.$$

代回变量 x,有

$$\int \frac{Mx + N}{x^2 + px + q} dx = \frac{M}{2} \ln(x^2 + px + q) + \frac{2N - Mp}{\sqrt{4q - p^2}} \arctan \frac{2x + p}{\sqrt{4q - p^2}} + C.$$

(4) 对于 $\int \frac{Mx + N}{(x^2 + px + q)^n} dx$,利用(3)中同样的代换,可得

$$\int \frac{Mx + N}{(x^2 + px + q)^n} dx = \frac{M}{2} \int \frac{2t}{(t^2 + a^2)^n} dt + \left(N - \frac{M}{2} p\right) \int \frac{1}{(t^2 + a^2)^n} dt.$$

上式的第一个积分通过凑微分即可求出:

$$\int \frac{2t}{(t^2 + a^2)^n} dt = -\frac{1}{n - 1} \cdot \frac{1}{(t^2 + a^2)^{n-1}} + C.$$

对于第二个积分,可以利用 §6.4 中例 6-60 求出.

有了以上四种类型的积分,我们就可以求出任何有理函数的积分.

例 6-63   求 $\int \frac{3x - 4}{x^2 - 3x + 2} dx$.

解   由例 6-62,$\frac{3x-4}{x^2-3x+2} = \frac{1}{x-1} + \frac{2}{x-2}$,所以

$$\int \frac{3x - 4}{x^2 - 3x + 2} dx = \int \left(\frac{1}{x - 1} + \frac{2}{x - 2}\right) dx$$

$$= \int \frac{1}{x - 1} dx + \int \frac{2}{x - 2} dx$$

$$= \ln|x - 1| + 2\ln|x - 2| + C.$$

例 6-64   求 $\int \frac{x^3 + 1}{x(x - 1)^3} dx$.

解   由例 6-62,$\frac{x^3+1}{x(x-1)^3} = \frac{-1}{x} + \frac{2}{x-1} + \frac{1}{(x-1)^2} + \frac{2}{(x-1)^3}$,所以

$$\int \frac{x^3 + 1}{x(x - 1)^3} dx = \int \left[\frac{-1}{x} + \frac{2}{x - 1} + \frac{1}{(x - 1)^2} + \frac{2}{(x - 1)^3}\right] dx$$

$$= -\int \frac{1}{x} dx + \int \frac{2}{x - 1} dx + \int \frac{1}{(x - 1)^2} dx + \int \frac{2}{(x - 1)^3} dx$$

$$= -\ln|x| + 2\ln|x - 1| - \frac{1}{x - 1} - \frac{1}{(x - 1)^2} + C.$$

例 6-65   求 $\int \frac{2x + 2}{(x - 1)(x^2 + 1)^2} dx$.

解   由例 6-62,$\frac{2x+2}{(x-1)(x^2+1)^2} = \frac{1}{x-1} - \frac{x+1}{x^2+1} - \frac{2x}{(x^2+1)^2}$,所以

$$\int \frac{2x+2}{(x-1)(x^2+1)^2}\mathrm{d}x = \int \left[\frac{1}{x-1} - \frac{x+1}{x^2+1} - \frac{2x}{(x^2+1)^2} \right] \mathrm{d}x$$

$$= \int \frac{1}{x-1}\mathrm{d}x - \int \frac{x}{x^2+1}\mathrm{d}x - \int \frac{1}{x^2+1}\mathrm{d}x - \int \frac{2x}{(x^2+1)^2}\mathrm{d}x$$

$$= \ln|x-1| - \frac{1}{2}\ln(x^2+1) - \arctan x + \frac{1}{x^2+1} + C.$$

例 6-66 求 $I = \displaystyle\int \frac{x^3 - x + 1}{x^5 - x^4 + 2x^3 - 2x^2 + x - 1}\mathrm{d}x.$

解 将分母进行因式分解：

$$x^5 - x^4 + 2x^3 - 2x^2 + x - 1 = (x-1)(x^2+1)^2.$$

将真分式分解：

$$\frac{x^3 - x + 1}{x^5 - x^4 + 2x^3 - 2x^2 + x - 1} = \frac{A}{x-1} + \frac{Bx+C}{x^2+1} + \frac{Dx+E}{(x^2+1)^2}.$$

两端去分母，得

$$x^3 - x + 1$$
$$= A(x^2+1)^2 + (Bx+C)(x-1)(x^2+1) + (Dx+E)(x-1)$$
$$= (A+B)x^4 + (C-B)x^3 + (2A+B-C+D)x^2 + (-B+C-D+E)x + (A-C-E),$$

比较左、右两端 x 的同次幂的系数得

$$\begin{cases} A+B=0, \\ C-B=1, \\ 2A+B-C+D=0, \\ -B+C-D+E=-1, \\ A-C-E=1, \end{cases}$$

解得

$$A = \frac{1}{4}, \quad B = -\frac{1}{4}, \quad C = \frac{3}{4}, \quad D = \frac{1}{2}, \quad E = -\frac{3}{2}.$$

因此

$$I = \frac{1}{4}\int \frac{1}{x-1}\mathrm{d}x - \frac{1}{4}\int \frac{x-3}{x^2+1}\mathrm{d}x + \frac{1}{2}\int \frac{x-3}{(x^2+1)^2}\mathrm{d}x$$

$$= \frac{1}{4}\ln|x-1| - \frac{1}{8}\int \frac{\mathrm{d}(x^2+1)}{x^2+1} + \frac{3}{4}\int \frac{\mathrm{d}x}{x^2+1} + \frac{1}{4}\int \frac{\mathrm{d}(x^2+1)}{(x^2+1)^2} - \frac{3}{2}\int \frac{\mathrm{d}x}{(x^2+1)^2}$$

$$= \frac{1}{4}\ln|x-1| - \frac{1}{8}\ln(x^2+1) + \frac{3}{4}\arctan x - \frac{1}{4}\frac{1}{x^2+1} - \frac{3}{2}\left(\frac{1}{2}\frac{x}{x^2+1} + \frac{1}{2}\arctan x \right) + C,$$

即

$$I = \frac{1}{4}\left(\ln \frac{|x-1|}{\sqrt{x^2+1}} - \frac{3x+1}{x^2+1} \right) + C.$$

注意计算最后一个积分时,利用了例 6-60 的递推公式

$$I_n = \frac{1}{2a^2(n-1)}\left[\frac{x}{(a^2+x^2)^{n-1}}+(2n-3)I_{n-1}\right].$$

当 $a=1, n=2$ 时,

$$\int \frac{dx}{(x^2+1)^2} = \frac{1}{2}\left(\frac{x}{1+x^2}+I_1\right) = \frac{1}{2}\frac{x}{x^2+1}+\frac{1}{2}\arctan x + C.$$

遇到有理函数的积分要灵活处理. 通常情况下,我们把有理函数分解成部分分式之和后再去求积分,但计算较麻烦,有时选用其他方法可能更简单.

例 6-67　求 $\int \frac{1+2x^2}{x^2(1+x^2)}dx.$

解　如果用分解部分分式的方法:设 $\frac{1+2x^2}{x^2(1+x^2)} = \frac{A}{x}+\frac{B}{x^2}+\frac{Cx+D}{1+x^2}$,那么要确定四个常数,计算较麻烦. 可尝试选用其他方法:

$$\int \frac{1+2x^2}{x^2(1+x^2)}dx = \int \frac{x^2+(1+x^2)}{x^2(1+x^2)}dx = \int\left(\frac{1}{x^2}+\frac{1}{1+x^2}\right)dx = -\frac{1}{x}+\arctan x + C.$$

例 6-68　求 $\int \frac{dx}{x(x^{10}+1)^2}.$

解　本题如果用分解部分分式的方法,计算较麻烦,我们选用其他方法:

$$\int \frac{dx}{x(x^{10}+1)^2} = \int \frac{x^9 dx}{x^{10}(x^{10}+1)^2} = \frac{1}{10}\int \frac{d(x^{10})}{x^{10}(x^{10}+1)^2}$$

$$= \frac{1}{10}\int \frac{(x^{10}+1)-x^{10}}{x^{10}(x^{10}+1)^2}d(x^{10})$$

$$= \frac{1}{10}\int\left[\frac{1}{x^{10}(x^{10}+1)}-\frac{1}{(x^{10}+1)^2}\right]d(x^{10})$$

$$= \frac{1}{10}\int\left[\frac{x^{10}+1-x^{10}}{x^{10}(x^{10}+1)}-\frac{1}{(x^{10}+1)^2}\right]d(x^{10})$$

$$= \frac{1}{10}\int\left[\frac{1}{x^{10}}-\frac{1}{x^{10}+1}-\frac{1}{(x^{10}+1)^2}\right]d(x^{10})$$

$$= \frac{1}{10}\left(\ln \frac{x^{10}}{x^{10}+1}+\frac{1}{x^{10}+1}\right)+C.$$

三、三角函数有理式的积分

由三角函数和常数经过有限次四则运算构成的函数称为**三角函数有理式**. 由于 $\sec x, \csc x, \tan x, \cot x$ 均可化为 $\sin x, \cos x$ 的函数,所以我们用 $R(\sin x, \cos x)$ 表示三角函数有理式(以后我们用 $R(u(x), v(x))$ 表示对 $u(x), v(x)$ 只施行四则运算).

对于三角函数有理式 $R(\sin x,\cos x)$ 的积分 $\int R(\sin x,\cos x)\mathrm{d}x$,可利用换元及三角函数中的万能公式将其转化为有理函数的积分,即令 $u=\tan\dfrac{x}{2}$,则

$$x=2\arctan u,\quad \mathrm{d}x=\frac{2}{1+u^2}\mathrm{d}u,$$

$$\sin x=\frac{2\tan\dfrac{x}{2}}{1+\tan^2\dfrac{x}{2}}=\frac{2u}{1+u^2},$$

$$\cos x=\frac{1-\tan^2\dfrac{x}{2}}{1+\tan^2\dfrac{x}{2}}=\frac{1-u^2}{1+u^2},$$

所以

$$\int R(\sin x,\cos x)\mathrm{d}x=\int R\left(\frac{2u}{1+u^2},\frac{1-u^2}{1+u^2}\right)\frac{2}{1+u^2}\mathrm{d}u.$$

例 6-69 求 $\displaystyle\int\frac{1+\sin x}{\sin x(1+\cos x)}\mathrm{d}x$.

解 令 $u=\tan\dfrac{x}{2}$,则 $x=2\arctan u,\mathrm{d}x=\dfrac{2}{1+u^2}\mathrm{d}u$. 于是

$$\int\frac{1+\sin x}{\sin x(1+\cos x)}\mathrm{d}x=\int\frac{1+\dfrac{2u}{1+u^2}}{\dfrac{2u}{1+u^2}\left(1+\dfrac{1-u^2}{1+u^2}\right)}\cdot\frac{2}{1+u^2}\mathrm{d}u$$

$$=\frac{1}{2}\int\frac{1+2u+u^2}{u}\mathrm{d}u$$

$$=\frac{1}{2}\int\frac{1}{u}\mathrm{d}u+\int\mathrm{d}u+\frac{1}{2}\int u\mathrm{d}u$$

$$=\frac{1}{2}\ln|u|+u+\frac{1}{4}u^2+C$$

$$=\frac{1}{2}\ln\left|\tan\frac{x}{2}\right|+\tan\frac{x}{2}+\frac{1}{4}\tan^2\frac{x}{2}+C.$$

例 6-70 求 $\displaystyle\int\frac{\mathrm{d}x}{5-4\cos x}$.

解 令 $u=\tan\dfrac{x}{2}$,则 $x=2\arctan u,\mathrm{d}x=\dfrac{2}{1+u^2}\mathrm{d}u$. 于是

$$\int \frac{\mathrm{d}x}{5 - 4\cos x} = \int \frac{\dfrac{2}{1 + u^2}\mathrm{d}u}{5 - 4 \cdot \dfrac{1 - u^2}{1 + u^2}} = \int \frac{2\mathrm{d}u}{1 + 9u^2} = \frac{2}{3}\int \frac{\mathrm{d}(3u)}{1 + (3u)^2}$$

$$= \frac{2}{3}\arctan(3u) + C = \frac{2}{3}\arctan\left(3\tan \frac{x}{2}\right) + C.$$

　　用万能公式将三角函数有理式转化为有理函数的积分运算都比较烦琐,所以一般来说,三角函数有理式的积分计算应先考虑运用其他手段,如用三角恒等式对被积函数进行变形简化,最后求得结果.只有在不得已的情形下才用万能公式代换.

例 6-71　求 $\displaystyle\int \frac{\mathrm{d}x}{1 + \sin x + \cos x}$.

解　$\displaystyle\int \frac{\mathrm{d}x}{1 + \sin x + \cos x} = \int \frac{\mathrm{d}x}{2\sin \dfrac{x}{2}\cos \dfrac{x}{2} + 2\cos^2 \dfrac{x}{2}} = \frac{1}{2}\int \frac{\sec^2 \dfrac{x}{2}}{\tan \dfrac{x}{2} + 1}\mathrm{d}x$

$$= \int \frac{\mathrm{d}\left(\tan \dfrac{x}{2} + 1\right)}{\tan \dfrac{x}{2} + 1} = \ln \left|1 + \tan \frac{x}{2}\right| + C.$$

例 6-72　求 $\displaystyle\int \frac{1}{\sin^2 x\cos^4 x}\mathrm{d}x$.

解　**方法一**　$\displaystyle\int \frac{1}{\sin^2 x\cos^4 x}\mathrm{d}x = \int \frac{(\sin^2 x + \cos^2 x)^2}{\sin^2 x\cos^4 x}\mathrm{d}x$

$$= \int \left(\frac{\sin^2 x}{\cos^4 x} + \frac{2}{\cos^2 x} + \frac{1}{\sin^2 x}\right)\mathrm{d}x$$

$$= \int \tan^2 x\mathrm{d}(\tan x) + 2\tan x - \cot x$$

$$= \frac{1}{3}\tan^3 x + 2\tan x - \cot x + C.$$

方法二　$\displaystyle\int \frac{1}{\sin^2 x\cos^4 x}\mathrm{d}x = \int \frac{1}{\tan^2 x\cos^6 x}\mathrm{d}x = \int \frac{\sec^4 x}{\tan^2 x}\mathrm{d}(\tan x)$

$$= \int \frac{\tan^4 x + 2\tan^2 x + 1}{\tan^2 x}\mathrm{d}(\tan x)$$

$$= \frac{1}{3}\tan^3 x + 2\tan x - \cot x + C.$$

例 6-73　求积分 $\displaystyle\int \frac{\cos x}{1 + \sin x}\mathrm{d}x$.

解　$\displaystyle\int \frac{\cos x}{1 + \sin x}\mathrm{d}x = \int \frac{\mathrm{d}(1 + \sin x)}{1 + \sin x} = \ln(1 + \sin x) + C.$

本题若用万能公式代换,令 $u = \tan\dfrac{x}{2}$,则

$$\int \frac{\cos x}{1 + \sin x}\mathrm{d}x = \int \frac{\dfrac{1 - u^2}{1 + u^2}}{1 + \dfrac{2u}{1 + u^2}} \cdot \frac{2}{1 + u^2}\mathrm{d}u = \int \frac{2(1 - u)}{(1 + u)(1 + u^2)}\mathrm{d}u = \cdots.$$

一直做下去,虽然一定能积出来,但是太麻烦. 由此可以看出,用万能公式代换不一定是最好的方法,不能机械地使用,能不用尽量不用.

四、简单无理函数的积分

下面讨论形如 $\int R(x, \sqrt[n]{ax + b})\,\mathrm{d}x$ 及 $\int R\left(x, \sqrt[n]{\dfrac{ax + b}{cx + e}}\right)\mathrm{d}x$ 的简单无理函数的积分.

对于积分 $\int R(x, \sqrt[n]{ax + b})\,\mathrm{d}x$,作变换 $u = \sqrt[n]{ax + b}$,则

$$x = \frac{u^n - b}{a}, \quad \mathrm{d}x = \frac{n}{a}u^{n-1}\mathrm{d}u.$$

于是

$$\int R(x, \sqrt[n]{ax + b})\,\mathrm{d}x = \int R\left(\frac{u^n - b}{a}, u\right)\frac{n}{a}u^{n-1}\mathrm{d}u,$$

这样就化为了关于 u 的有理函数的积分.

例 6-74 求 $\int \dfrac{1}{1 + \sqrt[3]{x + 2}}\mathrm{d}x$.

解 令 $t = \sqrt[3]{x+2}$,则 $x = t^3 - 2$,$\mathrm{d}x = 3t^2\mathrm{d}t$. 于是

$$\int \frac{1}{1 + \sqrt[3]{x + 2}}\mathrm{d}x = \int \frac{3t^2}{1 + t}\mathrm{d}t = 3\int \frac{t^2 - 1 + 1}{t + 1}\mathrm{d}t$$

$$= 3\left(\frac{t^2}{2} - t + \ln|t + 1|\right) + C$$

$$= \frac{3}{2}\sqrt[3]{(x + 2)^2} - 3\sqrt[3]{x + 2} + 3\ln(\sqrt[3]{x + 2} + 1) + C.$$

对于积分 $\int R\left(x, \sqrt[n]{\dfrac{ax + b}{cx + e}}\right)\mathrm{d}x$,作变换 $u = \sqrt[n]{\dfrac{ax+b}{cx+e}}$,则

$$x = \frac{eu^n - b}{a - cu^n}, \quad \mathrm{d}x = \frac{n(ae - bc)}{(a - cu^n)^2}u^{n-1}\mathrm{d}u.$$

于是

$$\int R\left(x, \sqrt[n]{\frac{ax + b}{cx + e}}\right)\mathrm{d}x = \int R\left(\frac{eu^n - b}{a - cu^n}, u\right)\frac{n(ae - bc)}{(a - cu^n)^2}u^{n-1}\mathrm{d}u.$$

例 6-75　求 $\int \dfrac{1}{x} \sqrt{\dfrac{x+1}{x-1}} \, \mathrm{d}x$.

解　令 $t = \sqrt{\dfrac{x+1}{x-1}}$，则 $x = \dfrac{t^2+1}{t^2-1}$，$\mathrm{d}x = \dfrac{-4t\mathrm{d}t}{(t^2-1)^2}$. 于是

$$
\int \frac{1}{x} \sqrt{\frac{x+1}{x-1}} \, \mathrm{d}x = -4 \int \frac{t^2}{(t^2+1)(t^2-1)} \mathrm{d}t
$$

$$
= -2 \int \frac{(t^2+1)+(t^2-1)}{(t^2+1)(t^2-1)} \mathrm{d}t
$$

$$
= -2 \int \frac{1}{t^2-1} \mathrm{d}t - 2 \int \frac{1}{t^2+1} \mathrm{d}t
$$

$$
= \ln \left| \frac{1+t}{1-t} \right| - 2\arctan t + C
$$

$$
= \ln \frac{\left| \sqrt{x-1} + \sqrt{x+1} \right|}{\left| \sqrt{x-1} - \sqrt{x+1} \right|} - 2\arctan \sqrt{\frac{x+1}{x-1}} + C.
$$

一般地，对于简单无理函数的积分，只要能去掉根号就行.

例 6-76　求 $\int \dfrac{1}{\sqrt{x+1} + \sqrt[3]{x+1}} \, \mathrm{d}x$.

解　令 $\sqrt[6]{x+1} = t$，则 $x = t^6 - 1$，$\mathrm{d}x = 6t^5 \mathrm{d}t$. 于是

$$
\int \frac{1}{\sqrt{x+1} + \sqrt[3]{x+1}} \, \mathrm{d}x = \int \frac{1}{t^3+t^2} \cdot 6t^5 \mathrm{d}t = 6 \int \frac{t^3}{t+1} \mathrm{d}t
$$

$$
= 2t^3 - 3t^2 + 6t - 6\ln|t+1| + C
$$

$$
= 2\sqrt{x+1} - 3\sqrt[3]{x+1} + 6\sqrt[6]{x+1} - 6\ln(\sqrt[6]{x+1} + 1) + C.
$$

在本节结束之前，我们还要指出，有些函数虽然在某区间上连续，可以积分，但它的原函数不一定能表示为初等函数的形式（即初等函数的原函数不一定是初等函数）. 如 $\int \mathrm{e}^{-x^2} \mathrm{d}x$，$\int \dfrac{\sin x}{x} \mathrm{d}x$，$\int \dfrac{1}{\ln x} \mathrm{d}x$，$\int \dfrac{1}{\sqrt{1+x^4}} \mathrm{d}x$ 等，用前面学过的各种积分方法都无法求出，而需要用其他方法，有待以后解决. 对于被积函数的原函数不是初等函数的情况，我们称不定积分 $\int f(x) \mathrm{d}x$ 不能表示为有限形式.

本节小结

本节主要介绍了有理函数的分解方法、有理函数的积分、三角函数有理式的积分和简单无理函数的积分. 注意：

1. 这一类积分比较复杂，涉及的技巧也比较多，需要结合其他积分方法.

2. 通常由简单三角函数构成的形如 $\dfrac{\sin^m x}{\cos^n x}$ 或者 $\dfrac{\cos^m x}{\sin^n x}$ 的函数都可以积出来.

练习 6.5

基础题

1. 求下列不定积分:

(1) $\displaystyle\int \frac{5x-3}{x^2-6x-7}\mathrm{d}x$;

(2) $\displaystyle\int \frac{x^3+x+1}{x^2+1}\mathrm{d}x$;

(3) $\displaystyle\int \frac{4}{x^3+4x}\mathrm{d}x$;

(4) $\displaystyle\int \frac{x+5}{(x+2)(x^2+x+1)}\mathrm{d}x$;

(5) $\displaystyle\int \frac{5x+3}{(2x^2-4x+10)^2}\mathrm{d}x$;

(6) $\displaystyle\int \frac{x^3+x^2+2}{(x^2+2)^2}\mathrm{d}x$;

(7) $\displaystyle\int \frac{x^4+1}{x^6+1}\mathrm{d}x$.

2. 求下列不定积分:

(1) $\displaystyle\int \frac{\tan x}{1+\cos x}\mathrm{d}x$;

(2) $\displaystyle\int \frac{1}{\sin x-\cos x}\mathrm{d}x$;

(3) $\displaystyle\int \frac{1}{\sin^4 x}\mathrm{d}x$.

提高题

求下列不定积分:

(1) $\displaystyle\int \frac{x+1}{x^2+x\ln x}\mathrm{d}x$;

(2) $\displaystyle\int \ln(1+\sqrt{x})\,\mathrm{d}x$;

(3) $\displaystyle\int \frac{(1-x)\arcsin(1-x)}{\sqrt{2x-x^2}}\mathrm{d}x$.

§6.6   不定积分在 MATLAB 中的实现

在 MATLAB 中求不定积分的基本命令是 int(f,t)，表示求函数 f 对变量 t 的不定积分. 当 t 省略时, 默认变量为(字母表上)最接近字母 x 的变量.

1. 求函数 $f=ax^2+bx+c$ 对变量 x 的不定积分.

解   代码及运行结果如下：

```
syms a b c x
f=a*x^2+b*x+c;
int(f)
ans =

    1/3*a*x^3+1/2*b*x^2+c*x
```

2. 求函数 $f=ax^2+bx+c$ 对变量 b 的不定积分.

解   代码及运行结果如下：

```
syms a b c x
f=a*x^2+b*x+c;
int(f,b)
ans =

    a*x^2*b+1/2*b^2*x+c*b
```

思维导图

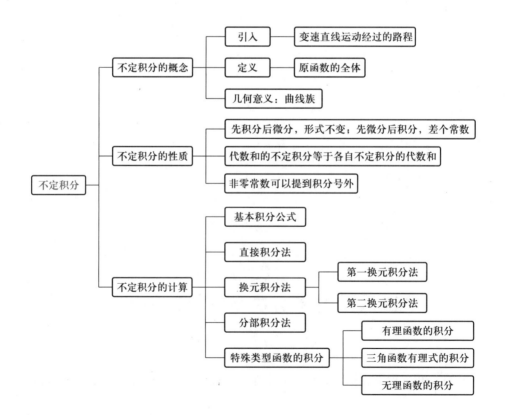

习题六

1. 选择题：

(1) 下列各式计算正确的是(　　)；

A. $\int x \mathrm{d}x = x^2 + C$

B. $\int x^{-2} \mathrm{d}x = -2x^{-1} + C$

C. $\int \mathrm{e}^{2x} \mathrm{d}x = \dfrac{1}{2}\mathrm{e}^{2x} + C$

D. $\int \ln x \mathrm{d}x = \dfrac{1}{x} + C$

(2) 下列等式成立的是(　　)；

A. $\dfrac{\mathrm{d}}{\mathrm{d}x}\int f(x)\mathrm{d}x = f(x)$

B. $\int f'(x)\mathrm{d}x = f(x)$

C. $\mathrm{d}\int f(x)\mathrm{d}x = [f(x) + C]\mathrm{d}x$

D. $\int \mathrm{d}f(x) = f(x)\mathrm{d}x + C$

(3) $\dfrac{\mathrm{d}}{\mathrm{d}x}\int \arctan x \mathrm{d}x = ($　　$)$；

A. $\dfrac{1}{1+x^2}$

B. $\dfrac{1}{1+x^2}+C$

C. $\arctan x$

D. $\arctan x + C$

(4) $\int f(x)\mathrm{d}x$ 是 $f(x)$ 的(　　)；

A. 一个原函数

B. 任意一个原函数

C. 某一个原函数

D. 全体原函数

(5) 函数 $f(x) = 2(\mathrm{e}^{2x}+\mathrm{e}^{-2x})$ 的一个原函数是(　　)；

A. $\mathrm{e}^{2x}+\mathrm{e}^{-2x}$

B. $\mathrm{e}^{2x}-\mathrm{e}^{-2x}$

C. $\mathrm{e}^{x}+\mathrm{e}^{-x}$

D. $\mathrm{e}^{x}-\mathrm{e}^{-x}$

(6) 已知 $f'(x) = g'(x)$，则下列等式中错误的是(　　)；

A. $\int f'(x)\mathrm{d}x = \int g'(x)\mathrm{d}x$

B. $\int \mathrm{d}f(x) = g(x) + C$

C. $\left(\int f(x)\mathrm{d}x\right) = \left(\int g(x)\mathrm{d}x\right)'$

D. $f(x) = g(x)+C$

(7) 设 $y' = \ln x$，且当 $x = 1$ 时 $y = -1$，则 $y = ($　　$)$；

A. $x(\ln x-1)+C$

B. $x(\ln x-1)$

C. $\ln x-x+C$

D. $\ln x-x$

(8) $\int \dfrac{\mathrm{d}x}{\sqrt{1 + x^2}} = ($　　$)$；

A. $\arctan x + C$

B. $\ln\left(x+\sqrt{1+x^2}\right)+C$

C. $2\sqrt{1+x^2}+C$ D. $\dfrac{1}{2}\ln(1+x^2)+C$

(9) 若 $f(x)=\mathrm{e}^{-x}$,则 $\displaystyle\int\dfrac{f'(\ln x)}{x}\mathrm{d}x=($);

A. $\dfrac{1}{x}+C$ B. $-\dfrac{1}{x}+C$

C. $\ln|x|+C$ D. $-\ln|x|+C$

(10) 若 $\displaystyle\int f(x)\mathrm{d}x=g(x)+C$,则 $\displaystyle\int \mathrm{e}^{-x}f(\mathrm{e}^{-x})\mathrm{d}x=($);

A. $g(\mathrm{e}^{x})+C$ B. $-g(\mathrm{e}^{x})+C$

C. $g(\mathrm{e}^{-x})+C$ D. $-g(\mathrm{e}^{-x})+C$

(11) $\displaystyle\int\dfrac{\mathrm{d}x}{\sqrt{1-2x^2}}=($);

A. $\dfrac{1}{\sqrt{2}}\arcsin x+C$ B. $\arcsin\dfrac{x}{\sqrt{2}}+C$

C. $\dfrac{1}{\sqrt{2}}\arcsin\sqrt{2}\,x+C$ D. $\dfrac{1}{2}\arcsin 2x+C$

(12) 设 e^{-x} 是 $f(x)$ 的一个原函数,则 $\displaystyle\int xf(x)\mathrm{d}x=($);

A. $\mathrm{e}^{-x}(x+1)+C$ B. $\mathrm{e}^{-x}(-x+1)+C$

C. $\mathrm{e}^{-x}(x-1)+C$ D. $\mathrm{e}^{-x}(-x-1)+C$

(13) 函数 $f(x)=\dfrac{1}{1-x^2}$ 的一个原函数是(   );

A. $\dfrac{1}{2}\ln\left|\dfrac{1-x}{1+x}\right|$ B. $\dfrac{1}{2}\ln|(1-x)(1+x)|$

C. $\dfrac{1}{2}\ln\left|\dfrac{1+x}{1-x}\right|$ D. $\arcsin x$

(14) 若 $f'(x)=g'(x)$,则(   );

A. $\mathrm{d}\displaystyle\int f(x)\mathrm{d}x=\mathrm{d}\int g(x)\mathrm{d}x$ B. $f(x)=g(x)$

C. $f(x)+g(x)=C$ D. $f(x)-g(x)=C$

(15) $\displaystyle\int\dfrac{x\mathrm{e}^{x}}{(x+1)^2}\mathrm{d}x=($);

A. $\dfrac{\mathrm{e}^{x}}{x+1}$ B. $\dfrac{\mathrm{e}^{x}}{x+1}+C$

C. $\dfrac{\mathrm{e}^{x}}{(x+1)^2}$ D. $\dfrac{\mathrm{e}^{x}}{(x+1)^2}+C$

（16）设 $f(x) = k\tan 2x$ 的一个原函数是 $\dfrac{2}{3}\ln\cos 2x$，则 $k = ($　　$)$；

A. $-\dfrac{2}{3}$ B. $\dfrac{3}{2}$

C. $-\dfrac{4}{3}$ D. $\dfrac{3}{4}$

（17）$\displaystyle\int (1 + 2\cos x)\,\mathrm{d}(\cos x) = ($　　$)$；

A. $x + \cos^2 x + C$ B. $\cos x + \cos^2 x + C$

C. $x + \sin^2 x + C$ D. $\sin x + \sin^2 x + C$

（18）对连续函数 $f(x)$，$\mathrm{d}\left(\displaystyle\int f(x)\,\mathrm{d}x\right) = ($　　$)$；

A. $f(x)$ B. $f(x) + C$

C. $f(x)\,\mathrm{d}x$ D. $f'(x)\,\mathrm{d}x$

（19）$\displaystyle\int \ln\dfrac{x}{2}\,\mathrm{d}x = ($　　$)$；

A. $x\ln\dfrac{x}{2} - 2x + C$ B. $x\ln\dfrac{x}{2} - 4x + C$

C. $x\ln\dfrac{x}{2} - x + C$ D. $x\ln\dfrac{x}{2} + x + C$

（20）$\displaystyle\int \dfrac{f'(x)}{1 + (f(x))^2}\,\mathrm{d}x = ($　　$)$.

A. $\ln|1 + f(x)| + C$ B. $\dfrac{1}{2}\ln(1 + f^2(x)) + C$

C. $\dfrac{1}{2}\arctan f(x) + C$ D. $\arctan f(x) + C$

2. 已知曲线 $y = f(x)$ 的切线斜率为 $x\mathrm{e}^{-x}$，且通过原点，求曲线方程.

3. 设边际收益函数为 $f(x) = 20 - 2x$，其中 x 为产量，且当产量为零时收益为零，求收益函数.

4. 某种商品的边际需求函数 $Q'(P) = -5$，最大需求量为 100，生产这种商品的边际成本函数 $C'(Q) = 15 - 0.05Q$，固定成本为 12.5 元，其中 P 为价格，Q 是需求量，C 为总成本. 若需求量等于供给量，问价格 P 定为多少时利润最大？

5. 设函数 $f(x)$ 的弹性函数 $\left(\text{即 } x\dfrac{f'(x)}{f(x)}\right)$ 为 $\dfrac{1}{f(x)}$，且 $f(1) = 0$，求 $f(x)$.

6. 求下列不定积分：

（1）$\displaystyle\int \dfrac{\mathrm{d}x}{\sqrt[3]{3x - 2}}$；   （2）$\displaystyle\int x\sin x^2\,\mathrm{d}x$；

(3) $\int \dfrac{\sin x}{\sqrt{\cos x}} \mathrm{d}x$;

(4) $\int \mathrm{e}^x \cos \mathrm{e}^x \mathrm{d}x$;

(5) $\int \dfrac{x}{\sqrt{5 - 2x^2}} \mathrm{d}x$;

(6) $\int \dfrac{x - 2}{x^2 - 4x + 5} \mathrm{d}x$;

(7) $\int \sin^2 3x \mathrm{d}x$;

(8) $\int \dfrac{1}{x \cdot \ln x \cdot \ln(\ln x)} \mathrm{d}x$;

(9) $\int \mathrm{e}^{\cos x} \sin x \mathrm{d}x$;

(10) $\int \sin^5 x \mathrm{d}x$;

(11) $\int \dfrac{1}{x \sqrt{3 - \ln^2 x}} \mathrm{d}x$;

(12) $\int \dfrac{\mathrm{d}x}{(1 - \arcsin x)^2 \sqrt{1 - x^2}}$;

(13) $\int \sin^2 x \cos^2 x \mathrm{d}x$;

(14) $\int \dfrac{\mathrm{d}x}{\sqrt{16 - 9x^2}}$;

(15) $\int \dfrac{x + 1}{\sqrt{1 - x^2}} \mathrm{d}x$;

(16) $\int \dfrac{\mathrm{d}x}{\mathrm{e}^x + \mathrm{e}^{-x}}$;

(17) $\int \dfrac{1}{\sin^4 x} \mathrm{d}x$;

(18) $\int \sin^3 x \cos^5 x \mathrm{d}x$;

(19) $\int x^5 \cdot \sqrt[3]{(1 + x^3)^2} \mathrm{d}x$;

(20) $\int \dfrac{1}{\sqrt{1 + \mathrm{e}^x}} \mathrm{d}x$;

(21) $\int \dfrac{\sqrt{x}}{1 - \sqrt[3]{x}} \mathrm{d}x$;

(22) $\int \dfrac{1}{x^2 \sqrt{x^2 - 9}} \mathrm{d}x$;

(23) $\int \dfrac{1}{(4 + x^2)^{3/2}} \mathrm{d}x$;

(24) $\int \dfrac{1}{\sqrt{1 + \mathrm{e}^{2x}}} \mathrm{d}x$;

(25) $\int (2x + 1) \mathrm{e}^{3x} x \mathrm{d}x$;

(26) $\int \mathrm{e}^{x + \ln x} \mathrm{d}x$;

(27) $\int \mathrm{e}^{-x} \cos x \mathrm{d}x$;

(28) $\int \dfrac{(\ln x)^2}{x^2} \mathrm{d}x$;

(29) $\int \ln^2 x \mathrm{d}x$;

(30) $\int \mathrm{e}^{\sqrt[3]{x}} \mathrm{d}x$;

(31) $\int \dfrac{x + 1}{x^2 + 4x + 13} \mathrm{d}x$;

(32) $\int \dfrac{x^5 + x^4 - 8}{x^3 - x} \mathrm{d}x$;

(33) $\int \dfrac{2x^2 - 5}{x^4 - 5x^2 + 6} \mathrm{d}x$;

(34) $\int \dfrac{x^2 - 3x + 2}{x(x^2 + 2x + 1)} \mathrm{d}x$;

(35) $\int \dfrac{1}{x^4 - x^2} \mathrm{d}x$;

(36) $\int \dfrac{1}{\sin x + \cos x} \mathrm{d}x$;

(37) $\int \dfrac{1}{\sqrt{ax + b} + m} \mathrm{d}x \, (a \neq 0)$;

(38) $\int \dfrac{1}{1 - x^2} \ln \dfrac{1 + x}{1 - x} \mathrm{d}x$;

(39) $\displaystyle\int \frac{\ln \cos x}{\cos^2 x}\mathrm{d}x$;

(40) $\displaystyle\int \frac{x^3}{(1 + x^2)^{\frac{3}{2}}}\mathrm{d}x$;

(41) $\displaystyle\int \frac{x^7}{(1 + x^4)^2}\mathrm{d}x$;

(42) $\displaystyle\int \frac{\mathrm{d}x}{(2x - 1)^2 + 4}$;

(43) $\displaystyle\int \frac{x\mathrm{e}^x}{(1 + x)^2}\mathrm{d}x$;

(44) $\displaystyle\int \frac{1}{x\sqrt{1 + x + x^2}}\mathrm{d}x$;

(45) $\displaystyle\int \frac{\mathrm{e}^{2x}}{(1 + \mathrm{e}^x)^{\frac{1}{4}}}\mathrm{d}x$;

(46) $\displaystyle\int \sqrt{3x^2 + 4x - 7}\,\mathrm{d}x$;

(47) $\displaystyle\int \frac{1}{\sqrt{x - x^2}}\mathrm{d}x$;

(48) $\displaystyle\int \frac{3x + 1}{x^2 + 2x + 17}\mathrm{d}x$;

(49) $\displaystyle\int \frac{\mathrm{d}x}{\sqrt{16x^2 + 8x + 5}}$;

(50) $\displaystyle\int \frac{1}{\sqrt{9x^2 - 6x - 1}}\mathrm{d}x$;

(51) $\displaystyle\int \frac{2x - 1}{\sqrt{9x^2 - 4}}\mathrm{d}x$;

(52) $\displaystyle\int \frac{\mathrm{d}x}{1 + \mathrm{e}^{\frac{x}{2}} + \mathrm{e}^{\frac{x}{3}} + \mathrm{e}^{\frac{x}{6}}}$.

7. 求下列积分：

(1) $\displaystyle\int f'(ax + b)\mathrm{d}x$;

(2) $\displaystyle\int xf''(x)\mathrm{d}x$;

(3) $\displaystyle\int [f(x)]^a f'(x)\mathrm{d}x \ (a \neq -1)$;

(4) $\displaystyle\int \frac{f'(x)}{f(x)}\mathrm{d}x$.

8. 求满足 $f'(x) = x\mathrm{e}^{-x}$, 且 $f(0) = 0$ 的函数 $f(x)$.

9. 设 $f'(x^2) = \dfrac{1}{x}$ $(x>0)$, 求 $f(x)$.

10. 设 $f'(\sin x) = \cos^2 x$, 求 $f(x)$.

11. 已知 $\displaystyle\int \frac{f(x)}{x^2}\mathrm{d}x = -\mathrm{e}^{\frac{1}{x}} + C$, 求 $f(x)$.

12. 设 $f(x)$ 的一个原函数是 $\sin x^2 + 1$, 求 $\displaystyle\int \frac{xf(\sqrt{2x^2 - 1})}{\sqrt{2x^2 - 1}}\mathrm{d}x$.

13. 若 $\displaystyle\int \frac{f(x)}{1 - x^2}\mathrm{d}x = \left[\frac{1}{2}f(x)\right]^2 + C$, 且 $f(0) = 0$, 求 $f(x)$.

14. 求下列不定积分：

(1) $\displaystyle\int \frac{\cos 2x}{1 + \sin x\cos x}\mathrm{d}x$;

(2) $\displaystyle\int (x - 1)\mathrm{e}^{x^2 - 2x}\mathrm{d}x$;

(3) $\displaystyle\int \frac{\mathrm{d}x}{\sin^2 x + 2\cos^2 x}$;

(4) $\displaystyle\int \frac{\sin x}{1 + \sin x}\mathrm{d}x$;

(5) $\displaystyle\int (x^2 + 3x + 1)\sqrt{(x^2 + x)\mathrm{e}^x} \cdot \mathrm{e}^x\mathrm{d}x$;

(6) $\displaystyle\int \frac{\sqrt{\ln(x + \sqrt{1 + x^2}) + 5}}{\sqrt{1 + x^2}}\mathrm{d}x$;

（7）$\displaystyle\int\frac{\arctan\dfrac{1}{x}}{1+x^2}\mathrm{d}x$；

（8）$\displaystyle\int\frac{\sin 2x}{\sqrt{a^2\cos^2x+b^2\sin^2x}}\mathrm{d}x\ (b\neq a)$.

15. 求下列不定积分：

（1）$\displaystyle\int\frac{x+1}{x^2\sqrt{x^2-1}}\mathrm{d}x$；

（2）$\displaystyle\int x^3\sqrt{4-x^2}\,\mathrm{d}x$；

（3）$\displaystyle\int\frac{\sqrt{a^2+x^2}}{x^4}\mathrm{d}x\quad(a>0)$；

（4）$\displaystyle\int\frac{\mathrm{e}^x(1+\mathrm{e}^x)}{\sqrt{1-\mathrm{e}^{2x}}}\mathrm{d}x$；

（5）$\displaystyle\int x\sqrt{\frac{x}{2a-x}}\,\mathrm{d}x\quad(a>0)$.

16. 求下列不定积分：

（1）$\displaystyle\int\frac{x\arctan x}{(1+x^2)^2}\mathrm{d}x$；

（2）$\displaystyle\int\arcsin\sqrt{\frac{x}{1+x}}\,\mathrm{d}x$；

（3）$\displaystyle\int\frac{\arcsin x}{x^2}\frac{1+x^2}{\sqrt{1-x^2}}\mathrm{d}x$；

（4）$\displaystyle\int\frac{x^3\arccos x}{\sqrt{1-x^2}}\mathrm{d}x$.

17. 求下列不定积分：

（1）$\displaystyle\int\frac{\mathrm{d}x}{\sin x\sqrt{1+\cos x}}$；

（2）$\displaystyle\int\frac{2-\sin x}{2+\cos x}\mathrm{d}x$；

（3）$\displaystyle\int\frac{\sin x\cos x}{\sin x+\cos x}\mathrm{d}x$；

（4）$\displaystyle\int\frac{\mathrm{d}x}{\sqrt{\tan x}}$；

（5）$\displaystyle\int\sqrt{\frac{x}{1-x\sqrt{x}}}\,\mathrm{d}x$；

（6）$\displaystyle\int\sqrt{\frac{\mathrm{e}^x-1}{\mathrm{e}^x+1}}\,\mathrm{d}x$；

（7）$\displaystyle\int\frac{\sqrt{x-1}\arctan\sqrt{x-1}}{x}\mathrm{d}x$.

18. 设 $f(x)=\begin{cases}1, & x<0,\\ x+1, & 0\leqslant x\leqslant 1,\\ 2x, & x>1,\end{cases}$ 求 $\displaystyle\int f(x)\,\mathrm{d}x$.

19. 设当 $x\neq 0$ 时 $f'(x)$ 连续，求 $\displaystyle\int\frac{xf'(x)-(1+x)f(x)}{x^2\mathrm{e}^x}\mathrm{d}x$.

第 6 章部分习题

参考答案与提示

第7章
定积分

本章导学　　一元函数积分学包含两个基本问题，不定积分是第一个基本问题，本章讲的定积分是第二个基本问题.定积分有非常丰富的实践背景，在几何学、物理学、经济学等领域有着广泛应用.定积分的概念是作为某种和的极限引入的，表面上看起来它和作为导数逆运算引入的不定积分是两类不同的问题，在历史上它们的发展也是相互独立的.直到 17 世纪，牛顿和莱布尼茨分别发现了定积分与不定积分的内在联系，得到了计算定积分的一般方法，此后定积分才真正成为解决各种实际问题的有力工具，并迅速发展.

　　本章首先从实例引进定积分的概念，介绍定积分的基本性质、定积分与不定积分的关系、定积分的计算与简单应用.

学习目标
1. 理解定积分的定义、几何意义、物理意义和经济意义；
2. 掌握定积分的基本性质；
3. 掌握牛顿–莱布尼茨公式；
4. 掌握定积分的基本方法；
5. 熟悉反常积分的敛散性判别；
6. 掌握使用定积分求平面图形面积和立体体积的基本方法；
7. 熟悉定积分在经济中的简单应用.

学习要点　　曲边梯形；定积分的定义及几何意义；定积分存在定理;定积分的基本性质；积分上限函数定义及其连续性和可导性；原函数存在定理；牛顿–莱布尼茨公式；换元积分法;分部积分法；无穷区间上的反常积分及其敛散性判别；无界函数的反常积分及其敛散性判别；Γ 函数和 B 函数及其性质；平面图形的面积;平行截面面积已知的立体体积;旋转体的体积；定积分的经济应用.

§7.1　定积分的概念

一、定积分概念的引入——三个典型例子

1. 曲边梯形的面积

在生产实际中,有些问题往往归结为求图形的面积.某些规则图形(如三角形、矩形、圆、梯形等)的面积计算已经在中学数学中解决,但是对于由任意曲线所围成的不规则图形的面积又如何计算呢? 为此首先引入曲边梯形的概念.所谓曲边梯形,是指这样的四边形:它的一边是一段曲线弧,叫做曲边;另外三边为直线,其中两条直边相互平行,第三条与前面两条垂直,称为底边;曲边与任意一条垂直于底边的直线至多只有一个交点.如图 7-1所示.

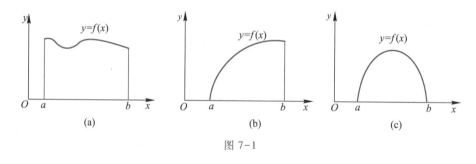

图 7-1

图 7-1(a)表示由曲线 $y=f(x)$,直线 $x=a,x=b,y=0$ 所围成的曲边梯形.图 7-1(b)表示 $x=a$ 这条直线退化为 x 轴上一点 $x=a$,属退化情况.图 7-1(c)也属退化情况,此时直线 $x=a,x=b$ 均退化为 x 轴上的点 $x=a,x=b$.

图 7-2 表示任意一个不规则平面图形可分割为几个曲边梯形 S_1,S_2,S_3,S_4,其面积为四个曲边梯形面积之和.因而计算平面上任意图形的面积最终归结为计算曲边梯形的面积.下面我们来讨论曲边梯形面积的计算问题.

设曲边梯形由连续曲线 $y=f(x)(f(x)>0)$,直线 $x=a,x=b$ 及 x 轴围成(图 7-3),记其面积为 S.初等几何中解决圆的面积问题时采用的方法是用内接或外切多边形的面积作为圆的面积的近似值,再通过取极限求得圆的面积.现在我们也采用类似方法来求曲边梯形的面积.

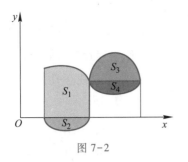

图 7-2

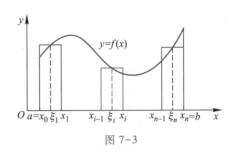

图 7-3

曲边梯形与矩形的不同之处在于曲边梯形的高是变化的,若用平行于 y 轴的一组直线细分曲边梯形,就会得到许多小曲边梯形.每一个小曲边梯形的边用直线替代,称为"以直代曲",这样就可以通过计算小矩形的面积和,得到曲边梯形面积的近似值,取其极限可以得到面积 S.具体做法如下:

(1) 分割:在 $[a,b]$ 中任意插入 $n-1$ 个分点 $a=x_0<x_1<\cdots<x_{i-1}<x_i<\cdots<x_{n-1}<x_n=b$,把区间 $[a,b]$ 分成 n 个小区间 $[x_0,x_1]$,$\cdots$,$[x_{i-1},x_i]$,$\cdots$,$[x_{n-1},x_n]$,记第 i 个小区间的长度为 $\Delta x_i=x_i-x_{i-1}(i=1,2,\cdots,n)$.过分点 x_i 作 y 轴的平行线,将曲边梯形分成 n 个小曲边梯形(图 7-3),分别记它们的面积为 $\Delta S_i(i=1,2,\cdots,n)$,则

$$S = \Delta S_1 + \Delta S_2 + \cdots + \Delta S_n = \sum_{i=1}^{n} \Delta S_i.$$

(2) 近似代替(以直代曲):由于 $f(x)$ 连续,故当分割较细时,在小区间内 $f(x)$ 的值变化不大.在第 i 个小区间 $[x_{i-1},x_i]$ 上任意取一点 ξ_i,将第 i 个小曲边梯形的面积用以 Δx_i 为底,$f(\xi_i)$ 为高的小矩形面积近似代替,即

$$\Delta S_i \approx f(\xi_i)\Delta x_i \quad (i=1,2,\cdots,n).$$

(3) 作和:将 n 个小矩形的面积加起来,得到一个和式 $\sum\limits_{i=1}^{n} f(\xi_i)\Delta x_i$,就是曲边梯形面积的近似值,即

$$S = \sum_{i=1}^{n} \Delta S_i \approx \sum_{i=1}^{n} f(\xi_i)\Delta x_i. \tag{7-1}$$

(4) 取极限:显然,和式 $\sum\limits_{i=1}^{n} f(\xi_i)\Delta x_i$ 与区间 $[a,b]$ 的分割方法有关,也与 ξ_i 的取法有关.但当分点非常稠密,即分割充分细时,它就可以无限接近曲边梯形的面积 S.

记 $\lambda = \max\limits_{1\leqslant i\leqslant n}\{\Delta x_i\}$,令 $\lambda\to 0$,则

$$S = \lim_{\lambda\to 0} \sum_{i=1}^{n} f(\xi_i)\Delta x_i.$$

2. 变速直线运动的路程

当物体做匀速直线运动时,其运动的路程等于速度与时间的乘积.现假设物体运动的速度 v 随时间 t 而变化,即 v 是时间 t 的连续函数:$v=v(t)$,现要求此物体在时间区间 $[a,b]$ 上运动的路程 s.

由于速度 $v(t)$ 是随时间变化的连续变量,所以变速直线运动的路程不能采用公式:路程 = 速度×时间来计算.但我们可以采取与上例同样的办法:将时间段 $[a,b]$ 分割成许多小时间段 Δt_i,只要 Δt_i 非常小,就可以将 Δt_i 内的变速运动近似看作匀速运动,从而计算出时间段 Δt_i 上经过路程的近似值;再通过作和、取极限的方法求得变速直线运动的物体在时间区间 $[a,b]$ 上经过的路程.具体计算步骤如下:

(1)分割:在 $[a,b]$ 中任意插入 $n-1$ 个分点 $a=t_0<t_1<\cdots<t_{i-1}<t_i<\cdots<t_{n-1}<t_n=b$,把区间 $[a,b]$ 分成 n 个小时间段 $[t_0,t_1],\cdots,[t_{i-1},t_i],\cdots,[t_{n-1},t_n]$,记第 i 个小时间段的长度为 $\Delta t_i=t_i-t_{i-1}(i=1,2,\cdots,n)$,第 i 个小时间段上物体经过的路程为 $\Delta s_i(i=1,2,\cdots,n)$.

(2)近似代替(以不变代变):在第 i 个小时间段 $[t_{i-1},t_i]$ 上,将物体的运动近似看作匀速直线运动.在第 i 个小时间段 $[t_{i-1},t_i]$ 上任意取一点 ξ_i,以 ξ_i 时点的速度 $v(\xi_i)$ 来代替 $[t_{i-1},t_i]$ 上各个点的速度,于是得到在时间段 $[t_{i-1},t_i]$ 上物体所经过路程的近似值,即

$$\Delta s_i \approx v(\xi_i)\Delta t_i \quad (i=1,2,\cdots,n).$$

(3)作和:在时间段 $[a,b]$ 上,该物体所经过路程的近似值为

$$s = \sum_{i=1}^n \Delta s_i \approx \sum_{i=1}^n v(\xi_i)\Delta t_i. \tag{7-2}$$

(4)取极限:当分割越来越细,即各小时间段上时间间隔越来越小时,式(7-2)计算的近似精度将越来越高.记 $\lambda=\max_{1\leqslant i\leqslant n}\{\Delta t_i\}$,当 $\lambda\to 0$ 时,式(7-2)右端和式的极限即为所求的路程,即

$$s = \lim_{\lambda\to 0}\sum_{i=1}^n v(\xi_i)\Delta t_i.$$

3. 收益问题

设某商品的价格 P 是销量 x 的函数,$P=P(x)$.我们来计算:当销量从 a 变动到 b 时的收益 R 为多少?(设 x 为连续变量.)

由于价格随销量的变化而变动,所以不能直接用销量乘价格的方法来计算收益,仿照上面两个例子,我们用下述方法进行计算:

(1)分割:在 $[a,b]$ 中任意插入 $n-1$ 个分点 $a=x_0<x_1<\cdots<x_{i-1}<x_i<\cdots<x_{n-1}<x_n=b$,把区间 $[a,b]$ 分成 n 个小销量段 $[x_0,x_1],\cdots,[x_{i-1},x_i],\cdots,[x_{n-1},x_n]$,记第 i 个小销量段 $[x_{i-1},x_i](i=1,2,\cdots,n)$ 的长度为 $\Delta x_i=x_i-x_{i-1}(i=1,2,\cdots,n)$.

(2)近似代替(以不变代变):在第 i 个小销量段 $[x_{i-1},x_i]$ 上任意取一点 ξ_i,把 $P(\xi_i)$ 作为该段的近似价格,得到 $[x_{i-1},x_i]$ 上收益的近似值为

$$\Delta R_i \approx P(\xi_i)\Delta x_i \quad (i=1,2,\cdots,n).$$

(3)作和:把 n 段的收益相加,得收益的近似值

$$R \approx \sum_{i=1}^n P(\xi_i)\Delta x_i. \tag{7-3}$$

(4)取极限:记 $\lambda=\max_{1\leqslant i\leqslant n}\{\Delta x_i\}$,当 $\lambda\to 0$ 时,式(7-3)右端和式的极限即为所求的收益,即

$$R = \lim_{\lambda \to 0} \sum_{i=1}^{n} P(\xi_i) \Delta x_i.$$

以上虽是三个不同范畴的实际问题,但从数学的角度来看,其解决问题的思想是一样的,都是经过分割、近似代替、作和、取极限四个步骤.这一类问题还可以举出很多,如几何学中旋转体的体积、平面曲线的弧长,经济学中总量与剩余等,都是用上面的方法来处理的.数学家把这一方法加以概括抽象,就得到了定积分的概念.

二、定积分的概念

1. 定积分的定义

定义 7-1   设函数 $f(x)$ 在区间 $[a,b]$ 上有定义,在 $[a,b]$ 中任意插入 $n-1$ 个分点 $a = x_0 < x_1 < \cdots < x_{i-1} < x_i < \cdots < x_{n-1} < x_n = b$,将区间 $[a,b]$ 分成 n 个小区间 $[x_{i-1}, x_i]$($i=1,2,\cdots,n$),记第 i 个小区间的长度为 $\Delta x_i = x_i - x_{i-1}$.在每个小区间 $[x_{i-1}, x_i]$ 上任意取一点 ξ_i,作乘积 $f(\xi_i) \Delta x_i$($i=1,2,\cdots,n$),并作和

$$S_n = \sum_{i=1}^{n} f(\xi_i) \Delta x_i.$$

记 $\lambda = \max_{1 \le i \le n} \{\Delta x_i\}$,令 $\lambda \to 0$,若不论区间如何分割,ξ_i 如何选取,极限

$$\lim_{\lambda \to 0} S_n = \lim_{\lambda \to 0} \sum_{i=1}^{n} f(\xi_i) \Delta x_i$$

都存在,则称此极限为函数 $f(x)$ 在区间 $[a,b]$ 上的定积分,记作 $\int_a^b f(x) \mathrm{d}x$,即

$$\int_a^b f(x) \mathrm{d}x = \lim_{\lambda \to 0} \sum_{i=1}^{n} f(\xi_i) \Delta x_i, \tag{7-4}$$

这时也称函数 $f(x)$ 在区间 $[a,b]$ 上可积.$f(x)$ 称为被积函数,$f(x) \mathrm{d}x$ 称为积分表达式,x 称为积分变量,a 和 b 分别称为积分下限和积分上限,$[a,b]$ 称为积分区间.

关于定积分,有几点需要注意:

(1)定积分是和式的极限,因此它是一个数,这与不定积分不一样.

(2)和 S_n 显然与区间 $[a,b]$ 的分法、点 ξ_i 的取法有关,但 S_n 的极限存在则要求与区间的分法、点 ξ_i 的取法无关,因此定积分仅与被积函数 $f(x)$ 及积分区间 $[a,b]$ 有关,与积分变量用什么字母表示无关,即有

定积分的
概念

$$\int_a^b f(x) \mathrm{d}x = \int_a^b f(t) \mathrm{d}t = \int_a^b f(u) \mathrm{d}u.$$

(3)取极限的过程是 $\lambda \to 0$,而不仅仅是 $n \to \infty$.前者是无限细分的过程,后者是分点无限增加的过程.无限细分,分点必然要求无限增加,但分点无限增加并不能保证无限细分.

根据定义,上面所讲的曲边梯形的面积可表示为

$$S = \int_a^b f(x) \mathrm{d}x,$$

变速直线运动的路程可表示为

$$S = \int_a^b v(t)\,\mathrm{d}t.$$

收益可表示为

$$R = \int_a^b P(x)\,\mathrm{d}x$$

2. 定积分的几何意义

从上面的叙述中可以看到

（1）当 $f(x) \geqslant 0, x \in [a,b]$ 时，若定积分 $\int_a^b f(x)\,\mathrm{d}x$ 存在，则其几何意义是：它在数值上等于由曲线 $y=f(x)$，直线 $x=a, x=b$ 及 x 轴所围成的曲边梯形的面积，如图 7-4 所示.此时有

$$\int_a^b f(x)\,\mathrm{d}x = S.$$

（2）当 $f(x) \leqslant 0, x \in [a,b]$ 时，函数图形在 x 轴下方，如图 7-5 所示.这时由于 $\Delta x_i = x_i - x_{i-1}$ 仍为正数，$\sum_{i=1}^n f(\xi_i)\Delta x_i$ 为负值，所以定积分 $\int_a^b f(x)\,\mathrm{d}x$ 为负值.因此 $\int_a^b f(x)\,\mathrm{d}x$ 等于由曲线 $y=f(x)$，直线 $x=a, x=b$ 及 x 轴所围成的曲边梯形面积的相反数，即

$$\int_a^b f(x)\,\mathrm{d}x = -S.$$

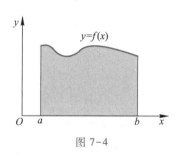

图 7-4

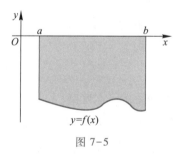

图 7-5

（3）若 $f(x)$ 在 $[a,b]$ 上有正有负（如图 7-6 所示），则定积分 $\int_a^b f(x)\,\mathrm{d}x$ 表示面积 S_1，S_2, S_3 的代数和，此时

$$\int_a^b f(x)\,\mathrm{d}x = S_1 - S_2 + S_3.$$

因此在一般情况下，定积分 $\int_a^b f(x)\,\mathrm{d}x$ 在几何上表示介于 x 轴、函数 $f(x)$ 及直线 $x=a, x=b$ 的各部分图形面积的代数和：在 x 轴上方的面积前面取正号，在 x 轴下方的面积前面取负号.

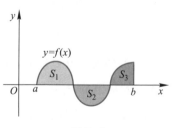

图 7-6

3. 定积分存在定理

定积分是一个和式的极限,和式 $\sum_{i=1}^{n} f(\xi_i)\Delta x_i$ 通常称为 $f(x)$ 的积分和.如果 $f(x)$ 在区间 $[a,b]$ 上的定积分存在,就称函数 $f(x)$ 在区间 $[a,b]$ 上可积.不过,并不是所有的函数 $f(x)$ 在区间 $[a,b]$ 上都可积.例如,如果 $f(x)$ 在区间 $[a,b]$ 上是无界函数,即 $f(x)$ 在区间 $[a,b]$ 上可以取到任意大的值,那么和式 $\sum_{i=1}^{n} f(\xi_i)\Delta x_i$ 在上述意义下的极限不存在,因而 $f(x)$ 在区间 $[a,b]$ 上不可积.究竟 $f(x)$ 在区间 $[a,b]$ 上满足怎样的条件,才是可积的? 对于这个问题我们不做深入讨论,而只是不加证明地给出以下两个充分条件.

定理 7-1   设 $f(x)$ 在区间 $[a,b]$ 上连续,则 $f(x)$ 在区间 $[a,b]$ 上可积.

定理 7-2   设 $f(x)$ 在区间 $[a,b]$ 上有界,且只有有限个间断点,则 $f(x)$ 在区间 $[a,b]$ 上可积.

例 7-1   计算由抛物线 $y=x^2$,直线 $x=1$,$x=0$ 及 x 轴所围成的曲边梯形的面积 S.

解   如图 7-7 所示,根据定积分的几何意义,所求曲边梯形的面积为 $S = \int_0^1 x^2 \mathrm{d}x$. 由于 x^2 是 $[0,1]$ 上的连续函数,从而是可积函数,故和式 $\sum_{i=1}^{n} f(\xi_i)\Delta x_i$ 的极限值与区间的分法、点 ξ_i 的取法无关.因此不妨把区间 $[0,1]$ 分成 n 等份,分点为 $x_i = \dfrac{i}{n}(i=1,2,\cdots,n-1)$,小区间 $[x_{i-1},x_i]$ 的长度 $\Delta x_i = \dfrac{1}{n}$,$\xi_i$ 取区间 $[x_{i-1},x_i]$ 的右端点 x_i,即 $\xi_i = x_i = \dfrac{i}{n}$ $(i=1,2,\cdots,n)$.作积分和

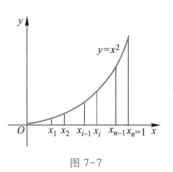

图 7-7

$$S_n = \sum_{i=1}^{n} f(\xi_i)\Delta x_i = \sum_{i=1}^{n} \left(\frac{i}{n}\right)^2 \frac{1}{n} = \frac{1}{n^3} \sum_{i=1}^{n} i^2.$$

由初等数学的知识知

$$1^2 + 2^2 + \cdots + n^2 = \frac{n(n+1)(2n+1)}{6}.$$

所以

$$\int_0^1 x^2 \mathrm{d}x = \lim_{\lambda \to 0} S_n = \lim_{n \to \infty} S_n = \lim_{n \to \infty} \frac{1}{n^3} \cdot \frac{n(n+1)(2n+1)}{6} = \frac{1}{3}.$$

由例 7-1 可以看出,用定义计算定积分的值,即使被积函数很简单,计算也并不方便,因此需要寻求更简捷的求定积分的方法.关于这部分内容我们将在 §7.2 中介绍.但反过来,对于一些较难计算的数列的极限,则可以用定积分(以后能给出简便计算方法)的方法来计算,如下例.

例 7-2   用定积分表示下列极限:

（1）$\lim\limits_{n\to\infty}\dfrac{\sqrt{1}+\sqrt{2}+\cdots+\sqrt{n}}{n\sqrt{n}}$；   （2）$\lim\limits_{n\to\infty}\dfrac{\sqrt[n]{n!}}{n}$.

解　（1）$\lim\limits_{n\to\infty}\dfrac{\sqrt{1}+\sqrt{2}+\cdots+\sqrt{n}}{n\sqrt{n}}=\lim\limits_{n\to\infty}\dfrac{1}{n}\left(\sqrt{\dfrac{1}{n}}+\sqrt{\dfrac{2}{n}}+\cdots+\sqrt{\dfrac{n}{n}}\right)$

$$=\lim_{n\to\infty}\frac{1}{n}\sum_{i=1}^{n}\sqrt{\frac{i}{n}}=\lim_{n\to\infty}\sum_{i=1}^{n}\sqrt{\frac{i}{n}}\cdot\frac{1}{n}.$$

根据定积分的定义, 函数 $f(x)=\sqrt{x}$ 在 $[0,1]$ 上可积, 取特殊分法——等分区间 $[0,1]$, 其中

第 i 个小区间为 $\left[\dfrac{i-1}{n},\dfrac{i}{n}\right]$, 其长度为 $\dfrac{1}{n}(i=1,2,\cdots,n)$. 取 ξ_i 为第 i 个区间的右端点, 即

$\xi_i=\dfrac{i}{n}$, 则

$$\int_0^1\sqrt{x}\,\mathrm{d}x=\lim_{n\to\infty}\sum_{i=1}^{n}f(\xi_i)\Delta x_i=\lim_{n\to\infty}\sum_{i=1}^{n}\sqrt{\frac{i}{n}}\cdot\frac{1}{n},$$

即

$$\lim_{n\to\infty}\frac{\sqrt{1}+\sqrt{2}+\cdots+\sqrt{n}}{n\sqrt{n}}=\int_0^1\sqrt{x}\,\mathrm{d}x.$$

（2）令 $y_n=\dfrac{\sqrt[n]{n!}}{n}=\sqrt[n]{\dfrac{n!}{n^n}}$, 两端取对数得

$$\ln y_n=\frac{1}{n}\ln\frac{n!}{n^n}=\frac{1}{n}\sum_{i=1}^{n}\ln\frac{i}{n}.$$

根据定积分的定义, 有

$$\lim_{n\to\infty}\ln y_n=\lim_{n\to\infty}\sum_{i=1}^{n}\ln\frac{i}{n}\cdot\frac{1}{n}=\int_0^1\ln x\,\mathrm{d}x.$$

所以

$$\lim_{n\to\infty}y_n=\mathrm{e}^{\int_0^1\ln x\,\mathrm{d}x},$$

即

$$\lim_{n\to\infty}\frac{\sqrt[n]{n!}}{n}=\mathrm{e}^{\int_0^1\ln x\,\mathrm{d}x}.$$

由以上两例可以看出, 当我们能够简便地求定积分时, 上述两个较难计算的极限也就
迎刃而解了.

例 7-3　用定积分的几何意义求 $\int_0^1 2x\mathrm{d}x$.

解　因为在 $[0,1]$ 上 $2x\geqslant 0$, 所以 $\int_0^1 2x\mathrm{d}x$ 的值等于由直线

$y=2x,x=1$ 及 x 轴所围成的三角形的面积, 如图 7-8 所示,
从而

$$\int_0^1 2x\mathrm{d}x=\frac{1}{2}\times 1\times 2=1.$$

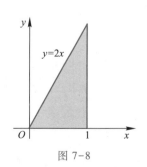

图 7-8

本节小结

本节主要从求曲边梯形的面积引出了定积分的定义,并介绍了定积分的几何意义、定积分存在定理.注意:

1. 定积分是否存在与区间$[a,b]$的分法和点ξ_i的取法无关,也与积分变量用什么字母表示无关,仅与被积函数及积分区间有关.

2. 要注意定积分的结果与曲边梯形面积的区别,定积分值不一定等于相应的曲边梯形的面积,关键要看曲边梯形所处坐标系的象限.

3. 连续函数一定可积,但可积函数不一定连续.

练习 7.1

基础题

1. 用定积分的定义计算定积分$\int_0^2 (x+2)\mathrm{d}x$.

2. 用定积分的几何意义说明下列等式成立:

(1) $\int_0^1 2x\mathrm{d}x = 1$; (2) $\int_0^1 \sqrt{1-x^2}\,\mathrm{d}x = \dfrac{\pi}{4}$;

(3) $\int_\pi^{-\pi} \sin x\mathrm{d}x = 0$; (4) $\int_{-\frac{\pi}{2}}^{\frac{\pi}{2}} \cos x\mathrm{d}x = 2\int_0^{\frac{\pi}{2}} \cos x\mathrm{d}x$.

3. 利用定积分的定义计算由抛物线$y=x^2+1$,两直线$x=a$,$x=b(b>a)$及x轴所围成的图形的面积.

4. 定积分$\int_a^b f(x)\mathrm{d}x$的几何意义可否解释为:它在数值上等于由曲线$y=f(x)$,x轴与直线$x=a$,$x=b$所围成的曲边梯形的面积?

提高题

用定积分的定义计算下列定积分:

(1) $\int_a^b k\mathrm{d}x$; (2) $\int_a^b \dfrac{1}{x^2}\mathrm{d}x$ $(0<a<b)$.

§7.2   定积分的基本性质

我们知道定积分是一种极限,根据极限的运算规律,结合函数的相关特点,可以得出定积分的一些优良性质,这些性质将拓展定积分的应用空间.

下面的讨论中,部分性质比较直观,我们将不加证明,读者可以自行证明.另外,在所有的性质中均假设相关函数在相应积分区间上总是可积的.

性质 7-1   在区间 $[a,b]$ 上,若 $f(x) \equiv 1$,则

$$\int_a^b 1 \, \mathrm{d}x = \int_a^b \mathrm{d}x = b - a.$$

性质 7-2   两个函数代数和的定积分等于各函数定积分的代数和,即

$$\int_a^b (f(x) \pm g(x)) \, \mathrm{d}x = \int_a^b f(x) \, \mathrm{d}x \pm \int_a^b g(x) \, \mathrm{d}x.$$

显然,这个性质可以推广到任意有限个函数的代数和的情形.

性质 7-3   常数因子可以从积分号里面提出来,即

$$\int_a^b k f(x) \, \mathrm{d}x = k \int_a^b f(x) \, \mathrm{d}x \quad (k \text{ 为常数}).$$

性质 7-4   交换定积分的上、下限,定积分的值变号,即

$$\int_a^b f(x) \, \mathrm{d}x = - \int_b^a f(x) \, \mathrm{d}x.$$

在定积分的定义中,我们假定 $a<b$,即

$$a = x_0 < x_1 < \cdots < x_{i-1} < x_i < \cdots < x_{n-1} < x_n = b.$$

若 $a>b$,则函数从 a 到 b(由右向左)的定积分仍像以前一样,定义为和的极限,不过这时

$$a = x_0 > x_1 > \cdots > x_{i-1} > x_i > \cdots > x_{n-1} > x_n = b,$$

所有的小区间的长度 $\Delta x_i = x_i - x_{i-1}$ 都是负的,此时的积分和 $\sum_{i=1}^{n} f(\xi_i) \Delta x_i$ 与定义中的积分和相比,每项都多了一个负号,由此可知 $\int_a^b f(x) \, \mathrm{d}x$ 和 $\int_b^a f(x) \, \mathrm{d}x$ 绝对值相同、符号相反.

特别地,当 $a=b$ 时,有 $\int_a^a f(x) \, \mathrm{d}x = 0$. 这可以理解为曲边梯形($f(x) \geq 0$)退化为平面上的垂直于 x 轴的线段,而线段的面积总为 0.

性质 7-5(积分区间可加性)   对于任意三个实数 a,b,c,有

$$\int_a^b f(x) \, \mathrm{d}x = \int_a^c f(x) \, \mathrm{d}x + \int_c^b f(x) \, \mathrm{d}x. \tag{7-5}$$

证明   先证 c 在 $[a,b]$ 之内,即 $a<c<b$ 的情形.

按定义,定积分的值与区间的分法无关,在划分区间$[a,b]$时,可让c是一个分点,则

$$\int_a^b f(x)\,dx = \lim_{\lambda \to 0} \sum_{[a,b]} f(\xi_i)\,\Delta x_i$$

$$= \lim_{\lambda \to 0} \left(\sum_{[a,c]} f(\xi_i)\,\Delta x_i + \sum_{[c,b]} f(\xi_i)\,\Delta x_i \right)$$

$$= \lim_{\lambda \to 0} \sum_{[a,c]} f(\xi_i)\,\Delta x_i + \lim_{\lambda \to 0} \sum_{[c,b]} f(\xi_i)\,\Delta x_i$$

$$= \int_a^c f(x)\,dx + \int_c^b f(x)\,dx.$$

再证c在$[a,b]$之外的情形.不妨设$a<b<c$,此时有

$$\int_a^c f(x)\,dx = \int_a^b f(x)\,dx + \int_b^c f(x)\,dx.$$

移项得

$$\int_a^b f(x)\,dx = \int_a^c f(x)\,dx - \int_b^c f(x)\,dx = \int_a^c f(x)\,dx + \int_c^b f(x)\,dx.$$

对于$c<a<b$的情形,同样有

$$\int_c^b f(x)\,dx = \int_c^a f(x)\,dx + \int_a^b f(x)\,dx,$$

即

$$\int_a^b f(x)\,dx = \int_c^b f(x)\,dx - \int_c^a f(x)\,dx,$$

故

$$\int_a^b f(x)\,dx = \int_c^b f(x)\,dx + \int_a^c f(x)\,dx.$$

这个性质表明定积分对积分区间具有可加性.对于有限个这样的实数,此性质也成立.

性质 7-6(保号性)   若$f(x) \geqslant 0$且$a<b$,则$\int_a^b f(x)\,dx \geqslant 0$.

根据定积分的定义,不难证明性质 7-6,并且可得到以下推论.

推论   若$f(x) \geqslant g(x)$且$a<b$,则$\int_a^b f(x)\,dx \geqslant \int_a^b g(x)\,dx$.

证明   由$f(x) \geqslant g(x)$得$f(x) - g(x) \geqslant 0$.又$a<b$,由性质 7-6,有

$$\int_a^b (f(x) - g(x))\,dx \geqslant 0,$$

从而

$$\int_a^b f(x)\,dx \geqslant \int_a^b g(x)\,dx.$$

性质 7-7   设M及m分别是$f(x)$在区间$[a,b]$($a<b$)上的最大值及最小值,则

$$m(b-a) \leqslant \int_a^b f(x)\,dx \leqslant M(b-a).$$

性质 7-7 称为定积分的**估值定理**,可由性质 7-6 和性质 7-1 直接得出.该定理说明,我们可以对定积分的值作出估计.由性质 7-7,可以得到如下推论.

推论   如果 $f(x)$ 在区间 $[a,b]$ 上可积,那么 $f(x)$ 在区间 $[a,b]$ 上有界.

例 7-4   估计定积分 $\int_0^1 e^{-x^2} dx$ 的值的范围.

解   设 $f(x) = e^{-x^2}$,在区间 $[0,1]$ 上有

$$f'(x) = -2xe^{-x^2} < 0,$$

即 $f(x)$ 在区间 $[0,1]$ 上单调递减,故得最大值 $M = f(0) = 1$,最小值 $m = f(1) = e^{-1}$. 由性质 7-7,有

$$\frac{1}{e}(1-0) \leqslant \int_0^1 e^{-x^2} dx \leqslant 1(1-0),$$

即

$$\frac{1}{e} \leqslant \int_0^1 e^{-x^2} dx \leqslant 1.$$

例 7-5   设 $f(x)$ 在区间 $[a,b]$ $(a<b)$ 上可积,比较定积分 $\int_a^b f(x) dx$, $\int_a^b |f(x)| dx$, $\left| \int_a^b f(x) dx \right|$ 的大小.

解   因为 $f(x)$ 在区间 $[a,b]$ 上可积,所以三个积分 $\int_a^b f(x) dx$, $\int_a^b |f(x)| dx$, $\left| \int_a^b f(x) dx \right|$ 均存在. 显然有

$$\int_a^b f(x) dx \leqslant \left| \int_a^b f(x) dx \right|. \tag{7-6}$$

又因为 $-|f(x)| \leqslant f(x) \leqslant |f(x)|$,由性质 7-6 的推论可得

$$-\int_a^b |f(x)| dx \leqslant \int_a^b f(x) dx \leqslant \int_a^b |f(x)| dx.$$

所以

$$\left| \int_a^b f(x) dx \right| \leqslant \int_a^b |f(x)| dx. \tag{7-7}$$

由式(7-6)和式(7-7)可得三个定积分的大小关系为

$$\int_a^b f(x) dx \leqslant \left| \int_a^b f(x) dx \right| \leqslant \int_a^b |f(x)| dx.$$

性质 7-8(积分中值定理)   设 $f(x)$ 在区间 $[a,b]$ 上连续,则在 $[a,b]$ 上至少存在一点 ξ,使

$$\int_a^b f(x) dx = f(\xi)(b-a).$$

证明   因为 $f(x)$ 在区间 $[a,b]$ 上连续,根据闭区间上连续函数的最值性(定理2-15),$f(x)$ 在区间 $[a,b]$ 上必存在最大值 M 及最小值 m,即 $m \leqslant f(x) \leqslant M$. 由性质 7-7 得

$$m(b-a) \leqslant \int_a^b f(x) dx \leqslant M(b-a),$$

即

$$m \leqslant \frac{\displaystyle\int_a^b f(x)\,\mathrm{d}x}{b-a} \leqslant M.$$

由闭区间上连续函数的介值性(定理 2-16)可知,在 $[a,b]$ 上至少存在一点 ξ,使

$$f(\xi) = \frac{\displaystyle\int_a^b f(x)\,\mathrm{d}x}{b-a},$$

即

$$\int_a^b f(x)\,\mathrm{d}x = f(\xi)(b-a).$$

　　这个定理有明显的几何意义:在 $[a,b]$ 上至少存在一点 ξ,使得以区间 $[a,b]$ 为底边,以曲线 $y=f(x)$ 为曲边的曲边梯形的面积 $\displaystyle\int_a^b f(x)\,\mathrm{d}x$ 等于以同一底边为底,以 $f(\xi)$ 为高的矩形的面积 $f(\xi)(b-a)$(图 7-9). $f(\xi)$ 称为函数 $f(x)$ 在区间 $[a,b]$ 上的平均值.

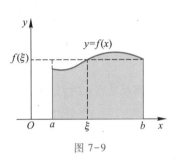

图 7-9

　　例 7-6　不计算定积分,比较下列积分的大小:

(1) $\displaystyle\int_e^3 (\ln x)^2\,\mathrm{d}x$ 与 $\displaystyle\int_e^3 \ln x\,\mathrm{d}x$;　　　　　　(2) $\displaystyle\int_1^2 \mathrm{e}^x\,\mathrm{d}x$ 与 $\displaystyle\int_2^3 \mathrm{e}^x\,\mathrm{d}x$.

　　解　(1) 因为在 $[e,3]$ 上 $(\ln x)^2 \geqslant \ln x$,所以由性质 7-6 的推论有

$$\int_e^3 (\ln x)^2\,\mathrm{d}x \geqslant \int_e^3 \ln x\,\mathrm{d}x.$$

　　(2) 本题的两个积分区间不一样,但积分区间的长度一样,由积分中值定理可知,至少存在点 $\xi_1 \in [1,2]$, $\xi_2 \in [2,3]$,使

$$\int_1^2 \mathrm{e}^x\,\mathrm{d}x = \mathrm{e}^{\xi_1}(2-1) = \mathrm{e}^{\xi_1},$$

$$\int_2^3 \mathrm{e}^x\,\mathrm{d}x = \mathrm{e}^{\xi_2}(3-2) = \mathrm{e}^{\xi_2}.$$

而 $f(x) = \mathrm{e}^x$ 为 $(0,+\infty)$ 上的单调递增函数,且 $\xi_1 < \xi_2$,所以

$$\mathrm{e}^{\xi_1} < \mathrm{e}^{\xi_2},$$

即

$$\int_1^2 \mathrm{e}^x\,\mathrm{d}x < \int_2^3 \mathrm{e}^x\,\mathrm{d}x.$$

　　例 7-7　利用积分中值定理计算 $\displaystyle\lim_{n \to \infty}\int_n^{n+1} x^2 \mathrm{e}^{-x^2}\,\mathrm{d}x$.

　　解　$\displaystyle\lim_{n \to \infty}\int_n^{n+1} x^2 \mathrm{e}^{-x^2}\,\mathrm{d}x = \lim_{n \to \infty} \xi^2 \mathrm{e}^{-\xi^2}(n+1-n)$　　$(n < \xi < n+1)$

$$= \lim_{\xi \to \infty} \frac{\xi^2}{e^{\xi^2}} \quad (\text{当 } n \to \infty \text{ 时}, \xi \to \infty)$$

$$= \lim_{\xi \to \infty} \frac{2\xi}{e^{\xi^2} \cdot 2\xi} \quad (\text{洛必达法则})$$

$$= \lim_{\xi \to \infty} \frac{1}{e^{\xi^2}} = 0.$$

例 7-8　设 $f(x)$ 在 $[a,b]$ 上连续,在 (a,b) 内可导,且存在 $c \in (a,b)$,使

$$\int_a^c f(x)\,\mathrm{d}x = f(b)\,(c-a),$$

证明:在 (a,b) 内存在一点 ξ,使 $f'(\xi) = 0$.

证明　由于 $f(x)$ 在 $[a,b]$ 上连续,故 $f(x)$ 在 $[a,c]$ 上连续.又由积分中值定理可知,存在 $\eta \in (a,c)$,使

$$\int_a^c f(x)\,\mathrm{d}x = f(\eta)(c-a),$$

从而 $\eta \neq b$ 且 $f(\eta) = f(b)$.由罗尔定理可知,至少存在一点 $\xi \in (\eta, b) \subset (a,b)$,使

$$f'(\xi) = 0.$$

本节小结

本节介绍了定积分的基本性质,主要包括线性运算性质、积分区间可加性、保号性、估值定理和积分中值定理,这些性质是理解和应用定积分的重要理论.注意:

1. 定积分的这些性质与函数的极限关系密切,有助于理解定积分的定义.

2. 保号性、估值定理和积分中值定理是有关定积分应用的重要理论基础,特别在理论推导上,可以结合定积分的几何意义综合理解.

练习 7.2

基础题

1. 不计算定积分,比较下列各组积分值的大小:

（1）$\displaystyle\int_0^1 x^2\,\mathrm{d}x$ 与 $\displaystyle\int_0^1 x^3\,\mathrm{d}x$;

（2）$\displaystyle\int_0^1 e^x\,\mathrm{d}x$ 与 $\displaystyle\int_0^1 e^{x^2}\,\mathrm{d}x$;

（3）$\displaystyle\int_{-\frac{\pi}{2}}^0 \sin x\,\mathrm{d}x$ 与 $\displaystyle\int_0^{\frac{\pi}{2}} \sin x\,\mathrm{d}x$;

（4）$\displaystyle\int_0^1 e^x\,\mathrm{d}x$ 与 $\displaystyle\int_0^1 (1+x)\,\mathrm{d}x$;

(5) $\displaystyle\int_0^\pi e^{-x^2}\cos^2 x \, dx$ 与 $\displaystyle\int_\pi^{2\pi} e^{-x^2}\cos^2 x \, dx$.

2. 估计下列定积分的值:

(1) $\displaystyle\int_1^4 (x^2 + 1)\,dx$;

(2) $\displaystyle\int_2^0 e^{x^2-x}\,dx$;

(3) $\displaystyle\int_{\frac{\sqrt{3}}{3}}^{\sqrt{3}} x\arctan x \, dx$;

(4) $\displaystyle\int_0^{\frac{\pi}{2}} \frac{1}{\sqrt{1 - \frac{1}{2}\sin^2 x}}\,dx$.

3. 求下列极限:

(1) $\displaystyle\lim_{n\to\infty}\int_0^{\frac{1}{2}} \frac{x^n}{1+x}\,dx$;

(2) $\displaystyle\lim_{n\to\infty}\int_0^{\frac{\pi}{4}} \sin^n x \, dx$.

4. 证明第二积分中值定理:若 $f(x)$ 与 $g(x)$ 在区间 $[a,b]$ 上连续,且 $g(x)$ 在区间 $[a,b]$ 上不变号,则在区间 $[a,b]$ 上至少存在一点 ξ,使

$$\int_a^b f(x)g(x)\,dx = f(\xi)\int_a^b g(x)\,dx.$$

5. 设 $f(x)$ 及 $g(x)$ 在区间 $[a,b]$ 上连续 $(a<b)$,证明:

(1) 若在 $[a,b]$ 上 $f(x) \geqslant 0$,且 $f(x)$ 不恒为 0,则 $\displaystyle\int_a^b f(x)\,dx > 0$;

(2) 若在 $[a,b]$ 上 $f(x) \leqslant g(x)$,且 $\displaystyle\int_a^b f(x)\,dx = \int_a^b g(x)\,dx$,则在 $[a,b]$ 上 $f(x)\equiv g(x)$.

提高题

1. 求 $\displaystyle\int_{-1}^1 f(x)\,dx$, 其中 $f(x) = 2x-1\,(-1\leqslant x<0)$, $f(x)=e^{-x}\,(0\leqslant x\leqslant 1)$.

2. 证明:若 f 在 $[a,b]$ 上连续,且 $f(x)\geqslant 0$, $\displaystyle\int_a^b f(x)\,dx = 0$,则 $f(x)\equiv 0, x\in[a,b]$.

§7.3   微积分基本定理

在 §7.1 中,我们已经从例 7-1 $\left(\text{计算定积分}\displaystyle\int_0^1 x^2\,dx\right)$ 中看到,定积分定义从理论上解决了求定积分的问题,但用定义求定积分在实际计算中是非常困难的.因此,必须寻找计算定积分的新方法.本节我们将首先讨论定积分与不定积分、定积分与微分之间的关系,再通过这些关系解决求定积分的计算问题.

一、积分上限函数及其导数

设函数 $f(x)$ 在区间 $[a,b]$ 上可积，x 为 $[a,b]$ 上的任意一点，显然 $f(x)$ 在区间 $[a,x]$ 上也可积，即定积分 $\int_a^x f(x)\mathrm{d}x$ 存在．这里变量 x 既表示积分变量，又表示积分上限．由于定积分与积分变量的记号无关，为避免混淆，不妨将积分变量换成 t，于是 $\int_a^x f(x)\mathrm{d}x$ 可以写成 $\int_a^x f(t)\mathrm{d}t$．

对于区间 $[a,b]$ 上每一个取定的 x 值，定积分 $\int_a^x f(t)\mathrm{d}t$ 都有一个确定的值与之对应，所以它定义了 $[a,b]$ 上的一个关于 x 的函数，记作 $F(x)$，即

$$F(x) = \int_a^x f(t)\mathrm{d}t \quad (a \leqslant x \leqslant b).$$

这个函数称为积分上限函数，也称为可变上限函数．

类似可定义积分下限函数（或可变下限函数）：

$$\Phi(x) = \int_x^b f(t)\mathrm{d}t \quad (a \leqslant x \leqslant b).$$

由于 $\Phi(x) = \int_x^b f(t)\mathrm{d}t = -\int_b^x f(t)\mathrm{d}t$，所以下面重点讨论积分上限函数．积分上限函数具有很重要的性质．

定理 7-3　如果定积分 $\int_a^b f(x)\mathrm{d}x$ 存在，那么积分上限函数 $F(x) = \int_a^x f(t)\mathrm{d}t$ 在区间 $[a,b]$ 上连续．

证明　给定自变量 x 以增量 Δx，$F(x)$ 有相应的增量

$$F(x + \Delta x) - F(x) = \int_a^{x+\Delta x} f(t)\mathrm{d}t - \int_a^x f(t)\mathrm{d}t.$$

根据定积分的区间可加性和积分中值定理，

$$F(x + \Delta x) - F(x) = \int_a^x f(t)\mathrm{d}t + \int_x^{x+\Delta x} f(t)\mathrm{d}t - \int_a^x f(t)\mathrm{d}t = \int_x^{x+\Delta x} f(t)\mathrm{d}t.$$

由于可积函数在积分区间上必有界，即存在常数 m 和 M，使 $\forall x \in [a,b]$，有 $m \leqslant f(x) \leqslant M$，所以

$$m \cdot \Delta x \leqslant \int_x^{x+\Delta x} f(x)\mathrm{d}x \leqslant M \cdot \Delta x,$$

$$\lim_{\Delta x \to 0} [F(x+\Delta x) - F(x)] = 0.$$

因此积分上限函数 $F(x) = \int_a^x f(t)\mathrm{d}t$ 在区间 $[a,b]$ 上连续．

定理 7-4　如果函数 $f(x)$ 在区间 $[a,b]$ 上连续，那么积分上限函数 $F(x) = \int_a^x f(t)\mathrm{d}t$ 在

$[a,b]$ 上可导,且它的导数为

$$F'(x) = \frac{\mathrm{d}}{\mathrm{d}x}\int_a^x f(t)\,\mathrm{d}t = f(x) \quad (a \leqslant x \leqslant b).$$

积分上限函
数及其导数

证明 给定自变量 x 以增量 Δx,$F(x)$ 有相应的增量

$$F(x + \Delta x) - F(x) = \int_a^{x+\Delta x} f(t)\,\mathrm{d}t - \int_a^x f(t)\,\mathrm{d}t.$$

根据定积分的积分区间可加性和积分中值定理,

$$F(x + \Delta x) - F(x) = \int_a^x f(t)\,\mathrm{d}t + \int_x^{x+\Delta x} f(t)\,\mathrm{d}t - \int_a^x f(t)\,\mathrm{d}t$$

$$= \int_x^{x+\Delta x} f(t)\,\mathrm{d}t = f(\xi)\,\Delta x \quad (x \leqslant \xi \leqslant x + \Delta x).$$

因此

$$\lim_{\Delta x \to 0} \frac{F(x+\Delta x) - F(x)}{\Delta x} = \lim_{\Delta x \to 0} \frac{f(\xi)\,\Delta x}{\Delta x} = \lim_{\Delta x \to 0} f(\xi).$$

由于当 $\Delta x \to 0$ 时 $\xi \to x$,再由 $f(x)$ 的连续性,即可得

$$\lim_{\Delta x \to 0} \frac{F(x+\Delta x) - F(x)}{\Delta x} = \lim_{\xi \to x} f(\xi) = f(x).$$

根据导数的定义,$F(x)$ 在区间 $[a,b]$ 上可导,且

$$F'(x) = \frac{\mathrm{d}}{\mathrm{d}x}\int_a^x f(t)\,\mathrm{d}t = f(x).$$

由定理 7-4 可知,积分上限函数 $F(x) = \int_a^x f(t)\,\mathrm{d}t$ 是连续函数 $f(x)$ 的一个原函数,显然也证明了下面的原函数存在定理.

定理 7-5(原函数存在定理) 如果函数 $f(x)$ 在区间 $[a,b]$ 上连续,那么积分上限函数

$$F(x) = \int_a^x f(t)\,\mathrm{d}t$$

就是 $f(x)$ 在区间 $[a,b]$ 上的一个原函数.

定理 7-5 一方面肯定了连续函数的原函数一定存在,另一方面又初步揭示了定积分与原函数的内在联系,指明了利用原函数计算定积分的途径.

例 7-9 求下列函数的导数:

(1) $f(x) = \int_a^x t\cos t\,\mathrm{d}t$; (2) $f(x) = \int_0^{\sqrt{x}} \cos t^2\,\mathrm{d}t$;

(3) $f(x) = \int_{\sin x}^b \left(\sqrt{t - \ln t} + 1\right)\mathrm{d}t$; (4) $f(x) = \int_{\sin x}^{x^2} \mathrm{e}^{-t^2}\,\mathrm{d}t$.

解 (1) $f(x)$ 为积分上限函数,所以

$$f'(x) = x\cos x.$$

（2）定积分 $f(x) = \int_0^{\sqrt{x}} \cos t^2 \mathrm{d}t$ 的积分上限 $\sqrt{x}$ 为 x 的函数，令 $u = \sqrt{x}$，则 $f(x)$ 可以看成由

积分上限函数 $f(u) = \int_0^u \cos t^2 \mathrm{d}t$ 和函数 $u = \sqrt{x}$ 复合而成.按复合函数的求导法则，有

$$f'(x) = \frac{\mathrm{d}\left(\int_0^u \cos t^2 \mathrm{d}t\right)}{\mathrm{d}u} \cdot \frac{\mathrm{d}u}{\mathrm{d}x} = \cos u^2 \cdot \frac{1}{2\sqrt{x}} = \frac{\cos x}{2\sqrt{x}}.$$

（3）$f(x) = -\int_b^{\sin x} (\sqrt{t - \ln t} + 1)\mathrm{d}t$，所以

$$f'(x) = -(\sqrt{\sin x - \ln \sin x} + 1)(\sin x)' = -(\sqrt{\sin x - \ln \sin x} + 1)\cos x.$$

（4）由定积分的积分区间可加性得

$$f(x) = \int_{\sin x}^a \mathrm{e}^{-t^2}\mathrm{d}t + \int_a^{x^2} \mathrm{e}^{-t^2}\mathrm{d}t,$$

所以

$$f'(x) = -\mathrm{e}^{-\sin^2 x}(\sin x)' + \mathrm{e}^{-x^4}(x^2)' = -\cos x \mathrm{e}^{-\sin^2 x} + 2x\mathrm{e}^{-x^4}.$$

例 7-10   计算下列各式：

（1）$\dfrac{\mathrm{d}}{\mathrm{d}x}\displaystyle\int_{a(x)}^{b(x)} f(t)\mathrm{d}t$，其中 $f(x)$ 为连续函数，$a(x)$，$b(x)$ 是 x 的可微函数；

（2）$\dfrac{\mathrm{d}}{\mathrm{d}x}\displaystyle\int_a^x xf(t)\mathrm{d}t$；

（3）$\dfrac{\mathrm{d}}{\mathrm{d}x}\displaystyle\int_a^b \sqrt{t^2 + 1}\mathrm{d}t$.

解   （1）根据复合函数的求导法则，有

$$\frac{\mathrm{d}}{\mathrm{d}x}\int_{a(x)}^{b(x)} f(t)\mathrm{d}t = f(b(x))b'(x) - f(a(x))a'(x).$$

这个结果可以直接应用.

（2）积分 $\displaystyle\int_a^x xf(t)\mathrm{d}t$ 的积分变量为 t，因此相对于定积分，x 可以看作常数，可以从积分号中提出来，即

$$\int_a^x xf(t)\mathrm{d}t = x\int_a^x f(t)\mathrm{d}t.$$

所以根据乘积的导数公式，有

$$\frac{\mathrm{d}}{\mathrm{d}x}\int_a^x xf(t)\mathrm{d}t = \frac{\mathrm{d}\left(x\int_a^x f(t)\mathrm{d}t\right)}{\mathrm{d}x} = \int_a^x f(t)\mathrm{d}t + xf(x).$$

这个结果揭示，如果被积函数中含有积分上限函数的自变量，求导时必须将积分上限函数的自变量和积分变量分离.

（3）定积分 $\displaystyle\int_a^b \sqrt{t^2 + 1}\mathrm{d}t$ 的值是一个常数，所以

$$\frac{\mathrm{d}}{\mathrm{d}x}\int_a^b \sqrt{t^2+1}\,\mathrm{d}t = 0.$$

例 7-11 设函数 $f(x)$ 在区间 $[a,b]$ 上连续,且 $\int_a^b f^2(x)\,\mathrm{d}x = 0$,证明 $f(x)$ 在区间 $[a,b]$ 上恒等于零.

证明 因为 $f(x)$ 在区间 $[a,b]$ 上连续,所以 $\int_a^x f^2(t)\,\mathrm{d}t$, $x\in[a,b]$ 存在,且

$$\frac{\mathrm{d}}{\mathrm{d}x}\int_a^x f^2(t)\,\mathrm{d}t = f^2(x) \geqslant 0.$$

故当 $a \leqslant x \leqslant b$ 时,$\int_a^x f^2(t)\,\mathrm{d}t$ 是 x 的单调不减函数.于是

$$0 = \int_a^a f^2(t)\,\mathrm{d}t \leqslant \int_a^x f^2(t)\,\mathrm{d}t \leqslant \int_a^b f^2(t)\,\mathrm{d}t = 0,$$

即

$$\int_a^x f^2(t)\,\mathrm{d}t = 0,$$

从而积分上限函数 $\int_a^x f^2(t)\,\mathrm{d}t$ 为区间 $[a,b]$ 上的常值函数.因此

$$f^2(x) = \left(\int_a^x f^2(t)\,\mathrm{d}t\right)' = 0,$$

即

$$f(x) = 0 \quad (a \leqslant x \leqslant b).$$

例 7-12 求极限 $\displaystyle\lim_{x\to 0}\frac{\displaystyle\int_0^x \left(\int_{\sin y}^0 t\,\mathrm{d}t\right)\mathrm{d}y}{x^3}$.

解 由洛必达法则,

$$\lim_{x\to 0}\frac{\displaystyle\int_0^x \left(\int_{\sin y}^0 t\,\mathrm{d}t\right)\mathrm{d}y}{x^3} = \lim_{x\to 0}\frac{\left[\displaystyle\int_0^x \left(\int_{\sin y}^0 t\,\mathrm{d}t\right)\mathrm{d}y\right]'}{(x^3)'} = \lim_{x\to 0}\frac{\displaystyle\int_{\sin x}^0 t\,\mathrm{d}t}{3x^2} = \frac{1}{3}\lim_{x\to 0}\frac{\left(\displaystyle\int_{\sin x}^0 t\,\mathrm{d}t\right)'}{(x^2)'}$$

$$= \frac{1}{6}\lim_{x\to 0}\frac{-\sin x \cdot \cos x}{x} = -\frac{1}{6}.$$

二、牛顿-莱布尼茨公式

通过定理 7-5,我们来建立用原函数计算定积分的一般方法.

定理 7-6(微积分基本定理) 如果 $F(x)$ 是连续函数 $f(x)$ 在区间 $[a,b]$ 上的一个原函数,那么

$$\int_a^b f(x)\,\mathrm{d}x = F(b) - F(a). \tag{7-8}$$

证明 由定理 7-5 知,$\int_a^x f(t)\,\mathrm{d}t$ 是 $f(x)$ 的一个原函数;由已知,$F(x)$ 也是函数 $f(x)$ 的

一个原函数,于是这两个原函数仅相差一个常数 C,即

$$\int_a^x f(t)\,\mathrm{d}t - F(x) = C \quad (a \leqslant x \leqslant b).$$

在上式中分别令 $x = a$ 和 $x = b$,得

$$\int_a^a f(t)\,\mathrm{d}t - F(a) = C,$$

$$\int_a^b f(t)\,\mathrm{d}t - F(b) = C.$$

所以

$$\int_a^b f(t)\,\mathrm{d}t = F(b) + C = F(b) - F(a).$$

改写积分变量 t 为 x,得到

$$\int_a^b f(x)\,\mathrm{d}x = F(b) - F(a).$$

为书写方便,常用 $F(x)\Big|_a^b$ 表示 $F(b) - F(a)$,于是

$$\int_a^b f(x)\,\mathrm{d}x = F(x)\Big|_a^b = F(b) - F(a).$$

这个公式揭示了定积分与不定积分之间的关系,它表明一个连续函数在区间 $[a,b]$ 上的定积分等于它的任一原函数在积分区间 $[a,b]$ 上两个端点处的函数值之差.这就为计算定积分提供了一个简便而实用的方法,即求定积分的关键是求原函数,也就是求不定积分.当然,如果被积函数的原函数不能用初等函数表示,该公式也就无效了.

定理 7-6 由英国数学家牛顿(Newton)和德国数学家莱布尼茨(Leibniz)在 17 世纪分别建立,故公式(7-8)称为**牛顿-莱布尼茨公式**.该公式将极限、微分、不定积分、定积分等微积分中最重要的概念有机地融为一体,故又称为**微积分基本公式**.

例 7-13   计算下列定积分:

(1) $\displaystyle\int_{-1}^{\sqrt{3}} \frac{1}{1 + x^2}\,\mathrm{d}x$;   (2) $\displaystyle\int_0^1 \frac{x}{\sqrt{1 + x^2}}\,\mathrm{d}x$;

(3) $\displaystyle\int_0^\pi |\cos x|\,\mathrm{d}x$;   (4) $\displaystyle\int_0^1 \frac{\mathrm{d}x}{e^x + e^{-x}}$;

(5) $\displaystyle\int_3^a x|x|\,\mathrm{d}x$;   (6) $\displaystyle\int_0^1 t|t - x|\,\mathrm{d}t$.

解   (1) $\displaystyle\int_{-1}^{\sqrt{3}} \frac{1}{1 + x^2}\,\mathrm{d}x = \arctan x\Big|_{-1}^{\sqrt{3}} = \arctan\sqrt{3} - \arctan(-1) = \frac{\pi}{3} - \left(-\frac{\pi}{4}\right) = \frac{7}{12}\pi.$

(2) $\displaystyle\int_0^1 \frac{x}{\sqrt{1 + x^2}}\,\mathrm{d}x = \int_0^1 \frac{\frac{1}{2}}{\sqrt{1 + x^2}}\,\mathrm{d}(1 + x^2) = \sqrt{1 + x^2}\,\Big|_0^1 = \sqrt{2} - 1.$

(3) $\displaystyle\int_0^\pi |\cos x|\,\mathrm{d}x = \int_0^{\frac{\pi}{2}} \cos x\,\mathrm{d}x - \int_{\frac{\pi}{2}}^\pi \cos x\,\mathrm{d}x = \sin x\,\Big|_0^{\frac{\pi}{2}} - \sin x\,\Big|_{\frac{\pi}{2}}^\pi = 2.$

（4）$\int_0^1 \dfrac{\mathrm{d}x}{\mathrm{e}^x + \mathrm{e}^{-x}} = \int_0^1 \dfrac{\mathrm{d}(\mathrm{e}^x)}{\mathrm{e}^{2x}+1} = (\arctan \mathrm{e}^x)\,\big|_0^1 = \arctan \mathrm{e} - \arctan 1 = \arctan \mathrm{e} - \dfrac{\pi}{4}.$

（5）当 $a \geqslant 0$ 时，$x|x| = x^2$，于是

$$\int_3^a x|x|\,\mathrm{d}x = \int_3^a x^2\,\mathrm{d}x = \dfrac{a^3}{3} - 9.$$

当 $a < 0$ 时，

$$x|x| = \begin{cases} x^2, & x > 0, \\ -x^2, & x \leqslant 0, \end{cases}$$

于是

$$\int_3^a x|x|\,\mathrm{d}x = \int_3^0 x^2\,\mathrm{d}x + \int_0^a (-x^2)\,\mathrm{d}x = \dfrac{x^3}{3}\bigg|_3^0 - \dfrac{x^3}{3}\bigg|_0^a = -9 - \dfrac{a^3}{3}.$$

（6）分三种情形：

当 $x \leqslant 0$ 时，$\int_0^1 t|t-x|\,\mathrm{d}t = \int_0^1 t(t-x)\,\mathrm{d}t = \dfrac{1}{3} - \dfrac{x}{2}.$

当 $x \geqslant 1$ 时，$\int_0^1 t|t-x|\,\mathrm{d}t = -\int_0^1 t(t-x)\,\mathrm{d}t = -\dfrac{1}{3} + \dfrac{x}{2}.$

当 $0 < x < 1$ 时，$\int_0^1 t|t-x|\,\mathrm{d}t = -\int_0^x t(t-x)\,\mathrm{d}t + \int_x^1 t(t-x)\,\mathrm{d}t = \dfrac{x^3}{3} - \dfrac{x}{2} + \dfrac{1}{3}.$

因此

$$\int_0^1 t|t-x|\,\mathrm{d}t = \begin{cases} \dfrac{1}{3} - \dfrac{x}{2}, & x \leqslant 0, \\ \dfrac{x^3}{3} - \dfrac{x}{2} + \dfrac{1}{3}, & 0 < x < 1, \\ -\dfrac{1}{3} + \dfrac{x}{2}, & x \geqslant 1. \end{cases}$$

例 7-14 利用定积分计算 $\lim\limits_{n\to\infty} \dfrac{\sqrt{1}+\sqrt{2}+\cdots+\sqrt{n}}{n\sqrt{n}}.$

解 由于此极限可以表示成定积分 $\int_0^1 \sqrt{x}\,\mathrm{d}x$，于是

$$\lim_{n\to\infty} \dfrac{\sqrt{1}+\sqrt{2}+\cdots+\sqrt{n}}{n\sqrt{n}} = \int_0^1 \sqrt{x}\,\mathrm{d}x = \dfrac{2}{3}x^{\frac{3}{2}}\bigg|_0^1 = \dfrac{2}{3}.$$

例 7-15 设函数 $f(x)$ 在区间 $[0,1]$ 上连续且满足 $f(x) = x\int_0^1 f(t)\,\mathrm{d}t - 1$，求 $\int_0^1 f(x)\,\mathrm{d}x$ 及 $f(x)$.

解 本题中 $f(x)$ 未知，故不能直接用牛顿-莱布尼茨公式计算 $\int_0^1 f(x)\,\mathrm{d}x$. 注意到 $\int_0^1 f(x)\,\mathrm{d}x$ 为常数，对 $f(x) = x\int_0^1 f(t)\,\mathrm{d}t - 1$ 两端求定积分，得

$$\int_0^1 f(x)\,\mathrm{d}x = \int_0^1 \left(x\int_0^1 f(t)\,\mathrm{d}t - 1\right)\mathrm{d}x = \int_0^1 f(t)\,\mathrm{d}t\int_0^1 x\,\mathrm{d}x - \int_0^1 1\,\mathrm{d}x$$

$$= \frac{1}{2}\int_0^1 f(t)\,\mathrm{d}t - 1 = \frac{1}{2}\int_0^1 f(x)\,\mathrm{d}x - 1.$$

因此

$$\int_0^1 f(x)\,\mathrm{d}x = -2.$$

从而

$$f(x) = x\int_0^1 f(t)\,\mathrm{d}t - 1 = -2x - 1.$$

定积分的计算一般分为两种:当被积函数已知时,直接用积分公式求解,此时要特别注意积分公式使用的条件: $f(x)$ 必须在积分区间上连续;当被积函数未知时,则需要用定积分的性质灵活计算.

例 7-16　检验下列积分应用牛顿-莱布尼茨公式的正确性:

(1) $\displaystyle\int_{-1}^1 \frac{1}{x^2}\mathrm{d}x = \left(-\frac{1}{x}\right)\bigg|_{-1}^1 = -2$;

(2) $\displaystyle\int_0^{2\pi} \frac{\sec^2 x}{2 + \tan^2 x}\mathrm{d}x = \int_0^{2\pi} \frac{\mathrm{d}(\tan x)}{(\sqrt{2})^2 + \tan^2 x} = \frac{1}{\sqrt{2}}\arctan\frac{\tan x}{\sqrt{2}}\bigg|_0^{2\pi} = 0.$

解　(1) 不正确.因为 $f(x) = \dfrac{1}{x^2}$ 在 $[-1,1]$ 上不连续,有第二类间断点 $x = 0$,所以不能用牛顿-莱布尼茨公式.

(2) 不正确.由于被积函数 $\dfrac{\sec^2 x}{2+\tan^2 x} > 0$,由定积分性质,若该积分存在,则其值必为正,而不可能为零.错误的原因是被积函数在 $x = \dfrac{\pi}{2}$, $x = \dfrac{3\pi}{2}$ 处不连续,不能直接用牛顿-莱布尼茨公式.

本节小结

本节主要介绍了积分上限函数及其连续性和可微性、原函数存在定理及牛顿-莱布尼茨公式,给出了定积分计算的基本理论.注意:

1. 积分上限函数都是连续的,并且在被积函数连续时积分上限函数可导.

2. 积分上限函数只是一种特殊结构的函数,一般函数求极限、求导数的各种性质、方法同样适用于积分上限函数.

3. 牛顿-莱布尼茨公式应用简单,但是必须当被积函数在积分区间上连续时才能应用.

练习 7.3

基础题

1. 设 $f(x)$ 为连续函数,求下列函数的导数:

(1) $F(x) = \int_0^x \sin t^3 \mathrm{d}t$;

(2) $F(x) = x \int_a^b \sin^2 t \mathrm{d}t$;

(3) $F(x) = \int_{x^3}^{x^2} \dfrac{\mathrm{d}t}{\sqrt{1 + t^4}}$;

(4) $F(x) = \int_a^x (x - f(t)) \mathrm{d}t$;

(5) $F(x) = \int_a^x x^2 f(t) \mathrm{d}t$;

(6) $F(x) = \int_a^b t \sqrt{1 + t^2} \mathrm{d}t$.

2. 求下列极限:

(1) $\lim\limits_{x \to 0} \dfrac{\int_0^x \cos t^2 \mathrm{d}t}{x}$;

(2) $\lim\limits_{x \to 0} \dfrac{\left[\int_0^x (\mathrm{e}^{t^2} - 1) \mathrm{d}t \right]^2}{\int_0^x \mathrm{e}^t \mathrm{d}t}$.

3. 计算下列积分:

(1) $\int_1^2 \left(x^3 + \dfrac{1}{x^3} \right) \mathrm{d}x$;

(2) $\int_1^2 \left(x + \dfrac{1}{x} \right)^2 \mathrm{d}x$;

(3) $\int_{-\frac{1}{2}}^{\frac{1}{2}} \dfrac{\mathrm{d}x}{\sqrt{1 - x^2}}$;

(4) $\int_{-1}^0 \dfrac{2x^4 + 2x^2 + 1}{x^2 + 1} \mathrm{d}x$;

(5) $\int_0^{\frac{1}{2}} \dfrac{x \mathrm{d}x}{\sqrt{1 - x^2}}$;

(6) $\int_e^{e^2} \dfrac{1}{x \ln x} \mathrm{d}x$.

4. 设 $f(x)$ 是连续函数,且 $f(x) = x + 2 \int_0^1 f(t) \mathrm{d}t$,证明: $f(x) = x - 1$.

5. 设 $f(x) = \begin{cases} x^2, & 0 \leqslant x \leqslant 1 \\ x, & 1 < x \leqslant 2 \end{cases}$,求 $\Phi(x) = \int_0^x f(t) \mathrm{d}t$ 在 $[0, 2]$ 上的表达式,并讨论 $\Phi(x)$ 在 $(0, 2)$ 内的连续性.

提高题

利用定积分求极限:

(1) $\lim\limits_{n \to \infty} \left(\dfrac{1}{n+1} + \dfrac{1}{n+2} + \dfrac{1}{n+3} + \cdots + \dfrac{1}{2n} \right)$;

（2）$\lim\limits_{n\to\infty}\dfrac{1}{n^4}(1+2^3+3^3+\cdots+n^3)$；

（3）$\lim\limits_{n\to\infty}n\left[\dfrac{1}{(n+1)^2}+\dfrac{1}{(n+2)^2}+\dfrac{1}{(n+3)^2}+\cdots+\dfrac{1}{(n+n)^2}\right]$；

（4）$\lim\limits_{n\to\infty}n\left(\dfrac{1}{n^2+1}+\dfrac{1}{n^2+2^2}+\dfrac{1}{n^2+3^2}+\cdots+\dfrac{1}{2n^2}\right)$；

（5）$\lim\limits_{n\to\infty}\dfrac{1}{n}\left(\sin\dfrac{1}{n}\pi+\sin\dfrac{2}{n}\pi+\cdots+\sin\dfrac{n-1}{n}\pi\right)$.

§7.4   定积分基本积分方法

由牛顿-莱布尼茨公式，可以通过不定积分来计算定积分. 一般是将定积分的计算分成两步：先计算相应的不定积分，求出被积函数的一个原函数；然后运用牛顿-莱布尼茨公式，计算出定积分. 这种做法有时相当麻烦，我们希望将不定积分的计算方法与牛顿-莱布尼茨公式有机地结合起来，构成定积分自身的计算方法——直接积分法、换元积分法和分部积分法.

一、直接积分法

直接积分法就是直接利用牛顿-莱布尼茨公式和不定积分基本公式以及定积分的性质求定积分，如 §7.3 中的例 7-13 和下面的例子就适用直接积分法.

例 7-17   求 $\displaystyle\int_0^{16}\dfrac{1}{\sqrt{x+9}-\sqrt{x}}\mathrm{d}x$.

解 $\displaystyle\int_0^{16}\dfrac{1}{\sqrt{x+9}-\sqrt{x}}\mathrm{d}x=\int_0^{16}\dfrac{\sqrt{x+9}+\sqrt{x}}{9}\mathrm{d}x=\dfrac{1}{9}\left[\dfrac{2}{3}(x+9)^{\frac{3}{2}}+\dfrac{2}{3}x^{\frac{3}{2}}\right]\Bigg|_0^{16}=12.$

例 7-18   求 $\displaystyle\int_0^{\pi}\sqrt{\sin x-\sin^3 x}\,\mathrm{d}x$.

解 $\displaystyle\int_0^{\pi}\sqrt{\sin x-\sin^3 x}\,\mathrm{d}x=\int_0^{\pi}\sqrt{\sin x}\cdot|\cos x|\mathrm{d}x$

$\displaystyle\qquad=\int_0^{\frac{\pi}{2}}\sqrt{\sin x}\cdot\cos x\mathrm{d}x+\int_{\frac{\pi}{2}}^{\pi}\sqrt{\sin x}\cdot(-\cos x)\,\mathrm{d}x$

$\displaystyle\qquad=\dfrac{2}{3}(\sin x)^{\frac{3}{2}}\Bigg|_0^{\frac{\pi}{2}}-\dfrac{2}{3}(\sin x)^{\frac{3}{2}}\Bigg|_{\frac{\pi}{2}}^{\pi}=\dfrac{4}{3}.$

二、换元积分法

在第6章中我们用换元积分法计算不定积分时,没有考虑原变量 x 与新变量 t 的取值范围.如果要用换元积分法计算定积分,原积分变量 x 与换元后的积分变量 t 的变化区间会有所不同,即积分区间会随之改变,而且我们还必须要求换元后的积分区间应该是唯一的,这就要求代换函数 $x = \varphi(t)$ 具有连续导数且反函数有单调性.下面我们来介绍这种方法.

定理 7-7 设 $f(x)$ 在区间 $[a,b]$ 上连续, $x = \varphi(t)$ 满足下列条件:

(1) $a = \varphi(\alpha), b = \varphi(\beta)$;

(2) 当 t 在区间 $[\alpha,\beta]$ 上变化时, $x = \varphi(t)$ 在区间 $[a,b]$ 上变化;

(3) $\varphi'(t)$ 在区间 $[\alpha,\beta]$ 上连续且在 $[\alpha,\beta]$ 内保持定号,

则

定积分基本
积分方法

$$\int_a^b f(x)\,\mathrm{d}x = \int_\alpha^\beta f(\varphi(t))\varphi'(t)\,\mathrm{d}t. \tag{7-9}$$

证明 因为 $f(x)$ 在 $[a,b]$ 上连续,所以它的原函数存在.设 $F(x)$ 为 $f(x)$ 的一个原函数,那么 $F(\varphi(t))$ 是 $f(\varphi(t))\varphi'(t)$ 的一个原函数.由牛顿-莱布尼茨公式可得

$$\int_\alpha^\beta f(\varphi(t))\varphi'(t)\,\mathrm{d}t = F(\varphi(t))\Big|_\alpha^\beta = F(\varphi(\beta)) - F(\varphi(\alpha)) = F(b) - F(a).$$

而 $\int_a^b f(x)\,\mathrm{d}x = F(x)\Big|_a^b = F(b) - F(a)$,所以

$$\int_a^b f(x)\,\mathrm{d}x = \int_\alpha^\beta f(\varphi(t))\varphi'(t)\,\mathrm{d}t.$$

注意

(1) 条件 $\varphi'(t)$ 保号保证当 x 单调地从 a 变到 b 时, t 也单调地从 α 变到 β.另外当 $\varphi'(t) \geq 0$ 或 $\varphi'(t) \leq 0$ 且等号只在有限个点处成立时,换元积分法仍然正确.

(2) 定理的条件(1)保证公式(7-9)中的积分上、下限对齐,这一点在换元积分法中很重要.

(3) 使用换元积分法计算定积分的值时只要同时改变积分的上、下限,就不必再换回原来的变量,直接往下计算并运用牛顿-莱布尼茨公式便可得到定积分的结果.

例 7-19 求 $\int_0^a \sqrt{a^2 - x^2}\,\mathrm{d}x \ (a > 0)$.

解 令 $x = a\sin t$,则 $\mathrm{d}x = a\cos t\,\mathrm{d}t$, $x = a\sin t$ 在 $\left[0, \dfrac{\pi}{2}\right]$ 上单调、连续可导,且当 $x = 0$ 时, $t = 0$;当 $x = a$ 时, $t = \dfrac{\pi}{2}$.于是

$$\int_0^a \sqrt{a^2 - x^2}\,\mathrm{d}x = a^2 \int_0^{\frac{\pi}{2}} \cos^2 t\,\mathrm{d}t = a^2 \int_0^{\frac{\pi}{2}} \frac{1 + \cos 2t}{2}\,\mathrm{d}t = \frac{a^2}{2}\left(t + \frac{1}{2}\sin 2t\right)\Big|_0^{\frac{\pi}{2}} = \frac{\pi}{4}a^2.$$

例 7-20   计算 $\displaystyle\int_0^4 \frac{x+2}{\sqrt{2x+1}}\mathrm{d}x.$

解   令 $t=\sqrt{2x+1}$，则 $x=\dfrac{t^2-1}{2}$，$\mathrm{d}x=t\mathrm{d}t$，且当 $x=0$ 时，$t=1$；当 $x=4$ 时，$t=3$. 于是

$$\int_0^4 \frac{x+2}{\sqrt{2x+1}}\mathrm{d}x = \int_1^3 \frac{\dfrac{t^2-1}{2}+2}{t}t\mathrm{d}t = \frac{1}{2}\int_1^3 (t^2+3)\mathrm{d}t = \frac{1}{2}\left(\frac{t^3}{3}+3t\right)\bigg|_1^3 = \frac{22}{3}.$$

例 7-21   计算定积分 $I=\displaystyle\int_0^a \frac{\mathrm{d}x}{x+\sqrt{a^2-x^2}}.$

解   令 $x=a\sin t$，则 $\mathrm{d}x=a\cos t\mathrm{d}t$，且当 $x=0$ 时，$t=0$；当 $x=a$ 时，$t=\dfrac{\pi}{2}$. 于是

$$I=\int_0^a \frac{\mathrm{d}x}{x+\sqrt{a^2-x^2}} = \int_0^{\frac{\pi}{2}} \frac{a\cos t}{a\sin t+a\cos t}\mathrm{d}t = \int_0^{\frac{\pi}{2}} \frac{\cos t}{\sin t+\cos t}\mathrm{d}t.$$

又

$$\int_0^{\frac{\pi}{2}} \frac{\cos t}{\sin t+\cos t}\mathrm{d}t \xlongequal{\;\text{令}\;t=\frac{\pi}{2}-u\;} \int_{\frac{\pi}{2}}^0 \frac{\sin u}{\cos u+\sin u}(-\mathrm{d}u) = \int_0^{\frac{\pi}{2}} \frac{\sin t}{\sin t+\cos t}\mathrm{d}t,$$

所以

$$2I = \int_0^{\frac{\pi}{2}} \frac{\cos t+\sin t}{\sin t+\cos t}\mathrm{d}t = \frac{\pi}{2},$$

故

$$I = \int_0^a \frac{\mathrm{d}x}{x+\sqrt{a^2-x^2}} = \frac{\pi}{4}.$$

例 7-22   设 $f(x)$ 在 $[0,1]$ 上连续.

(1) 证明：$\displaystyle\int_0^{\frac{\pi}{2}} f(\sin x)\mathrm{d}x = \int_0^{\frac{\pi}{2}} f(\cos x)\mathrm{d}x$；

(2) 证明 $\displaystyle\int_0^{\pi} xf(\sin x)\mathrm{d}x = \frac{\pi}{2}\int_0^{\pi} f(\sin x)\mathrm{d}x$，并由此计算 $\displaystyle\int_0^{\pi} \frac{x\sin x}{1+\cos^2 x}\mathrm{d}x.$

解   (1) 设 $x=\dfrac{\pi}{2}-t$，则 $\mathrm{d}x=-\mathrm{d}t$，且当 $x=0$ 时，$t=\dfrac{\pi}{2}$；当 $x=\dfrac{\pi}{2}$ 时，$t=0$. 于是

$$\int_0^{\frac{\pi}{2}} f(\sin x)\mathrm{d}x = -\int_{\frac{\pi}{2}}^0 f\left(\sin\left(\frac{\pi}{2}-t\right)\right)\mathrm{d}t = \int_0^{\frac{\pi}{2}} f(\cos t)\mathrm{d}t = \int_0^{\frac{\pi}{2}} f(\cos x)\mathrm{d}x.$$

(2) 设 $x=\pi-t$，则 $\mathrm{d}x=-\mathrm{d}t$，且当 $x=0$ 时，$t=\pi$；当 $x=\pi$ 时，$t=0$. 于是

$$\int_0^{\pi} xf(\sin x)\mathrm{d}x = -\int_{\pi}^0 (\pi-t)f(\sin(\pi-t))\mathrm{d}t$$

$$= \int_0^{\pi} (\pi-t)f(\sin t)\mathrm{d}t$$

$$= \pi \int_0^\pi f(\sin t) \,\mathrm{d}t - \int_0^\pi t f(\sin t) \,\mathrm{d}t$$

$$= \pi \int_0^\pi f(\sin x) \,\mathrm{d}x - \int_0^\pi x f(\sin x) \,\mathrm{d}x.$$

所以

$$\int_0^\pi x f(\sin x) \,\mathrm{d}x = \frac{\pi}{2} \int_0^\pi f(\sin x) \,\mathrm{d}x.$$

从而

$$\int_0^\pi \frac{x \sin x}{1 + \cos^2 x} \,\mathrm{d}x = \frac{\pi}{2} \int_0^\pi \frac{\sin x}{1 + \cos^2 x} \,\mathrm{d}x = -\frac{\pi}{2} \int_0^\pi \frac{1}{1 + \cos^2 x} \,\mathrm{d}(\cos x)$$

$$= -\frac{\pi}{2} (\arctan(\cos x)) \Big|_0^\pi = -\frac{\pi}{2} \left(-\frac{\pi}{4} - \frac{\pi}{4} \right) = \frac{\pi^2}{4}.$$

例 7-23(奇函数与偶函数的积分公式) 若 $f(x)$ 在区间 $[-a, a]$ 上连续,证明:当 $f(x)$ 为奇函数时,$\int_{-a}^a f(x) \,\mathrm{d}x = 0$;当 $f(x)$ 为偶函数时,$\int_{-a}^a f(x) \,\mathrm{d}x = 2\int_0^a f(x) \,\mathrm{d}x$.

证明 因为

$$\int_{-a}^a f(x) \,\mathrm{d}x = \int_{-a}^0 f(x) \,\mathrm{d}x + \int_0^a f(x) \,\mathrm{d}x,$$

对于上式右端第一项,令 $x = -t$,则

$$\int_{-a}^0 f(x) \,\mathrm{d}x = -\int_a^0 f(-t) \,\mathrm{d}t = \int_0^a f(-t) \,\mathrm{d}t = \int_0^a f(-x) \,\mathrm{d}x,$$

所以

$$\int_{-a}^a f(x) \,\mathrm{d}x = \int_0^a (f(x) + f(-x)) \,\mathrm{d}x.$$

当 $f(x)$ 为奇函数时,$f(x) + f(-x) = 0$,所以 $\int_{-a}^a f(x) \,\mathrm{d}x = 0$.

当 $f(x)$ 为偶函数时,$f(x) + f(-x) = 2f(x)$,所以 $\int_{-a}^a f(x) \,\mathrm{d}x = 2\int_0^a f(x) \,\mathrm{d}x$.

上述结论的几何意义是很明显的:如果把定积分看作曲边梯形的面积,那么当 $f(x)$ 为偶函数时,它的图形关于 y 轴对称(图 7-10(a)),整个阴影部分的面积是 y 轴右方面积的两倍;当 $f(x)$ 为奇函数时,它的图形关于原点对称(图 7-10(b)),阴影部分面积的代数和为零.

利用例 7-23 的结论,可以简化计算奇函数与偶函数在关于原点对称的区间上的定积分.

例 7-24 计算定积分 $\int_{-1}^1 \frac{2x^2 + x^3 \cos x}{1 + \sqrt{1 - x^2}} \,\mathrm{d}x$.

解 $\int_{-1}^1 \frac{2x^2 + x^3 \cos x}{1 + \sqrt{1 - x^2}} \,\mathrm{d}x = \int_{-1}^1 \frac{2x^2}{1 + \sqrt{1 - x^2}} \,\mathrm{d}x + \int_{-1}^1 \frac{x^3 \cos x}{1 + \sqrt{1 - x^2}} \,\mathrm{d}x$

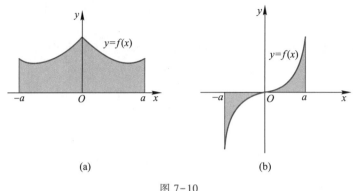

图 7-10

$$= 4\int_0^1 \frac{x^2}{1 + \sqrt{1 - x^2}}\mathrm{d}x = 4\int_0^1 \frac{x^2\left(1 - \sqrt{1 - x^2}\right)}{1 - (1 - x^2)}\mathrm{d}x$$

$$= 4\int_0^1 \left(1 - \sqrt{1 - x^2}\right)\mathrm{d}x = 4 - 4\int_0^1 \sqrt{1 - x^2}\,\mathrm{d}x$$

$$= 4 - \pi.$$

从以上各例可以看出,灵活地使用换元积分法,能大大简化积分计算.另外,定积分的换元积分法主要对应于不定积分的第二换元积分法,而且在用换元积分法计算定积分时,必须注意以下两点:

(1)"换元必换限",在作变量代换的同时,一定要相应地把定积分的上、下限加以变换,然后直接求出结果,所作的变换不必回代,这与不定积分的换元积分法不同.

(2)引进变换 $x = \varphi(t)$ 时,$\varphi(t)$ 必须满足公式所要求的单调性,否则会得出错误的结果.例如

$$\int_{-1}^{2} x^2 \mathrm{d}x = \frac{1}{3}x^3\ \bigg|_{-1}^{2} = 3.$$

但如果引进变量 $t = x^2$,则 $\mathrm{d}t = 2x\mathrm{d}x$,且当 $x = -1$ 时,$t = 1$;当 $x = 2$ 时,$t = 4$,于是

$$\int_{-1}^{2} x^2 \mathrm{d}x = \frac{1}{2}\int_1^4 \sqrt{t}\,\mathrm{d}t = \frac{7}{3}.$$

显然,这个结果是错误的.究其原因在于 $t = x^2$ 在 $[1,4]$ 上不是单值的,不满足定理的条件.

三、分部积分法

与不定积分的分部积分法类似,有下面的定理.

定理 7-8　设 $u(x),v(x)$ 在区间 $[a,b]$ 上连续可导,则下面的分部积分公式成立:

$$\int_a^b u(x)v'(x)\mathrm{d}x = (u(x)v(x))\ \big|_a^b - \int_a^b u'(x)v(x)\mathrm{d}x. \tag{7-10}$$

证明略.

　　与不定积分的分部积分法一样,当被积函数是两类不同函数的乘积,或者被积函数中含对数函数、反三角函数而又不方便用其他方法时,可考虑用分部积分公式(7-10)计算定积分.

例 7-25　计算 $\displaystyle\int_0^{\frac{1}{2}} \arcsin x\,dx$.

解　$\displaystyle\int_0^{\frac{1}{2}} \arcsin x\,dx = \left(x\arcsin x\right)\Big|_0^{\frac{1}{2}} - \int_0^{\frac{1}{2}} \frac{x\,dx}{\sqrt{1-x^2}} = \frac{1}{2}\cdot\frac{\pi}{6} + \frac{1}{2}\int_0^{\frac{1}{2}} \frac{1}{\sqrt{1-x^2}}\,d(1-x^2)$

$$= \frac{\pi}{12} + \sqrt{1-x^2}\,\Big|_0^{\frac{1}{2}} = \frac{\pi}{12} + \frac{\sqrt{3}}{2} - 1.$$

例 7-26　计算 $\displaystyle\int_0^{\pi} e^{ax}\sin x\,dx$.

解　$\displaystyle\int_0^{\pi} e^{ax}\sin x\,dx = \frac{1}{a}e^{ax}\sin x\,\Big|_0^{\pi} - \frac{1}{a}\int_0^{\pi} e^{ax}\cos x\,dx = -\frac{1}{a^2}\int_0^{\pi}\cos x\,d(e^{ax})$

$$= -\frac{1}{a^2}e^{ax}\cos x\,\Big|_0^{\pi} - \frac{1}{a^2}\int_0^{\pi} e^{ax}\sin x\,dx$$

$$= -\frac{1}{a^2}(-e^{a\pi} - 1) - \frac{1}{a^2}\int_0^{\pi} e^{ax}\sin x\,dx,$$

所以

$$\int_0^{\pi} e^{ax}\sin x\,dx = \frac{1 + e^{a\pi}}{a^2 + 1}.$$

例 7-27　已知 $f(x) = \displaystyle\int_1^{x^2} \frac{\sin t}{t}\,dt$,求 $\displaystyle\int_0^1 xf(x)\,dx$.

解　因为 $\dfrac{\sin t}{t}$ 没有初等形式的原函数,无法直接求出 $f(x)$,但能求出 $f'(x)$,所以采用分部积分法:

$$\int_0^1 xf(x)\,dx = \frac{1}{2}\int_0^1 f(x)\,d(x^2) = \frac{1}{2}\left(x^2 f(x)\right)\Big|_0^1 - \frac{1}{2}\int_0^1 x^2\,df(x)$$

$$= \frac{1}{2}f(1) - \frac{1}{2}\int_0^1 x^2 f'(x)\,dx.$$

而 $f(x) = \displaystyle\int_1^{x^2} \frac{\sin t}{t}\,dt$,则 $f(1) = \displaystyle\int_1^1 \frac{\sin t}{t}\,dt = 0$,$f'(x) = \dfrac{\sin x^2}{x^2}\cdot 2x = \dfrac{2\sin x^2}{x}$. 所以

$$\int_0^1 xf(x)\,dx = \frac{1}{2}f(1) - \frac{1}{2}\int_0^1 x^2 f'(x)\,dx = -\frac{1}{2}\int_0^1 2x\sin x^2\,dx = -\frac{1}{2}\int_0^1 \sin x^2\,dx^2$$

$$= \frac{1}{2}(\cos x^2)\,\Big|_0^1 = \frac{1}{2}(\cos 1 - 1).$$

　　分部积分是将难以计算的积分 $\displaystyle\int_a^b u(x)v'(x)\,dx$ 化为容易计算的积分 $\displaystyle\int_a^b u'(x)v(x)\,dx$,

因此应用分部积分时,关键在于 $u(x)$ 和 $v(x)$ 的选取.在定积分的分部积分中,$u(x)$ 和 $v(x)$ 的选取与不定积分一致.

四、积分方法的综合应用

以上介绍的三种积分方法各有特色,直接积分法简单明了,换元积分法主要用于解决无理函数的积分,分部积分法主要用于解决乘积函数、复杂的复合函数、对数函数等的积分.有时在一个积分中要用到多种积分方法,应注意其应用技巧.

例 7-28   计算定积分 $\int_0^1 e^{\sqrt{x}} dx$.

解   设 $\sqrt{x} = t$,则 $dx = 2tdt$,且当 $x = 0$ 时,$t = 0$;当 $x = 1$ 时,$t = 1$.于是

$$\int_0^1 e^{\sqrt{x}} dx = \int_0^1 2te^t dt = 2\int_0^1 tde^t = 2\left[(te^t)\Big|_0^1 - \int_0^1 e^t dt\right]$$

$$= 2\left(e - e^t\Big|_0^1\right) = 2[e - (e-1)] = 2.$$

例 7-29   计算定积分 $\int_{-\frac{\pi}{4}}^{\frac{\pi}{4}} \frac{\sin^2 x}{1 + e^{-x}} dx$.

解   令 $x = -u$,则

$$\int_{-\frac{\pi}{4}}^{\frac{\pi}{4}} \frac{\sin^2 x}{1 + e^{-x}} dx = -\int_{\frac{\pi}{4}}^{-\frac{\pi}{4}} \frac{\sin^2 u}{1 + e^u} du = \int_{-\frac{\pi}{4}}^{\frac{\pi}{4}} \frac{\sin^2 x}{1 + e^x} dx.$$

所以

$$2\int_{-\frac{\pi}{4}}^{\frac{\pi}{4}} \frac{\sin^2 x}{1 + e^{-x}} dx = \int_{-\frac{\pi}{4}}^{\frac{\pi}{4}} \frac{\sin^2 x}{1 + e^{-x}} dx + \int_{-\frac{\pi}{4}}^{\frac{\pi}{4}} \frac{\sin^2 x}{1 + e^x} dx = \int_{-\frac{\pi}{4}}^{\frac{\pi}{4}} \sin^2 x dx$$

$$= 2\int_0^{\frac{\pi}{4}} \frac{1 - \cos 2x}{2} dx = \frac{\pi}{4} - \frac{1}{2}.$$

例 7-30   已知 $\int_0^\pi \frac{\cos x}{(x+2)^2} dx = A$,求 $\int_0^{\frac{\pi}{2}} \frac{\sin x \cos x}{x+1} dx$.

解 $\int_0^{\frac{\pi}{2}} \frac{\sin x \cos x}{x+1} dx = \frac{1}{2}\int_0^{\frac{\pi}{2}} \frac{\sin 2x}{x+1} dx \xrightarrow{\text{令 } u = 2x} \frac{1}{2}\int_0^\pi \frac{\sin u}{u+2} du$

$$= \frac{1}{2}\int_0^\pi \frac{1}{u+2} d(-\cos u) = \frac{1}{2}\left(-\frac{\cos u}{u+2}\Big|_0^\pi - \int_0^\pi \frac{\cos u}{(u+2)^2} du\right)$$

$$= \frac{1}{2}\left(\frac{1}{2} + \frac{1}{\pi+2} - A\right).$$

例 7-31   计算积分 $I_n = \int_0^{\frac{\pi}{2}} \sin^n x dx \ (n \in \mathbf{N}_+)$.

解   当 $n > 1$ 时,

$$I_n = -\int_0^{\frac{\pi}{2}} \sin^{n-1}x \mathrm{d}(\cos x)$$

$$= -\sin^{n-1}x\cos x \Big|_0^{\frac{\pi}{2}} + \int_0^{\frac{\pi}{2}} \cos x \mathrm{d}(\sin^{n-1}x)$$

$$= (n-1)\int_0^{\frac{\pi}{2}} \cos^2 x \sin^{n-2}x \mathrm{d}x$$

$$= (n-1)\int_0^{\frac{\pi}{2}} (1-\sin^2 x)\sin^{n-2}x \mathrm{d}x$$

$$= (n-1)\left(\int_0^{\frac{\pi}{2}} \sin^{n-2}x \mathrm{d}x - \int_0^{\frac{\pi}{2}} \sin^n x \mathrm{d}x\right)$$

$$= (n-1)I_{n-2} - (n-1)I_n.$$

移项、合并 I_n，得

$$I_n = \frac{n-1}{n}I_{n-2}.$$

利用此式可递推得到 $I_{n-2} = \dfrac{n-3}{n-2}I_{n-4}$. 依次递推下去，可得

$$I_n = \begin{cases} \dfrac{n-1}{n} \cdot \dfrac{n-3}{n-2} \cdot \cdots \cdot \dfrac{3}{4} \cdot \dfrac{1}{2}I_0, & n \text{ 为偶数}, \\[3mm] \dfrac{n-1}{n} \cdot \dfrac{n-3}{n-2} \cdot \cdots \cdot \dfrac{4}{5} \cdot \dfrac{2}{3}I_1, & n \text{ 为大于 } 1 \text{ 的奇数}. \end{cases}$$

又 $I_0 = \displaystyle\int_0^{\frac{\pi}{2}} \mathrm{d}x = \dfrac{\pi}{2}, I_1 = \displaystyle\int_0^{\frac{\pi}{2}} \sin x \mathrm{d}x = 1$，所以

$$I_n = \begin{cases} \dfrac{n-1}{n} \cdot \dfrac{n-3}{n-2} \cdot \cdots \cdot \dfrac{3}{4} \cdot \dfrac{1}{2} \cdot \dfrac{\pi}{2}, & n \text{ 为偶数}, \\[3mm] \dfrac{n-1}{n} \cdot \dfrac{n-3}{n-2} \cdot \cdots \cdot \dfrac{4}{5} \cdot \dfrac{2}{3} \cdot 1, & n \text{ 为大于 } 1 \text{ 的奇数}. \end{cases}$$

此例的结论可作为公式使用. 例如计算 $\displaystyle\int_0^{\frac{\pi}{2}} \sin^6 x \mathrm{d}x$，由上例结论直接求得

$$\int_0^{\frac{\pi}{2}} \sin^6 x \mathrm{d}x = \frac{5}{6} \cdot \frac{3}{4} \cdot \frac{1}{2} \cdot \frac{\pi}{2} = \frac{5}{32}\pi.$$

例 7-32   计算 $\displaystyle\int_0^1 (1-x^2)^n \mathrm{d}x, n \in \mathbf{Z}_+$.

解   令 $x = \sin t$，则 $\mathrm{d}x = \cos t \mathrm{d}t$，且当 $x = 0$ 时，$t = 0$；当 $x = 1$ 时，$t = \dfrac{\pi}{2}$. 于是

$$\int_0^1 (1-x^2)^n \mathrm{d}x = \int_0^{\frac{\pi}{2}} \cos^{2n} t \cdot \cos t \mathrm{d}t = \int_0^{\frac{\pi}{2}} \cos^{2n+1} t \mathrm{d}t$$

$$= \int_0^{\frac{\pi}{2}} \cos^{2n} t d(\sin t) = \cos^{2n} t \sin t \Big|_0^{\frac{\pi}{2}} - \int_0^{\frac{\pi}{2}} \sin t d(\cos^{2n} t)$$

$$= 2n \int_0^{\frac{\pi}{2}} \cos^{2n-1} t \sin^2 t dt = 2n \int_0^{\frac{\pi}{2}} \cos^{2n-1} t (1 - \cos^2 t) dt$$

$$= 2n \int_0^{\frac{\pi}{2}} (\cos^{2n-1} t - \cos^{2n+1} t) dt.$$

依次递推下去,可得

$$\int_0^{\frac{\pi}{2}} \cos^{2n+1} t dt = \frac{2n \cdot (2n-2) \cdot (2n-4) \cdot \cdots \cdot 4 \cdot 2}{(2n+1) \cdot (2n-1) \cdot (2n-3) \cdot \cdots \cdot 5 \cdot 3 \cdot 1}$$

$$= \frac{(2n)!!}{(2n+1)!!}.$$

从而
$$\int_0^1 (1 - x^2)^n dx = \frac{(2n)!!}{(2n+1)!!}.$$

例 7-33 计算 $\int_0^2 x^2 \sqrt{4 - x^2} dx$.

解 令 $x = 2\sin t$, 则 $dx = 2\cos t dt$, 且当 $x = 0$ 时, $t = 0$; 当 $x = 2$ 时, $t = \frac{\pi}{2}$. 于是

$$\int_0^2 x^2 \sqrt{4 - x^2} dx = \int_0^{\frac{\pi}{2}} 4\sin^2 t \cdot 2\cos t \cdot 2\cos t dt$$

$$= 16 \int_0^{\frac{\pi}{2}} \sin^2 t (1 - \sin^2 t) dt$$

$$= 16 \int_0^{\frac{\pi}{2}} \sin^2 t dt - 16 \int_0^{\frac{\pi}{2}} \sin^4 t dt$$

$$= 16 \cdot \frac{1}{2} \cdot \frac{\pi}{2} - 16 \cdot \frac{3}{4} \cdot \frac{1}{2} \cdot \frac{\pi}{2} = \pi.$$

本节小结

本节主要介绍了计算定积分的直接积分法、换元积分法和分部积分法,这些方法将不定积分的计算技巧和定积分的计算有机结合,使得定积分的计算大为简化.使用时要注意:

1. 在使用换元积分法时必须做到"换元必换限",但只要不引进新的积分变量,就不需要改变积分上、下限.

2. 引进的变换函数必须单调且有连续的导数,否则积分结果可能不正确.

3. 利用根式代换和三角代换时,必须注意原积分区间和代换后积分区间的对应关系.

4. 定积分的分部积分法通常适用于不同类型的函数的乘积,注意其规律,同时要注意递推和回代的技巧.

练习 7.4

基础题

1. 计算下列积分:

(1) $\displaystyle\int_0^{\frac{\pi}{2}} \cos^5 x \sin^2 x \, \mathrm{d}x$;

(2) $\displaystyle\int_0^{\frac{\pi}{4}} \tan^3 \theta \, \mathrm{d}\theta$;

(3) $\displaystyle\int_{\frac{\pi}{6}}^{\frac{\pi}{2}} \cos^2 x \, \mathrm{d}x$;

(4) $\displaystyle\int_0^1 \mathrm{e}^{\arctan x} \frac{1}{1+x^2} \, \mathrm{d}x$;

(5) $\displaystyle\int_{-1}^3 |1-x| \, \mathrm{d}x$;

(6) $\displaystyle\int_0^{2\pi} |\sin x| \, \mathrm{d}x$;

(7) $\displaystyle\int_0^{\frac{\pi}{4}} \frac{-\sin x + \cos x}{3 + \sin 2x} \, \mathrm{d}x$;

(8) $\displaystyle\int_0^1 \frac{\mathrm{d}x}{9x^2 + 6x + 1}$;

(9) $\displaystyle\int_0^2 x^2 \sqrt{1+x^3} \, \mathrm{d}x$;

(10) $\displaystyle\int_{-\frac{\pi}{2}}^{\frac{\pi}{2}} \frac{\mathrm{d}x}{1 + \cos x}$;

(11) $\displaystyle\int_{-\frac{\pi}{2}}^{\frac{\pi}{2}} \sqrt{\cos x - \cos^3 x} \, \mathrm{d}x$;

(12) $\displaystyle\int_1^2 \frac{\mathrm{d}x}{x + x^3}$.

2. 用换元积分法计算下列积分:

(1) $\displaystyle\int_1^4 \frac{\mathrm{d}x}{1 + \sqrt{x}}$;

(2) $\displaystyle\int_{-1}^1 \frac{x \, \mathrm{d}x}{\sqrt{5 - 4x}}$;

(3) $\displaystyle\int_0^{\ln 5} \frac{\mathrm{e}^x \sqrt{\mathrm{e}^x - 1}}{\mathrm{e}^x + 3} \, \mathrm{d}x$;

(4) $\displaystyle\int_3^4 \frac{\mathrm{d}x}{x \sqrt{25 - x^2}}$;

(5) $\displaystyle\int_1^2 \frac{\sqrt{x^2 - 1}}{x} \, \mathrm{d}x$;

(6) $\displaystyle\int_1^{\sqrt{3}} \frac{\mathrm{d}x}{x^2 \sqrt{1 + x^2}}$;

(7) $\displaystyle\int_0^1 \frac{x^2}{(1 + x^2)^2} \, \mathrm{d}x$;

(8) $\displaystyle\int_{-3}^3 \frac{x^3 \sin^2 x}{x^4 + 1} \, \mathrm{d}x$.

3. 用分部积分法计算下列积分:

(1) $\displaystyle\int_0^1 x \mathrm{e}^{-x} \, \mathrm{d}x$;

(2) $\displaystyle\int_1^{\mathrm{e}} x \ln x \, \mathrm{d}x$;

(3) $\displaystyle\int_{\frac{\pi}{4}}^{\frac{\pi}{3}} \frac{x}{\sin^2 x} \, \mathrm{d}x$;

(4) $\displaystyle\int_0^{\frac{\pi}{2}} x \sin 2x \, \mathrm{d}x$;

(5) $\displaystyle\int_1^4 \frac{\ln x}{\sqrt{x}} \, \mathrm{d}x$;

(6) $\displaystyle\int_1^{\mathrm{e}} \sin \ln x \, \mathrm{d}x$;

(7) $\int_0^1 (\arcsin x)^2 dx$;　　　　　　(8) $\int_{\frac{1}{e}}^{e} |\ln x| dx$.

4. 设 $f(x)$ 是连续函数, 证明:

(1) $\int_0^{2a} f(x) dx = \int_0^a (f(x) + f(2a - x)) dx$;

(2) $\int_0^{2\pi} \sin^{2n} x dx = 4 \int_0^{\frac{\pi}{2}} \sin^{2n} x dx$.

5. 设 $\int_0^{\pi} f(x) \sin x dx + \int_0^{\pi} f''(x) \sin x dx = 5$, 且 $f(0) = 3$, 求 $f(\pi)$.

6. 已知 $f(2) = \dfrac{1}{2}, f'(2) = 0$ 及 $\int_0^2 f(x) dx = 1$, 求 $\int_0^1 x^2 f''(2x) dx$.

提高题

1. 计算下列定积分:

(1) $\int_0^{2\pi} \sqrt{1 + \cos x} dx$;　　　　　　(2) $\int_0^{\pi} \dfrac{x \sin x}{1 + \cos^2 x} dx$;

(3) $\int_0^{\pi} \dfrac{1}{1 + \sin^2 x} dx$;

2. 若 $f(x)$ 在 $[a, b]$ 上有连续导函数, $f(a) = f(b) = 0$, 并且 $\int_a^b f^2(x) dx = 1$, 证明:

$$\int_a^b x f(x) f'(x) dx = -\dfrac{1}{2}.$$

3. 证明: 方程 $\ln x = \dfrac{x}{e} - \int_0^{\pi} \sqrt{1 - \cos 2x} dx$ 在 $(0, +\infty)$ 内有且只有两个不同的实根.

§7.5　反常积分

　　我们前面讨论的积分是有限区间上的有界函数的积分. 在科学技术和工程中, 往往需要计算无穷区间上的积分或者不满足有界条件的函数的积分, 甚至有时还需计算不满足有界条件的函数在无穷区间上的积分. 这就需要我们将定积分的概念及其计算方法进行推广. 下面引入反常积分(也称广义积分)的概念.

一、无穷区间上的反常积分

　　定义 7-2　设函数 $f(x)$ 在区间 $[a, +\infty)$ 上连续, 定义

$$\int_a^{+\infty} f(x)\,\mathrm{d}x = \lim_{b\to+\infty}\int_a^b f(x)\,\mathrm{d}x,$$

称之为 $f(x)$ 在无穷区间 $[a,+\infty)$ 上的反常积分.

若极限 $\lim\limits_{b\to+\infty}\int_a^b f(x)\,\mathrm{d}x$ 存在,则称反常积分 $\int_a^{+\infty} f(x)\,\mathrm{d}x$ 收敛;若极限 $\lim\limits_{b\to+\infty}\int_a^b f(x)\,\mathrm{d}x$ 不存

在,则称反常积分 $\int_a^{+\infty} f(x)\,\mathrm{d}x$ 发散.

同样地,设 $f(x)$ 在区间 $(-\infty,b]$ 上连续,任取 $a<b$,若极限 $\lim\limits_{a\to-\infty}\int_a^b f(x)\,\mathrm{d}x$ 存在,则称此

极限为函数 $f(x)$ 在无穷区间 $(-\infty,b]$ 上的反常积分,记为 $\int_{-\infty}^b f(x)\,\mathrm{d}x$,即

$$\int_{-\infty}^b f(x)\,\mathrm{d}x = \lim_{a\to-\infty}\int_a^b f(x)\,\mathrm{d}x,$$

此时也称反常积分 $\int_{-\infty}^b f(x)\,\mathrm{d}x$ 收敛;若上述极限不存在,则称反常积分 $\int_{-\infty}^b f(x)\,\mathrm{d}x$ 发散.

定义 $f(x)$ 在区间 $(-\infty,+\infty)$ 上的反常积分为 $\int_{-\infty}^c f(x)\,\mathrm{d}x$ 和 $\int_c^{+\infty} f(x)\,\mathrm{d}x$ 之和,即

$$\int_{-\infty}^{+\infty} f(x)\,\mathrm{d}x = \int_{-\infty}^c f(x)\,\mathrm{d}x + \int_c^{+\infty} f(x)\,\mathrm{d}x\;(c\text{ 为任意实数}). \tag{7-11}$$

当且仅当式(7-11)右端的两个反常积分都收敛时,才称反常积分 $\int_{-\infty}^{+\infty} f(x)\,\mathrm{d}x$ 收敛,否则

称反常积分 $\int_{-\infty}^{+\infty} f(x)\,\mathrm{d}x$ 发散.

实际计算时仍可采用以下公式:

$$\int_a^{+\infty} f(x)\,\mathrm{d}x = F(x)\,\Big|_a^{+\infty} = F(+\infty) - F(a),$$

其中 $F(x)$ 为 $f(x)$ 的一个原函数,$F(+\infty) = \lim\limits_{x\to+\infty} F(x)$.

例 7-34　求反常积分 $\int_1^{+\infty} \dfrac{1}{x^p}\,\mathrm{d}x$.

解　当 $p\neq 1$ 时,

$$\int_1^{+\infty} \frac{1}{x^p}\,\mathrm{d}x = \lim_{b\to+\infty}\int_1^b \frac{1}{x^p}\,\mathrm{d}x = \lim_{b\to+\infty} \frac{1}{1-p}\cdot\left(\frac{1}{b^{p-1}}-1\right) = \begin{cases} \dfrac{1}{p-1}, & p>1, \\ +\infty, & p<1. \end{cases}$$

当 $p=1$ 时,

$$\int_1^{+\infty} \frac{1}{x^p}\,\mathrm{d}x = \int_1^{+\infty} \frac{1}{x}\,\mathrm{d}x = \ln x\,\Big|_1^{+\infty} = +\infty.$$

综上所述,当 $p>1$ 时,反常积分 $\int_1^{+\infty} \dfrac{1}{x^p}\,\mathrm{d}x$ 收敛;当 $p\leq 1$ 时,反常积分 $\int_1^{+\infty} \dfrac{1}{x^p}\,\mathrm{d}x$ 发散.

例 7-35　求反常积分 $\int_2^{+\infty} \dfrac{1-\ln x}{x^2}\,\mathrm{d}x$.

解　$\displaystyle\int_2^b \frac{1-\ln x}{x^2}\mathrm{d}x = \int_2^b \left(\frac{1}{x^2} + \ln x \left(\frac{1}{x}\right)'\right)\mathrm{d}x$

$$= \int_2^b \frac{1}{x^2}\mathrm{d}x + \frac{\ln x}{x}\bigg|_2^b - \int_2^b \frac{1}{x^2}\mathrm{d}x$$

$$= \frac{\ln b}{b} - \frac{\ln 2}{2}.$$

所以

$$\int_2^{+\infty} \frac{1-\ln x}{x^2}\mathrm{d}x = \lim_{b\to+\infty}\int_2^b \frac{1-\ln x}{x^2}\mathrm{d}x = \lim_{b\to+\infty}\left(\frac{\ln b}{b} - \frac{\ln 2}{2}\right) = -\frac{\ln 2}{2}.$$

例 7-36　求反常积分 $\displaystyle\int_{-\infty}^{+\infty} \frac{1}{1+x^2}\mathrm{d}x$.

解　$\displaystyle\int_{-\infty}^{+\infty} \frac{1}{1+x^2}\mathrm{d}x = \int_{-\infty}^0 \frac{1}{1+x^2}\mathrm{d}x + \int_0^{+\infty} \frac{1}{1+x^2}\mathrm{d}x$

$$= \arctan x \big|_{-\infty}^0 + \arctan x \big|_0^{+\infty}$$

$$= -\left(-\frac{\pi}{2}\right) + \frac{\pi}{2} = \pi.$$

例 7-37　讨论反常积分 $\displaystyle\int_{-\infty}^{+\infty} (\,|x|+ax\,)\mathrm{e}^{-x}\mathrm{d}x$ 的敛散性,收敛时求其值.

解　$\displaystyle\int_{-\infty}^{+\infty} (\,|x|+ax\,)\mathrm{e}^{-x}\mathrm{d}x = \int_{-\infty}^0 (-x+ax\,)\mathrm{e}^{-x}\mathrm{d}x + \int_0^{+\infty} (x+ax\,)\mathrm{e}^{-x}\mathrm{d}x$

$$= \int_{-\infty}^0 (a-1)x\mathrm{e}^{-x}\mathrm{d}x + \int_0^{+\infty} (a+1)x\mathrm{e}^{-x}\mathrm{d}x,$$

其中 $\displaystyle\int_{-\infty}^0 (a-1)x\mathrm{e}^{-x}\mathrm{d}x = (a-1)[-(x+1)]\mathrm{e}^{-x}\big|_{-\infty}^0$.

当 $a\neq 1$ 时,$\displaystyle\int_{-\infty}^0 (a-1)x\mathrm{e}^{-x}\mathrm{d}x = \infty$,因而反常积分 $\displaystyle\int_{-\infty}^{+\infty} (\,|x|+ax\,)\mathrm{e}^{-x}\mathrm{d}x$ 发散.

当 $a=1$ 时,$\displaystyle\int_{-\infty}^0 (a-1)x\mathrm{e}^{-x}\mathrm{d}x = 0$,所以

$$\int_{-\infty}^{+\infty} (\,|x|+ax\,)\mathrm{e}^{-x}\mathrm{d}x = \int_0^{+\infty} (a+1)x\mathrm{e}^{-x}\mathrm{d}x = 2\int_0^{+\infty} x\mathrm{e}^{-x}\mathrm{d}x = -2(x+1)\mathrm{e}^{-x}\big|_0^{+\infty} = 2.$$

综上所述,当 $a\neq 1$ 时,反常积分 $\displaystyle\int_{-\infty}^{+\infty} (\,|x|+ax\,)\mathrm{e}^{-x}\mathrm{d}x$ 发散;当 $a=1$ 时,$\displaystyle\int_{-\infty}^{+\infty} (\,|x|+ax\,)\mathrm{e}^{-x}\mathrm{d}x$ 收敛,且其值为 2.

二、无界函数的反常积分

定义 7-3　设函数 $f(x)$ 在区间 $(a,b]$ 上连续,且 $\displaystyle\lim_{x\to a^+} f(x) = \infty$ ($+\infty$ 或 $-\infty$),任取 $\varepsilon>0$,若极限 $\displaystyle\lim_{\varepsilon\to 0^+}\int_{a+\varepsilon}^b f(x)\mathrm{d}x$ 存在,则称此极限为函数 $f(x)$ 在区间 $[a,b]$ 上的反常积分,仍然记

作 $\int_a^b f(x)\,\mathrm{d}x$，即

$$\int_a^b f(x)\,\mathrm{d}x = \lim_{\varepsilon \to 0^+}\int_{a+\varepsilon}^b f(x)\,\mathrm{d}x,$$

此时也称反常积分 $\int_a^b f(x)\,\mathrm{d}x$ 收敛；若上述极限不存在，则称反常积分 $\int_a^b f(x)\,\mathrm{d}x$ 发散.

无界函数的反常积分也称为**瑕积分**，a 称为 $f(x)$ 的**瑕点**.

类似地，设函数 $f(x)$ 在区间 $[a,b)$ 上连续，且 $\lim\limits_{x \to b^-} f(x) = \infty$，任取 $\varepsilon > 0$，若极限

$\lim\limits_{\varepsilon \to 0^+}\int_a^{b-\varepsilon} f(x)\,\mathrm{d}x$ 存在，则称此极限为函数 $f(x)$ 在区间 $[a,b]$ 上的反常积分，仍然记作

$\int_a^b f(x)\,\mathrm{d}x$，即

$$\int_a^b f(x)\,\mathrm{d}x = \lim_{\varepsilon \to 0^+}\int_a^{b-\varepsilon} f(x)\,\mathrm{d}x,$$

此时也称反常积分 $\int_a^b f(x)\,\mathrm{d}x$ 收敛；若上述极限不存在，则称反常积分 $\int_a^b f(x)\,\mathrm{d}x$ 发散.

又若函数 $f(x)$ 在区间 $[a,b]$ 上除点 $c(a<c<b)$ 外连续，且

$$\lim_{x \to c} f(x) = \infty,$$

定义 $f(x)$ 在区间 $[a,b]$ 上的反常积分为两个反常积分 $\int_a^c f(x)\,\mathrm{d}x$ 与 $\int_c^b f(x)\,\mathrm{d}x$ 之和，即

$$\int_a^b f(x)\,\mathrm{d}x = \int_a^c f(x)\,\mathrm{d}x + \int_c^b f(x)\,\mathrm{d}x.$$

当且仅当上式右端的两个反常积分都收敛时，才称反常积分 $\int_a^b f(x)\,\mathrm{d}x$ 收敛，否则称反常

积分 $\int_a^b f(x)\,\mathrm{d}x$ 发散.

例 7-38　计算 $\int_0^a \dfrac{\mathrm{d}x}{\sqrt{a^2 - x^2}}\ (a > 0)$.

解　因为 $\lim\limits_{x \to a^-}\dfrac{1}{\sqrt{a^2-x^2}} = +\infty$，$x = a$ 为瑕点，所以

$$\int_0^a \frac{\mathrm{d}x}{\sqrt{a^2 - x^2}} = \lim_{\varepsilon \to 0^+}\int_0^{a-\varepsilon}\frac{\mathrm{d}x}{\sqrt{a^2 - x^2}} = \lim_{\varepsilon \to 0^+}\left(\arcsin\frac{x}{a}\right)\Bigg|_0^{a-\varepsilon}$$

$$= \lim_{\varepsilon \to 0^+}\left(\arcsin\frac{a - \varepsilon}{a} - 0\right) = \frac{\pi}{2}.$$

例 7-39　计算 $\int_0^1 \ln x\,\mathrm{d}x$.

解　$x = 0$ 为瑕点，所以

$$\int_0^1 \ln x\,\mathrm{d}x = \lim_{\varepsilon \to 0^+}\int_\varepsilon^1 \ln x\,\mathrm{d}x = \lim_{\varepsilon \to 0^+}(x\ln x - x)\Big|_\varepsilon^1$$

$$= \lim_{\varepsilon \to 0^+} (-1 - \varepsilon \ln \varepsilon + \varepsilon) = -1.$$

例 7-40 计算 $\int_{-1}^{1} \frac{1}{\sin x} dx$.

解 $x = 0$ 为瑕点,所以

$$\int_{-1}^{1} \frac{1}{\sin x} dx = \int_{-1}^{0} \frac{1}{\sin x} dx + \int_{0}^{1} \frac{1}{\sin x} dx.$$

而

$$\int_{-1}^{0} \frac{1}{\sin x} dx = \lim_{\varepsilon \to 0^+} \int_{-1}^{0-\varepsilon} \frac{1}{\sin x} dx = \lim_{\varepsilon \to 0^+} \ln |\csc x - \cot x| \Big|_{-1}^{\varepsilon} = \infty,$$

因此 $\int_{-1}^{1} \frac{1}{\sin x} dx$ 发散.

例 7-41 讨论反常积分 $\int_{a}^{b} \frac{dx}{(x-a)^p}$ $(a < b)$ 的敛散性.

解 当 $p \leqslant 0$ 时,$\int_{a}^{b} \frac{dx}{(x-a)^p}$ 是定积分,因此只需对 $p > 0$ 的情况加以讨论.

当 $p > 0$ 时,$x = a$ 为瑕点.

(1) 当 $p \neq 1$ 时,$\int_{a}^{b} \frac{dx}{(x-a)^p} = \lim_{\varepsilon \to 0^+} \frac{1}{1-p} (x-a)^{1-p} \Big|_{a+\varepsilon}^{b} = \begin{cases} \dfrac{(b-a)^{1-p}}{1-p}, & 0 < p < 1, \\ +\infty, & p > 1. \end{cases}$

(2) 当 $p = 1$ 时,$\int_{a}^{b} \frac{dx}{(x-a)^p} = \int_{a}^{b} \frac{dx}{x-a} = \lim_{\varepsilon \to 0^+} \ln |x-a| \Big|_{a+\varepsilon}^{b} = \infty$.

综上所述,当 $p < 1$ 时,$\int_{a}^{b} \frac{dx}{(x-a)^p}$ 收敛;当 $p \geqslant 1$ 时,$\int_{a}^{b} \frac{dx}{(x-a)^p}$ 发散.

由例 7-34 可知反常积分 $\int_{1}^{+\infty} \frac{1}{x^p} dx$ 当 $p > 1$ 时收敛,当 $p \leqslant 1$ 时发散.由例 7-41 可知反常积分 $\int_{0}^{b} \frac{dx}{x^p}$ 当 $p < 1$ 时收敛,当 $p \geqslant 1$ 时发散.有很多反常积分可以直接化为这两种类型的反常积分来计算.例如,反常积分 $\int_{1}^{+\infty} \frac{dx}{\sqrt[3]{x^2}}$,相当于 $p = \frac{2}{3} < 1$,发散;反常积分 $\int_{1}^{+\infty} \frac{dx}{x^4}$,相当于 $p = 4 > 1$,收敛;反常积分 $\int_{3}^{+\infty} \frac{dx}{x(\ln x)^2}$,相当于 $p = 2 > 1$,收敛.而对于反常积分 $\int_{-1}^{1} \frac{dx}{x^2}$,$\int_{0}^{2} \frac{dx}{(1-x)^2}$ 的敛散性,从 $\int_{0}^{b} \frac{dx}{x^p}$ 的结论可得,如

$$\int_{-1}^{1} \frac{dx}{x^2} = \int_{-1}^{0} \frac{dx}{x^2} + \int_{0}^{1} \frac{dx}{x^2} \quad (\text{此处 } x = 0 \text{ 为瑕点}),$$

而 $\int_{0}^{1} \frac{dx}{x^2}$(相当于 $p = 2 > 1$)发散,所以 $\int_{-1}^{1} \frac{dx}{x^2}$ 发散.注意此题不能用牛顿-莱布尼茨公式积

分,因为被积函数 $f(x) = \dfrac{1}{x^2}$ 在 $[-1,1]$ 上不连续.类似可得 $\displaystyle\int_0^2 \dfrac{\mathrm{d}x}{(1-x)^2}$ 也发散.

例 7-42　讨论反常积分 $I = \displaystyle\int_0^1 x^{p-1}(1-x)^{q-1}\mathrm{d}x$ 的敛散性.

解　$x=0$ 可能是 x^{p-1} 的无穷间断点,而 $x=1$ 可能是 $(1-x)^{q-1}$ 的无穷间断点,所以

$$\int_0^1 x^{p-1}(1-x)^{q-1}\mathrm{d}x = \int_0^{\frac{1}{2}} x^{p-1}(1-x)^{q-1}\mathrm{d}x + \int_{\frac{1}{2}}^1 x^{p-1}(1-x)^{q-1}\mathrm{d}x.$$

由积分中值定理,再应用例 7-41 的结论,上式右端第一项 $\displaystyle\int_0^{\frac{1}{2}} x^{p-1}(1-x)^{q-1}\mathrm{d}x$,当 $-(p-1) < 1$ 即 $p>0$ 时收敛;第二项 $\displaystyle\int_{\frac{1}{2}}^1 x^{p-1}(1-x)^{q-1}\mathrm{d}x$,当 $1-q<1$ 即 $q>0$ 时收敛.所以只有当 $p>0, q>0$ 时,反常积分 $\displaystyle\int_0^1 x^{p-1}(1-x)^{q-1}\mathrm{d}x$ 才收敛,其他情况发散.

例 7-43　计算 $\displaystyle\int_0^{+\infty} \dfrac{\mathrm{d}x}{x(x-2)}$.

解　这是无穷积分与瑕积分混合在一起的反常积分,应该分开计算.

易知 $x=0, x=2$ 为被积函数的瑕点,故

$$\int_0^{+\infty} \dfrac{\mathrm{d}x}{x(x-2)} = \left(\int_0^1 + \int_1^2 + \int_2^3 + \int_3^{+\infty}\right)\dfrac{\mathrm{d}x}{x(x-2)}$$

$$= \left(\int_0^1 + \int_1^2 + \int_2^3 + \int_3^{+\infty}\right)\left[\dfrac{1}{2}\left(\dfrac{1}{x-2} - \dfrac{1}{x}\right)\right]\mathrm{d}x$$

$$= \dfrac{1}{2}\left(\ln\left|\dfrac{x-2}{x}\right|\Big|_0^1 + \ln\left|\dfrac{x-2}{x}\right|\Big|_1^2 + \ln\left|\dfrac{x-2}{x}\right|\Big|_2^3 + \ln\left|\dfrac{x-2}{x}\right|\Big|_3^{+\infty}\right).$$

由于 $\dfrac{1}{2}\displaystyle\int_0^1\left(\dfrac{1}{x-2} - \dfrac{1}{x}\right)\mathrm{d}x$, $\dfrac{1}{2}\displaystyle\int_1^2\left(\dfrac{1}{x-2} - \dfrac{1}{x}\right)\mathrm{d}x$ 与 $\dfrac{1}{2}\displaystyle\int_2^3\left(\dfrac{1}{x-2} - \dfrac{1}{x}\right)\mathrm{d}x$ 发散,故原积分 $\displaystyle\int_0^{+\infty}\dfrac{\mathrm{d}x}{x(x-2)}$ 发散.

三、Γ 函数与 B 函数

1. Γ 函数

Γ 函数是一种较简单的特殊函数,在数学、物理学中经常会用到.另外,Γ 函数在概率统计中常用,在经济学中也常用.

反常积分 $\displaystyle\int_0^{+\infty} x^{t-1}\mathrm{e}^{-x}\mathrm{d}x$ 当 $t>0$ 时是收敛的,在 $t>0$ 的范围内积分值随着 t 的变化而变化,即当 $t>0$ 时 $\displaystyle\int_0^{+\infty} x^{t-1}\mathrm{e}^{-x}\mathrm{d}x$ 是 t 的函数,称它为 Γ 函数,记为 $\Gamma(t)$,即

$$\Gamma(t) = \int_0^{+\infty} x^{t-1}\mathrm{e}^{-x}\mathrm{d}x. \tag{7-12}$$

Γ 函数是一个含参变量的反常积分,其中 x 是积分变量,t 是参变量,也是 Γ 函数的自变量.Γ 函数的定义域是 $(0, +\infty)$.

在式(7-12)中,令 $x = u^2$,可得到 Γ 函数的另一种形式:

$$\Gamma(t) = 2\int_0^{+\infty} u^{2t-1} e^{-u^2} du. \tag{7-13}$$

显然,
$$\Gamma(1) = \int_0^{+\infty} e^{-x} dx = 1.$$

Γ 函数有如下性质.

性质 7-9(Γ 函数的递推公式) $\Gamma(t+1) = t\Gamma(t)\,(t>0)$.

证明   运用分部积分法可知

$$\Gamma(t+1) = \int_0^{+\infty} x^t e^{-x} dx = \int_0^{+\infty} x^t d(-e^{-x})$$

$$= -x^t e^{-x}\Big|_0^{+\infty} + \int_0^{+\infty} t x^{t-1} e^{-x} dx$$

$$= t\int_0^{+\infty} x^{t-1} e^{-x} dx = t\Gamma(t).$$

一般地,对任意正整数 n,有

$$\Gamma(n+1) = n\Gamma(n) = n(n-1)\Gamma(n-1)$$

$$= n(n-1)(n-2)\Gamma(n-2)$$

$$= \cdots = n!\Gamma(1) = n!.$$

所以可以把 Γ 函数看成阶乘的推广,因此 Γ 函数又称为阶乘函数.

例 7-44   计算下列各值:

(1) $\dfrac{\Gamma(7)}{2\Gamma(4)\Gamma(3)}$;

(2) $\dfrac{\Gamma(3)\Gamma\left(\dfrac{3}{2}\right)}{\Gamma\left(\dfrac{9}{2}\right)}$.

解   (1) 由 Γ 函数的递推公式可知

$$\frac{\Gamma(7)}{2\Gamma(4)\Gamma(3)} = \frac{(7-1)!}{2(4-1)!\,(3-1)!} = 30.$$

(2) 由 Γ 函数的递推公式可知

$$\frac{\Gamma(3)\Gamma\left(\dfrac{3}{2}\right)}{\Gamma\left(\dfrac{9}{2}\right)} = \frac{2! \cdot \dfrac{1}{2}\Gamma\left(\dfrac{1}{2}\right)}{\dfrac{7}{2}\Gamma\left(\dfrac{7}{2}\right)} = \frac{2! \cdot \dfrac{1}{2}\Gamma\left(\dfrac{1}{2}\right)}{\dfrac{7}{2} \cdot \dfrac{5}{2}\Gamma\left(\dfrac{5}{2}\right)}$$

$$= \frac{2! \cdot \dfrac{1}{2}\Gamma\left(\dfrac{1}{2}\right)}{\dfrac{7}{2} \cdot \dfrac{5}{2} \cdot \dfrac{3}{2}\Gamma\left(\dfrac{3}{2}\right)} = \frac{2! \cdot \dfrac{1}{2}\Gamma\left(\dfrac{1}{2}\right)}{\dfrac{7}{2} \cdot \dfrac{5}{2} \cdot \dfrac{3}{2} \cdot \dfrac{1}{2}\Gamma\left(\dfrac{1}{2}\right)} = \frac{16}{105}.$$

2. B 函数

除 Γ 函数外,还会遇到另一种含参变量的反常积分

$$\int_0^1 x^{m-1}(1-x)^{n-1}\mathrm{d}x.$$

由例 7-42 的结论可知当 $m>0,n>0$ 时,该反常积分收敛,因而在 $m>0,n>0$ 范围内,积分 $\int_0^1 x^{m-1}(1-x)^{n-1}\mathrm{d}x$ 就确立了一个以 m,n 为自变量的二元函数,称这个函数为 B 函数,记为 $\mathrm{B}(m,n)$,即

$$\mathrm{B}(m,n)=\int_0^1 x^{m-1}(1-x)^{n-1}\mathrm{d}x. \tag{7-14}$$

在式(7-14)中令 $x=\sin^2 t$,可得到 B 函数的另一种形式:

$$\mathrm{B}(m,n)=2\int_0^{\frac{\pi}{2}}\sin^{2m-1}t\cos^{2n-1}t\mathrm{d}t. \tag{7-15}$$

B 函数有以下性质.

性质 7-10(B 函数的对称性) $\mathrm{B}(m,n)=\mathrm{B}(n,m).$

性质 7-11(Γ 函数与 B 函数的关系) $\mathrm{B}(m,n)=\dfrac{\Gamma(m)\Gamma(n)}{\Gamma(m+n)}.$

证明略.

例 7-45   计算 $\mathrm{B}(1,1),\mathrm{B}\left(\dfrac{1}{2},\dfrac{1}{2}\right)$ 和 $\Gamma\left(\dfrac{1}{2}\right)$.

解 $\mathrm{B}(1,1)=\int_0^1 x^{1-1}(1-x)^{1-1}\mathrm{d}x=\int_0^1 \mathrm{d}x=1.$

利用式(7-15),有

$$\mathrm{B}\left(\frac{1}{2},\frac{1}{2}\right)=2\int_0^{\frac{\pi}{2}}\mathrm{d}t=\pi.$$

又 $\Gamma(1)=1$,故

$$\Gamma\left(\frac{1}{2}\right)=\sqrt{\pi}.$$

例 7-46   计算积分 $\int_0^{+\infty}\mathrm{e}^{-x^2}\mathrm{d}x.$

解   利用式(7-13),

$$\Gamma(t)=2\int_0^{+\infty}u^{2t-1}\mathrm{e}^{-u^2}\mathrm{d}u.$$

令 $2t-1=0$,得 $t=\dfrac{1}{2}$,所以

$$\Gamma\left(\frac{1}{2}\right)=2\int_0^{+\infty}\mathrm{e}^{-u^2}\mathrm{d}u.$$

从而

$$\int_0^{+\infty}\mathrm{e}^{-x^2}\mathrm{d}x=\frac{1}{2}\Gamma\left(\frac{1}{2}\right)=\frac{\sqrt{\pi}}{2}.$$

注意 此反常积分是概率计算中的一个重要积分,而通常 $f(x) = e^{-x^2}$ 的原函数难以求出,因而本例的结果希望读者熟记.

本节小结

本节主要介绍了无穷区间和无界函数的各种类型的反常积分及相应的敛散性判别方法、Γ 函数和 B 函数.注意:

1. 反常积分是前述定积分的概念的推广,一般需要求原函数的极限.

2. 区间 $(-\infty, +\infty)$ 上的反常积分、被积函数在积分上、下限都无界的反常积分和带瑕点的反常积分通常要分解为两个反常积分;当这两个反常积分都收敛时,原反常积分才收敛;否则原反常积分发散.

3. Γ 函数和 B 函数在概率统计中具有很重要的应用.

练习 7.5

基础题

1. 计算下列反常积分:

(1) $\displaystyle\int_0^{+\infty} e^{-ax} dx$ $(a > 0)$;

(2) $\displaystyle\int_1^{+\infty} \frac{dx}{x^4}$;

(3) $\displaystyle\int_0^{+\infty} \frac{dx}{(x+2)^n}$ $(n > 1)$;

(4) $\displaystyle\int_{-\infty}^{+\infty} \frac{dx}{x^2 + 2x + 2}$;

(5) $\displaystyle\int_0^1 \frac{x\,dx}{\sqrt{1-x}}$;

(6) $\displaystyle\int_0^2 \frac{e^x}{(e^x - 1)^{1/3}} dx$;

(7) $\displaystyle\int_0^{+\infty} x e^{-x^2} dx$;

(8) $\displaystyle\int_0^1 \sin(\ln x)\,dx$.

2. 判断反常积分的敛散性:

(1) $\displaystyle\int_2^{+\infty} \frac{dx}{x(\ln x)^k}$;

(2) $\displaystyle\int_a^b \frac{dx}{(b-x)^k}$ $(a < b)$.

(3) $\displaystyle\int_1^{+\infty} \frac{dx}{x\sqrt{x^2 - 1}}$;

(4) $\displaystyle\int_0^{+\infty} \frac{dx}{(1-x)^2}$.

3. 计算下列各式:

(1) $\dfrac{\Gamma(8)}{2\Gamma(4)\Gamma(5)}$;

(2) $\dfrac{\Gamma\left(\dfrac{1}{2}\right)\Gamma\left(\dfrac{3}{2}\right)\Gamma\left(\dfrac{5}{2}\right)}{\Gamma(4)\Gamma\left(\dfrac{7}{2}\right)}$;

(3) $B\left(\dfrac{3}{2},4\right)$;

(4) $B\left(\dfrac{7}{2},\dfrac{5}{2}\right)$;

(5) $\displaystyle\int_0^{+\infty} x^4 e^{-x}\,dx$;

(6) $\displaystyle\int_0^{\infty} x^4 e^{-2x^2}\,dx$;

(7) $\displaystyle\int_0^1 \sqrt{x-x^2}\,dx$;

(8) $\displaystyle\int_0^1 \dfrac{dx}{\sqrt{1-\sqrt[3]{x}}}$.

4. 利用积分 $\displaystyle\int_0^{+\infty} e^{-x^2}\,dx = \dfrac{\sqrt{\pi}}{2}$ 求 $\dfrac{1}{\sigma\sqrt{2\pi}}\displaystyle\int_{-\infty}^{+\infty} e^{-\frac{(x-\mu)^2}{2\sigma^2}}\,dx$.

5. 利用 Γ 函数和 B 函数的关系证明: $\displaystyle\int_{-\infty}^{+\infty} x^2 e^{-x^2}\,dx = \dfrac{\sqrt{\pi}}{2}$.

提高题

1. 求 $\displaystyle\int_0^{+\infty} \dfrac{e^{-ax}-e^{-bx}}{x}\,dx$.

2. 计算 $\displaystyle\int_0^{+\infty} x^n e^{-ax}\,dx$, 其中 n 为正整数, a 为正常数.

§7.6 定积分的应用

定积分在实际中有广泛的应用. 本节主要介绍定积分在几何上(用定积分求面积、体积)以及在经济中的一些应用, 由此可以了解和掌握应用定积分解决实际问题的基本方法, 即如何把一个具体问题化为求和的极限问题, 从而通过计算定积分使问题得以解决.

一、平面图形的面积

我们知道, 当 $[a,b]$ 上的连续函数 $f(x)\geqslant 0$ 时, 由 $x=a$, $x=b$, x 轴及 $y=f(x)$ 所围成的曲边梯形的面积为

$$S = \int_a^b f(x)\,dx.$$

下面讨论如何用定积分求平面图形的面积,分以下几种情形来讨论.

情形 1 求由直线 $x=a$, $x=b$, x 轴及曲线 $y=f(x)$(其中 $f(x)$ 在 $[a,b]$ 上连续)所围成的平面图形的面积(我们所讨论的平面图形都是指平面直角坐标系中有界的部分).

考虑到 $f(x)$ 在 $[a,b]$ 上可能有正有负,而面积总是非负的,这时 $\int_a^b f(x)\,dx$ 就未必是所求的面积,但是由 $x=a$, $x=b$, x 轴及 $y=|f(x)|$ 所围成的平面图形的面积与所求的面积是相等的(因为绝对值可以使位于 x 轴下方的部分关于 x 轴对称地变到 x 轴上方且保持 x 轴上方的部分不变,如图 7-11 所示).因此所求面积为

$$S = \int_a^b |f(x)|\,dx.$$

情形 2 求由直线 $x=a$, $x=b$($a<b$),曲线 $y=f(x)$ 及曲线 $y=g(x)$(其中 $f(x)$, $g(x)$ 在 $[a,b]$ 上连续)所围成的平面图形,如图 7-12 所示,其面积为

$$S = \int_a^b |f(x)-g(x)|\,dx.$$

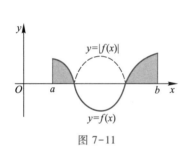

图 7-11

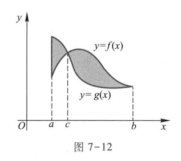

图 7-12

值得注意的是,对于曲线 $y=f(x)$ 与曲线 $y=g(x)$ 所围成的封闭图形(如图 7-12 中 $[c,b]$ 上的部分)的面积,应该先确定两曲线的交点坐标,其中的横坐标就是表示面积的定积分的上、下限.

另外,情形 1 实际上是情形 2 的当 $y=g(x)=0$ 时的特例.

情形 3 求由直线 $y=c$, $y=d$($c<d$),曲线 $x=\varphi(y)$ 及曲线 $x=\psi(y)$(其中 $\varphi(y)$, $\psi(y)$ 是 $[c,d]$ 上的连续函数)所围成的平面图形,如图 7-13 所示,其面积为

$$S = \int_c^d |\varphi(y)-\psi(y)|\,dy.$$

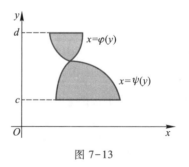

图 7-13

平面上任意图形的面积均可分解为上述三类图形面积的代数和,因此我们可以利用定积分求任意平面图形的面积.

例 7-47 求由曲线 $y=x^2$, $x=y^2$ 所围成的平面图形的面积.

解　先画出图形,如图 7-14 所示.

再求曲线交点.解方程组

$$\begin{cases} y = x^2, \\ x = y^2, \end{cases}$$

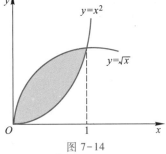

图 7-14

得交点为 $(0,0)$,$(1,1)$.选取 x 作积分变量,在闭区间 $[0,1]$ 上作定积分,便得所求图形的面积为

$$S = \int_0^1 \left| x^2 - \sqrt{x} \right| \mathrm{d}x = \int_0^1 (\sqrt{x} - x^2) \mathrm{d}x = \left(\frac{2}{3} x^{\frac{3}{2}} - \frac{1}{3} x^3 \right) \bigg|_0^1 = \frac{1}{3}.$$

例 7-48　求椭圆 $\dfrac{x^2}{a^2} + \dfrac{y^2}{b^2} = 1(a>0,b>0)$ 的面积.

解　椭圆 $\dfrac{x^2}{a^2} + \dfrac{y^2}{b^2} = 1$(图 7-15)的面积相当于由曲线

$$y = b\sqrt{1 - \frac{x^2}{a^2}}, \quad y = -b\sqrt{1 - \frac{x^2}{a^2}}$$

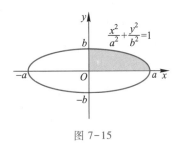

图 7-15

所围成的封闭图形的面积.两曲线的交点坐标为 $(-a,0)$ 和 $(a,0)$.由图的对称性,所求面积为

$$S = 4\int_0^a b\sqrt{1 - \frac{x^2}{a^2}} \, \mathrm{d}x = 4\int_0^a \frac{b}{a}\sqrt{a^2 - x^2} \, \mathrm{d}x.$$

作变换 $x = a\sin t$,则 $\sqrt{a^2 - x^2} = a\cos t$,$\mathrm{d}x = a\cos t \mathrm{d}t$,且当 $x = 0$ 时,$t = 0$;当 $x = a$ 时,$t = \dfrac{\pi}{2}$.于是

$$S = 4ab\int_0^{\frac{\pi}{2}} \cos^2 t \mathrm{d}t = 4ab\int_0^{\frac{\pi}{2}} \frac{1 + \cos 2t}{2} \mathrm{d}t = 2ab\left(t + \frac{\sin 2t}{2} \right) \bigg|_0^{\frac{\pi}{2}} = \pi ab.$$

其实还有更简捷的计算方法:由定积分的几何意义可知

$$\int_0^a \sqrt{a^2 - x^2} \, \mathrm{d}x = \frac{1}{4}\pi a^2,$$

从而可得

$$S = 4\int_0^a b\sqrt{1 - \frac{x^2}{a^2}} \, \mathrm{d}x = \pi ab.$$

例 7-49　求由曲线 $y^2 = 2x$ 与直线 $x - y = 4$ 所围成的平面图形的面积.

解　先画出图形,如图 7-16 所示.

再求曲线交点.解方程组

$$\begin{cases} y^2 = 2x, \\ x - y = 4, \end{cases}$$

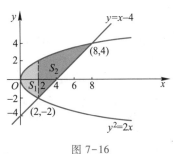

图 7-16

得交点为 $(2,-2),(8,4)$. 故所求图形的面积为

$$S = \int_{-2}^{4} \left[(y+4) - \frac{1}{2}y^2 \right] \mathrm{d}y$$

$$= \left(\frac{1}{2}y^2 + 4y - \frac{1}{6}y^3 \right) \Bigg|_{-2}^{4} = 18.$$

此题如果选取 x 作积分变量, 则必须分成两部分, 即

$$S = 2\int_{0}^{2} \sqrt{2x}\,\mathrm{d}x + \int_{2}^{8} \left[\sqrt{2x} - (x-4) \right] \mathrm{d}x,$$

计算较选取 y 为积分变量烦琐.

由例 7-49 可以看出, 任何平面图形的面积可选取 x 为积分变量, 也可选取 y 为积分变量. 我们要根据图形的特点, 选取适当的积分变量, 以减少计算的复杂程度.

例 7-50　求由抛物线 $y = -x^2 + 4x - 3$ 及其在点 $P(0,$ $-3), Q(3,0)$ 处的两条切线所围成的图形的面积.

解　如图 7-17 所示, 先求抛物线的切线 PT 和 QT 的方程. 由 $y = -x^2 + 4x - 3$ 可得

$$y' = -2x + 4,$$

且 $y'(0) = 4, y'(3) = -2$. 因此

在点 $P(0,-3)$ 处的切线 PT 的方程为 $y + 3 = 4x$.

在点 $Q(3,0)$ 处的切线 QT 的方程为 $y = -2(x-3)$,
即 $y = -2x + 6$.

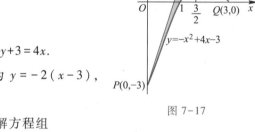

图 7-17

再求两切线 PT, QT 的交点 T 的坐标. 解方程组

$$\begin{cases} y = 4x - 3, \\ y = -2x + 6, \end{cases}$$

得 $x = \dfrac{3}{2}, y = 3$, 即点 T 的坐标为 $\left(\dfrac{3}{2}, 3 \right)$. 从而所求图形的面积为

$$S = S_1 + S_2$$

$$= \int_{0}^{\frac{3}{2}} \left[(4x-3) - (-x^2+4x-3) \right] \mathrm{d}x + \int_{\frac{3}{2}}^{3} \left[(-2x+6) - (-x^2+4x-3) \right] \mathrm{d}x$$

$$= \int_{0}^{\frac{3}{2}} x^2\,\mathrm{d}x + \int_{\frac{3}{2}}^{3} (x^2 - 6x + 9)\,\mathrm{d}x$$

$$= \frac{x^3}{3} \bigg|_{0}^{\frac{3}{2}} + \left(\frac{x^3}{3} - 3x^2 + 9x \right) \bigg|_{\frac{3}{2}}^{3} = \frac{9}{4}.$$

例 7-51　假设曲线 $L_1: y = 1 - x^2 (0 \leqslant x \leqslant 1)$、$x$ 轴和 y 轴所围区域被曲线 $L_2: y = ax^2$ 分为面积相等的两部分, 其中 a 为大于零的常数, 试确定 a 的值.

解　如图 7-18 所示, 先求曲线 L_1, L_2 的交点. 由

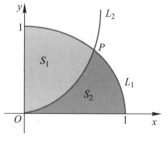

图 7-18

$$\begin{cases} y = 1 - x^2, \\ y = ax^2 \end{cases}$$

解得

$$x = \frac{1}{\sqrt{1+a}}, \quad y = \frac{a}{1+a}.$$

于是

$$S_1 = \int_0^{\frac{1}{\sqrt{1+a}}} ((1 - x^2) - ax^2) \, dx = \left(x - \frac{1}{3}x^3 - \frac{1}{3}ax^3 \right) \Bigg|_0^{\frac{1}{\sqrt{1+a}}} = \frac{2}{3\sqrt{1+a}}.$$

又

$$S_1 = \frac{1}{2} \int_0^1 (1 - x^2) \, dx = \frac{1}{2} \times \frac{2}{3} = \frac{1}{3},$$

从而

$$S_1 = \frac{2}{3\sqrt{1+a}} = \frac{1}{3},$$

于是

$$a = 3.$$

二、立体的体积

用定积分计算立体的体积,我们只考虑下面两种情形,对一般的立体体积的计算,将在二重积分中讨论.

1. 平行截面面积为已知的立体的体积

设空间某立体由一曲面和垂直于 x 轴的两平面 $x = a, x = b$ 所围成(图 7-19),用过任意点 $x(a \leqslant x \leqslant b)$ 且垂直于 x 轴的平面截该立体,记所得的截面面积为 $S(x)$. 假设 $S(x)$ 是已知的连续函数,现在我们来求该立体的体积.

由于该立体为不规则立体,采用求曲边梯形面积一样的方法来求:

(1) **分割**:将区间 $[a, b]$ 分割为任意 n 个小区间 $[x_{i-1}, x_i]$,记第 i 个小区间的长度为 $\Delta x_i = x_i - x_{i-1}(i = 1, 2, \cdots, n)$;并过每一分点作垂直于 x 轴的平面,从而将立体分割成 n 个小立体.

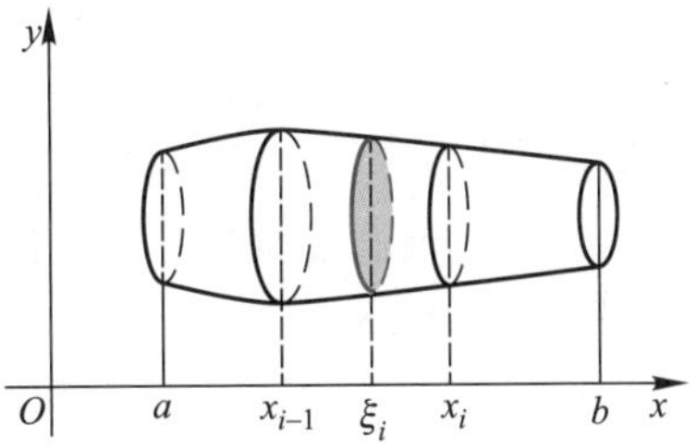

图 7-19

(2) **近似代替**:在第 i 个小区间 $[x_{i-1}, x_i]$ 上,由于截面面积 $S(x)$ 是 x 的连续函数,此时可将小立体近似看作柱体.任取 $\xi_i \in [x_{i-1}, x_i]$,将第 i 个小立体的体积 ΔV_i 以 $S(\xi_i)$ 为底面积,Δx_i 为高的柱体的体积近似代替,即

$$\Delta V_i \approx S(\xi_i) \Delta x_i.$$

（3）**作和**：整个立体的体积为

$$V = \sum_{i=1}^{n} \Delta V_i \approx \sum_{i=1}^{n} S(\xi_i) \Delta x_i.$$

（4）**取极限**：当分割越来越细时，上述近似程度越来越高.记 $\lambda = \max_{1 \leqslant i \leqslant n} \{\Delta x_i\}$，当 $\lambda \to$ 0 时，

$$V = \lim_{\lambda \to 0} \sum_{i=1}^{n} S(\xi_i) \Delta x_i = \int_a^b S(x) \, \mathrm{d}x.$$

因此所求立体的体积为

$$V = \int_a^b S(x) \, \mathrm{d}x. \tag{7-16}$$

例 7-52   求椭球体 $\dfrac{x^2}{a^2} + \dfrac{y^2}{b^2} + \dfrac{z^2}{c^2} \leqslant 1$（$a>0, b>0, c>0$）的体积.

解   如图 7-20 所示，选取 x 为积分变量，则 $x \in$ $[-a, a]$.用过任意点 x（$-a \leqslant x \leqslant a$）且垂直于 x 轴的平面截该椭球体，所得截面为椭圆

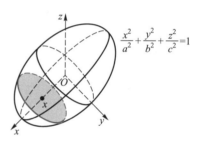

$$\frac{y^2}{b^2\left(1-\dfrac{x^2}{a^2}\right)} + \frac{z^2}{c^2\left(1-\dfrac{x^2}{a^2}\right)} = 1.$$

由例 7-48 可知该椭圆面积为

图 7-20

$$S(x) = \pi bc\left(1 - \frac{x^2}{a^2}\right).$$

从而由式（7-16）可知所求体积为

$$V = \int_{-a}^{a} S(x) \, \mathrm{d}x = \int_{-a}^{a} \pi bc\left(1 - \frac{x^2}{a^2}\right) \mathrm{d}x = 2\pi bc \int_0^a \left(1 - \frac{x^2}{a^2}\right) \mathrm{d}x = \frac{4\pi}{3} abc,$$

由例 7-52 可知，当 $a = b = c$ 时，椭球面 $\dfrac{x^2}{a^2} + \dfrac{y^2}{b^2} + \dfrac{z^2}{c^2} = 1$ 变为球面 $x^2 + y^2 + z^2 = a^2$，因此球体的体积为 $\dfrac{4\pi}{3} a^3$. ⎯

例 7-53   有一立体，以抛物线 $y^2 = 2x$ 和直线 $x = 2$ 所围成的平面图形为底面，且该立体的垂直于 x 轴的截面都是等边三角形，求其体积.

解   如图 7-21 所示，$OABC$ 为所求立体.

选取 x 为积分变量，则 $x \in [0, 2]$.用过任意点 x（$0 \leqslant$ $x \leqslant 2$）且垂直于 x 轴的平面截该立体，所得的截面为 $\triangle DEF$，这是一个等边三角形.

因为 D, E 在抛物线 $y^2 = 2x$ 上，所以它们的纵坐标分别为 $-\sqrt{2x}$ 和 $\sqrt{2x}$，从而 DE 的长度为 $\sqrt{2x} - (-\sqrt{2x}) = 2\sqrt{2x}$. 故 $\triangle DEF$ 的面积为

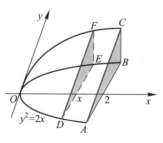

图 7-21

$$S(x) = \frac{1}{2}\sin 60°(2\sqrt{2x})^2 = 2\sqrt{3}x.$$

因此所求立体的体积为

$$V = \int_0^2 S(x)\,\mathrm{d}x = \int_0^2 2\sqrt{3}x\,\mathrm{d}x = \sqrt{3}x^2\Big|_0^2 = 4\sqrt{3}.$$

由上两例可以看出,求平行截面面积为已知的立体的体积,关键是找截面面积.

2. 旋转体的体积

所谓**旋转体**就是由一个平面图形绕这平面内一条直线旋转一周而成的立体.比如圆柱可以看作由矩形绕它的一条边而成的立体、圆锥可以看作由直角三角形绕它的一条直角边而成的立体、球体可以看作由半圆绕它的直径旋转一周而成的立体,它们都是旋转体.旋转体是一类特殊的平行截面面积为已知的立体.下面我们讨论几种旋转体的体积的计算公式.

由 $x=a, x=b, x$ 轴及连续曲线 $y=f(x)$ 所围成的平面图形绕 x 轴旋转一周,就得到一个旋转体(图 7–22).用过任意点 $x(a\leqslant x\leqslant b)$ 且垂直于 x 轴的平面截该旋转体,所得的截面是一个以 $|f(x)|$ 为半径的圆,则该截面面积为

$$S(x) = \pi(f(x))^2.$$

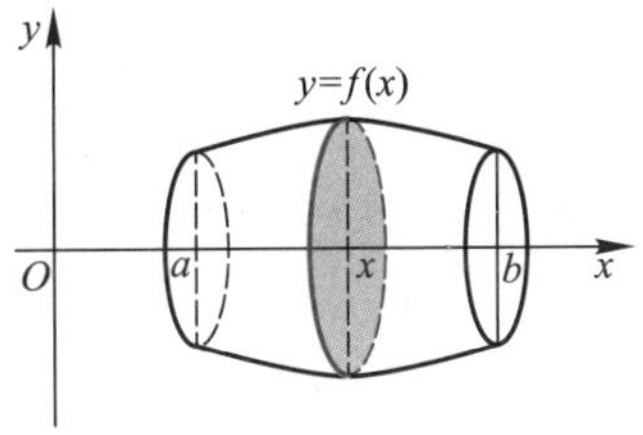

由式(7–16)可知所求旋转体的体积为

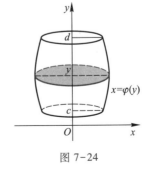

图 7–22

$$V_x = \int_a^b S(x)\,\mathrm{d}x = \pi\int_a^b (f(x))^2\,\mathrm{d}x. \qquad (7\text{–}17)$$

由 $x=a, x=b, y=f(x), y=g(x)$(其中 $f(x), g(x)$ 在 $[a,b]$ 上连续,且满足 $f(x)\geqslant g(x)\geqslant 0$)所围成的平面图形(图 7–23)绕 x 轴旋转一周而成的旋转体的体积为

$$V_x = \pi\int_a^b \left[(f(x))^2 - (g(x))^2\right]\mathrm{d}x. \qquad (7\text{–}18)$$

类似地,由 $y=c, y=d, y$ 轴及连续曲线 $x=\varphi(y)$ 所围成的平面图形绕 y 轴旋转一周而成的旋转体(图 7–24)的体积为

$$V_y = \pi\int_c^d (\varphi(y))^2\,\mathrm{d}y. \qquad (7\text{–}19)$$

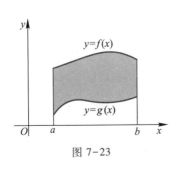

图 7–23

图 7–24

由 $y=c, y=d, x=\varphi(y), x=\psi(y)$（其中 $\varphi(y), \psi(y)$ 在 $[c,d]$ 上连续,且满足 $\varphi(y) \geqslant \psi(y) \geqslant 0$）所围成的平面图形绕 y 轴旋转一周而成的旋转体的体积为

$$V_y = \pi \int_c^d \left[(\varphi(y))^2 - (\psi(y))^2 \right] \mathrm{d}y. \tag{7-20}$$

例 7-54 求由椭圆 $\dfrac{x^2}{a^2}+\dfrac{y^2}{b^2}=1$ 所围成的图形分别绕 x 轴与 y 轴旋转一周而成的旋转体的体积.

解 如图 7-25 所示,由于图形对称于 x 轴与 y 轴,所以只需考虑第一象限内由曲边梯形绕坐标轴旋转一周而成的旋转体的体积.于是由式(7-17)可得

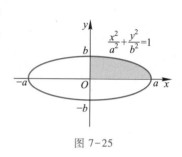

图 7-25

$$V_x = 2\pi \int_0^a y^2 \mathrm{d}x = 2\pi \int_0^a \frac{b^2}{a^2}(a^2 - x^2)\,\mathrm{d}x$$

$$= 2\pi \frac{b^2}{a^2}\left(a^2 x - \frac{1}{3}x^3\right)\bigg|_0^a = \frac{4}{3}\pi ab^2.$$

同理,由式(7-19)可得

$$V_y = 2\pi \int_0^b x^2 \mathrm{d}y = 2\pi \int_0^b \frac{a^2}{b^2}(b^2 - y^2)\,\mathrm{d}y = \frac{4}{3}\pi a^2 b.$$

特别地,当 $a=b$ 时,得球体体积公式 $V=\dfrac{4}{3}\pi a^3$.

例 7-55 求由曲线 $x=\sqrt{y}$,直线 $y=1, y=4, x=0$ 所围成的平面图形分别绕 x 轴和 y 轴旋转一周而成的旋转体的体积.

解 如图 7-26 所示,当平面图形绕 x 轴旋转时,不能直接使用旋转体体积计算公式,此时将平面图形分成两部分 S_1 和 S_2.S_1 绕 x 轴旋转一周而成的旋转体体积为

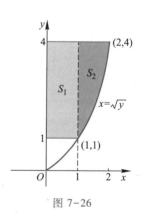

图 7-26

$$V_x^{(1)} = \pi \int_0^1 (4^2 - 1^2)\,\mathrm{d}x = 15\pi,$$

S_2 绕 x 轴旋转一周而成的旋转体体积为

$$V_x^{(2)} = \pi \int_1^2 \left[4^2 - (x^2)^2 \right] \mathrm{d}x = 16\pi - \frac{31}{5}\pi = \frac{49}{5}\pi.$$

于是所求旋转体的体积为

$$V_x = V_x^{(1)} + V_x^{(2)} = 15\pi + \frac{49}{5}\pi = \frac{124}{5}\pi.$$

当平面图形绕 y 轴旋转时,所成的旋转体的体积为

$$V_y = \pi \int_1^4 (\sqrt{y})^2 \mathrm{d}y = \pi \frac{1}{2}y^2 \bigg|_1^4 = \frac{15}{2}\pi.$$

三、定积分在经济中的应用

1. 由边际函数求原函数

已知总成本函数 $C=C(Q)$，总收益函数 $R=R(Q)$，其中 Q 为销量（或产量），由微分学知识可得

边际成本函数

$$MC=C'(Q)=\frac{\mathrm{d}C}{\mathrm{d}Q},$$

边际收益函数

$$MR=R'(Q)=\frac{\mathrm{d}R}{\mathrm{d}Q},$$

因此

总成本函数

$$C(Q)=\int_0^Q C'(Q)\,\mathrm{d}Q+C_0,$$

总收益函数

$$R(Q)=\int_0^Q R'(Q)\,\mathrm{d}Q,$$

总利润函数

$$L(Q)=\int_0^Q (R'(Q)-C'(Q))\,\mathrm{d}Q-C_0,$$

其中 C_0 为固定成本.

当产量由 a 个单位变到 b 个单位时，总成本的增量为

$$C(b)-C(a)=\int_a^b C'(Q)\,\mathrm{d}Q,$$

总收益的增量为

$$R(b)-R(a)=\int_a^b R'(Q)\,\mathrm{d}Q.$$

例 7-56　设某种商品的边际成本（单位：万元/百台）和边际收益（单位：万元/百台）分别为

$$C'(x)=4+\frac{x}{4},\quad R'(x)=8-x,$$

其中 x 为产量（单位：百台）.

（1）产量由 1 百台增加到 5 百台时，总成本与总收益各增加多少？

（2）产量为多少时,总利润最大?

（3）若固定成本 $C_0 = 1$ 万元,分别求出总成本、总利润与产量 x 的函数关系式.

解　（1）产量由 1 百台增加到 5 百台时的总成本与总收益的增量分别为

$$C(5) - C(1) = \int_1^5 \left(4 + \frac{x}{4}\right) dx = \left(4x + \frac{x^2}{8}\right)\Big|_1^5 = 19（万元）,$$

$$R(5) - R(1) = \int_1^5 (8 - x) dx = \left(8x - \frac{x^2}{2}\right)\Big|_1^5 = 20（万元）.$$

（2）边际利润

$$L'(x) = R'(x) - C'(x) = (8-x) - \left(4 + \frac{x}{4}\right) = 4 - \frac{5}{4}x.$$

令 $L'(x) = 0$,得 $x = 3.2$. 由于 $L''(x) = -\frac{5}{4} < 0$,所以当产量为 3.2 百台时总利润最大.

（3）总成本是固定成本与生产成本之和,故

$$C(x) = \int_0^x C'(x) dx + C_0 = \int_0^x \left(4 + \frac{x}{4}\right) dx + 1 = \frac{x^2}{8} + 4x + 1.$$

总收益函数

$$R(x) = \int_0^x R'(x) dx = \int_0^x (8 - x) dx = 8x - \frac{x^2}{2},$$

总利润函数

$$L(x) = R(x) - C(x) = \left(8x - \frac{x^2}{2}\right) - \left(\frac{x^2}{8} + 4x + 1\right) = -\frac{5}{8}x^2 + 4x - 1.$$

2. 由边际成本函数求最大利润

例 7-57　一煤矿投资 2 000 万元建成,开工采煤后,在时刻 t 的追加成本（单位:百万元/年）和追加收益（单位:百万元/年）分别为

$$C'(t) = 5 + 2t^{\frac{2}{3}}, \quad R'(t) = 17 - t^{\frac{2}{3}},$$

问该煤矿在开工后第几年可获得最大利润? 最大利润是多少?

解　在经济学中,追加成本就是总成本对时间 t 的变化率（即边际成本）,追加收益就是总收益对时间 t 的变化率（即边际收益）,那么 $R'(t) - C'(t)$ 就是追加利润,即利润对时间 t 的变化率.

边际利润

$$L'(t) = R'(t) - C'(t) = 12 - 3t^{\frac{2}{3}}.$$

令 $L'(t) = 0$，得唯一驻点 $t = 8$. 又 $L''(t) = -2t^{-\frac{1}{3}}$，$L''(8) = -1 < 0$，所以当 $t = 8$ 时利润最大，即该煤矿开工后第 8 年可获得最大利润，最大利润为

$$L_{\max} = \int_0^8 (R'(t) - C'(t)) \, dt - 20 = \int_0^8 (12 - 3t^{\frac{2}{3}}) \, dt - 20$$

$$= \left(12t - \frac{9}{5} t^{\frac{5}{3}} \right) \bigg|_0^8 - 20 = 18.4 \, (\text{百万元}).$$

3. 收益流的现值和终值

现值是指货币资金现在的价值，即将来某一时点的一定资金折现成现在的价值；终值（又称将来值）是指货币资金未来的价值，即一定量的资金在将来某一时点的价值，表现为本金与利息之和.

我们知道，当以连续复利率 r 计息时，若单笔 P 元人民币从现在起存入银行，t 年末的价值（终值）$B = Pe^{rt}$；若 t 年末得到 B 元人民币，则现在需要存入银行的金额（现值）$P = Be^{-rt}$. 类似地，可以计算以年复利计息时单笔资金的终值和现值.

下面讨论收益流的现值和终值.

先介绍收益流和收益率的概念. 若某公司的收益可以近似看成是连续地发生的，为便于计算，则可将其收益看作是一种随时间连续变化的收益流. 而收益流对时间的变化率称为**收益率**（或收益流量）. 收益率实际上可以理解为收益的"速率"，它表示 t 时刻单位时间内的收益，一般用 $P(t)$ 表示. 如果时间 t 以"年"为单位，收益以"元"为单位，那么收益率的单位为"元/年". 若 $P(t) = b$ 为常数，则称该收益流具有常数收益率.

如果不考虑利息，那么从 $t = 0$ 开始，以 $P(t)$ 为收益率的收益流到 T 时刻的总收益为

$\int_0^T P(t) \, dt$.

如果考虑利息，为简单起见，假设以连续复利率 r 计息，对于一笔收益率（单位：元/年）为 $P(t)$ 的收益流，下面计算其现值及终值.

考虑从现在开始 $(t = 0)$ 到 T 年后这一时间段，在区间 $[0, T]$ 内，任取一小区间 $[t, t+dt]$，该时间段内的收益近似为 $P(t) \, dt$，而这一金额是从现在 $(t = 0)$ 起到 t 年后所获得的，将其近似看成单笔收益，则

$$\text{现值} \approx (P(t) \, dt) e^{-rt} = P(t) e^{-rt} dt,$$

从而

$$\text{总现值} = \int_0^T P(t) e^{-rt} dt.$$

在计算终值时，收益 $P(t) \, dt$ 在以后的 $(T-t)$ 年期间内获得利息，故在 $[t, t+dt]$ 内，

$$\text{收益流的终值} \approx (P(t) \, dt) e^{r(T-t)} = P(t) e^{r(T-t)} dt,$$

从而

$$\text{终值} = \int_0^T P(t) e^{r(T-t)} dt.$$

例 7-58   假设以年连续复利率 $r=0.1$ 计息.

（1）求收益率为 100 元/年的收益流在 20 年期间的现值和终值；

（2）终值和现值的关系如何？解释这一关系.

解   （1）现值 $= \int_0^{20} 100e^{-0.1t}dt = 1\,000(1-e^{-2}) \approx 864.66$（元），

终值 $= \int_0^{20} 100e^{0.1(20-t)}dt = \int_0^{20} 100e^2 e^{-0.1t}dt = 1\,000e^2(1-e^{-2}) \approx 6\,389.06$（元）.

（2）显然，终值 = 现值 $\cdot e^2$.

若在 $t=0$ 时把现值 $1\,000(1-e^{-2})$ 作为一笔款项单独存入银行，以年连续复利率 $r=0.1$ 计息，则 20 年后这笔款项的终值为 $1\,000(1-e^{-2})e^{0.1\times20} = 1\,000(1-e^{-2})e^2$.

而这正好是上述收益流在 20 年期间的终值.

一般来说，以年连续复利率 r 计息，则在从现在开始到 T 年后这一期间收益流的终值等于将该收益流的现值作为单笔款项存入银行 T 年后的终值.

例 7-59   设有一项计划现在（$t=0$）需要投入 $1\,000$ 万元，在 10 年中每年收益为 200 万元.若连续利率为 5%，求收益资本价值 W（设购置的设备 10 年后完全失去价值）.

解   资本价值 = 收益流的现值 − 投入资金的现值，于是

$$W = \int_0^{10} 200e^{-0.05t}dt - 1\,000 = \left(\frac{-200}{0.05}e^{-0.05t} \right) \Bigg|_0^{10} - 1\,000$$

$$= 4\,000(1-e^{-0.5}) - 1\,000 \approx 573.88 \text{（万元）}.$$

例 7-60   某企业一项为期 10 年的投资需购置成本 80 万元，每年的收益率为 10 万元，求内部利率 μ（内部利率是使收益流的现值等于成本的利率）.

解   由收益流的现值等于成本可得

$$80 = \int_0^{10} 10e^{-\mu t}dt = \left(-\frac{10}{\mu}e^{-\mu t} \right) \Bigg|_0^{10} = \frac{10}{\mu}(1-e^{-10\mu}),$$

近似计算得 $\mu \approx 0.04$.

本节小结

定积分具有广泛的应用，本节主要介绍了应用定积分求平面图形的面积、平行截面面积为已知的立体的体积、旋转体的体积和相关经济问题的方法.注意：

1. 理解利用定积分求平面图形面积和立体体积的方法的几何解释，不要生搬积分公式：一般需要画出相应的图形，以便于建立求解式.这种习惯的养成也可为后续二重积分的学习带来帮助.

2. 求平面图形的面积要根据图形的特点选取适当的积分变量（x 或 y），以简化积分过程.

3. 求旋转体的体积时必须清楚绕哪条坐标轴旋转,公式的被积函数应该为相应截面面积的函数.

4. 定积分经常被应用在经济问题的各类求和中.

练习 7.6

基础题

1. 求由下列各组曲线所围成的平面图形的面积:

(1) 由抛物线 $y=x^2$,直线 $x=2$,$x=4$ 及 x 轴所围成的图形;

(2) 由抛物线 $y^2=4x$,直线 $x=4$ 及 $x=9$ 所围成的图形;

(3) 由三次抛物线 $y=x^3$ 与直线 $y=2x$ 所围成的图形;

(4) 由抛物线 $y=x^2$ 及 $y=2-x^2$ 所围成的图形;

(5) 由曲线 $y=\mathrm{e}^x$,$y=\mathrm{e}^{-x}$ 与直线 $x=1$ 所围成的图形.

2. 求由下列平面图形绕指定的轴旋转一周而成的旋转体体积:

(1) 由抛物线 $y^2=4x$ 及直线 $x=4$ 所围成的图形绕 x 轴旋转;

(2) 由曲线 $xy=4$,直线 $x=1$,$x=4$ 及 $y=0$ 所围成的图形绕 x 轴旋转;

(3) 由曲线 $y=\dfrac{1}{x}$,直线 $y=x$ 及 $x=2$ 所围成的图形分别绕 x 轴和 y 轴旋转;

(4) 由曲线 $y=x^3$,直线 $x=2$,$y=0$ 所围成的图形绕 y 轴旋转.

3. 已知某种商品的边际成本函数和边际收益函数分别为(其中 x 为产量)

$$C'(x)=x^2-4x+5, \quad R'(x)=20-2x.$$

(1) 求总利润最大时的产量;

(2) 当产量由 4 减少到 2 时,总收益和总成本各减少多少?

4. 已知某种商品的边际成本(单位:万元/百台)函数和边际收益(单位:万元/百台)函数为

$$C'(x)=x^2-4x+5, \quad R'(x)=7-x.$$

其中 x 为产量(单位:百台).

(1) 若固定成本 $C_0=1$ 万元,求总成本函数、总收益函数和总利润函数;

(2) 当产量由 1 百台增加到 5 百台时,求总成本与总收益的增量;

(3) 产量为多少时,总利润最大?最大利润是多少?

5. 已知生产某种商品 x 件的边际收益(单位:元/件)函数是 $R'(x)=100-\dfrac{x}{20}$,求:

（1）生产此种商品 1 000 件时的总收益；

（2）产量从 1 000 件增加到 2 000 件所增加的收益.

提高题

抛物线 $y^2 = 2x$ 把圆 $x^2 + y^2 \leqslant 8$ 分成两部分，求这两部分面积之比.

§7.7　积分在 MATLAB 中的实现

在 MATLAB 中，可以用 int 函数求积分，int 函数的具体调用格式如下：

```
int(f,t,a,b)
```

该函数的功能是求函数 f 对变量 t 从 a 到 b 的定积分.当 a 和 b 省略时，求不定积分；当 t 省略时，默认变量为（字母表上）最接近字母 x 的变量.

1. 求函数 $f = ax^2 + bx + c$ 对变量 x 的不定积分.

解　在命令行窗口输入以下代码：

```
syms a b c x
f=a*x^2+b*x+c;
int(f)
```

按"Enter"键，即可得到

```
ans =
    1/3*a*x^3+1/2*b*x^2+c*x
```

2. 求函数 $f = ax^2 + bx + c$ 对变量 b 的不定积分.

解　在命令行窗口输入以下代码：

```
syms a b c x
f=a*x^2+b*x+c;
int(f,b)
```

按"Enter"键，即可得到

```
ans =
    a*x^2*b+1/2*b^2*x+c*b
```

3. 求函数 $f = ax^2 + bx + c$ 对变量 x 从 1 到 5 的定积分.

解　在命令行窗口输入以下代码：

```
syms a b c x
f=a*x^2+b*x+c;
```

```
int(f,1,5)
```

按"Enter"键,即可得到

```
ans =
    124/3 * a+12 * b+4 * c
```

思维导图

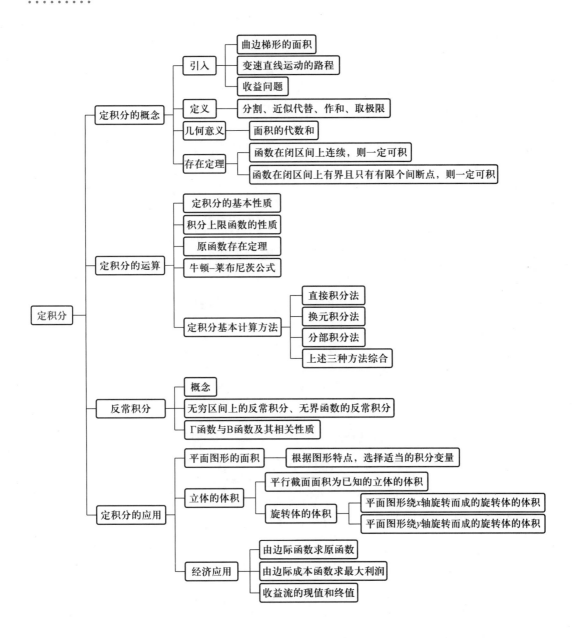

习题七

1. 选择题:

(1) 函数 $f(x)$ 在闭区间 $[a,b]$ 上连续是该函数在 $[a,b]$ 上可积的(   );

A. 充分条件   B. 必要条件   C. 充要条件   D. 无关条件

(2) 设 $I = \lim\limits_{n \to \infty} \left(\dfrac{1}{n^2} + \dfrac{2}{n^2} + \cdots + \dfrac{n-1}{n^2} \right)$,则 $I = ($ $)$;

A. $\displaystyle\int_0^1 \dfrac{1}{x^2} \mathrm{d}x$
B. $\displaystyle\int_0^1 \dfrac{1}{x} \mathrm{d}x$

C. $\displaystyle\int_0^1 \dfrac{1}{n} \mathrm{d}x$
D. $\displaystyle\int_0^1 x \mathrm{d}x$

(3) 设 $I_1 = \displaystyle\int_0^1 \mathrm{e}^{-x} \mathrm{d}x, I_2 = \int_0^1 \mathrm{e}^{-x^2} \mathrm{d}x$,则(   );

A. $I_1 > I_2$ B. $I_1 < I_2$ C. $I_1 = I_2$ D. 不能确定

(4) 下列各式正确的有(   );

A. $0 < \displaystyle\int_{\frac{\pi}{4}}^{\frac{\pi}{2}} \dfrac{\sin x}{x} \mathrm{d}x \leqslant \dfrac{1}{2}$
B. $\dfrac{\sqrt{2}}{2} \leqslant \displaystyle\int_{\frac{\pi}{4}}^{\frac{\pi}{2}} \dfrac{\sin x}{x} \mathrm{d}x \leqslant 2$

C. $\dfrac{1}{2} \leqslant \displaystyle\int_{\frac{\pi}{4}}^{\frac{\pi}{2}} \dfrac{\sin x}{x} \mathrm{d}x \leqslant \dfrac{\sqrt{2}}{2}$
D. 以上都不对

(5) 若 $f(x)$ 在 $[a,b]$ 上连续,x_0 为 (a,b) 内固定点,则 $\dfrac{\mathrm{d}}{\mathrm{d}x} \displaystyle\int_a^{x_0} f(t) \mathrm{d}t = ($ $)$;

A. $f(x_0)$ B. $f(x)$ C. 0 D. $f'(x_0)$

(6) 定积分 $\displaystyle\int_1^2 \left(-\dfrac{1}{x^2} \right) \mathrm{e}^{\frac{1}{x}} \mathrm{d}x$ 的值是(   );

A. $\mathrm{e}^{\frac{1}{2}}$ B. $\mathrm{e}^{\frac{1}{2}} - \mathrm{e}$ C. 不存在   D. e

(7) 定积分 $\displaystyle\int_{-\frac{\pi}{4}}^{\frac{\pi}{4}} |\sin x| \mathrm{d}x$ 的值是(   );

A. $2 - \sqrt{2}$ B. $1 - \sqrt{2}$ C. $\sqrt{2}$ D. $2 - \dfrac{\sqrt{2}}{2}$

(8) 下列积分值为 0 的是(   );

A. $\displaystyle\int_{-\infty}^{+\infty} \dfrac{x}{\sqrt{1+x^2}} \mathrm{d}x$
B. $\displaystyle\int_{-2}^2 \dfrac{1}{x^2} \mathrm{d}x$

C. $\displaystyle\int_{-\pi}^{\pi} \left(\dfrac{\sin x}{1+x^2} + \cos x \right) \mathrm{d}x$
D. $\displaystyle\int_{-1}^1 x \sin x \mathrm{d}x$

(9) 设 $f(x)$ 为连续函数,则 $\displaystyle\int_0^a x^3 f(x^2) \mathrm{d}x = ($ $)$;

A. $\displaystyle\int_0^{a^2} xf(x)\,\mathrm{d}x$　　　　　　　B. $\displaystyle\frac{1}{3}\int_0^{a^2} xf(x)\,\mathrm{d}x$

C. $\displaystyle\frac{1}{2}\int_0^{a^2} xf(x)\,\mathrm{d}x$　　　　　　D. 以上都不是

（10）设函数 $f(x)=\displaystyle\int_0^x te^{-t^2}\mathrm{d}t,\ x\in(-\infty,+\infty)$，则 $f(x)$（　　）；

A. 有极小值　　　　　　　　B. 有极大值

C. 无极值　　　　　　　　　D. 既有极小值，也有极大值

（11）若反常积分 $\displaystyle\int_2^{+\infty}\frac{\mathrm{d}x}{x(\ln x)^k}$ 收敛，则（　　）；

A. $k>1$　　　　B. $k\geqslant 1$　　　　C. $k<1$　　　　D. $k\leqslant 1$

（12）若反常积分 $\displaystyle\int_a^b\frac{\mathrm{d}x}{(x-a)^k}(b>a)$ 发散，则（　　）；

A. $k>1$　　　　B. $k\geqslant 1$　　　　C. $k<1$　　　　D. $k\leqslant 1$

（13）下列反常积分中收敛的是（　　）；

A. $\displaystyle\int_1^e\frac{\mathrm{d}x}{x(\ln x)^3}$　　B. $\displaystyle\int_e^{+\infty}\frac{\mathrm{d}x}{x\ln x}$　　C. $\displaystyle\int_e^{+\infty}\frac{\mathrm{d}x}{x(\ln x)^2}$　　D. $\displaystyle\int_1^e\frac{\mathrm{d}x}{x(\ln x)}$

（14）下列积分正确的是（　　）；

A. $\displaystyle\int_{-1}^1\frac{\mathrm{d}x}{x^2}=-\frac{1}{x}\Big|_{-1}^1=-2$

B. $\displaystyle\int_0^\pi\sqrt{1+\cos 2x}\,\mathrm{d}x=\int_0^\pi\sqrt{2}\cos x\,\mathrm{d}x=\sqrt{2}\sin x\Big|_0^\pi=0$

C. $\displaystyle\int_{-\infty}^{+\infty}\frac{x}{\sqrt{1+x^2}}\mathrm{d}x=0$

D. $\displaystyle\int_{-1}^1\sqrt{1-x^2}\,\mathrm{d}x=2\int_0^1\sqrt{1-x^2}\,\mathrm{d}x=\frac{\pi}{2}$

（15）设 $F(x)=\displaystyle\int_0^x\frac{1}{1+t^2}\mathrm{d}t-\int_0^{\frac{1}{x}}\frac{1}{1+t^2}\mathrm{d}t$，则（　　）；

A. $F(x)\equiv 0$　　　　　　　　B. $F(x)\equiv\dfrac{\pi}{2}$

C. $F(x)\equiv\arctan x$　　　　　　D. $F(x)\equiv\arctan x-\dfrac{\pi}{2}$

（16）设

$$M=\int_{-\frac{\pi}{2}}^{\frac{\pi}{2}}\frac{\sin x}{1+x^2}\cos^4 x\,\mathrm{d}x,\quad N=\int_{-\frac{\pi}{2}}^{\frac{\pi}{2}}(\sin^3 x+\cos^4 x)\,\mathrm{d}x,\quad P=\int_{-\frac{\pi}{2}}^{\frac{\pi}{2}}(x^2\sin^3 x-\cos^4 x)\,\mathrm{d}x,$$

则（　　）；

A. $N<P<M$　　　　B. $M<P<N$　　　　C. $N<M<P$　　　　D. $P<M<N$

（17）由曲线 $y=x(x-1)(2-x)$ 与 x 轴所围成的图形的面积可表示为（　　）；

A. $-\int_0^2 x(x-1)(2-x)\,\mathrm{d}x$

B. $\int_0^1 x(x-1)(2-x)\,\mathrm{d}x-\int_0^2 x(x-1)(2-x)\,\mathrm{d}x$

C. $-\int_0^1 x(x-1)(2-x)\,\mathrm{d}x+\int_0^2 x(x-1)(2-x)\,\mathrm{d}x$

D. $\int_0^2 x(x-1)(2-x)\,\mathrm{d}x$

（18）由曲线 $y=f(x)$，坐标轴及直线 $x=x_1(x_1>0)$ 所围成的图形的面积为 $x_1\mathrm{e}^{x_1}$，则 $f(x)=$（　　）；

A. $x\mathrm{e}^x$ B. $x\mathrm{e}^x+\mathrm{e}^x$ C. $x\mathrm{e}^x-\mathrm{e}^x$ D. $x^2\mathrm{e}^x-x\mathrm{e}^x$

（19）由曲线 $y=\sin^{\frac{3}{2}}x(0\leqslant x\leqslant\pi)$ 与 x 轴所围成的图形绕 x 轴旋转一周而成的旋转体的体积为（　　）；

A. $\dfrac{4}{3}$ B. $\dfrac{4}{3}\pi$ C. $\dfrac{2}{3}\pi^2$ D. $\dfrac{2}{3}\pi$

（20）设需求量 Q 对价格 P 的弹性为 $\dfrac{P}{P-100}$，且最大需求量为 100，那么需求函数 $Q(P)=$（　　）.

A. $P-100$ B. $\dfrac{P}{P-100}$ C. $100-P+C$ D. $100-P$

2. 当 x 为何值时，函数 $F(x)=\int_0^x(2\mathrm{e}^t-\mathrm{e}^{-t})\,\mathrm{d}t$ 有极值？

3. 计算下列积分：

（1）$\int_0^\pi\sqrt{1-\sin x}\,\mathrm{d}x$；
（2）$\int_0^{\frac{\pi}{2}}\left|\dfrac{1}{2}-\sin x\right|\mathrm{d}x$；

（3）$\int_1^3 f(x-2)\,\mathrm{d}x$，其中 $f(x)=\begin{cases}1+x^2, & x\leqslant 0,\\ \mathrm{e}^{-x}, & x>0;\end{cases}$

（4）$\int_0^1 x(1-x^4)^{\frac{3}{2}}\,\mathrm{d}x$；
（5）$\int_0^{\frac{\pi}{2}}x^2\cos 2x\,\mathrm{d}x$；

（6）$\int_0^1 x^3\mathrm{e}^{x^2}\,\mathrm{d}x$；
（7）$\int_0^1\ln(\sqrt{x}+1)\,\mathrm{d}x$；

（8）$\int_0^1\dfrac{1}{1+\mathrm{e}^x}\,\mathrm{d}x$；
（9）$\int_0^{\frac{\pi}{4}}\dfrac{\sin x}{1+\sin x}\,\mathrm{d}x$；

（10）$\int_0^{\frac{\pi}{2}}|\sin x-\cos x|\,\mathrm{d}x$；
（11）$\int_0^{\frac{\pi}{4}}\dfrac{x}{1+\cos 2x}\,\mathrm{d}x$.

4. 设 $f(x)$ 在 $(0,+\infty)$ 内可微，且 $f'(x)\leqslant 0$，证明：$F(x)=x\int_0^x f(t)\,\mathrm{d}t-2\int_0^x tf(t)\,\mathrm{d}t$ 在

$(0,+\infty)$ 内单调递增.

5. 设 $f(x)$ 在 $[a,b]$ 上连续,且 $f(x)>0$,证明:方程 $\int_a^x f(t)\,\mathrm{d}t + \int_b^x \dfrac{\mathrm{d}t}{f(t)} = 0$ 在 (a,b) 内有且仅有一个实根.

6. 设 $f(x)$ 在闭区间 $[a,b]$ 上连续,在开区间 (a,b) 内可导,且 $f(a)=1$,$\int_{\frac{a+b}{2}}^b f(x)\,\mathrm{d}x = \dfrac{b-a}{2}$,证明:在 (a,b) 内至少存在一点 ξ,使 $f'(\xi)=0$.

7. 设 $f(x)=\int_0^x (3t^2+2t+1)\,\mathrm{d}t$,求 $\lim\limits_{h\to 0} \dfrac{f(x+h)-f(x-h)}{h}$.

8. 计算下列积分:

(1) $\int_2^{+\infty} \dfrac{1-\ln x}{x^2}\,\mathrm{d}x$;

(2) $\int_2^{+\infty} \dfrac{1}{x^2+x-2}\,\mathrm{d}x$;

(3) $\int_0^{+\infty} \dfrac{\mathrm{d}x}{\sqrt{x}+x\sqrt{x}}$;

(4) $\int_1^{+\infty} \dfrac{\arctan x}{x^2}\,\mathrm{d}x$;

(5) $\int_{-\frac{1}{2}}^{\frac{1}{2}} \dfrac{\mathrm{d}x}{x^2\sqrt{1-x^2}}$;

(6) $\int_3^{+\infty} \dfrac{\mathrm{d}x}{(x-1)^4\sqrt{x^2-2x}}$.

9. 求下列平面图形的面积:

(1) 由曲线 $y=\ln x$,直线 $y=\dfrac{1}{e}x$ 及 $y=0$ 所围成的图形;

(2) 由曲线 $y=x^2-8$ 及直线 $2x+y+8=0$,$y=-4$ 所围成的图形;

(3) 由曲线 $y=x^2$,$4y=x^2$ 及直线 $y=1$ 所围成的图形;

(4) 由曲线 $y=e^x$,x 轴及 $y=e^x$ 在 $(1,e)$ 处的切线所围成的图形;

(5) 由曲线 $y=\sin x$,$y=\cos x$,直线 $x=\pi$ 及 $x=0$ 所围成的图形;

(6) 由抛物线 $y=\dfrac{1}{2}x^2$ 与圆 $x^2+y^2=8$ 所围成的两部分图形.

10. 求由下列平面图形绕指定的轴旋转一周而成的立体的体积:

(1) 由曲线 $y=\sin x$ 与直线 $x=\dfrac{\pi}{2}$,$y=0$ 在区间 $\left[0,\dfrac{\pi}{2}\right]$ 上所围成的图形分别绕 x 轴和 y 轴旋转;

(2) 由 $y=e^{-x}$ 与 x 轴之间位于第一象限内的平面图形绕 x 轴旋转;

(3) 由 $y=x^2$ 与 $x=y^2$ 所围成的平面图形分别绕 x 轴和 y 轴旋转;

(4) 由 $y=\sin x$,$y=\cos x$ 与 x 轴在区间 $\left[0,\dfrac{\pi}{2}\right]$ 上所围成的平面图形绕 x 轴旋转;

(5) 由曲线 $x^2+y^2-2y=0$,$xy=1$ 及直线 $x=2$,x 轴所围成的图形绕 x 轴旋转.

11. 设 $f(x)=\int_1^{x^2} e^{-t^2}\,\mathrm{d}t$,求 $\int_{-1}^0 xf(x)\,\mathrm{d}x$.

12. 设 $f(x)$ 在 $[a,b]$ 上可微,且 $f(a)=0,f'(x)\leqslant M$,证明: $\dfrac{2}{(a-b)^2}\int_a^b f(x)\,\mathrm{d}x\leqslant M$.

13. 设 $f(x),g(x)$ 在 $[-a,a]$ $(a>0)$ 上连续, $g(x)$ 为偶函数,且 $f(x)$ 满足条件 $f(x)+f(-x)=A$ (A 为常数).

(1) 证明: $\displaystyle\int_{-a}^a f(x)g(x)\,\mathrm{d}x=A\int_0^a g(x)\,\mathrm{d}x$;

(2) 利用(1)的结论计算定积分 $\displaystyle\int_{-\frac{\pi}{2}}^{\frac{\pi}{2}} |\sin x|\arctan \mathrm{e}^x\,\mathrm{d}x$.

14. 证明不等式: $\dfrac{1}{2}\leqslant\displaystyle\int_0^{\frac{1}{2}} \dfrac{\mathrm{d}x}{\sqrt{2x^2-x+1}}\leqslant\dfrac{\sqrt{14}}{7}$.

15. 证明下列不等式:

(1) $2\leqslant\displaystyle\int_{-1}^1 \sqrt{1+x^4}\,\mathrm{d}x\leqslant\dfrac{8}{3}$;

(2) $\dfrac{1}{2}<\displaystyle\int_0^{\frac{1}{2}} \dfrac{\mathrm{d}x}{\sqrt{1-x^n}}<\dfrac{\pi}{6}$, $n>2$, n 为正整数.

16. 设 $f(x)$ 在 $[0,+\infty)$ 上连续且满足 $\displaystyle\int_0^{x^2(1+x)} f(t)\,\mathrm{d}t=x$,求 $f(2)$.

17. 由方程 $\displaystyle\int_0^y \mathrm{e}^{t^2}\,\mathrm{d}t+\int_0^{x^2} \dfrac{\sin t}{\sqrt{t}}\,\mathrm{d}t=1$ 确定了 y 是 x 的函数,求 $\dfrac{\mathrm{d}y}{\mathrm{d}x}$.

18. 计算下列积分:

(1) $\displaystyle\int_{\frac{1}{4}}^{\frac{1}{2}} \dfrac{\arcsin\sqrt{x}}{\sqrt{x(1-x)}}\,\mathrm{d}x$;

(2) $\displaystyle\int_a^{2a} \dfrac{\sqrt{x^2-a^2}}{x^4}\,\mathrm{d}x$ $(a>0)$;

(3) $\displaystyle\int_0^{\ln 2} \sqrt{1-\mathrm{e}^{-2x}}\,\mathrm{d}x$;

(4) $\displaystyle\int_0^1 \dfrac{\ln(1+x)}{1+x^2}\,\mathrm{d}x$;

(5) $\displaystyle\int_0^3 \arcsin\sqrt{\dfrac{x}{x+1}}\,\mathrm{d}x$;

(6) $\displaystyle\int_{-\frac{\pi}{4}}^{\frac{\pi}{4}} \dfrac{\mathrm{e}^{\frac{x}{2}}(\cos x-\sin x)}{\sqrt{\cos x}}\,\mathrm{d}x$;

(7) $\displaystyle\int_0^1 \dfrac{\ln(1+x)}{(2-x)^2}\,\mathrm{d}x$;

(8) $\displaystyle\int_0^\pi \sin^{n-1}x\cos(n+1)x\,\mathrm{d}x$.

19. 计算下列定积分:

(1) $\displaystyle\int_0^\pi \dfrac{x\sin^3 x}{1+\cos^2 x}\,\mathrm{d}x$;

(2) $\displaystyle\int_0^{\frac{\pi}{2}} \dfrac{\sin^{10}x-\cos^{10}x}{4-\sin x-\cos x}\,\mathrm{d}x$;

(3) $\displaystyle\int_0^{\frac{\pi}{2}} \dfrac{f(\sin x)}{f(\cos x)+f(\sin x)}\,\mathrm{d}x$.

20. 判断下列反常积分的敛散性,若收敛,求出其值:

(1) $\displaystyle\int_0^{+\infty} \dfrac{x\mathrm{e}^{-x}}{(1+\mathrm{e}^{-x})^2}\,\mathrm{d}x$;

(2) $\displaystyle\int_5^1 \dfrac{\mathrm{d}x}{\sqrt{(x-1)(5-x)}}$.

21. 讨论下列反常积分的敛散性:

(1) $\displaystyle\int_2^{+\infty}\dfrac{\mathrm{d}x}{x^\lambda\ln x}$,其中 λ 为实数;

(2) $\displaystyle\int_0^{\frac{\pi}{2}}\dfrac{\mathrm{d}x}{\sin^p x\cos^q x}$,其中 p,q 均为实数.

22. 设 $f(x)$ 在 $[a,b]$ 上不恒为零,且其导数 $f'(x)$ 连续,并且有 $f(a)=f(b)=0$,证明:存在 $\xi\in[a,b]$,使 $|f'(\xi)|>\dfrac{1}{(b-a)}\displaystyle\int_a^b f(x)\mathrm{d}x$.

23. 设 $f(x)$ 在 $[a,b]$ 上连续,证明:
$$\left(\int_a^b f(x)\mathrm{d}x\right)\leqslant(b-a)\int_a^b f^2(x)\mathrm{d}x.$$

24. 设 $f(x)$ 在 $[a,b]$ 上连续且单调递增,证明:
$$\int_a^b xf(x)\mathrm{d}x\geqslant\dfrac{a+b}{2}\int_a^b f(x)\mathrm{d}x$$

25. 设由直线 $y=ax$ 与抛物线 $y=x^2$ 所围成的图形的面积为 S_1,它们与直线 $x=1$ 所围成的图形的面积为 S_2,并且 $a<1$(图 7-27).

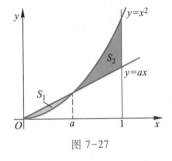
图 7-27

(1) 确定 a 的值,使 S_1+S_2 达到最小,并求最小值;

(2) 求由该最小值所对应的平面图形绕 x 轴旋转一周而成的旋转体的体积.

26. 设函数 $f(x)$ 连续,$F(x)=\displaystyle\int_0^x f(x)\mathrm{d}x$,证明:

(1) 若 $f(x)$ 是奇函数,则 $F(x)$ 是偶函数;

(2) 若 $f(x)$ 是偶函数,则 $F(x)$ 是奇函数.

27. 设 $f(x)$ 为 $[0,1]$ 上的非负单调不增连续函数(即当 $x<y$ 时,$f(x)\geqslant f(y)$).利用积分中值定理证明:对于 $0<\alpha<\beta<1$,有下面的不等式成立:
$$\int_0^\alpha f(x)\mathrm{d}x\geqslant\dfrac{\alpha}{\beta}\int_\alpha^\beta f(x)\mathrm{d}x.$$

28. 设 $f(x)$ 在 $[a,b]$ 上连续,且 $\displaystyle\int_a^b f(x)\mathrm{d}x=0,\int_a^b xf(x)\mathrm{d}x=0$,证明:至少存在两点 x_1,$x_2\in(a,b)$,使 $f(x_1)=f(x_2)=0$.

29. 设 $f(x)$ 有连续的二阶导函数,且 $f(\pi)=2$,$\displaystyle\int_0^\pi[f(x)+f''(x)]\sin x\mathrm{d}x=5$,求 $f(0)$.

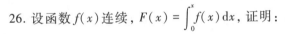

第 7 章部分习题

参考答案与提示

第 8 章

二重积分

本章导学　　前面我们讨论过定积分，定积分的被积函数是一元函数，积分范围是数轴上的区间，因而一般只能用来计算与一元函数及区间有关的量.但是，在科学技术中往往还需要计算与多元函数及平面或空间区域有关的量，这就需要把定积分的概念加以推广，讨论多元函数的积分学.本章我们将一元函数定积分的概念及基本性质推广到二元函数，即抽象出二重积分的概念及基本性质.

学习目标　　1. 了解二重积分的概念、几何意义与基本性质；

2. 掌握直角坐标系下和极坐标系下二重积分的计算方法，特别是化二重积分为二次积分的方法与技巧；并能正确地选择坐标系、选择积分次序以及交换二次积分的积分次序.

学习要点　　曲顶柱体的体积；二重积分的定义；二重积分的几何意义；二重积分的性质；直角坐标系下二重积分的计算；化二重积分为二次积分的方法与技巧；极坐标系下二重积分的计算；广义二重积分；二重积分的换元法.

§8.1 二重积分的基本概念

正像由曲边梯形面积引入定积分概念那样,让我们以曲顶柱体的体积为例来引入二重积分的概念.

一、曲顶柱体的体积

设函数 $z=f(x,y)$ 在有界闭区域 D 上连续,且 $f(x,y) \geqslant 0$,$(x,y) \in D$.下面讨论以曲面 $z=f(x,y)$ 为顶,以区域 D 为底,以 D 的边界为准线且母线平行于 z 轴的曲顶柱体体积(图 8-1).

如果柱体的顶部是平面,那么其体积 V 只需通过柱体体积公式就可求得:

$$V = 底面积 \times 高.$$

现在所讨论的柱体顶部是曲面,再用这个公式便不正确了.那么怎样来求曲顶柱体的体积呢? 我们仍像以前处理曲边梯形面积那样来处理曲顶柱体的体积.

(1) **分割**:把闭区域 D 任意划分成 n 个小闭区域 D_k,它们的面积分别记作 $\Delta\sigma_k$($k=1,2,\cdots,n$).以每个小闭区域的边界为准线,分别作母线平行于 z 轴的柱体,把整个曲顶柱体划分成 n 个小曲顶柱体(图 8-1),它们的体积分别记作 ΔV_k($k=1,2,\cdots,n$),用 V 表示所求曲顶柱体的体积,显然有

$$V = \sum_{k=1}^{n} \Delta V_k.$$

(2) **近似代替**:在 D_k 上任取一点 (ξ_k,η_k),当 D_k 很小时,它所对应的小曲顶柱体的体积就可用以 D_k 为底,以 $f(\xi_k,\eta_k)$ 为高的平顶柱体的体积来近似代替(图 8-2),从而

$$\Delta V_k \approx f(\xi_k,\eta_k)\Delta\sigma_k.$$

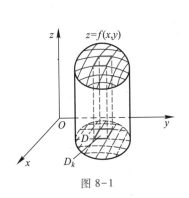

图 8-1

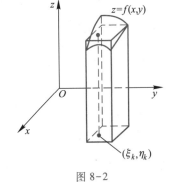

图 8-2

（3）作和：将 n 个平顶柱体的体积加起来，得到一个和式 $\sum\limits_{k=1}^{n} f(\xi_k,\eta_k)\Delta\sigma_k$，就是曲顶柱体体积的近似值，即

$$V = \sum_{k=1}^{n}\Delta V_k \approx \sum_{k=1}^{n} f(\xi_k,\eta_k)\Delta\sigma_k.$$

（4）取极限：显然，闭区域 D 划分得越细密，上述近似程度就越高.我们用 d_k 表示 D_k（$k=1,2,\cdots,n$）上任意两点间距离的最大值，称它为该闭区域的直径.令 $d=\max\{d_k\}$（$k=1,2,\cdots,n$），当把闭区域 D 无限细分时，$\Delta\sigma_k$ 越来越小，以至于逐渐趋于一点，即当所有小闭区域的最大直径 d 趋于零时（此时 n 趋于无穷），就有

$$V = \lim_{d\to 0}\sum_{k=1}^{n} f(\xi_k,\eta_k)\Delta\sigma_k.$$

对上述过程，我们作两点说明：

（1）对闭区域 D 可以作任意分割，分割以后得到的 D_k 是任意的；

（2）点 (ξ_k,η_k) 可以在 D_k 上任意选取，可以是 D_k 内部的点，也可以是 D_k 边界上的点.

二、二重积分的定义及几何意义

曲顶柱体的体积问题以及其他许多有关的实际问题经过抽象，便形成如下的二重积分概念.

二重积分的
基本概念

定义 8-1　设 $z=f(x,y)$ 为有界闭区域 D 上的有界函数.把闭区域 D 任意划分成 n 个小闭区域 $D_1,D_2,\cdots,D_n$，其面积记作

$$\Delta\sigma_1,\Delta\sigma_2,\cdots,\Delta\sigma_n.$$

在每一个小闭区域 D_k 上任取一点 (ξ_k,η_k)（$k=1,2,\cdots,n$），作乘积 $f(\xi_k,\eta_k)\Delta\sigma_k$，并作和

$$\sum_{k=1}^{n} f(\xi_k,\eta_k)\Delta\sigma_k.$$

记所有小闭区域的最大直径为 d，如果不论闭区域 D 怎样划分以及点 (ξ_k,η_k) 怎样选取，上述和式当 $d\to 0$ 时的极限都存在，且极限值与闭区域 D 的分法及点 (ξ_k,η_k) 的取法无关，就称此极限为函数 $f(x,y)$ 在闭区域 D 上的二重积分，记作 $\iint\limits_{D} f(x,y)\mathrm{d}\sigma$，即

$$\iint\limits_{D} f(x,y)\mathrm{d}\sigma = \lim_{d\to 0}\sum_{k=1}^{n} f(\xi_k,\eta_k)\Delta\sigma_k. \tag{8-1}$$

其中函数 $f(x,y)$ 称为被积函数，$f(x,y)\mathrm{d}\sigma$ 称为被积表达式，$\mathrm{d}\sigma$ 称为面积元素，x 与 y 称为积分变量，D 称为积分区域（简称积分域），"$\iint$" 称为二重积分号. 此时函数 $f(x,y)$ 在闭区域 D 上可积.

应当指出：(1) 二重积分是和式的极限值，即是一个数，它只与被积函数的函数关系和积分区域 D 有关，与积分变量用什么字母表示无关，即

$$\iint\limits_{D} f(x,y)\,\mathrm{d}\sigma = \iint\limits_{D} f(u,v)\,\mathrm{d}\sigma\,;$$

(2) 对于二重积分的定义，并没有 $f(x,y) \geqslant 0$ 的限制.

一般地，连续函数在有界闭区域上的二重积分一定存在，即连续函数 $f(x,y)$ 在有界闭区域 D 上可积.

二重积分的几何意义：

当 $z=f(x,y) \geqslant 0$ 时，二重积分 $\iint\limits_{D} f(x,y)\,\mathrm{d}\sigma$ 就是上述的以曲面 $z=f(x,y)$ 为顶，以闭区域 D 为底且母线平行于 z 轴的曲顶柱体的体积；

当 $z=f(x,y) < 0$ 时，二重积分 $\iint\limits_{D} f(x,y)\,\mathrm{d}\sigma$ 等于以曲面 $z=f(x,y)$ 为顶，以闭区域 D 为底的曲顶柱体体积的相反数；

当 $z=f(x,y)$ 在闭区域 D 上的值有正也有负时，二重积分 $\iint\limits_{D} f(x,y)\,\mathrm{d}\sigma$ 等于以曲面 $z=f(x,y)$ 为顶，以闭区域 D 为底的曲顶柱体各部分体积的代数和，其中 xOy 平面以上部分取正号，以下部分取负号.

三、二重积分的性质

二重积分具有以下主要性质，各性质均假设相关函数在给定区域上皆可积，它们的证明与一元函数定积分性质的证明类似，不再赘述.

性质 8-1　被积函数的常数因子可提到二重积分号外面，即如果 k 为常数，那么

$$\iint\limits_{D} kf(x,y)\,\mathrm{d}\sigma = k\iint\limits_{D} f(x,y)\,\mathrm{d}\sigma.$$

性质 8-2　有限个函数代数和的二重积分等于各函数二重积分的代数和.

例如：$\iint\limits_{D} (f_1(x,y) \pm f_2(x,y))\,\mathrm{d}\sigma = \iint\limits_{D} f_1(x,y)\,\mathrm{d}\sigma \pm \iint\limits_{D} f_2(x,y)\,\mathrm{d}\sigma.$

性质 8-3　如果闭区域 D 由有限条曲线分成有限个部分区域，那么在 D 上的二重积分等于在各部分区域上二重积分的和.

例如：把积分区域 D 分成两个闭区域 D_1 与 D_2，即 $D=D_1 \cup D_2$，那么

$$\iint\limits_{D} f(x,y)\,\mathrm{d}\sigma = \iint\limits_{D_1} f(x,y)\,\mathrm{d}\sigma + \iint\limits_{D_2} f(x,y)\,\mathrm{d}\sigma.$$

这说明二重积分对积分区域具有可加性.

性质 8-4　如果在 D 上恒有 $f(x,y) \leqslant g(x,y)$，那么

$$\iint\limits_{D} f(x,y)\,\mathrm{d}\sigma \leqslant \iint\limits_{D} g(x,y)\,\mathrm{d}\sigma.$$

特别地,由于 $-|f(x,y)| \leqslant f(x,y) \leqslant |f(x,y)|$,从性质 8-1 与性质 8-4 可得

$$-\iint\limits_{D}|f(x,y)|\mathrm{d}\sigma \leqslant \iint\limits_{D}f(x,y)\mathrm{d}\sigma \leqslant \iint\limits_{D}|f(x,y)|\mathrm{d}\sigma.$$

于是

$$\left|\iint\limits_{D}f(x,y)\mathrm{d}\sigma\right| \leqslant \iint\limits_{D}|f(x,y)|\mathrm{d}\sigma.$$

性质 8-5　如果在闭区域 D 上有 $f(x,y) \equiv 1$,S 是 D 的面积,那么

$$\iint\limits_{D}f(x,y)\mathrm{d}\sigma = \iint\limits_{D}\mathrm{d}\sigma = S.$$

这个性质的几何意义是很明显的,因为高为 1 的平顶柱体的体积在数值上(量纲不同)就等于这个柱体的底面积.

性质 8-6　设 M 和 m 分别是函数 $z=f(x,y)$ 在闭区域 D 上的最大值和最小值,S 是 D 的面积,则

$$mS \leqslant \iint\limits_{D}f(x,y)\mathrm{d}\sigma \leqslant MS.$$

事实上,因为 $m \leqslant f(x,y) \leqslant M$,所以先用性质 8-4,可得

$$\iint\limits_{D}m\mathrm{d}\sigma \leqslant \iint\limits_{D}f(x,y)\mathrm{d}\sigma \leqslant \iint\limits_{D}M\mathrm{d}\sigma.$$

再用性质 8-1 和性质 8-5,便得不等式 $mS \leqslant \iint\limits_{D}f(x,y)\mathrm{d}\sigma \leqslant MS$ 成立.

性质 8-7(二重积分的中值定理)　若 $f(x,y)$ 在闭区域 D 上连续,S 是 D 的面积,则在 D 上至少存在一点 (ξ,η),使

$$\iint\limits_{D}f(x,y)\mathrm{d}\sigma = f(\xi,\eta) \cdot S.$$

由于 $f(x,y)$ 在有界闭区域 D 上连续,$f(x,y)$ 在 D 上就可以取到最大值 M 和最小值 m,即

$$m \leqslant f(x,y) \leqslant M.$$

由性质 8-6,有

$$mS \leqslant \iint\limits_{D}f(x,y)\mathrm{d}\sigma \leqslant MS,$$

即

$$m \leqslant \frac{1}{S}\iint\limits_{D}f(x,y)\mathrm{d}\sigma \leqslant M.$$

这说明数值 $\dfrac{1}{S}\iint\limits_{D}f(x,y)\mathrm{d}\sigma$ 位于函数 $f(x,y)$ 的最大值 M 和最小值 m 之间.根据多元连续函数的介值定理,在 D 上至少存在一点 (ξ,η),使

$$\frac{1}{S}\iint\limits_{D}f(x,y)\mathrm{d}\sigma = f(\xi,\eta),$$

即
$$\iint\limits_{D} f(x,y)\,\mathrm{d}\sigma = f(\xi,\eta)\cdot S.$$

中值定理的几何意义:在闭区域 D 上以曲面 $f(x,y)$ 为顶的曲顶柱体的体积等于闭区域 D 上以某一点 (ξ,η) 的函数值 $f(\xi,\eta)$ 为高的平顶柱体的体积.称 $f(\xi,\eta) = \dfrac{1}{S}\iint\limits_{D} f(x,y)\,\mathrm{d}\sigma$ 为函数 $f(x,y)$ 在区域 D 上的平均值.

例 8-1 用二重积分的性质估计积分值 $I = \iint\limits_{D}(x + y^4 + 3)\,\mathrm{d}\sigma$,其中 $D = \{(x,y)\mid 0 \le x \le 2, 0 \le y \le 1\}$.

解 因为 $3 \le x + y^4 + 3 \le 6$,$(x,y) \in D$,所以由性质 8-6 知
$$3S \le \iint\limits_{D}(x + y^4 + 3)\,\mathrm{d}\sigma \le 6S,$$
其中 $S = 2$.于是
$$6 \le I \le 12.$$

本节小结

本节由曲顶柱体体积这一实例引入二重积分的定义,并介绍二重积分的几何意义及基本性质.注意:

1. 二重积分的定义与基本性质和定积分的相应内容联系紧密,又各有特点,读者应该进行比较.

2. 二重积分的几何意义反映了曲顶柱体体积的代数和,应用时注意曲顶柱体在坐标系所处的卦限.

练习 8.1

基础题

1. 有人说:"二重积分 $\iint\limits_{D} f(x,y)\,\mathrm{d}\sigma$ 的几何意义是以 $z = f(x,y)$ 为顶,以 D 为底的曲顶柱体的体积",这个说法是否正确?为什么?

2. 比较下列二重积分的大小:

(1) $\iint\limits_{D}(x + y)^2\,\mathrm{d}\sigma$ 与 $\iint\limits_{D}(x + y)^3\,\mathrm{d}\sigma$,其中 $D = \{(x,y)\mid (x-2)^2 + (y-1)^2 \le 2\}$.

(2) $\iint\limits_{D}\ln(x + y)\,\mathrm{d}\sigma$ 与 $\iint\limits_{D}[\ln(x + y)]^2\,\mathrm{d}\sigma$,其中 D 是顶点为 $A(1,0),B(1,1),C(2,0)$ 的

三角形闭区域.

3. 利用二重积分的性质估计下列积分值：

（1）$I = \iint\limits_{D}(x + y + 1)\mathrm{d}\sigma$，其中 $D = \{(x,y) \mid 0 \leqslant x \leqslant 1, 0 \leqslant y \leqslant 2\}$；

（2）$I = \iint\limits_{D}(x^2 + y^2 + 9)\mathrm{d}\sigma$，其中 $D = \{(x,y) \mid x^2 + y^2 \leqslant 4\}$.

4. 判断二重积分 $I = \iint\limits_{D}\ln(x^2 + y^2)\mathrm{d}\sigma$ 值的符号，其中 $D = \{(x,y) \mid |x| + |y| \leqslant 1\}$.

提高题

1. 二重积分的定义中，极限过程为什么不取 $\Delta\sigma \to 0$（$\Delta\sigma = \max\{\Delta\sigma_1, \Delta\sigma_2, \cdots, \Delta\sigma_n\}$），即用最大区域面积趋于零来描述"对 D 的无限细分"？

2. 试确定积分区域 D，使二重积分 $\iint\limits_{D}(1 - 2x^2 - y^2)\mathrm{d}\sigma$ 达到最大值.

§8.2　二重积分的计算

二重积分的计算，可以归结为求两次定积分，然后利用定积分的计算方法来算.

一、直角坐标系下二重积分的计算

我们先讨论以曲面 $z = f(x,y) > 0$ 为顶，以矩形区域 $D = \{(x,y) \mid a \leqslant x \leqslant b, c \leqslant y \leqslant d\}$ 为底的曲顶柱体体积的计算公式.前面引入二重积分的概念时，我们通过分割、近似代替、作和、取极限已得出这个曲顶柱体体积可用如下公式计算：

$$V = \iint\limits_{D}f(x,y)\mathrm{d}\sigma = \lim_{d \to 0}\sum_{k=1}^{n}f(\xi_k, \eta_k)\Delta\sigma_k.$$

一般来说，计算这类极限是比较困难的，现应用第 7 章中计算"平行截面面积为已知的立体的体积"的方法，计算这个曲顶柱体的体积.

过区间 $[a,b]$ 上任一点作垂直于 x 轴的平面，此平面截曲顶柱体所得的截面为一曲边梯形（图 8-3）.

对于任意一点 $x \in [a,b]$，相应 x 处的曲边梯形的面积为

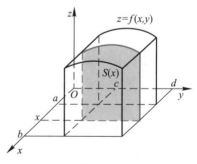

图 8-3

$$S(x) = \int_c^d f(x,y) \, \mathrm{d}y.$$

根据由已知截面面积求体积的方法,只要将 $S(x)$ 对 x 在区间 $[a,b]$ 上再积分一次,便得到曲顶柱体的体积

$$V = \int_a^b S(x) \, \mathrm{d}x = \int_a^b \left[\int_c^d f(x,y) \, \mathrm{d}y \right] \mathrm{d}x. \tag{8-2}$$

一般地记为

$$V = \int_a^b \mathrm{d}x \int_c^d f(x,y) \, \mathrm{d}y.$$

此式右端的积分称为**二次积分**. 类似可得

$$V = \int_c^d \left[\int_a^b f(x,y) \, \mathrm{d}x \right] \mathrm{d}y = \int_c^d \mathrm{d}y \int_a^b f(x,y) \, \mathrm{d}x. \tag{8-3}$$

这个体积也就是所求二重积分的值. 于是,求二重积分可通过求两次定积分进行计算. 即先将函数 $f(x,y)$ 对 y 在 $[c,d]$ 上积分,此时 x 不变(x 视为常量),然后再对 x 在 $[a,b]$ 上积分;也可以先将函数 $f(x,y)$ 对 x 在 $[a,b]$ 上积分,此时 y 不变(y 视为常量),然后再对 y 在 $[c,d]$ 上积分.这个结果对于一般的函数 $z = f(x,y)$ 也是成立的. 因而有下面的定理.

定理 8-1 如果函数 $f(x,y)$ 在矩形区域 $D = \{(x,y) \mid a \leqslant x \leqslant b, c \leqslant y \leqslant d\}$ 上可积.

(1) 若对每个固定的 $x \in [a,b]$,定积分 $\int_c^d f(x,y) \, \mathrm{d}y$ 都存在,则二次积分 $\int_a^b \left[\int_c^d f(x,y) \, \mathrm{d}y \right] \mathrm{d}x$ 也存在,且

$$\iint_D f(x,y) \, \mathrm{d}\sigma = \int_a^b \left[\int_c^d f(x,y) \, \mathrm{d}y \right] \mathrm{d}x = \int_a^b \mathrm{d}x \int_c^d f(x,y) \, \mathrm{d}y;$$

(2) 若对每个固定的 $y \in [c,d]$,定积分 $\int_a^b f(x,y) \, \mathrm{d}x$ 都存在,则二次积分 $\int_c^d \left[\int_a^b f(x,y) \, \mathrm{d}x \right] \mathrm{d}y$ 也存在,且

$$\iint_D f(x,y) \, \mathrm{d}\sigma = \int_c^d \left[\int_a^b f(x,y) \, \mathrm{d}x \right] \mathrm{d}y = \int_c^d \mathrm{d}y \int_a^b f(x,y) \, \mathrm{d}x.$$

上述两个式子是将二重积分化为二次积分的公式,它们的区别在于积分次序不同,前者是先对 y 积分后对 x 积分,后者是先对 x 积分后对 y 积分.

由定义知二重积分与积分区域 D 的分法无关,因此在直角坐标系下,常用平行于 x 轴和 y 轴的直线划分积分区域 D,则有面积元素 $\mathrm{d}\sigma = \mathrm{d}x\mathrm{d}y$,故二重积分可记为

$$\iint_D f(x,y) \, \mathrm{d}\sigma = \iint_D f(x,y) \, \mathrm{d}x\mathrm{d}y.$$

推论 若函数 $f(x,y)$ 在矩形区域 $D = \{(x,y) \mid a \leqslant x \leqslant b, c \leqslant y \leqslant d\}$ 上连续,则

$$\iint_D f(x,y) \, \mathrm{d}\sigma = \iint_D f(x,y) \, \mathrm{d}x\mathrm{d}y$$

$$= \int_a^b \mathrm{d}x \int_c^d f(x,y) \, \mathrm{d}y$$

$$= \int_c^d \mathrm{d}y \int_a^b f(x,y)\,\mathrm{d}x.$$

推论表明在矩形区域上将连续函数的二重积分化为二次积分时,既可化为先对 x 后对 y 的积分,也可化为先对 y 后对 x 的积分.

例 8-2　计算二重积分 $\iint\limits_D (x+y)^2\mathrm{d}x\mathrm{d}y$, 其中 $D=\{(x,y)\,|\,0\leqslant x\leqslant 1,0\leqslant y\leqslant 2\}$.

解　$\displaystyle\iint\limits_D (x+y)^2\mathrm{d}x\mathrm{d}y = \int_0^1\mathrm{d}x\int_0^2 (x+y)^2\mathrm{d}y = \int_0^1 \frac{1}{3}(x+y)^3\Big|_0^2\mathrm{d}x$

$$= \int_0^1\left[\frac{(x+2)^3}{3}-\frac{x^3}{3}\right]\mathrm{d}x = \frac{1}{12}(x+2)^4\Big|_0^1 - \frac{x^4}{12}\Big|_0^1$$

$$= \frac{1}{12}(3^4-2^4) - \frac{1}{12}(1^4-0)$$

$$= \frac{16}{3}.$$

例 8-3　计算二重积分 $\iint\limits_D x\mathrm{e}^{xy}\mathrm{d}x\mathrm{d}y$, 其中 $D=\{(x,y)\,|\,0\leqslant x\leqslant 1,-1\leqslant y\leqslant 0\}$.

解　$\displaystyle\iint\limits_D x\mathrm{e}^{xy}\mathrm{d}x\mathrm{d}y = \int_0^1\mathrm{d}x\int_{-1}^0 x\mathrm{e}^{xy}\mathrm{d}y = \int_0^1 \mathrm{e}^{xy}\,\big|_{-1}^0\mathrm{d}x = \int_0^1(1-\mathrm{e}^{-x})\mathrm{d}x = (x+\mathrm{e}^{-x})\,\big|_0^1 = \frac{1}{\mathrm{e}}.$

上述两个例子中,由于被积函数都是 D 上的连续函数,故若化为先对 x 后对 y 的二次积分来计算,结果也是相同的,请读者自行验证.

例 8-4　计算二重积分 $\iint\limits_D (1-2x+3y)\mathrm{d}\sigma$, 其中 $D=\{(x,y)\,|\,-1\leqslant x\leqslant 1,-2\leqslant y\leqslant 2\}$.

解　方法一　先对 y 后对 x 积分:

$$\iint\limits_D (1-2x+3y)\mathrm{d}\sigma = \int_{-1}^1\mathrm{d}x\int_{-2}^2 (1-2x+3y)\mathrm{d}y = \int_{-1}^1\left[2\int_0^2 (1-2x)\mathrm{d}y\right]\mathrm{d}x$$

$$= \int_{-1}^1 2(1-2x)y\,\big|_0^2\mathrm{d}x = \int_{-1}^1 (4-8x)\mathrm{d}x$$

$$= 8\int_0^1\mathrm{d}x = 8.$$

方法二　先对 x 后对 y 积分:

$$\iint\limits_D (1-2x+3y)\mathrm{d}\sigma = \int_{-2}^2\mathrm{d}y\int_{-1}^1 (1-2x+3y)\mathrm{d}x = \int_{-2}^2\left[2\int_0^1 (1+3y)\mathrm{d}x\right]\mathrm{d}y$$

$$= \int_{-2}^2 2(1+3y)x\,\big|_0^1\mathrm{d}y = \int_{-2}^2 2(1+3y)\mathrm{d}y$$

$$= 4\int_0^2\mathrm{d}y = 8.$$

特别地,若积分区域是矩形区域 $D=\{(x,y)\,|\,a\leqslant x\leqslant b,c\leqslant y\leqslant d\}$, 而连续的被积函数 $f(x,y)$ 又可表示为两个一元函数的乘积,即 $f(x,y)=f_1(x)\cdot f_2(y)$, 则

$$\iint\limits_D f(x,y)\mathrm{d}x\mathrm{d}y = \left[\int_a^b f_1(x)\,\mathrm{d}x\right]\cdot\left[\int_c^d f_2(y)\,\mathrm{d}y\right].$$

例 8-5 计算二重积分 $\iint\limits_{D} x\cos y\mathrm{d}x\mathrm{d}y$，其中 $D=\left\{(x,y)\ \middle|\ 0\leqslant x\leqslant 1,0\leqslant y\leqslant\dfrac{\pi}{6}\right\}$.

解 $\iint\limits_{D} x\cos y\mathrm{d}x\mathrm{d}y=\left(\displaystyle\int_0^1 x\mathrm{d}x\right)\cdot\left(\displaystyle\int_0^{\frac{\pi}{6}}\cos y\mathrm{d}y\right)=\dfrac{1}{2}x^2\Big|_0^1\cdot\sin y\Big|_0^{\frac{\pi}{6}}=\dfrac{1}{2}\times\dfrac{1}{2}=\dfrac{1}{4}.$

若积分区域 D 不是矩形区域，而是一般区域，通常可分解为如下两类区域来进行计算.

定义 8-2 若平面闭区域 D 可表示为

$$D=\left\{(x,y)\ \middle|\ a\leqslant x\leqslant b,y_1(x)\leqslant y\leqslant y_2(x)\right\}$$

（图 8-4），则称它为 x 型区域.

若 D 可表示为

$$D=\left\{(x,y)\ \middle|\ c\leqslant y\leqslant d,x_1(y)\leqslant x\leqslant x_2(y)\right\}$$

（图 8-5），则称它为 y 型区域.

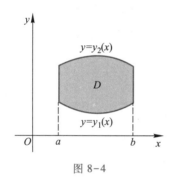

图 8-4 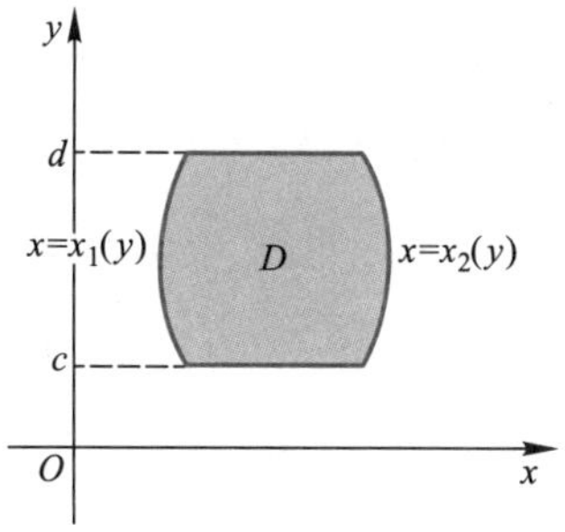   图 8-5

这些区域的特点是当 D 为 x 型区域时，它由曲线 $y=y_1(x)$，$y=y_2(x)$ 与直线 $x=a$，$x=b$ 所围成，垂直于 x 轴的直线 $x=x_0(a<x_0<b)$ 至多与区域 D 的边界交于两点；当 D 为 y 型区域时，它由曲线 $x=x_1(y)$，$x=x_2(y)$ 与直线 $y=c$，$y=d$ 所围成，垂直于 y 轴的直线 $y=y_0$ $(c<y_0<d)$ 至多与区域 D 的边界交于两点.

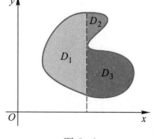

图 8-6

许多常见的区域都可以分解为有限个除边界外无公共内点的 x 型区域或 y 型区域，如图 8-6 所示的区域 D，可分为三个 x 型区域，从而 D 上的二重积分可表示为

$$\iint\limits_{D} f(x,y)\mathrm{d}x\mathrm{d}y=\iint\limits_{D_1} f(x,y)\mathrm{d}\sigma+\iint\limits_{D_2} f(x,y)\mathrm{d}\sigma+\iint\limits_{D_3} f(x,y)\mathrm{d}\sigma,$$

因此在解决了 x 型或 y 型区域上二重积分的计算方法后，一般区域上的二重积分计算问题也就得以解决.

定理 8-2 （1）若函数 $f(x,y)$ 在如图 8-4 所示的 x 型区域 D 上连续，并且 $y_1(x)$，$y_2(x)$ 在 $[a,b]$ 上连续，$y_1(x)\leqslant y_2(x)$，$x\in[a,b]$，则

$$\iint_D f(x,y)\,\mathrm{d}x\mathrm{d}y = \int_a^b \mathrm{d}x \int_{y_1(x)}^{y_2(x)} f(x,y)\,\mathrm{d}y,$$

即二重积分可化为先对 y 后对 x 的二次积分;

（2）若函数 $f(x,y)$ 在如图 8-5 所示的 y 型区域 D 上连续,并且 $x_1(y),x_2(y)$ 在 $[c,d]$ 上连续,$x_1(y) \le x_2(y),y \in [c,d]$,则

$$\iint_D f(x,y)\,\mathrm{d}x\mathrm{d}y = \int_c^d \mathrm{d}y \int_{x_1(y)}^{x_2(y)} f(x,y)\,\mathrm{d}x,$$

即二重积分可化为先对 x 后对 y 的二次积分.

证明 我们只证明（1）,（2）的证明可仿照进行.由于 $y_1(x)$ 与 $y_2(x)$ 在闭区间 $[a,b]$ 上连续,故存在矩形区域 $D_1 = \{(x,y) \mid a \le x \le b, c \le y \le d\}$ 使 $D_1 \supset D$（图 8-7）.现作一个定义在 D_1 上的辅助函数

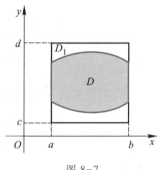

图 8-7

$$F(x,y) = \begin{cases} f(x,y), & (x,y) \in D, \\ 0, & (x,y) \notin D. \end{cases}$$

可以证明函数 $F(x,y)$ 在 D_1 上可积,且

$$\begin{aligned} \iint_D f(x,y)\,\mathrm{d}x\mathrm{d}y &= \iint_{D_1} F(x,y)\,\mathrm{d}x\mathrm{d}y \\ &= \int_a^b \mathrm{d}x \int_c^d F(x,y)\,\mathrm{d}y \\ &= \int_a^b \mathrm{d}x \int_{y_1(x)}^{y_2(x)} F(x,y)\,\mathrm{d}y \\ &= \int_a^b \mathrm{d}x \int_{y_1(x)}^{y_2(x)} f(x,y)\,\mathrm{d}y. \end{aligned}$$

推论 若函数 $f(x,y)$ 在 D 上连续,且 D 既可表示成 $\{(x,y) \mid a \le x \le b, y_1(x) \le y \le y_2(x)\}$ 又可表示成 $\{(x,y) \mid c \le y \le d, x_1(y) \le x \le x_2(y)\}$,则

$$\iint_D f(x,y)\,\mathrm{d}x\mathrm{d}y = \int_a^b \mathrm{d}x \int_{y_1(x)}^{y_2(x)} f(x,y)\,\mathrm{d}y = \int_c^d \mathrm{d}y \int_{x_1(y)}^{x_2(y)} f(x,y)\,\mathrm{d}x.$$

根据上述讨论,计算二重积分可归结为计算二次积分,关键是如何根据积分区域适当地选择积分次序和确定积分的上、下限.一般先要画出积分区域的图形,根据图形确定积分次序,再写出区域 D 上的点所满足的不等式,即找出 x 和 y 在区域 D 上的变化范围,从而确定积分的上、下限.若以先对 y 后对 x 积分为例（即积分区域为 x 型区域）,则具体做法是:先将 D 投影到 x 轴得到区间 $[a,b]$,端点 a,b 往往与 D 的边界曲线的交点有关（图 8-8）;再在 $[a,b]$ 上任取一点作方向与 y 轴正向相同的箭线,第一次与箭线相交的边界线设为 $y=y_1(x)$（称为入口曲线）,第二次与箭线相交的边界线设为 $y=y_2(x)$（称为出口曲线）,于是把积分区域 D 表示为

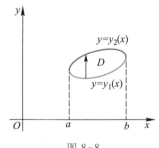

图 8-8

$$D = \{(x,y) \mid a \leqslant x \leqslant b, y_1(x) \leqslant y \leqslant y_2(x)\}.$$

这样就得到对 x 积分的上、下限分别为 b,a，对 y 积分的上、下限分别为 $y_2(x),y_1(x)$；最后计算

$$\iint\limits_{D} f(x,y)\,\mathrm{d}x\mathrm{d}y = \int_a^b \mathrm{d}x \int_{y_1(x)}^{y_2(x)} f(x,y)\,\mathrm{d}y.$$

例 8-6 求二重积分 $\iint\limits_{D}(x^2+y^2)\,\mathrm{d}\sigma$，其中 D 是由 $y=x^2, x=1, y=0$ 所围成的闭区域.

解 画出积分区域 D 的图，曲线 $y=x^2$ 与直线 $x=1, y=0$ 的交点是 $(1,1),(0,0)$.

（1）若先对 y 后对 x 积分，作方向与 y 轴正向相同的箭线（图 8-9），则入口曲线是 $y=0$，出口曲线是 $y=x^2$，此积分区域可看成 x 型区域，积分区域 D 表示为

$$D = \{(x,y) \mid 0 \leqslant x \leqslant 1, 0 \leqslant y \leqslant x^2\}.$$

故

$$\iint\limits_{D}(x^2+y^2)\,\mathrm{d}\sigma = \int_0^1 \mathrm{d}x \int_0^{x^2}(x^2+y^2)\,\mathrm{d}y = \int_0^1 \left(x^2 y + \frac{1}{3}y^3\right)\bigg|_0^{x^2}\mathrm{d}x$$

$$= \int_0^1 \left(x^4 + \frac{1}{3}x^6\right)\mathrm{d}x = \left(\frac{1}{5}x^5 + \frac{1}{21}x^7\right)\bigg|_0^1 = \frac{26}{105}.$$

（2）若先对 x 后对 y 积分，作方向与 x 轴正向相同的箭线（图 8-10），则入口曲线是 $x=\sqrt{y}$，出口曲线是 $x=1$，此积分区域可看成 y 型区域，区域 D 表示为

$$D = \{(x,y) \mid 0 \leqslant y \leqslant 1, \sqrt{y} \leqslant x \leqslant 1\}.$$

故

$$\iint\limits_{D}(x^2+y^2)\,\mathrm{d}\sigma = \int_0^1 \mathrm{d}y \int_{\sqrt{y}}^1 (x^2+y^2)\,\mathrm{d}x = \int_0^1 \left(\frac{1}{3}x^3 + xy^2\right)\bigg|_{\sqrt{y}}^1 \mathrm{d}y$$

$$= \int_0^1 \left(\frac{1}{3} + y^2 - \frac{1}{3}y^{\frac{3}{2}} - y^{\frac{5}{2}}\right)\mathrm{d}y$$

$$= \left(\frac{1}{3}y + \frac{1}{3}y^3 - \frac{2}{15}y^{\frac{5}{2}} - \frac{2}{7}y^{\frac{7}{2}}\right)\bigg|_0^1$$

$$= \frac{26}{105}.$$

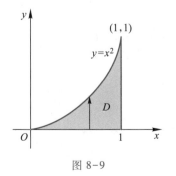

图 8-9

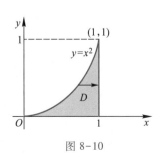

图 8-10

例 8-7　计算二重积分 $\iint\limits_{D} 6x^2 y^2 \mathrm{d}x\mathrm{d}y$，其中 D 是由曲线 $y=2-x^2$ 与 $y=|x|$ 所围成的闭区域.

解　画出闭区域 D 的图，曲线 $y=2-x^2$ 与 $y=|x|$ 的交点为 $(-1,1),(1,1)$.

（1）若先对 y 后对 x 积分，作方向与 y 轴正向相同的箭线（图 8-11），则入口曲线是 $y=x$ 及 $y=-x$，出口曲线是 $y=2-x^2$.由于入口曲线表达式不同，故要把 D 分成两块小闭区域 D_1,D_2，其中

$$D_1 = \{(x,y) \mid -1 \leqslant x \leqslant 0, -x \leqslant y \leqslant 2-x^2\},$$
$$D_2 = \{(x,y) \mid 0 \leqslant x \leqslant 1, x \leqslant y \leqslant 2-x^2\}.$$

因此

$$\iint\limits_{D} 6x^2 y^2 \mathrm{d}x\mathrm{d}y = \iint\limits_{D_1} 6x^2 y^2 \mathrm{d}x\mathrm{d}y + \iint\limits_{D_2} 6x^2 y^2 \mathrm{d}x\mathrm{d}y$$

$$= \int_{-1}^{0} \mathrm{d}x \int_{-x}^{2-x^2} 6x^2 y^2 \mathrm{d}y + \int_{0}^{1} \mathrm{d}x \int_{x}^{2-x^2} 6x^2 y^2 \mathrm{d}y$$

$$= \int_{-1}^{0} \left(6x^2 \cdot \frac{1}{3} y^3 \right) \Big|_{-x}^{2-x^2} \mathrm{d}x + \int_{0}^{1} \left(6x^2 \cdot \frac{1}{3} y^3 \right) \Big|_{x}^{2-x^2} \mathrm{d}x$$

$$= \int_{-1}^{0} \left[2x^2 (2-x^2)^3 + 2x^5 \right] \mathrm{d}x + \int_{0}^{1} \left[2x^2 (2-x^2)^3 - 2x^5 \right] \mathrm{d}x$$

$$= \frac{1\,066}{315}.$$

（2）若先对 x 后对 y 积分，同样要把积分区域 D 分成两块小闭区域 D_1,D_2（图 8-12），其中

$$D_1 = \{(x,y) \mid 0 \leqslant y \leqslant 1, -y \leqslant x \leqslant y\},$$
$$D_2 = \{(x,y) \mid 1 \leqslant y \leqslant 2, -\sqrt{2-y} \leqslant x \leqslant \sqrt{2-y}\}.$$

因此

$$\iint\limits_{D} 6x^2 y^2 \mathrm{d}x\mathrm{d}y = \int_{0}^{1} \mathrm{d}y \int_{-y}^{y} 6x^2 y^2 \mathrm{d}x + \int_{1}^{2} \mathrm{d}y \int_{-\sqrt{2-y}}^{\sqrt{2-y}} 6x^2 y^2 \mathrm{d}x$$

$$= \int_{0}^{1} 4y^5 \mathrm{d}y + \int_{1}^{2} 4y^2 (2-y)^{\frac{3}{2}} \mathrm{d}y$$

$$= \frac{4}{6} y^6 \Big|_{0}^{1} + \int_{1}^{0} 4(2-t^2)^2 t^3 (-2t) \mathrm{d}t \quad (\text{令 } t=\sqrt{2-y})$$

$$= \frac{4}{6} + \int_{0}^{1} 8(4t^4 - 4t^6 + t^8) \mathrm{d}t$$

$$= \frac{4}{6} + \frac{32}{5} - \frac{32}{7} + \frac{8}{9}$$

$$= \frac{1\,066}{315}.$$

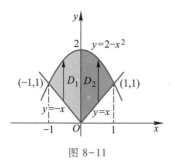

图 8-11

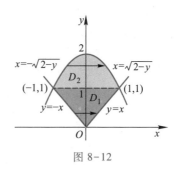

图 8-12

在上述两个例子中,按两种不同积分次序计算,其繁简程度相差不大.但对于有的问题,受积分区域及被积函数的影响,不同的积分次序有时对计算繁简的影响很大,有的甚至最终得不出用初等函数表达的积分结果,因而算不出二重积分.

例 8-8 计算 $\iint\limits_{D} e^{y^2}dxdy$,其中 D 是由直线 $x=0$, $y=1$ 及 $y=x$ 所围成的闭区域.

解 画出积分区域 D 的图,直线 $x=0$, $y=1$ 及 $y=x$ 的交点是 $(1,1)$, $(0,1)$, $(0,0)$.

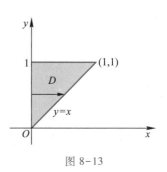

图 8-13

(1) 若先对 x 后对 y 积分,作方向与 x 轴正向相同的箭线(图 8-13),则入口曲线为 $x=0$,出口曲线为 $x=y$,此积分区域可以看成 y 型区域,于是积分区域 D 表示为

$$D = \left\{ (x,y) \mid 0 \leqslant y \leqslant 1, 0 \leqslant x \leqslant y \right\}.$$

故

$$\iint\limits_{D} e^{y^2}dxdy = \int_0^1 dy \int_0^y e^{y^2}dx = \int_0^1 \left(e^{y^2}x \Big|_0^y \right) dy$$

$$= \int_0^1 y e^{y^2}dy = \frac{1}{2}\int_0^1 e^{y^2}dy^2$$

$$= \frac{1}{2}e^{y^2}\Big|_0^1 = \frac{1}{2}(e - 1).$$

(2) 若先对 y 后对 x 积分,作方向与 y 轴正向相同的箭线,则入口曲线是 $y=x$,出口曲线是 $y=1$,此积分区域可以看成 x 型区域,于是积分区域 D 表示为

$$D = \left\{ (x,y) \mid 0 \leqslant x \leqslant 1, x \leqslant y \leqslant 1 \right\}.$$

故

$$\iint\limits_{D} e^{y^2}dxdy = \int_0^1 dx \int_x^1 e^{y^2}dy.$$

但由于积分 $\int_x^1 e^{y^2}dy$ 的原函数不能用初等函数表达出来,因而这个二次积分无法计算.

例 8-9 计算 $\iint\limits_{D} xydxdy$,其中 D 是由 $y=x-4$ 与抛物线 $y^2=2x$ 所围成的闭区域.

解   画出积分区域 D 的图,直线 $y=x-4$ 与抛物线 $y^2=2x$ 的交点为 $(8,4),(2,-2)$.

（1）若先对 x 后对 y 积分,作方向与 x 轴正向相同的箭线（图 8-14）,则入口曲线为 $x=\dfrac{y^2}{2}$,出口曲线为 $x=y+4$,于是 D 表示为

$$D=\left\{(x,y)\ \middle|\ -2\leqslant y\leqslant 4,\frac{y^2}{2}\leqslant x\leqslant y+4\right\}.$$

故

$$\iint\limits_{D}xy\mathrm{d}x\mathrm{d}y=\int_{-2}^{4}\mathrm{d}y\int_{\frac{y^2}{2}}^{y+4}xy\mathrm{d}x=\int_{-2}^{4}y\,\frac{x^2}{2}\,\bigg|_{\frac{y^2}{2}}^{y+4}\mathrm{d}y$$

$$=\frac{1}{2}\int_{-2}^{4}\left(y^3+8y^2+16y-\frac{y^5}{4}\right)\mathrm{d}y=90.$$

（2）若先对 y 后对 x 积分,由于入口曲线由两条曲线组成,所以需要把积分区域 D 分成两小块,$D=D_1\cup D_2$（图 8-15）,其中

$$D_1=\left\{(x,y)\ \middle|\ 0\leqslant x\leqslant 2,-\sqrt{2x}\leqslant y\leqslant\sqrt{2x}\right\},$$

$$D_2=\left\{(x,y)\ \middle|\ 2\leqslant x\leqslant 8,x-4\leqslant y\leqslant\sqrt{2x}\right\}.$$

故

$$\iint\limits_{D}xy\mathrm{d}x\mathrm{d}y=\iint\limits_{D_1}xy\mathrm{d}x\mathrm{d}y+\iint\limits_{D_2}xy\mathrm{d}x\mathrm{d}y$$

$$=\int_{0}^{2}\mathrm{d}x\int_{-\sqrt{2x}}^{\sqrt{2x}}xy\mathrm{d}y+\int_{2}^{8}\mathrm{d}x\int_{x-4}^{\sqrt{2x}}xy\mathrm{d}y$$

$$=\int_{0}^{2}x\cdot\frac{y^2}{2}\,\bigg|_{-\sqrt{2x}}^{\sqrt{2x}}\mathrm{d}x+\int_{2}^{8}x\cdot\frac{y^2}{2}\,\bigg|_{x-4}^{\sqrt{2x}}\mathrm{d}x$$

$$=0+\frac{1}{2}\int_{2}^{8}(-x^3+10x^2-16x)\mathrm{d}x$$

$$=\frac{1}{2}\left(-\frac{x^4}{4}+\frac{10}{3}x^3-8x^2\right)\bigg|_{2}^{8}=90.$$

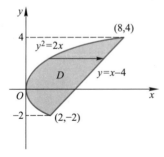

图 8-14

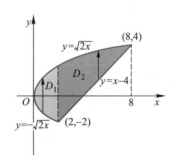

图 8-15

例 8-10 交换下列二次积分的积分次序：

$$I = \int_{-2}^{0} \mathrm{d}x \int_{0}^{\frac{2+x}{2}} f(x,y)\,\mathrm{d}y + \int_{0}^{2} \mathrm{d}x \int_{0}^{\frac{2-x}{2}} f(x,y)\,\mathrm{d}y.$$

解 由已知二次积分知积分区域 D 由两块小区域 D_1，D_2 构成，$D = D_1 \cup D_2$，其中

$$D_1 = \left\{ (x,y) \,\middle|\, -2 \leqslant x \leqslant 0, 0 \leqslant y \leqslant \frac{2+x}{2} \right\},$$

$$D_2 = \left\{ (x,y) \,\middle|\, 0 \leqslant x \leqslant 2, 0 \leqslant y \leqslant \frac{2-x}{2} \right\}.$$

据此画出 D 的草图（图 8-16），交换积分次序：先对 x 后对 y 积分，作方向与 x 轴正向相同的箭线，则入口曲线为 $x = 2y-2$，出口曲线为 $x = 2-2y$，D 表示为

$$D = \{ (x,y) \mid 0 \leqslant y \leqslant 1, 2y-2 \leqslant x \leqslant 2-2y \}.$$

故

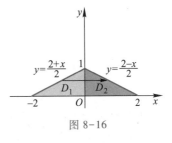

图 8-16

$$I = \int_{0}^{1} \mathrm{d}y \int_{2y-2}^{2-2y} f(x,y)\,\mathrm{d}x.$$

例 8-11 求二次积分 $\displaystyle\int_{0}^{\frac{\pi}{6}} \mathrm{d}y \int_{y}^{\frac{\pi}{6}} \frac{\sin x}{x}\,\mathrm{d}x$.

解 因 $\displaystyle\int \frac{\sin x}{x}\,\mathrm{d}x$ 不能用初等函数表示，故原二次积分无法计算，但可以改变积分次序后再计算. 由已知二次积分可得

$$D = \left\{ (x,y) \,\middle|\, 0 \leqslant y \leqslant \frac{\pi}{6}, y \leqslant x \leqslant \frac{\pi}{6} \right\},$$

据此画出 D 的草图（图 8-17）.交换积分次序：先对 y 后对 x 积分，得

$$D = \left\{ (x,y) \,\middle|\, 0 \leqslant x \leqslant \frac{\pi}{6}, 0 \leqslant y \leqslant x \right\},$$

如图 8-17 所示.故

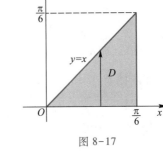

图 8-17

$$\int_{0}^{\frac{\pi}{6}} \mathrm{d}y \int_{y}^{\frac{\pi}{6}} \frac{\sin x}{x}\,\mathrm{d}x = \int_{0}^{\frac{\pi}{6}} \mathrm{d}x \int_{0}^{x} \frac{\sin x}{x}\,\mathrm{d}y = \int_{0}^{\frac{\pi}{6}} \left(\frac{\sin x}{x} y \,\middle|_{0}^{x} \right) \mathrm{d}x$$

$$= \int_{0}^{\frac{\pi}{6}} \sin x\,\mathrm{d}x = -\cos x \,\middle|_{0}^{\frac{\pi}{6}} = 1 - \frac{\sqrt{3}}{2}.$$

例 8-12 证明：

$$\int_0^a \mathrm{d}y \int_0^y \mathrm{e}^{b(x-a)} f(x) \, \mathrm{d}x = \int_0^a (a-x) \mathrm{e}^{b(x-a)} f(x) \, \mathrm{d}x,$$

其中 a, b 均为常数,且 $a > 0$.

证明　左端的二次积分是先对 x 后对 y 积分,由已知可得

$$D = \{(x, y) \mid 0 \leqslant y \leqslant a, 0 \leqslant x \leqslant y\},$$

据此画出 D 的草图(图 8-18).把 D 表示成 x 型区域:

$$D = \{(x, y) \mid 0 \leqslant x \leqslant a, x \leqslant y \leqslant a\},$$

如图 8-18 所示,故

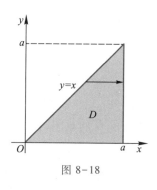

图 8-18

$$\begin{aligned}
\int_0^a \mathrm{d}y \int_0^y \mathrm{e}^{b(x-a)} f(x) \, \mathrm{d}x &= \iint_D \mathrm{e}^{b(x-a)} f(x) \, \mathrm{d}x \mathrm{d}y \\
&= \int_0^a \mathrm{d}x \int_x^a \mathrm{e}^{b(x-a)} f(x) \, \mathrm{d}y \\
&= \int_0^a \mathrm{e}^{b(x-a)} f(x) (y \big|_x^a) \, \mathrm{d}x \\
&= \int_0^a (a-x) \mathrm{e}^{b(x-a)} f(x) \, \mathrm{d}x.
\end{aligned}$$

利用被积函数的奇偶性和积分区域的对称性可简化二重积分的计算:

若 $f(-x, y) = -f(x, y)$,则称 $f(x, y)$ 关于 x 为奇函数.

若 $f(-x, y) = f(x, y)$,则称 $f(x, y)$ 关于 x 为偶函数.

若 $f(x, -y) = -f(x, y)$,则称 $f(x, y)$ 关于 y 为奇函数.

若 $f(x, -y) = f(x, y)$,则称 $f(x, y)$ 关于 y 为偶函数.

若积分区域 D 关于 x 轴对称,而 D_1 是 D 中对应于 $y \geqslant 0$ 的部分,则

$$\iint_D f(x, y) \, \mathrm{d}x \mathrm{d}y = \begin{cases} 2 \iint_{D_1} f(x, y) \, \mathrm{d}x \mathrm{d}y, & f(x, -y) = f(x, y), \\ 0, & f(x, -y) = -f(x, y). \end{cases}$$

若积分区域 D 关于 y 轴对称,而 D_1 是 D 中对应于 $x \geqslant 0$ 的部分,则

$$\iint_D f(x, y) \, \mathrm{d}x \mathrm{d}y = \begin{cases} 2 \iint_{D_1} f(x, y) \, \mathrm{d}x \mathrm{d}y, & f(-x, y) = f(x, y), \\ 0, & f(-x, y) = -f(x, y). \end{cases}$$

若积分区域 D 关于 x 轴和 y 轴都对称,而 D_1 是 D 中对应于 $x \geqslant 0, y \geqslant 0$ 的部分,则

$$\iint_D f(x, y) \, \mathrm{d}x \mathrm{d}y = \begin{cases} 4 \iint_{D_1} f(x, y) \, \mathrm{d}x \mathrm{d}y, & f(-x, y) = f(x, -y) = f(x, y), \\ 0, & f(-x, y) = -f(x, y) \text{ 或 } f(x, -y) = -f(x, y). \end{cases}$$

例 8-13　求二重积分 $\iint_D (xy^2 + \sin(xy)) \, \mathrm{d}x \mathrm{d}y$,其中 D 是由 $y = -x, y = x, x = 1$ 所围成的闭区域.

解　显然积分区域 D 关于 x 轴对称,被积函数 xy^2 关于 y 是偶函数,$\sin(xy)$ 关于 y 是

奇函数,$D_1 = \{(x,y) \mid 0 \le x \le 1, 0 \le y \le x\}$（图 8-19）,则

$$\iint\limits_{D} (xy^2 + \sin(xy)) \mathrm{d}x\mathrm{d}y = \iint\limits_{D} xy^2 \mathrm{d}x\mathrm{d}y + \iint\limits_{D} \sin(xy) \mathrm{d}x\mathrm{d}y$$

$$= 2\iint\limits_{D_1} xy^2 \mathrm{d}x\mathrm{d}y + 0 = 2\int_0^1 \mathrm{d}x \int_0^x xy^2 \mathrm{d}y$$

$$= 2\int_0^1 x \cdot \frac{y^3}{3} \bigg|_0^x \mathrm{d}x = \frac{2}{3}\int_0^1 x^4 \mathrm{d}x = \frac{2}{15}.$$

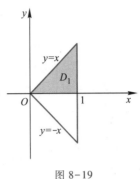

图 8-19

二、极坐标系下二重积分的计算

在定积分的计算中,有的积分利用适当的变量代换可使计算变得简便.在二重积分的计算中,变量代换也可使有的二次积分的积分限容易确定或被积函数变得比较简单.在二重积分中变量代换用得最多的是极坐标变换,由平面解析几何可知,平面上一点的直角坐标 (x,y) 与它的极坐标 (r,θ) 的变换公式为

$$\begin{cases} x = r\cos\theta, \\ y = r\sin\theta. \end{cases}$$

二重积分 $\iint\limits_{D} f(x,y) \mathrm{d}\sigma$ 的被积函数 $f(x,y)$ 在极坐标系下可以写为 $f(r\cos\theta, r\sin\theta)$,剩下的问题就是将面积元素 $\mathrm{d}\sigma$ 化成极坐标系下的面积元素.

设从极点 O 发出且穿过闭区域 D 内部的射线与 D 的边界曲线的交点不多于两点,我们用以极点为圆心的一组同心圆 ($r=$ 常数) 和一组从极点发出的射线 ($\theta=$ 常数) 将闭区域 D 分成 n 个小区域（图 8-20）.将极角分别为 θ 与 $\theta+\Delta\theta$ 的两条射线和半径分别为 r 与 $r+\Delta r$ 的两条圆弧所围成的小区域记为 $\Delta\sigma$,则由扇形面积公式得

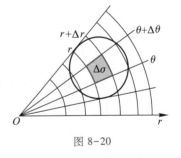

图 8-20

$$\Delta\sigma = \frac{1}{2}(r+\Delta r)^2 \Delta\theta - \frac{1}{2}r^2 \Delta\theta = r\Delta r\Delta\theta + \frac{1}{2}(\Delta r)^2 \Delta\theta,$$

略去高阶无穷小量 $\dfrac{1}{2}(\Delta r)^2 \cdot \Delta\theta$,得

$$\Delta\sigma \approx r\Delta r\Delta\theta.$$

所以**极坐标系下的面积元素**是

$$\mathrm{d}\sigma = r\mathrm{d}r\mathrm{d}\theta.$$

于是得到将直角坐标系下的二重积分变换为极坐标系下的二重积分的公式:

$$\iint\limits_{D} f(x,y)\,\mathrm{d}\sigma = \iint\limits_{D} f(r\cos\theta, r\sin\theta)\,r\mathrm{d}r\mathrm{d}\theta. \tag{8-4}$$

等式右端的积分区域 D 用极坐标表示.

极坐标系下二重积分的计算

在极坐标系下计算二重积分,也要将它化为二次积分,因此关键仍是如何根据积分区域定出积分的上、下限.画出积分区域图形(极坐标表示)后,用两条过极点的射线夹积分区域,由两射线的倾角得到 θ 的上、下限;任意作过极点的半射线与积分区域相交,由穿进点、穿出点的极径得到 r 的上、下限.下面我们按三种情况予以说明.

(1)极点在积分区域 D 之外的情况(图 8-21).

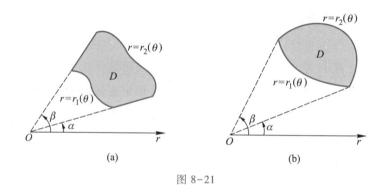

(a)   (b)

图 8-21

设积分区域 D 由曲线 $r=r_1(\theta)$,$r=r_2(\theta)$($r_1(\theta)\leqslant r_2(\theta)$)和射线 $\theta=\alpha$,$\theta=\beta$ 所围成,这时积分区域 D 可表示为

$$\{(r,\theta)\mid \alpha\leqslant\theta\leqslant\beta, r_1(\theta)\leqslant r\leqslant r_2(\theta)\}.$$

于是

$$\iint\limits_{D} f(r\cos\theta, r\sin\theta)\,r\mathrm{d}r\mathrm{d}\theta = \int_{\alpha}^{\beta}\mathrm{d}\theta\int_{r_1(\theta)}^{r_2(\theta)} f(r\cos\theta, r\sin\theta)\,r\mathrm{d}r. \tag{8-5}$$

(2)极点 O 在积分区域 D 边界上的情况(图 8-22).

如果积分区域 D 的边界方程为 $r=r(\theta)$,积分区域

$$D=\{(r,\theta)\mid \alpha\leqslant\theta\leqslant\beta, 0\leqslant r\leqslant r(\theta)\},$$

那么二重积分可化为

$$\iint\limits_{D} f(r\cos\theta, r\sin\theta)\,r\mathrm{d}r\mathrm{d}\theta = \int_{\alpha}^{\beta}\mathrm{d}\theta\int_{0}^{r(\theta)} f(r\cos\theta, r\sin\theta)\,r\mathrm{d}r. \tag{8-6}$$

(3)极点 O 在积分区域 D 内部的情况(图 8-23).

如果积分区域 D 的边界方程为 $r=r(\theta)$,积分区域

$$D=\{(r,\theta)\mid 0\leqslant\theta\leqslant 2\pi, 0\leqslant r\leqslant r(\theta)\},$$

那么二重积分可化为

$$\iint\limits_{D} f(r\cos\theta, r\sin\theta)\,r\mathrm{d}r\mathrm{d}\theta = \int_{0}^{2\pi}\mathrm{d}\theta\int_{0}^{r(\theta)} f(r\cos\theta, r\sin\theta)\,r\mathrm{d}r. \tag{8-7}$$

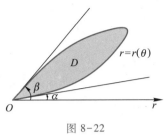

图 8-22

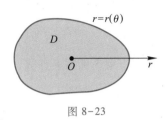

图 8-23

当积分区域 D 是圆域、圆环域、扇形域、扇环域或者积分区域 D 的边界方程用极坐标表示较为简单或者被积函数为 $f(x^2+y^2)$，$f\left(\dfrac{x}{y}\right)$，$f\left(\dfrac{y}{x}\right)$ 等形式时，一般用极坐标计算二重积分较为方便.

例 8-14 计算二重积分 $\iint\limits_{D}\sqrt{x^2+y^2}\mathrm{d}x\mathrm{d}y$，其中 D 是圆 $x^2+y^2=2y$ 所围成的区域.

解 先画出区域 D 的草图（图 8-24），圆 $x^2+y^2=2y$ 的极坐标方程式为 $r=2\sin\theta$，在极坐标系下 D 可表示为

$$D=\{(r,\theta)\mid 0\leqslant\theta\leqslant\pi,0\leqslant r\leqslant 2\sin\theta\}.$$

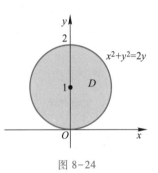

图 8-24

所以

$$\iint\limits_{D}\sqrt{x^2+y^2}\,\mathrm{d}x\mathrm{d}y=\iint\limits_{D}r\,r\mathrm{d}r\mathrm{d}\theta=\int_0^\pi\mathrm{d}\theta\int_0^{2\sin\theta}r^2\mathrm{d}r$$

$$=\int_0^\pi\left(\frac{r^3}{3}\bigg|_0^{2\sin\theta}\right)\mathrm{d}\theta=\frac{8}{3}\int_0^\pi(\cos^2\theta-1)\mathrm{d}(\cos\theta)$$

$$=\frac{8}{3}\left(\frac{1}{3}\cos^3\theta-\cos\theta\right)\bigg|_0^\pi=\frac{32}{9}.$$

例 8-15 计算二重积分 $\iint\limits_{D}\mathrm{e}^{-x^2-y^2}\mathrm{d}\sigma$，其中积分区域 D 是由 $x^2+y^2\leqslant R^2$ 所确定的圆域.

解 画出积分区域 D 的草图（图 8-25），D 在极坐标系下可表示为

$$D=\{(r,\theta)\mid 0\leqslant\theta\leqslant 2\pi,0\leqslant r\leqslant R\}.$$

于是

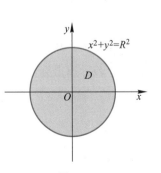

图 8-25

$$\iint\limits_{D}\mathrm{e}^{-x^2-y^2}\mathrm{d}\sigma=\iint\limits_{D}\mathrm{e}^{-r^2}r\mathrm{d}r\mathrm{d}\theta=\int_0^{2\pi}\mathrm{d}\theta\int_0^R\mathrm{e}^{-r^2}r\mathrm{d}r$$

$$= \left(\int_0^{2\pi} \mathrm{d}\theta \right) \cdot \left(\int_0^R e^{-r^2} r \mathrm{d}r \right) = 2\pi \cdot \left(-\frac{1}{2} e^{-r^2} \right) \Big|_0^R$$

$$= \pi (1 - e^{-R^2}).$$

本题若在直角坐标系下计算，由于 $\int e^{-x^2} \mathrm{d}x \left(\text{或} \int e^{-y^2} \mathrm{d}y\right)$ 不能用初等函数表示，故目前无法计算.

例 8-16　计算 $\iint\limits_D \arctan \dfrac{y}{x} \mathrm{d}x\mathrm{d}y$，其中 D 为圆 $x^2+y^2 = 9, x^2+y^2 = 1$ 与直线 $y = x, y = 0$ 所围成的位于第一象限的闭区域.

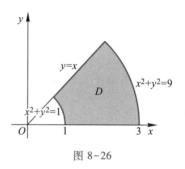

图 8-26

解　先画出积分区域 D 的草图（图 8-26），在极坐标系下，积分区域 D 可表示为

$$D = \left\{ (r,\theta) \mid 0 \leqslant \theta \leqslant \frac{\pi}{4}, 1 \leqslant r \leqslant 3 \right\}.$$

于是

$$\iint\limits_D \arctan \frac{y}{x} \mathrm{d}x\mathrm{d}y = \iint\limits_D \arctan (\tan \theta) r \mathrm{d}r\mathrm{d}\theta = \iint\limits_D \theta r \mathrm{d}r\mathrm{d}\theta = \int_0^{\frac{\pi}{4}} \mathrm{d}\theta \int_1^3 \theta r \mathrm{d}r$$

$$= \left(\frac{1}{2}\theta^2 \right) \Big|_0^{\frac{\pi}{4}} \left(\frac{1}{2}r^2 \right) \Big|_1^3 = \frac{\pi^2}{32} \cdot \frac{8}{2} = \frac{\pi^2}{8}.$$

*三、无界区域上的广义二重积分

定义 8-3　设 $z = f(x,y)$ 为定义在无界区域 D 上的二元函数. 若对于平面上任一包围原点的光滑闭曲线 $r, f(x,y)$ 在 r 所围的有界区域 E_r 与 D 的交集 σ_r（图 8-27）上恒可积，即 $\iint\limits_{\sigma_r} f(x,y) \mathrm{d}x\mathrm{d}y$ 存在，则称

$$\iint\limits_D f(x,y) \mathrm{d}x\mathrm{d}y \tag{8-8}$$

为无界区域 D 上 $f(x,y)$ 的广义二重积分.

以 d_r 表示原点到曲线 r 的距离，即

$$d_r = \min \sqrt{x^2+y^2}, \quad (x,y) \in r.$$

若极限

$$\lim_{d_r \to +\infty} \iint\limits_{\sigma_r} f(x,y) \mathrm{d}x\mathrm{d}y \tag{8-9}$$

存在，则称广义二重积分（8-8）收敛，并以此极限值为广义二重积分（8-8）的积分值. 若极限（8-9）不存在，则称广义二重积分发散.

对无界区域上的二重积分进行实际处理和计算时,定义 8-3 中的"平面上任一包围原点的光滑闭曲线 r",往往取以原点为圆心,R 为半径的圆(图 8-27).

例 8-17 证明 $\iint\limits_{D} e^{-x^2-y^2} dx dy$ 收敛,其中 D 为平面上第一象限部分,即 $D = \{(x,y) \mid 0 \leqslant x < +\infty, 0 \leqslant y < +\infty\}$.

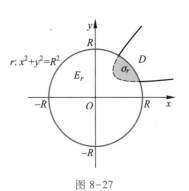

图 8-27

证明 设 D_R 是以原点为圆心,以 R 为半径的圆与 D 的交集,即该圆在第一象限部分.因为 $e^{-x^2-y^2} > 0$,所以二重积分 $\iint\limits_{D_R} e^{-x^2-y^2} dx dy$ 的值随着 R 的增大而增大.由于

$$\iint\limits_{D_R} e^{-x^2-y^2} dx dy = \int_0^{\frac{\pi}{2}} d\theta \int_0^R e^{-r^2} r dr = \frac{\pi}{4}(1 - e^{-R^2}),$$

所以

$$\lim_{R \to +\infty} \iint\limits_{D_R} e^{-x^2-y^2} dx dy = \lim_{R \to +\infty} \frac{\pi}{4}(1 - e^{-R^2}) = \frac{\pi}{4},$$

即

$$\iint\limits_{D} e^{-x^2-y^2} dx dy = \frac{\pi}{4}.$$

故 $\iint\limits_{D} e^{-x^2-y^2} dx dy$ 收敛.

例 8-18 证明:$\int_0^{+\infty} e^{-x^2} dx = \frac{\sqrt{\pi}}{2}$.

证明 考察二重积分 $\iint\limits_{S_a} e^{-x^2-y^2} dx dy$,其中

$$S_a = \{(x,y) \mid 0 \leqslant x \leqslant a, 0 \leqslant y \leqslant a\}.$$

由图 8-28 知 $D_a \subset S_a \subset D_{\sqrt{2}a}$,而 $e^{-x^2-y^2} > 0$,所以

$$\iint\limits_{D_a} e^{-x^2-y^2} dx dy \leqslant \iint\limits_{S_a} e^{-x^2-y^2} dx dy \leqslant \iint\limits_{D_{\sqrt{2}a}} e^{-x^2-y^2} dx dy.$$

由上题知:当 $a \to +\infty$ 时,

$$\lim_{a \to +\infty} \iint\limits_{D_a} e^{-x^2-y^2} dx dy = \lim_{a \to +\infty} \iint\limits_{D_{\sqrt{2}a}} e^{-x^2-y^2} dx dy = \frac{\pi}{4},$$

故

$$\lim_{a \to +\infty} \iint\limits_{S_a} e^{-x^2-y^2} dx dy = \frac{\pi}{4}.$$

又因为

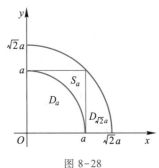

图 8-28

$$\iint\limits_{S_a} e^{-x^2-y^2}\mathrm{d}x\mathrm{d}y = \left(\int_0^a e^{-x^2}\mathrm{d}x\right) \cdot \left(\int_0^a e^{-y^2}\mathrm{d}y\right) = \left(\int_0^a e^{-x^2}\mathrm{d}x\right)^2,$$

所以

$$\lim_{a\to+\infty}\iint\limits_{S_a} e^{-x^2-y^2}\mathrm{d}x\mathrm{d}y = \lim_{a\to+\infty}\left(\int_0^a e^{-x^2}\mathrm{d}x\right)^2 = \frac{\pi}{4}.$$

因此

$$\lim_{a\to+\infty}\int_0^a e^{-x^2}\mathrm{d}x = \frac{\sqrt{\pi}}{2},$$

即

$$\int_0^{+\infty} e^{-x^2}\mathrm{d}x = \frac{\sqrt{\pi}}{2}.$$

例 8-19 证明:$\displaystyle\int_{-\infty}^{+\infty}\frac{1}{\sqrt{2\pi}}e^{-\frac{x^2}{2}}\mathrm{d}x = 1$.

证明 $\displaystyle\int_{-\infty}^{+\infty} e^{-\frac{x^2}{2}}\mathrm{d}x = \int_{-\infty}^0 e^{-\frac{x^2}{2}}\mathrm{d}x + \int_0^{+\infty} e^{-\frac{x^2}{2}}\mathrm{d}x$.

因为

$$\int_{-\infty}^0 e^{-\frac{x^2}{2}}\mathrm{d}x = \int_0^{+\infty}\sqrt{2}e^{-t^2}\mathrm{d}t \quad (\diamondsuit\ x = -\sqrt{2}t)$$

$$= \sqrt{2}\cdot\frac{\sqrt{\pi}}{2} = \frac{\sqrt{2\pi}}{2}.$$

同理

$$\int_0^{+\infty} e^{-\frac{x^2}{2}}\mathrm{d}x = \frac{\sqrt{2\pi}}{2}.$$

所以,$\displaystyle\int_{-\infty}^{+\infty} e^{-\frac{x^2}{2}}\mathrm{d}x = \sqrt{2\pi}$,即

$$\int_{-\infty}^{+\infty}\frac{1}{\sqrt{2\pi}}e^{-\frac{x^2}{2}}\mathrm{d}x = 1.$$

本节小结

本节主要介绍了直角坐标系下和极坐标系下二重积分的计算方法、无界区域上的广义二重积分.如何将二重积分转化为二次积分,是本节的核心内容,在解题时应该注意:

1. 求二重积分时,应该画出积分区域 D 的示意图.

2. 根据积分区域 D 的形状和被积函数的形式选择恰当的坐标系,转化为二次积分时应该选择合适的积分次序.

3. 直角坐标系下,根据 D 的形状选择积分次序,以不分块或少分块(必须分块时)为好;根据被积函数 $f(x,y)$ 选择积分次序,以积分简便或能够进行积分为原则.注意,形如

$\int \dfrac{\sin x}{x} \mathrm{d}x , \int \dfrac{\cos x}{x} \mathrm{d}x , \int \mathrm{e}^{x^2} \mathrm{d}x , \int \sin \dfrac{1}{x} \mathrm{d}x , \int \dfrac{1}{\ln x} \mathrm{d}x$ 等形式的积分虽有意义,但原函数不是初等

函数,因而积不出来.

4. 极坐标系下,二重积分的积分次序通常是"先 r 后 θ".

5. 对于部分二次积分,需要交换积分次序,此时应该根据二次积分的上、下限写出该
次序下积分区域 D 的不等式组,画出积分区域 D 的示意图,再从 D 的图形确定新次序下
积分的上、下限并写出相应的二次积分.

练习 8.2

基础题

1. 判断以下命题是否正确,并说明理由:

若 $f(x,y)$ 在 $D = \{(x,y) \mid a \leqslant x \leqslant b , c \leqslant y \leqslant d\}$ 上的两个二次积分都存在,则它们必定
相等,即

$$\int_a^b \mathrm{d}x \int_c^d f(x,y)\,\mathrm{d}y = \int_c^d \mathrm{d}y \int_a^b f(x,y)\,\mathrm{d}x .$$

2. 交换下列二次积分的积分次序:

(1) $\displaystyle\int_1^2 \mathrm{d}x \int_1^{x^2} f(x,y)\,\mathrm{d}y$; (2) $\displaystyle\int_0^1 \mathrm{d}y \int_y^{\sqrt{y}} f(x,y)\,\mathrm{d}x$;

(3) $\displaystyle\int_1^2 \mathrm{d}y \int_{\frac{1}{y}}^y f(x,y)\,\mathrm{d}x$; (4) $\displaystyle\int_0^1 \mathrm{d}x \int_0^x f(x,y)\,\mathrm{d}y + \int_1^2 \mathrm{d}x \int_0^{2-x} f(x,y)\,\mathrm{d}y$.

3. 计算下列二重积分:

(1) $\displaystyle\iint_D (x^3 + 3x^2 y + y^3)\,\mathrm{d}\sigma$,其中 D 是矩形闭区域 $\{(x,y) \mid 0 \leqslant x \leqslant 1 , 0 \leqslant y \leqslant 1\}$;

(2) $\displaystyle\iint_D \dfrac{y}{(1 + x^2 + y^2)^{3/2}} \mathrm{d}\sigma$,其中 D 是矩形闭区域 $\{(x,y) \mid 0 \leqslant x \leqslant 1 , 0 \leqslant y \leqslant 1\}$;

(3) $\displaystyle\iint_D x \cos(x+y)\,\mathrm{d}\sigma$,其中 D 是三顶点分别为 $(0,0),(\pi,0)$ 和 (π,π) 的三角形闭
区域;

(4) $\displaystyle\iint_D xy^2 \mathrm{d}x\mathrm{d}y$,其中 D 是由 $y^2 = 2px , x = \dfrac{p}{2}(p>0)$ 所围成的闭区域.

4. 将二重积分 $\displaystyle\iint_D f(x,y)\,\mathrm{d}x\mathrm{d}y$ 化为极坐标系下的二次积分,其中

(1) $D = \{(x,y) \mid x^2 + y^2 \leqslant a^2\}$; (2) $D = \{(x,y) \mid x^2 + y^2 \leqslant 2x\}$.

5. 将下列二次积分转化为极坐标系下的二次积分：

（1）$\displaystyle\int_0^R \mathrm{d}x \int_0^{\sqrt{R^2-x^2}} f(x^2+y^2)\,\mathrm{d}y$；　　（2）$\displaystyle\int_0^{2R} \mathrm{d}y \int_0^{\sqrt{2Ry-y^2}} f(x,y)\,\mathrm{d}x$.

6. 利用极坐标计算下列二重积分：

（1）$\displaystyle\iint\limits_D (4-x-y)\,\mathrm{d}\sigma$，其中 $D = \{(x,y)\mid x^2+y^2 \leqslant 4\}$；

（2）$\displaystyle\iint\limits_D \sqrt{\dfrac{1-x^2-y^2}{1+x^2+y^2}}\,\mathrm{d}\sigma$，其中 $D = \{(x,y)\mid x^2+y^2 \leqslant 1, x \geqslant 0, y \geqslant 0\}$；

（3）$\displaystyle\iint\limits_D \ln(1+x^2+y^2)\,\mathrm{d}\sigma$，其中 D 是由圆周 $x^2+y^2=4$ 以及坐标轴所围成的在第一象限的闭区域；

（4）$\displaystyle\iint\limits_D \sin(x^2+y^2)\,\mathrm{d}x\mathrm{d}y$，其中 $D = \{(x,y)\mid \pi^2 \leqslant x^2+y^2 \leqslant 4\pi^2, x \geqslant 0, y \geqslant 0\}$.

提高题

计算下列二重积分：

（1）$\displaystyle\iint\limits_D \sqrt{|y-x^2|}\,\mathrm{d}x\mathrm{d}y$，其中 $D = \{(x,y)\mid |x| \leqslant 1, 0 \leqslant y \leqslant 2\}$；

（2）$\displaystyle\int_0^1 \dfrac{x^b-x^a}{\ln x}\,\mathrm{d}x$，其中 a,b 为常数，$0<a<b$；

（3）$\displaystyle\iint\limits_D \mathrm{e}^{-y^2}\,\mathrm{d}x\mathrm{d}y$，其中 D 为由直线 $y=x$ 与曲线 $y=x^{\frac{1}{3}}$ 所围成的有界闭区域；

（4）$\displaystyle\iint\limits_D (x+y)\operatorname{sgn}(x-y)\,\mathrm{d}x\mathrm{d}y$，其中 $D = \{(x,y)\mid 0 \leqslant x \leqslant 1, 0 \leqslant y \leqslant 1\}$.

*§8.3　二重积分的换元法

前面我们已经学过，对于一些一元函数定积分 $\displaystyle\int_b^a f(x)\,\mathrm{d}x$，可以通过变换 $x=\varphi(t)$，使原积分化难为易，即

$$\int_b^a f(x)\,\mathrm{d}x = \int_\alpha^\beta f(\varphi(t))\varphi'(t)\,\mathrm{d}t.$$

对于二重积分 $\displaystyle\iint\limits_D f(x,y)\,\mathrm{d}x\mathrm{d}y$，也可以通过变换 $x=x(u,v), y=y(u,v)$，使原积分变成

$$\iint\limits_{D} f(x,y)\,\mathrm{d}x\mathrm{d}y = \iint\limits_{D'} f(x(u,v),y(u,v)) \cdot |J(u,v)|\,\mathrm{d}u\mathrm{d}v,$$

其中 D' 是 xOy 平面上的区域 D 经变换 $x=x(u,v),y=y(u,v)$ 变成 $uO'v$ 平面上的相应区域,

$$J(u,v) = \begin{vmatrix} \dfrac{\partial x(u,v)}{\partial u} & \dfrac{\partial x(u,v)}{\partial v} \\[3mm] \dfrac{\partial y(u,v)}{\partial u} & \dfrac{\partial y(u,v)}{\partial v} \end{vmatrix}$$

称为该变换的**雅可比行列式**.这样使得积分区域变得简单或者把积分函数化简,以达到二重积分计算化繁为简的目的.

下面用定理来严格表述(定理的证明略).

定理 8-3 设函数 $f(x,y)$ 在闭区域 D 上连续,变换 $x=x(u,v),y=y(u,v)$ 把 xOy 平面上的闭区域 D 变成 $uO'v$ 平面上的闭区域 D',并使 D 与 D' 之间的点一一对应,其中 $x=x(u,v),y=y(u,v)$ 在 D' 上具有一阶连续偏导数且 $J(u,v)\neq0$,则

$$\iint\limits_{D} f(x,y)\,\mathrm{d}x\mathrm{d}y = \iint\limits_{D'} f(x(u,v),y(u,v)) \cdot |J(u,v)|\,\mathrm{d}u\mathrm{d}v, \tag{8-10}$$

其中 $|J(u,v)|$ 为雅可比行列式的绝对值.

公式(8-10)称为**二重积分的换元公式**.显然,前面所讲的极坐标系下二重积分的计算公式是该公式的特例.

因为变换为 $x=r\cos\theta,y=r\sin\theta$,所以

$$J(r,\theta) = \begin{vmatrix} \dfrac{\partial x}{\partial r} & \dfrac{\partial x}{\partial \theta} \\[3mm] \dfrac{\partial y}{\partial r} & \dfrac{\partial y}{\partial \theta} \end{vmatrix} = \begin{vmatrix} \cos\theta & -r\sin\theta \\[2mm] \sin\theta & r\cos\theta \end{vmatrix} = r.$$

于是

$$\iint\limits_{D} f(x,y)\,\mathrm{d}x\mathrm{d}y = \iint\limits_{D} f(r\cos\theta,r\sin\theta)r\,\mathrm{d}r\mathrm{d}\theta.$$

例 8-20 求二重积分 $\displaystyle\iint\limits_{D} \cos\dfrac{y-x}{x+y}\,\mathrm{d}x\mathrm{d}y$,其中 D 是由 $x=0,y=0,x+y=1$ 所围成的闭区域.

解 先画出积分区域 D 的草图(图 8-29),为了简化被积函数,令 $u=y-x,v=x+y$,为此作变换

$$x = \frac{1}{2}(v-u), \quad y = \frac{1}{2}(u+v),$$

有

$$J = \begin{vmatrix} -\dfrac{1}{2} & \dfrac{1}{2} \\[2mm] \dfrac{1}{2} & \dfrac{1}{2} \end{vmatrix} = -\frac{1}{2}.$$

在此变换下,xOy 平面上的区域 D 对应到 $uO'v$ 平面上的区域 D',D' 由直线 $u=v,u=-v$,$v=1$所围成,如图 8-30 所示,于是

$$D' = \{(u,v) \mid 0 \leqslant v \leqslant 1, -v \leqslant u \leqslant v\}.$$

因此

$$\iint_D \cos\frac{y-x}{x+y} \mathrm{d}x\mathrm{d}y = \iint_{D'} \cos\frac{u}{v} \cdot \left| -\frac{1}{2} \right| \mathrm{d}u\mathrm{d}v = \frac{1}{2}\int_0^1 \mathrm{d}v \int_{-v}^{v} \cos\frac{u}{v}\mathrm{d}u$$

$$= \frac{1}{2}\int_0^1 v\left(\sin\frac{u}{v} \Big|_{-v}^{v} \right) \mathrm{d}v = \sin 1 \int_0^1 v\mathrm{d}v = \frac{1}{2}\sin 1.$$

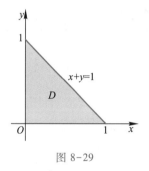

图 8-29

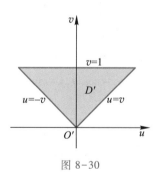

图 8-30

例 8-21　用二重积分求由抛物线 $y^2 = mx, y^2 = nx(0<m<n)$ 及两条直线 $y=ax, y=bx$ $(0<a<b)$ 所围成的闭区域 D 的面积 S.

解　先画出积分区域 D 的图形(图 8-31),D 的面积 S 为二重积分 $\iint_D \mathrm{d}x\mathrm{d}y$ 的值. 为了简化积分区域,令 $u = \dfrac{y^2}{x}, v = \dfrac{y}{x}$,作变换 $x = \dfrac{u}{v^2}, y = \dfrac{u}{v}$,把 xOy 平面上的区域 D 对应到 $uO'v$ 平面上的矩形区域 D'(图 8-32):

$$D' = \{(u,v) \mid a \leqslant v \leqslant b, m \leqslant u \leqslant n\}.$$

由于

$$J(u,v) = \begin{vmatrix} \dfrac{1}{v^2} & -\dfrac{2u}{v^3} \\ \dfrac{1}{v} & -\dfrac{u}{v^2} \end{vmatrix} = \dfrac{u}{v^4},$$

所以

$$S = \iint\limits_{D} dxdy = \iint\limits_{D'} \left| \dfrac{u}{v^4} \right| dudv = \left(\int_a^b \dfrac{1}{v^4} dv \right) \cdot \left(\int_m^n u du \right) = \dfrac{(n^2 - m^2)(b^3 - a^3)}{6a^3 b^3}.$$

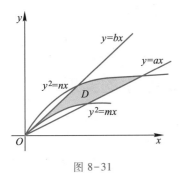

图 8-31

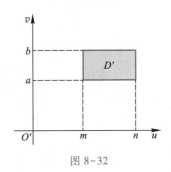

图 8-32

本节小结

本节主要介绍了二重积分的一般换元法,使一些二重积分计算化繁为简.注意:

1. 该部分内容需要有关雅可比行列式的相关知识,可不作为考试重点.

2. 在作换元时通常作线性变换,雅可比行列式是常数;一般情况下作变换进行换元,雅可比行列式要使被积函数易积分,从而简化运算.

练习 8.3

基础题

1. 用换元法计算:

(1) $\iint\limits_{D}(x + y)dxdy$,其中 $D = \{(x,y) \mid x^2 + y^2 \leqslant x + y\}$;

(2) $\iint\limits_{D}(x^2 + y^2)dxdy$,其中 $D = \left\{(x,y) \mid \dfrac{x^2}{a^2} + \dfrac{y^2}{b^2} \leqslant 1, a > 0, b > 0\right\}$.

2. 用二重积分求由直线 $x+y = m, x+y = n(0<m<n)$,$y = ax, y = bx(0<a<b)$ 所围成的闭区

域 D 的面积 S.

提高题

1. 求 $\iint\limits_{D} \mathrm{e}^{\frac{y}{x+y}} \mathrm{d}x\mathrm{d}y$，其中 $D = \{(x,y) \mid x + y \leqslant 1, x \geqslant 0, y \geqslant 0\}$.

2. 求 $\iint\limits_{D} \dfrac{1}{(x^2 + y^2)^2} \mathrm{d}x\mathrm{d}y$，其中 D 是 $x^2 + y^2 = 2x$ 内 $x \geqslant 1$ 的部分.

§8.4　二重积分在 MATLAB 中的实现

　　MATLAB 提供了两种方法计算二重积分:符号计算和数值计算.符号计算是求矩形区域的二重积分,利用 MATLAB 命令 int 计算两次定积分,调用格式为 int(int(f,a,b),c,d),其中 f 是符号表达式,变量的取值范围是 a≤x≤b,c≤y≤d.符号计算的结果往往是符号,如果要求其值,需要调用函数 vpa(I,n),得到具有 n 位有效数字 I 的近似值.数值计算可以调用 MATLAB 内部函数 dblquad 和 quad2d.dblquad 函数是求矩形区域上二重积分的数值估计,调用格式为 dblquad(fun,a,b,c,d),其中 fun 是函数表达式,变量的取值范围是 a≤x≤b,c≤y≤d;quad2d 函数是求平面区域上二重积分的数值估计,调用格式为 quad2d(fun,a,b,c,d),其中 fun 是函数表达式,变量的取值范围是 a≤x≤b,c(x)≤y≤d(x).

　　1. 求二重积分 $I = \iint\limits_{\Omega} x^2 \sin y \, \mathrm{d}x\mathrm{d}y$,其中区域 Ω 是由直线 $x = 0, x = 1, y = 1, y = 2$ 所围成的闭区域.

　　解　方法一　调用 MATLAB 命令 int,在命令行窗口输入以下代码:

```
syms x y
f=x^2*sin(y);
I=int(int(f,0,1),1,2);
I=cos(1)/3-cos(2)/3;
I=vpa(I,4);
I=0.3188;
```

　　方法二　调用 MATLAB 命令 dblquad,在命令行窗口输入以下代码:

```
fun=@(x,y)x.^2.*sin(y);
I=dblquad(fun,0,1,1,2);
I=0.3188;
```

　　方法三　调用 MATLAB 命令 quad2d,在命令行窗口输入以下代码:

```
fun=@(x,y)x.^2.*sin(y);
I=quad2d(fun,0,1,1,2);
I=0.3188;
```

2. 求二重积分 $I = \iint\limits_{\Omega} x^2 y \mathrm{d}x\mathrm{d}y$，其中区域 Ω 是由抛物线 $y = x^2$ 和 $x = y^2$ 所围成的闭区域.

解 根据区域 Ω 的特点把二重积分化为二次积分，得 $I = \int_0^1 \mathrm{d}x \int_{x^2}^{\sqrt{x}} x^2 y \mathrm{d}y$，在命令行窗口输入以下代码：

```
fun=@(x,y)x.^2.*y;
c=@(x)x.^2;d=@(x)sqrt(x);
I=quad2d(fun,0,1,c,d);
I=0.0536;
```

思维导图

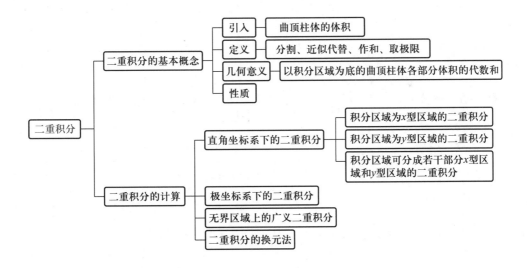

习题八

1. 填空题：

（1）设 D 是第二象限内的一个有界闭区域，且 $0 < y < 1$，记

$$I_1 = \iint\limits_{D} y x^3 \mathrm{d}\sigma, \quad I_2 = \iint\limits_{D} y^2 x^3 \mathrm{d}\sigma, \quad I_3 = \iint\limits_{D} y^{\frac{1}{2}} x^3 \mathrm{d}\sigma,$$

则 I_1, I_2, I_3 的大小顺序为_____；

（2）若 D 是由直线 $x+y=1$ 与两坐标轴所围成的三角形闭区域，且 $\iint\limits_{D}f(x)\mathrm{d}x\mathrm{d}y = \int_{0}^{1}\varphi(x)\mathrm{d}x$，则 $\varphi(x) =$ _____；

（3）设 D 是由 $y=kx(k>0),y=0,x=1$ 所围成的有界闭区域，且 $\iint\limits_{D}xy^{2}\mathrm{d}x\mathrm{d}y = \dfrac{1}{15}$，则 $k =$ _____；

（4）设 $\int_{0}^{a}\mathrm{d}y\int_{-\sqrt{a^{2}-y^{2}}}^{\sqrt{a^{2}-y^{2}}}f(x,y)\mathrm{d}x = \int_{-a}^{a}\mathrm{d}x\int_{0}^{\varphi(x)}f(x,y)\mathrm{d}y\quad(a>0)$，则 $\varphi(x) =$ _____；

（5）设 $D=\{(x,y)\mid |x|+|y|\leqslant 1,x\geqslant 0\}$，按先对 y 后对 x 的积分次序写二次积分：$\iint\limits_{D}(|x|+|y|)\mathrm{d}x\mathrm{d}y =$ _____（结果中被积函数不含绝对值符号）；

（6）若 $\int_{0}^{1}\mathrm{d}x\int_{x^{2}}^{x^{3}}f(x,y)\mathrm{d}y = \int_{0}^{1}\mathrm{d}y\int_{\varphi_{1}(y)}^{\varphi_{2}(y)}f(x,y)\mathrm{d}x$，则 $(\varphi_{1}(y),\varphi_{2}(y)) =$ _____；

（7）若 $D=\{(x,y)\mid x^{2}+y^{2}\leqslant a^{2}\}\ (a>0)$，$\iint\limits_{D}\sqrt{a^{2}-x^{2}-y^{2}}\mathrm{d}x\mathrm{d}y = \pi$，则 $a =$ _____；

（8）已知 $F(t)=\iint\limits_{D}f(x^{2}+y^{2})\mathrm{d}x\mathrm{d}y$，其中 $D=\{(x,y)\mid x^{2}+y^{2}\leqslant t^{2}\}\ (t>0)$，则 $F'(t) =$ _____.

2. 选择题：

（1）估计积分 $I = \iint\limits_{|x|+|y|\leqslant 10}\dfrac{1}{100+\cos^{2}x+\cos^{2}y}\mathrm{d}x\mathrm{d}y$ 的值，下列说法正确的是（   　）；

A. $\dfrac{1}{2}<I<1.04$ B. $1.04<I<1.96$

C. $1.96<I<2$ D. $2<I<2.14$

（2）设区域 $D_{1}=\{(x,y)\mid -1\leqslant x\leqslant 1,-2\leqslant y\leqslant 2\}$，$D_{2}=\{(x,y)\mid 0\leqslant x\leqslant 1,0\leqslant y\leqslant 2\}$，又 $I_{1}=\iint\limits_{D_{1}}(x^{2}+y^{2})^{3}\mathrm{d}\sigma,I_{2}=\iint\limits_{D_{2}}(x^{2}+y^{2})^{3}\mathrm{d}\sigma$，下列说法正确的是（   　）；

A. $I_{1}>4I_{2}$ B. $I_{1}<4I_{2}$ C. $I_{1}=4I_{2}$ D. $I_{1}=2I_{2}$

（3）设 $D=\{(x,y)\mid x^{2}+y^{2}\leqslant 1,x\geqslant 0,y\geqslant 0\}$，则 $\iint\limits_{D}xy\mathrm{d}x\mathrm{d}y = $（   　）；

A. $\int_{0}^{1}\mathrm{d}x\int_{0}^{\sqrt{1-y^{2}}}xy\mathrm{d}y$ B. $\int_{0}^{\sqrt{1-y^{2}}}\mathrm{d}x\int_{0}^{\sqrt{1-x^{2}}}xy\mathrm{d}y$

C. $\int_{0}^{1}\mathrm{d}x\int_{0}^{\sqrt{1-x^{2}}}xy\mathrm{d}y$ D. $\int_{0}^{1}\mathrm{d}x\int_{0}^{1}xy\mathrm{d}y$

（4）$\int_{0}^{\frac{\pi}{2}}\mathrm{d}\theta\int_{0}^{\cos\theta}f(r\cos\theta,r\sin\theta)r\mathrm{d}r = $（   　）；

A. $\int_0^1 dx \int_0^1 f(x,y) dy$　　　　　　　　B. $\int_0^1 dy \int_0^{\sqrt{1-y^2}} f(x,y) dx$

C. $\int_0^1 dx \int_0^{\sqrt{x-x^2}} f(x,y) dy$　　　　　D. $\int_0^1 dy \int_0^{\sqrt{y-y^2}} f(x,y) dx$

（5）设 $f(x,y)$ 是所给积分区域上的连续函数，则下列等式成立的是（　　　）；

A. $\int_a^b dx \int_c^d f(x,y) dy = \int_c^d dx \int_a^b f(x,y) dy$

B. $\int_a^b dx \int_c^d f(x,y) dy = \int_c^d dy \int_a^b f(x,y) dx$

C. $\int_a^b dx \int_{\varphi(x)}^{g(x)} f(x,y) dy = \int_{\varphi(x)}^{g(x)} dy \int_a^b f(x,y) dx$

D. $\int_a^b dx \int_{\varphi(x)}^{g(x)} f(x,y) dy = \int_a^b dy \int_{\varphi(x)}^{g(x)} f(x,y) dx$

（6）$\int_0^1 dx \int_0^{1-x} f(x,y) dy = （　　　）$；

A. $\int_0^{1-x} dy \int_0^1 f(x,y) dx$　　　　　　B. $\int_0^1 dy \int_0^{1-x} f(x,y) dx$

C. $\int_0^1 dy \int_0^1 f(x,y) dx$　　　　　　　D. $\int_0^1 dy \int_0^{1-y} f(x,y) dx$

（7）圆 $r=1$ 之外和圆 $r=\dfrac{2}{\sqrt{3}}\cos\theta$ 之内的公共部分的面积 $S=（　　　）$；

A. $\int_0^{\frac{\pi}{6}} d\theta \int_0^{\frac{2}{\sqrt{3}}\cos\theta} r dr$　　　　　　　B. $\int_0^{\frac{\pi}{6}} d\theta \int_1^{\frac{2}{\sqrt{3}}\cos\theta} r dr$

C. $2\int_0^{\frac{\pi}{6}} d\theta \int_1^{\frac{2}{\sqrt{3}}\cos\theta} r dr$　　　　　D. $2\int_0^{\frac{\pi}{6}} d\theta \int_0^{\frac{2}{\sqrt{3}}\cos\theta} r dr$

（8）当 D 是由（　　　）所围成的区域时，$\iint\limits_D dx dy = 1$；

A. $x=0,y=0$ 及 $2x+y-2=0$　　　　B. $x=1,x=2$ 及 $y=3,y=4$

C. $|x|=\dfrac{1}{2},|y|=\dfrac{1}{2}$　　　　　　　D. $|x+y|=1,|x-y|=1$

（9）下列结论中不成立的是（　　　）；

A. $d\iint\limits_D f(x,y) dx dy = 0$　　　　　　B. $\dfrac{\partial}{\partial x}\iint\limits_D f(x,y) dx dy = 0$

C. $\dfrac{\partial}{\partial y}\iint\limits_D f(x,y) dx dy = 0$　　　　D. $\dfrac{\partial}{\partial x}\int_0^1 dv \int_0^1 f(u,v) du = \int_0^1 f(u,x) du$

（10）设 $f(x,y)=f_1(x)f_2(y)$ 且 $F_1'(x)=f_1(x)$，$F_2'(y)=f_2(y)$，则 $\int_0^1 dx \int_0^1 f(x,y) dy =$
（　　　）；

A. $f(1,1)-f(0,0)$

B. $F_1(1) \cdot F_2(1)-F_1(0) \cdot F_2(0)$

C. $\displaystyle\int_0^1 f_1(x)\,\mathrm{d}x \cdot \int_0^1 f_2(y)\,\mathrm{d}y$

D. $F_1(1)\cdot F_2(1)-F_1(0)\cdot F_2(1)-F_1(1)\cdot F_2(0)+F_1(0)\cdot F_2(0)$

(11) $\displaystyle\int_0^1 \mathrm{d}x \int_0^x f(x,y)\,\mathrm{d}y = ($ 　　$)$；

A. $\displaystyle\int_0^1 \mathrm{d}y \int_0^x f(x,y)\,\mathrm{d}x$ 　　　　　　　　B. $\displaystyle\int_0^1 \mathrm{d}y \int_x^0 f(x,y)\,\mathrm{d}x$

C. $\displaystyle\int_0^1 \mathrm{d}y \int_y^1 f(x,y)\,\mathrm{d}x$ 　　　　　　　　D. $\displaystyle\int_0^x \mathrm{d}x \int_0^1 f(x,y)\,\mathrm{d}y$

(12) 设 $D=\{(x,y)\mid 1\leqslant x^2+y^2\leqslant 4\}$，则 $\displaystyle\iint_D \mathrm{d}x\mathrm{d}y = ($ 　　$)$；

A. π 　　　　　　B. 3π 　　　　　　C. 4π 　　　　　　D. 15π

(13) 设 $D=D_1\cup D_2$，而 D_1 是以 $(0,0),(2,1),(2,0)$ 为顶点的三角形闭区域，D_2 是以 $(0,0),(2,0),(2,-1)$ 为顶点的三角形闭区域，则 $\displaystyle\iint_D f(x,y)\,\mathrm{d}x\mathrm{d}y = ($ 　　$)$；

A. 0 　　　　　　　　　　　　　B. $\displaystyle\iint_{D_1} f(x,y)\,\mathrm{d}x\mathrm{d}y + \iint_{D_2} f(x,y)\,\mathrm{d}x\mathrm{d}y$

C. $\displaystyle\iint_{D_2} f(x,y)\,\mathrm{d}x\mathrm{d}y$ 　　　　　　D. $\displaystyle\iint_{D_1} f(x,y)\,\mathrm{d}x\mathrm{d}y$

(14) 若 D 是以 $(1,1),(-1,1),(-1,-1)$ 为顶点的三角形闭区域，D_1 是 D 在第一象限部分，则 $\displaystyle\iint_D (xy + \cos x\sin y)\,\mathrm{d}x\mathrm{d}y = ($ 　　$)$；

A. $2\displaystyle\iint_{D_1} \cos x\sin y\,\mathrm{d}x\mathrm{d}y$ 　　　　　　B. $2\displaystyle\iint_{D_1} xy\,\mathrm{d}x\mathrm{d}y$

C. $4\displaystyle\iint_{D_1} (xy + \cos x\sin y)\,\mathrm{d}x\mathrm{d}y$ 　　　　D. $4\displaystyle\iint_{D_1} \cos x\sin y\,\mathrm{d}x\mathrm{d}y$

(15) 若已知 $\displaystyle\int_0^\pi \mathrm{d}x \int_0^\pi xf(y)\,\mathrm{d}y = 1$，则 $\displaystyle\int_0^\pi f(x)\,\mathrm{d}x = ($ 　　$)$；

A. $\dfrac{1}{\pi}$ 　　　　　　B. $\dfrac{1}{\pi^2}$ 　　　　　　C. $\dfrac{2}{\pi^2}$ 　　　　　　D. 不能确定

(16) 设平面区域 $D=\{(x,y)\mid x^2+y^2\leqslant 1,y\geqslant 0\}$，且 $I=\displaystyle\iint_D f(\sqrt{x^2+y^2})\,\mathrm{d}x\mathrm{d}y$ 的被积函数在 D 上连续，则在极坐标系下 $I=($ 　　$)$；

A. $\pi\displaystyle\int_0^1 rf(r)\,\mathrm{d}r$ 　　　　　　　　B. $2\pi\displaystyle\int_0^1 rf(r)\,\mathrm{d}r$

C. $2\pi\displaystyle\int_0^1 f(r)\,\mathrm{d}r$ 　　　　　　　　D. $\pi\displaystyle\int_0^1 f(r)\,\mathrm{d}r$

(17) 若 $D=\{(x,y)\mid x\leqslant y\leqslant \sqrt{2x-x^2}\}$，则在极坐标系下 $\displaystyle\iint_D f(x,y)\,\mathrm{d}x\mathrm{d}y = ($ 　　$)$；

A. $\displaystyle\int_0^{\frac{\pi}{4}} \mathrm{d}\theta \int_0^1 f(r\cos\theta,r\sin\theta)r\,\mathrm{d}r$ 　　　　B. $\displaystyle\int_{\frac{\pi}{4}}^{\frac{\pi}{2}} \mathrm{d}\theta \int_0^1 f(r\cos\theta,r\sin\theta)r\,\mathrm{d}r$

C. $\int_0^{\frac{\pi}{4}}d\theta\int_0^{2\cos\theta}f(r\cos\theta,r\sin\theta)rdr$ \qquad D. $\int_{\frac{\pi}{4}}^{\frac{\pi}{2}}d\theta\int_0^{2\cos\theta}f(r\cos\theta,r\sin\theta)rdr$

（18）二重积分 I 在极坐标系下为 $I=\int_0^\pi d\theta\int_0^1 f(r\cos\theta,r\sin\theta)rdr$，则在直角坐标系下 $I=(\quad)$；

A. $\int_0^1 dx\int_0^{\sqrt{1-x^2}}f(x,y)dy$ \qquad B. $2\int_0^1 dx\int_0^{\sqrt{1-x^2}}f(x,y)dy$

C. $\int_{-1}^1 dx\int_0^{\sqrt{1-x^2}}f(x,y)dy$ \qquad D. $\int_0^1 dy\int_0^{\sqrt{1-y^2}}f(x,y)dx$

（19）设 $I_1=\iint_D[\ln(x+y)]^3d\sigma,I_2=\iint_D(x+y)^3d\sigma,I_3=\iint_D\sin^3(x+y)d\sigma$，其中 D 是由 $x=0,y=0,x+y=\frac{1}{2}$ 与 $x+y=1$ 所围成的闭区域，则（ \quad ）；

A. $I_1<I_2<I_3$ \qquad B. $I_3<I_2<I_1$

C. $I_1<I_3<I_2$ \qquad D. $I_3<I_1<I_2$

（20）设 $f(x,y)=\dfrac{\sin x}{x}$，则 $f(x,y)$ 在由 $y=0,y=x$ 及 $x=1$ 所围成的平面闭区域 D 上的平均值为（ \quad ）.

A. $2-2\cos 1$ \qquad B. $1-\sin 1$ \qquad C. $\cos 1-1$ \qquad D. 1

3. 利用二重积分性质估计下列积分值：

（1）$I=\iint_D(x^2+4y^2+9)d\sigma$，其中 $D=\{(x,y)\mid x^2+y^2\leqslant 4\}$；

（2）$I=\iint_D\ln(x^2+y^2)d\sigma$，其中 $D=\left\{(x,y)\mid\dfrac{1}{e}\leqslant x^2+y^2\leqslant 1\right\}$；

（3）$I=\iint_D\sin^2 x\sin^2 y d\sigma$，其中 $D=\{(x,y)\mid 0\leqslant x\leqslant\pi,0\leqslant y\leqslant\pi\}$.

4. 化二重积分 $\iint_D f(x,y)d\sigma$ 为二次积分（两种积分次序都要），其中

（1）$D=\{(x,y)\mid|x|\leqslant 1,|y|\leqslant 1\}$；

（2）D 是由 $x=0,y=1$ 及 $y=x$ 所围成的闭区域；

（3）D 是由 $y=0,y=\ln x$ 及 $x=e$ 所围成的闭区域.

5. 交换下列二次积分次序：

（1）$\int_0^{\frac{1}{2}}dx\int_x^{1-x}f(x,y)dy$；

（2）$\int_0^1 dx\int_0^{\sqrt{2x-x^2}}f(x,y)dy+\int_1^2 dx\int_0^{2-x}f(x,y)dy$；

（3）$\int_0^2 dx\int_0^{\frac{1}{2}x^2}f(x,y)dy+\int_2^{2\sqrt{2}}dx\int_0^{\sqrt{8-x^2}}f(x,y)dy$；

(4) $\int_0^1 dx \int_{\sqrt{x-x^2}}^{\sqrt{x}} f(x,y) dy$.

6. 计算下列二重积分：

(1) $\iint\limits_D (x + 6y) dxdy$，其中 D 是由 $y=x, y=5x$ 及 $x=1$ 所围成的闭区域；

(2) $\iint\limits_D e^{x+y} d\sigma$，其中 D 是由 $|x|+|y| \leqslant 1$ 所确定的闭区域；

(3) $\iint\limits_D (x^2 + y^2 - x) d\sigma$，其中 D 是由直线 $y=2, y=x$ 及 $y=2x$ 所围成的闭区域；

(4) $\iint\limits_D x^2 e^{-y^2} dxdy$，其中 D 是由直线 $y=x, y=1$ 及 y 轴所围成的闭区域；

(5) $\iint\limits_D \dfrac{\cos x}{x} dxdy$，其中 D 是由曲线 $y=x^2$ 与直线 $y=x$ 所围成的闭区域.

7. 将下列二重积分 $\iint\limits_D f(x,y) dxdy$ 化为极坐标系下的二次积分，其中

(1) $D = \{(x,y) \mid 1 \leqslant x^2+y^2 \leqslant 4\}$；　　　(2) $D = \{(x,y) \mid (x-1)^2+(y-1)^2 \leqslant 1\}$.

8. 将下列二次积分化为极坐标系下的二次积分：

(1) $\int_0^2 dx \int_x^{\sqrt{3}x} f\left(\sqrt{x^2 + y^2}\right) dy$；　　　(2) $\int_0^1 dx \int_0^{x^2} f(x,y) dy$.

9. 利用极坐标计算下列二重积分：

(1) $\iint\limits_D \sqrt{x} dxdy$，其中 $D = \{(x,y) \mid x^2 + y^2 \leqslant x\}$；

(2) $\iint\limits_D (x^2 + y^2)^{-\frac{1}{2}} dxdy$，其中 D 是由 $y=x$ 与 $y=x^2$ 所围成的闭区域.

10. 利用适当的坐标系计算下列二重积分：

(1) $\iint\limits_D \dfrac{x^2}{y^2} d\sigma$，其中 D 是由直线 $x=2, y=x$ 及曲线 $xy=1$ 所围成的闭区域；

(2) $\iint\limits_D (x^2 + y^2) d\sigma$，其中 D 是由直线 $y=x, y=x+a, y=a, y=3a\,(a>0)$ 所围成的闭区域；

(3) $\iint\limits_D \sqrt{R^2 - x^2 - y^2} d\sigma$，其中 D 是由圆周 $x^2+y^2=Rx$ 所围成的闭区域.

11. 用二重积分求由 $x=4y-y^2$ 及 $x+y=4$ 所围成的平面图形的面积.

12. 计算 $I = \int_0^1 dy \int_y^1 e^{x^2} dx$.

13. 求由曲面 $z=x^2+y^2$、三坐标平面和平面 $x+y=1$ 所围成的立体体积.

14. 计算 $I = \int_0^1 \dfrac{x^b - x^a}{\ln x} dx\,(a > 0, b > 0)$.

15. 设 $f(x,y)$ 连续，且 $f(x,y) = xy + \iint\limits_D f(u,v) dudv$，其中 D 是由 $y=0, y=x^2, x=1$ 所围

成的闭区域,求 $f(x,y)$.

16. 计算 $I = \iint\limits_{D} |y - x^2| \mathrm{d}x\mathrm{d}y$, 其中 $D = \{(x,y) \mid |x| \leqslant 1, 0 \leqslant y \leqslant 2\}$.

17. 计算 $I = \iint\limits_{D} |\sin(x+y)| \mathrm{d}x\mathrm{d}y$, 其中 $D = \{(x,y) \mid 0 \leqslant x \leqslant \pi, 0 \leqslant y \leqslant \pi\}$.

18. 计算 $I = \iint\limits_{D} \mathrm{e}^{\frac{y}{x+y}} \mathrm{d}x\mathrm{d}y$, 其中 D 是由 $y=0, x=0, x+y=1$ 所围成的闭区域.

19. 计算 $\displaystyle\int_1^2 \mathrm{d}x \int_{\sqrt{x}}^x \sin\frac{\pi x}{2y} \mathrm{d}y + \int_2^4 \mathrm{d}x \int_{\sqrt{x}}^2 \sin\frac{\pi x}{2y} \mathrm{d}y$.

20. 计算 $\iint\limits_{D} |x - y| \mathrm{d}x\mathrm{d}y$, 其中 D 是由 $x^2+y^2 \leqslant 1$ 所围成的闭区域.

21. 计算二重积分 $\iint\limits_{D} y\mathrm{d}x\mathrm{d}y$, 其中 D 是由直线 $x=-2, y=0, y=2$ 以及曲线 $x = -\sqrt{2y-y^2}$ 所围成的闭区域.

22. 计算二重积分 $\iint\limits_{D} (x+y) \mathrm{d}x\mathrm{d}y$, 其中 $D = \{(x,y) \mid x^2+y^2 \leqslant x+y+1\}$.

23. 设 D 是由 $y=x^3, y=1, x=-1$ 所围成的平面区域, $f(u)$ 连续, 计算 $I = \iint\limits_{D} x(1 + yf(x^2 + y^2))\mathrm{d}x\mathrm{d}y$.

24. 计算 $I = \iint\limits_{D} \sin x \sin y \cdot \max(x,y) \mathrm{d}x\mathrm{d}y$, 其中 $D = \{(x,y) \mid 0 \leqslant x \leqslant \pi, 0 \leqslant y \leqslant \pi\}$.

25. 已知函数 $f(x,y)$ 在 D 上连续, 且 $f(0,0) = 0$, 求 $\displaystyle\lim_{r \to 0^+} \frac{1}{\pi r^2} \iint\limits_{D} f(x,y) \mathrm{d}x\mathrm{d}y$, 其中 $D = \{(x,y) \mid x^2+y^2 \leqslant r^2\}$.

26. 求极限 $\displaystyle\lim_{x \to 0^+} \frac{\displaystyle\int_0^{\frac{x}{2}} \mathrm{d}t \int_{\frac{x}{2}}^t \mathrm{e}^{-(t-u)^2} \mathrm{d}u}{1 - \mathrm{e}^{-\frac{x^2}{4}}}$.

27. 设 $f(x)$ 在 $[a,b]$ 上连续, 且 $f(x) > 0$, 证明: $\displaystyle\int_a^b f(x) \mathrm{d}x \int_a^b \frac{\mathrm{d}x}{f(x)} \geqslant (b-a)^2$.

28. 证明: 若 $f(x), g(x)$ 在 $[a,b]$ 上连续, 则

$$\left(\int_a^b f(x)g(x) \mathrm{d}x\right)^2 \leqslant \int_a^b f^2(x) \mathrm{d}x \cdot \int_a^b g^2(x) \mathrm{d}x.$$

29. 设 $f(x)$ 在 $[a,b]$ 上连续, 试用二重积分的方法证明:

$$\left(\int_a^b f(x) \mathrm{d}x\right)^2 \leqslant (b-a) \int_a^b f^2(x) \mathrm{d}x.$$

30. 证明: $\displaystyle\int_a^b \mathrm{d}x \int_a^x (x-y)^{n-2} f(y) \mathrm{d}y = \frac{1}{n-1} \int_a^b (b-y)^{n-1} f(y) \mathrm{d}y$, 其中 n 为大于 1 的正整数.

31. 计算二重积分 $S = \iint\limits_{D} xy\mathrm{e}^{-x^2-y^2}\mathrm{d}x\mathrm{d}y$，其中 D 为 $x^2+y^2 \leqslant 1$ 在第一象限的部分.

32. 用二重积分证明：

$$\left(\int_a^b f(x)\cos\ kx\mathrm{d}x\right)^2 + \left(\int_a^b f(x)\sin\ kx\mathrm{d}x\right)^2 \leqslant \left(\int_a^b |f(x)|\mathrm{d}x\right)^2.$$

第 8 章部分习题

参考答案与提示

第9章
微分方程与差分方程简介

本章导学　　　　微分方程与差分方程都是建立数学模型的有力工具，用以刻画科学技术与现代经济管理研究中某些变量之间的函数关系.这些函数关系通常是由实际问题建立的数学模型，并通过求解才能得到.在这些数学模型中，有一类模型描述的是连续变量及其导数之间的相互关系，称之为微分方程模型，如现实问题中的马尔萨斯人口模型、逻辑斯谛人口模型等；而另一类模型描述的是离散变量及其增量之间的相互关系，称之为差分方程模型，如市场价格动态模型、经济增长模型、消费模型等.虽然微分方程与差分方程的意义不同，但它们之间密切相关.本章我们讨论微分方程与差分方程的基本概念，以及一阶微分方程、高阶常系数线性微分方程与常系数线性差分方程等常用方程的求解方法，并通过不同领域中的若干实例来介绍微分方程与差分方程的建模方法及其应用.

学习目标　　　　1. 了解微分方程与差分方程的阶与解的概念；

2. 掌握可分离变量微分方程、齐次微分方程和一阶线性微分方程的求解；

3. 了解二阶常系数线性微分方程的概念及其解法；

4. 了解一阶与二阶常系数线性差分方程的解法；

5. 会求某些特殊的一阶与二阶常系数齐次线性差分方程的特解与通解；

6. 会求解较简单的经济应用问题.

学习要点　　　　微分方程的基本概念；微分方程实例模型；一阶微分方程；高阶常系数线性微分方程；可降阶的高阶微分方程；差分方程的概念；差分方程实例模型；常系数线性差分方程；高阶常系数线性差分方程.

§9.1　微分方程的基本概念与模型介绍

一、微分方程的定义

定义 9-1　含有自变量、未知函数及其导数(或微分)的方程,称为**微分方程**.未知函数为一元函数的微分方程,称为**常微分方程**.未知函数为多元函数,同时含有多元函数的偏导数的微分方程,称为**偏微分方程**.

本章只介绍微分方程中的常微分方程,并简称其为微分方程.

例如,在下列方程中,

$$\frac{\mathrm{d}y}{\mathrm{d}x}+y\mathrm{e}^{x}=\sin x, \tag{9-1}$$

$$y''+3y'-y=\cos x, \tag{9-2}$$

$$F(x,y,y',y'',\cdots,y^{(n)})=0, \tag{9-3}$$

$$\frac{\partial^{2}u}{\partial x^{2}}+\frac{\partial^{2}u}{\partial x\partial y}+\frac{\partial^{2}u}{\partial y^{2}}=0, \tag{9-4}$$

$$\mathrm{e}^{x}+\sin y=x, \tag{9-5}$$

(9-1),(9-2),(9-3)是常微分方程;(9-4)是偏微分方程;(9-5)不是微分方程.

二、微分方程的阶

定义 9-2　微分方程中,未知函数的最高阶导数(或微分)的阶数称为微分方程的**阶**.

例如,方程(9-1)是一阶微分方程,方程(9-2)是二阶微分方程,方程(9-3)是 n 阶微分方程,方程(9-4)是二阶偏微分方程.

方程(9-3)是 n 阶微分方程的一般形式.若其左端是 y 及 $y',y'',\cdots,y^{(n)}$ 的线性函数,则称方程(9-3)为 **n 阶线性微分方程**,可写为

$$y^{(n)}+a_{1}(x)y^{(n-1)}+\cdots+a_{n-1}(x)y'+a_{n}(x)y=f(x), \tag{9-6}$$

其中 $a_{1}(x),\cdots,a_{n-1}(x),a_{n}(x),f(x)$ 均为 x 的已知函数.

三、微分方程的解

定义 9-3　如果某个函数代入微分方程后使其两端恒等,那么称此函数为该微分方

程的**解**.如果微分方程的解所含相互独立的任意常数的个数等于方程的阶数,就称此解为微分方程的**通解**.而微分方程任一确定的通解称为微分方程的**特解**.

例如,微分方程 $\dfrac{\mathrm{d}^2 y}{\mathrm{d}x^2}=2$ 的通解是

$$y=x^2+C_1 x+C_2,$$

其中 C_1, C_2 为任意常数.

当指定 $C_1=0, C_2=3$ 时,便得到一个特解 $y=x^2+3$.

一般地,对于 n 阶微分方程 $F(x,y,y',\cdots,y^{(n)})=0$,其通解形式是

$$y=y(x,C_1,C_2,\cdots,C_n)$$

或

$$\Phi(x,y,C_1,C_2,\cdots,C_n)=0,$$

其中 $C_1, C_2, \cdots, C_n$ 为 n 个相互独立的任意常数.

顺便指出,通解并不一定包含方程的所有解.例如,微分方程 $\dfrac{\mathrm{d}y}{\mathrm{d}x}=y^{\frac{2}{3}}$ 的通解是 $y=\dfrac{(x+C)^3}{27}$,但解 $y=0$ 并不包含在通解中,即找不到一个常数 C,使 $y\equiv 0$.我们称不包含在通解中的解为微分方程的**奇解**.

因而 $y=0$ 为方程 $\dfrac{\mathrm{d}y}{\mathrm{d}x}=y^{\frac{2}{3}}$ 的一个奇解.

微分方程一般具有无数个解,为了确定微分方程的一个特解,必须给出这个解所满足的条件.用来确定微分方程特解的条件称为**定解条件**.如果定解条件是由系统在初始时刻所处的状态给出,就称这种定解条件为初值条件.

n 阶微分方程的定解条件一般为

$$y(x_0)=a_0, y'(x_0)=a_1, \cdots, y^{(n-1)}(x_0)=a_{n-1},$$

其中 $a_0, a_1, \cdots, a_{n-1}$ 为 n 个常数,当 $x=x_0$ 为自变量的初始取值时,上述定解条件为初值条件.

求微分方程满足定解条件的解的问题,就是定解问题;当定解条件为初值条件时,相应的定解问题就是初值问题.

四、微分方程实例模型

在社会经济和自然科学的发展过程中,有许多问题可以用微分方程极好地描述其发展变化过程,下面介绍微分方程应用的两个经典模型.

1. 马尔萨斯人口模型

对于如何预测人口增长,早在 18 世纪人们就开始探讨.英国经济学家马尔萨斯

（Malthus），在担任牧师期间，根据当地教堂 100 多年人口出生统计资料，发现人口出生率是一个常数.于是在 1798 年发表的《人口原理》一书中提出了闻名于世的马尔萨斯人口模型：

$$\begin{cases} \dfrac{\mathrm{d}x}{\mathrm{d}t} = rx, \\[2mm] x(t_0) = x_0, \end{cases} \tag{9-7}$$

式中 $x = x(t)$ 是时间变量 t 的函数，表示 t 时刻人口总数，r 为人口净增长率（单位时间内人口的净增长数与人口总数之比，为常数），这是一阶微分方程的初值问题，这个初值问题的解（求解方法：分离变量法，见 §9.2）为

$$x(t) = x_0 \mathrm{e}^{r(t-t_0)}. \tag{9-8}$$

马尔萨斯人口模型(9-7)和(9-8)与 19 世纪以前欧洲一些地区的人口统计数据十分吻合.根据统计资料，1961 年全世界人口总数为 3.06×10^9，而从 1951 年到 1961 年每年人口净增长率约为 0.02.因此有

$$t_0 = 1961, \quad x_0 = 3.06 \times 10^9, \quad r = 0.02,$$

于是

$$x(t) = 3.06 \times 10^9 \times \mathrm{e}^{0.02(t-1\,961)}. \tag{9-9}$$

根据统计资料，从 1700 年到 1961 年世界人口总数大约每 35 年增加一倍，而由公式(9-9)可以算出人口总数每 34.6 年增加一倍.

由此可以看出，马尔萨斯人口模型与 1700 年到 1961 年世界人口的增长实际情况基本吻合.但是，与未来人口的实际情况是否还吻合呢？如按式(9-9)，到 2510 年世界人口总数将达到 2×10^{14}，到 2635 年将达到 1.8×10^{15}.这显然是不可能的，原因何在？因为地球资源总是有限的，人类生存空间也是有限的.当人口基数不大时，有足够的资源和空间供人类生存，马尔萨斯人口模型基本吻合.但当人口基数很大时，自然资源和环境以及其他诸因素将对人口的继续增长起阻滞作用，因而增长率将不再是常数，必须修改增长率，从而提出了更为精确的逻辑斯谛(logistic)模型.

2. 逻辑斯谛人口模型

从以上分析可知马尔萨斯人口模型对未来人口的预测是不对的，究其原因在于当人口总数越来越大时，人群本身对人口增长起阻滞作用，这时净增长率 r 不再是常数，而应该是关于 x 的减函数，即 $r = r(x)$ 是关于 x 的减函数.一个最简单的假设是 $r(x)$ 为关于 x 的线性函数，

$$r(x) = a - bx \quad (a, b > 0),$$

这里 a 相当于 $x = 0$ 时的增长率，称为固有增长率，它与上面的马尔萨斯人口模型中的净增长率 r 不同.显然对于任意的 $x > 0$，净增长率 $r(x) < a$.为了确定系数 b 的意义，引入自然

资源和环境条件所能容纳的最大人口数量 x_m，称为最大人口容量. 当 $x = x_m$ 时，净增长率为零，即

$$r(x_m) = a - bx_m = 0,$$

解得 $b = \dfrac{a}{x_m}$. 由此可得

$$r(x) = a\left(1 - \frac{x}{x_m}\right), \tag{9-10}$$

其中 a 和 x_m 可以根据人口统计数据或经验确定. 因子 $\left(1 - \dfrac{x}{x_m}\right)$ 体现了对人口增长的阻滞作用.

在式 (9-10) 的假设下，人口预测模型修改为

$$\begin{cases} \dfrac{\mathrm{d}x}{\mathrm{d}t} = a\left(1 - \dfrac{x}{x_m}\right)x, \\[2mm] x(t_0) = x_0, \end{cases} \tag{9-11}$$

这就是著名的逻辑斯谛人口模型，其解 (见 §9.2 例 9-5) 为

$$x(t) = \frac{x_m}{1 + \left(\dfrac{x_m}{x_0} - 1\right)\mathrm{e}^{-a(t-t_0)}}. \tag{9-12}$$

式 (9-12) 具有如下特点：

（1）当 $t \to +\infty$ 时，$x(t) \to x_m$. 即不管初值如何，人口总数趋于极限值 x_m.

（2）式 (9-12) 表达的曲线如图 9-1 所示. 从图 9-1 可以看出，在人口总数 $x(t)$ 达到极限值的一半 $\dfrac{x_m}{2}$ 以前是加速生长时期；过这一时刻以后，生长的速率逐渐减慢，并且迟早会达到零，这是减速生长时期.

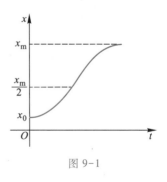

图 9-1

本节小结

本节主要介绍了微分方程的基本概念，包括微分方程的定义、微分方程的阶和微分方程的解，并且介绍了微分方程应用的两个经典模型. 注意：

1. 理解微分方程的基本定义，能够指出微分方程的阶，分辨其通解与特解.

2. 了解微分方程的应用及几个模型.

练习 9.1

基础题

1. 指出下列微分方程的阶数：

（1）$x^2y' + 5xy = y^2$；

（2）$\left(\dfrac{\mathrm{d}y}{\mathrm{d}x}\right)^2 - 3y^2 + x\dfrac{\mathrm{d}y}{\mathrm{d}x} = 0$；

（3）$(1+x^2)\mathrm{d}y + (1+y^2)\mathrm{d}x = 0$；

（4）$5x\dfrac{\mathrm{d}^2y}{\mathrm{d}x^2} + y\dfrac{\mathrm{d}y}{\mathrm{d}x} + 3xy = \mathrm{e}^x$.

2. 验证下列各函数是否为所给微分方程的解，并指出哪些是特解，哪些是通解（C_1，C_2，C 为任意常数）：

（1）$x = C_1\sin(3y + C_2)$，$x'' + 9x = 0$；

（2）$y = \mathrm{e}^x\left(\cos 2x - \dfrac{1}{2}\sin 2x\right)$，$y'' - 2y' + 5y = 0$；

（3）$y = (x+C)\mathrm{e}^{-x}$，$\dfrac{\mathrm{d}y}{\mathrm{d}x} + y = \mathrm{e}^x$；

（4）$1 + xy = C(x-y)$，$\dfrac{\mathrm{d}x}{1+x^2} = \dfrac{\mathrm{d}y}{1+y^2}$.

提高题

1. 写出由下列条件确定的曲线所满足的微分方程：
（1）曲线在点 (x,y) 处切线的斜率等于该点横坐标的平方；
（2）曲线上点 $P(x,y)$ 处法线与 x 轴的交点为 Q，且线段 PQ 被 y 轴平分.

2. 写出以下列函数为通解的微分方程，其中 C，C_1，C_2 为任意常数：
（1）$y = C\mathrm{e}^{y/x}$；

（2）$y = C_1\mathrm{e}^{-2x} + C_2\mathrm{e}^x$.

§9.2　一阶微分方程

一阶微分方程的一般形式为

$$F(x, y, y') = 0$$

或

$$y' = f(x, y).$$

下面讨论几种特殊形式的一阶微分方程.

一、可分离变量的微分方程

（1）形如

$$M(x)\,\mathrm{d}x+N(y)\,\mathrm{d}y=0 \tag{9-13}$$

的微分方程称为变量已分离的微分方程.

将式(9-13)两端同时积分,得

$$\int M(x)\,\mathrm{d}x + \int N(y)\,\mathrm{d}y = C, \tag{9-14}$$

其中 C 是任意常数.式(9-14)是式(9-13)的通解表达式.为明确起见,本章将不定积分看成被积函数的一个原函数,而将积分常数 C 单独写出来.

（2）形如

$$\frac{\mathrm{d}y}{\mathrm{d}x}=f(x)g(y) \tag{9-15}$$

或

$$M(x)N(y)\,\mathrm{d}x+P(x)Q(y)\,\mathrm{d}y=0 \tag{9-16}$$

的微分方程,称为可分离变量的微分方程.

对于式(9-15),当 $g(y)\neq 0$ 时,可转化为

$$\frac{1}{g(y)}\mathrm{d}y=f(x)\,\mathrm{d}x.$$

对于式(9-16),当 $P(x)\neq 0,N(y)\neq 0$ 时,可转化为

$$\frac{M(x)}{P(x)}\mathrm{d}x+\frac{Q(y)}{N(y)}\mathrm{d}y=0.$$

以上两式均是变量已分离的微分方程,两端积分便可求出它们的通解.

例 9-1　解微分方程 $\dfrac{\mathrm{d}y}{\mathrm{d}x}=\mathrm{e}^x\sqrt{1-y^2}$.

解　当 $\sqrt{1-y^2}\neq 0$ 时,分离变量得

$$\frac{\mathrm{d}y}{\sqrt{1-y^2}}=\mathrm{e}^x\mathrm{d}x.$$

两端同时积分,得

$$\int\frac{\mathrm{d}y}{\sqrt{1-y^2}} = \int\mathrm{e}^x\mathrm{d}x.$$

因此通解为

$$\arcsin y=\mathrm{e}^x+C \quad (C\text{ 为任意常数}).$$

当 $\sqrt{1-y^2}=0$ 时,有 $y=\pm 1$,显然 $y=1$ 和 $y=-1$ 是该微分方程的两个奇解.

例 9-2 求定解问题

$$\begin{cases} \dfrac{\mathrm{d}y}{\mathrm{d}x} = -\dfrac{x\sqrt{1-y^2}}{y\sqrt{1+x^2}}, \\ y(1) = 1. \end{cases}$$

解 此方程为可分离变量的微分方程,分离变量得

$$\frac{x\,\mathrm{d}x}{\sqrt{1+x^2}} + \frac{y\,\mathrm{d}y}{\sqrt{1-y^2}} = 0.$$

两端同时积分,得

$$\int \frac{x\,\mathrm{d}x}{\sqrt{1+x^2}} + \int \frac{y\,\mathrm{d}y}{\sqrt{1-y^2}} = C.$$

得通解

$$\sqrt{1+x^2} - \sqrt{1-y^2} = C.$$

以 $y(1)=1$ 代入通解,得 $C=\sqrt{2}$.因此满足定解条件的特解为

$$\sqrt{1+x^2} - \sqrt{1-y^2} = \sqrt{2}.$$

例 9-3 根据经验知道,某商品的净利润 L 与广告支出 x 有如下关系:

$$\frac{\mathrm{d}L}{\mathrm{d}x} = k(\overline{L}-L),$$

其中 $k>0, \overline{L}>0$ 为已知常数,且无广告支出($x=0$)时,净利润为 $L_0, 0<L_0<\overline{L}$,求净利润 $L=L(x)$.

解 将题设方程分离变量,得

$$\frac{1}{\overline{L}-L}\mathrm{d}L = k\,\mathrm{d}x.$$

积分得

$$-\ln(\overline{L}-L) = kx - \ln C.$$

由此得

$$L = \overline{L} - Ce^{-kx}.$$

由 $L(0)=L_0$ 得 $C=\overline{L}-L_0$.于是,净利润为

$$L = \overline{L} + (L_0-\overline{L})e^{-kx}.$$

因 $0<L_0<\overline{L}$,可见 $0<L(x)<\overline{L}$.由题设方程可知 $\dfrac{\mathrm{d}L}{\mathrm{d}x}>0$,即 $L(x)$ 为 x 的单调递增函数.

另一方面,显然有

$$\lim_{x \to +\infty} L(x) = \overline{L}.$$

因此,随着广告支出的增加,净利润将相应地不断增加,并趋向水平渐近线 $L=\overline{L}$,即趋向最

大可能的净利润水平 $\overline{L}$.

例 9-4 某商品的需求量(单位:kg)Q 是价格(单位:元)P 的函数,已知它的需求量对价格的弹性为 $\eta = -P\ln 5$,若该商品的最大需求量为 1 200 kg.

(1)求需求量 Q 与价格 P 的函数关系式;

(2)求当价格为 1 元时,市场对该商品的需求量;

(3)当 $P \to +\infty$ 时,需求量的变化趋势如何?

解 (1)由条件可知

$$\frac{P}{Q}\frac{\mathrm{d}Q}{\mathrm{d}P} = -P\ln 5,$$

即

$$\frac{\mathrm{d}Q}{Q} = -\ln 5\mathrm{d}P.$$

用分离变量法,可求得

$$Q = C \cdot 5^{-P}.$$

由初值条件 $Q(0) = 1\ 200$ 得 $C = 1\ 200$,于是需求量 Q 与价格 P 的函数关系式为

$$Q = 1\ 200 \cdot 5^{-P}.$$

(2)当 $P = 1$ 时,$Q = 1\ 200 \times 5^{-1} = 240(\mathrm{kg})$.

(3)当 $P \to +\infty$ 时,$Q \to 0$,即随着价格的无限增大,需求量将趋于零.

例 9-5 求解逻辑斯谛人口模型

$$\begin{cases} \dfrac{\mathrm{d}x}{\mathrm{d}t} = a\left(1 - \dfrac{x}{x_m}\right)x, \\ x(t_0) = x_0. \end{cases}$$

解 这是一个可分离变量的初值问题,分离变量得

$$\frac{x_m}{(x_m - x)x}\mathrm{d}x = a\mathrm{d}t.$$

两端积分,得

$$\int \frac{x_m}{(x_m - x)x}\mathrm{d}x = \int a\mathrm{d}t,$$

即

$$\int \left(\frac{1}{x_m - x} + \frac{1}{x}\right)\mathrm{d}x = \int a\mathrm{d}t,$$

解得

$$\ln x - \ln(x_m - x) = at + C_1,$$

整理得

$$x(t) = \frac{x_m}{1 + \dfrac{\mathrm{e}^{-at}}{C}},$$

其中 $C = \mathrm{e}^{c_1}$ 为任意常数.将初值条件 $x(t_0) = x_0$ 代入上式,得

$$C = \frac{1}{\left(\dfrac{x_m}{x_0} - 1\right) \mathrm{e}^{at_0}}.$$

所以特解为

$$x(t) = \frac{x_m}{1 + \left(\dfrac{x_m}{x_0} - 1\right) \mathrm{e}^{-a(t-t_0)}}.$$

二、齐次微分方程

1. 齐次微分方程

形如

$$\frac{\mathrm{d}y}{\mathrm{d}x} = f\left(\frac{y}{x}\right) \tag{9-17}$$

的一阶微分方程称为一阶齐次微分方程.

齐次微分
方程

齐次微分方程不是可分离变量的微分方程,但通过变量代换可将其化为可分离变量的微分方程,方法如下:

令 $u = \dfrac{y}{x}$,则 $y = ux$,

$$\frac{\mathrm{d}y}{\mathrm{d}x} = u + x\frac{\mathrm{d}u}{\mathrm{d}x}.$$

代入式(9-17)得

$$u + x\frac{\mathrm{d}u}{\mathrm{d}x} = f(u),$$

即

$$\frac{\mathrm{d}u}{\mathrm{d}x} = \frac{f(u) - u}{x}.$$

此为可分离变量的微分方程,可求出 u 关于 x 的通解,将 $u = \dfrac{y}{x}$ 代回得到原方程的通解.

例 9-6 求解微分方程 $\dfrac{\mathrm{d}y}{\mathrm{d}x} = \dfrac{y}{x} + \sqrt{1 - \left(\dfrac{y}{x}\right)^2}$.

解 令 $u = \dfrac{y}{x}$,则原方程化为

$$u + x\frac{\mathrm{d}u}{\mathrm{d}x} = u + \sqrt{1 - u^2},$$

即

$$x\frac{\mathrm{d}u}{\mathrm{d}x}=\sqrt{1-u^2}. \tag{9-18}$$

当 $1-u^2\neq0$ 时,分离变量得

$$\frac{\mathrm{d}u}{\sqrt{1-u^2}}=\frac{\mathrm{d}x}{x}.$$

两端积分,得

$$\arcsin u=\ln|x|+C.$$

再将 $u=\dfrac{y}{x}$ 代入上式得原方程的通解为

$$\arcsin\frac{y}{x}=\ln|x|+C \quad (C\text{ 为任意常数}).$$

显然 $u=\pm1$ 为式(9-18)的解,即 $y=x$ 和 $y=-x$ 均为原方程的奇解.

例 9-7　求微分方程 $(xy-x^2)\mathrm{d}y-y^2\mathrm{d}x=0$ 的通解.

解　将原方程改写为

$$\frac{\mathrm{d}y}{\mathrm{d}x}=\frac{\left(\dfrac{y}{x}\right)^2}{\dfrac{y}{x}-1}.$$

令 $u=\dfrac{y}{x}$,得

$$x\frac{\mathrm{d}u}{\mathrm{d}x}+u=\frac{u^2}{u-1}.$$

分离变量,得

$$\frac{u-1}{u}\mathrm{d}u=\frac{\mathrm{d}x}{x}.$$

两端积分,得

$$u-\ln|u|=\ln|x|+C_1,$$
$$u=\ln|ux|+C_1,$$

即

$$xu=C\mathrm{e}^u \quad (\text{其中 } C=\pm\mathrm{e}^{-C_1}).$$

将 $u=\dfrac{y}{x}$ 代入上式,得原方程的通解为

$$y=C\mathrm{e}^{\frac{y}{x}} \quad (C\text{ 为任意常数}).$$

例 9-8　设商品 A 和商品 B 的售价分别为 P_1,P_2,已知价格 P_1 与 P_2 相关,且价格 P_1 对 P_2 的弹性为

$$\frac{P_2}{P_1}\frac{\mathrm{d}P_1}{\mathrm{d}P_2}=\frac{P_2-P_1}{P_2+P_1},$$

求 P_1 与 P_2 的函数关系式.

解　所给方程为齐次微分方程,整理得

$$\frac{\mathrm{d}P_1}{\mathrm{d}P_2} = \frac{1 - \dfrac{P_1}{P_2}}{1 + \dfrac{P_2}{P_1}}.$$

令 $u = \dfrac{P_1}{P_2}$,即 $uP_2 = P_1$.两端关于 P_2 求导,得

$$P_2 \frac{\mathrm{d}u}{\mathrm{d}P_2} + u = \frac{1-u}{1+u} u.$$

分离变量,得

$$\left(-\frac{1}{u} - \frac{1}{u^2} \right) \mathrm{d}u = 2 \frac{\mathrm{d}P_2}{P_2}.$$

积分,得

$$\frac{1}{u} - \ln u = \ln P_2^2 + \ln C.$$

将 $u = \dfrac{P_1}{P_2}$ 回代,得到通解

$$\mathrm{e}^{\frac{P_2}{P_1}} = CP_1 P_2,$$

其中 C 为任意正常数.

通过以上例题可以看出,对于齐次微分方程,总可以用变量代换法将其转化为可分离变量的微分方程,从而通过积分得到其通解.

用变量代换法还可以将一些非齐次微分方程转化为齐次微分方程或可分离变量的微分方程,从而达到求解的目的.

*2. 可化为齐次或可分离变量的微分方程

形如

$$\frac{\mathrm{d}y}{\mathrm{d}x} = f\left(\frac{a_1 x + b_1 y + c_1}{a_2 x + b_2 y + c_2} \right) \tag{9-19}$$

的微分方程,可利用适当的变量代换将其化为齐次微分方程或可分离变量的微分方程,分三种情况讨论:

（1）若 $c_1 = c_2 = 0$,则式（9-19）本身就是一阶齐次微分方程;

（2）当 c_1, c_2 不全为 0,且 $\Delta = \begin{vmatrix} a_1 & b_1 \\ a_2 & b_2 \end{vmatrix} \neq 0$ 时,令 $x = \xi + x_0, y = \eta + y_0$ （其中 x_0, y_0 是线性

方程组 $\begin{cases} a_1 x + b_1 y + c_1 = 0, \\ a_2 x + b_2 y + c_2 = 0 \end{cases}$ 的解），则可将式（9-19）化为关于 ξ 和 η 的齐次微分方程

$$\frac{\mathrm{d}\eta}{\mathrm{d}\xi} = f\left(\frac{a_1\xi + b_1\eta}{a_2\xi + b_2\eta}\right);$$

（3）当 c_1, c_2 不全为 0，且 $\Delta = \begin{vmatrix} a_1 & b_1 \\ a_2 & b_2 \end{vmatrix} = 0$ 时，若令 $\dfrac{a_2}{a_1} = \dfrac{b_2}{b_1} = k$（$k$ 为常数），$z = a_1x + b_1y$，

则可将式（9-19）化为可分离变量的微分方程：

$$\frac{\mathrm{d}z}{\mathrm{d}x} = a_1 + b_1 f\left(\frac{z + c_1}{kz + c_2}\right).$$

例 9-9 求微分方程 $\dfrac{\mathrm{d}y}{\mathrm{d}x} = \dfrac{x + y + 2}{2x + 2y - 1}$ 的通解.

解 因为

$$\begin{vmatrix} a_1 & b_1 \\ a_2 & b_2 \end{vmatrix} = \begin{vmatrix} 1 & 1 \\ 2 & 2 \end{vmatrix} = 0,$$

所以令 $z = x + y$，将原方程化为

$$\frac{\mathrm{d}z}{\mathrm{d}x} = 1 + \frac{z + 2}{2z - 1}.$$

分离变量，得

$$\frac{2z - 1}{3z + 1}\mathrm{d}z = \mathrm{d}x.$$

两端积分，得

$$\frac{2}{3}z - \frac{5}{9}\ln|3z + 1| = x + C.$$

将 $z = x + y$ 代入上式，得原方程的通解为

$$\frac{2}{3}y - \frac{1}{3}x - \frac{5}{9}\ln|3x + 3y + 1| = C,$$

其中 C 为任意常数.

例 9-10 求微分方程 $\dfrac{\mathrm{d}y}{\mathrm{d}x} = \dfrac{y - x + 1}{y + x + 5}$ 的通解.

解 因为

$$\begin{vmatrix} a_1 & b_1 \\ a_2 & b_2 \end{vmatrix} = \begin{vmatrix} -1 & 1 \\ 1 & 1 \end{vmatrix} = -2 \neq 0,$$

线性方程组

$$\begin{cases} y - x + 1 = 0, \\ y + x + 5 = 0 \end{cases}$$

的解为

$$\begin{cases} x_0 = -2, \\ y_0 = -3. \end{cases}$$

所以, 令 $x=\xi-2, y=\eta-3$, 代入原方程得

$$\frac{\mathrm{d}\eta}{\mathrm{d}\xi}=\frac{\eta-\xi}{\eta+\xi}.$$

解此齐次微分方程得通解为

$$\ln(\eta^2+\xi^2)+2\arctan\frac{\eta}{\xi}=C.$$

再将 $\xi=x+2$ 和 $\eta=y+3$ 代入上式, 得原方程的通解为

$$\ln[(x+2)^2+(y+3)^2]+2\arctan\frac{y+3}{x+2}=C \quad (C \text{ 为任意常数}).$$

三、一阶线性微分方程

形如

$$y'+p(x)y=f(x) \tag{9-20}$$

的微分方程称为一阶线性微分方程, 其中 x 为自变量, y 是 x 的未知函数, $p(x), f(x)$ 均为已知函数.

若 $f(x)\equiv 0$, 则称式 (9-20) 为一阶齐次线性微分方程; 若 $f(x)\neq 0$, 则称式 (9-20) 为一阶非齐次线性微分方程. 下面分别讨论.

1. 一阶齐次线性微分方程

因为方程 $y'+p(x)y=0$ 实际上是一个可分离变量的微分方程, 分离变量得

$$\frac{\mathrm{d}y}{y}=-p(x)\,\mathrm{d}x.$$

两端积分, 得

$$\int\frac{\mathrm{d}y}{y}=-\int p(x)\,\mathrm{d}x+C_1.$$

于是

$$y=C\mathrm{e}^{-\int p(x)\,\mathrm{d}x}, \tag{9-21}$$

其中 $C=\pm\mathrm{e}^{C_1}$ 为任意常数. 式 (9-21) 即为一阶齐次线性微分方程的通解.

例 9-11 求微分方程 $y'-\dfrac{2y}{x+1}=0$ 的通解.

解 这是一阶齐次线性微分方程, 其中 $p(x)=-\dfrac{2}{x+1}$, 代入公式 (9-21) 得通解为

$$y=C\mathrm{e}^{-\int\frac{-2}{x+1}\mathrm{d}x}=C(x+1)^2,$$

其中 C 为任意常数.

2. 一阶非齐次线性微分方程

一阶非齐次线性微分方程的通解可采取**常数变易法**求得. 由于一阶非齐次线性微分

方程与一阶齐次线性微分方程的左端完全相同,**常数变易法**是将式(9-21)中的常数 C 变为待定函数 $C(x)$,即令

$$y = C(x)e^{-\int p(x)\mathrm{d}x},$$

再代入原方程(9-20),确定未知函数 $C(x)$,从而求得非齐次线性微分方程的通解.具体做法如下:

将 $y = C(x)e^{-\int p(x)\mathrm{d}x}$ 代入方程 $y'+p(x)y=f(x)$ 得

$$C'(x)e^{-\int p(x)\mathrm{d}x} - C(x)p(x)e^{-\int p(x)\mathrm{d}x} + p(x)C(x)e^{-\int p(x)\mathrm{d}x} = f(x),$$

化简为

$$C'(x) = f(x)e^{\int p(x)\mathrm{d}x},$$

故

$$C(x) = \int f(x)e^{\int p(x)\mathrm{d}x}\mathrm{d}x + C,$$

其中 C 为任意常数.因此得到一阶非齐次线性微分方程的通解为

$$y = e^{-\int p(x)\mathrm{d}x}\left(\int f(x)e^{\int p(x)\mathrm{d}x}\mathrm{d}x + C\right), \tag{9-22}$$

其中 C 为任意常数.

通解(9-22)可以看成由两部分组成:

$$y = Ce^{-\int p(x)\mathrm{d}x} + e^{-\int p(x)\mathrm{d}x}\int f(x)e^{\int p(x)\mathrm{d}x}\mathrm{d}x.$$

由此看出,非齐次线性微分方程的通解等于齐次线性微分方程的通解加上非齐次线性微分方程的一个特解.这是微分方程解的一个重要特征,以后我们还将用到.

例 9-12 求微分方程 $e^{x^2}y'+2xe^{x^2}y=2x$ 的通解.

解 方法一 公式法.原方程变形为

$$y'+2xy=2xe^{-x^2},$$

则

$$p(x)=2x, \quad f(x)=2xe^{-x^2}.$$

代入公式(9-22)得原方程的通解为

$$y = e^{-\int 2x\mathrm{d}x}\left(\int 2xe^{-x^2}e^{\int 2x\mathrm{d}x}\mathrm{d}x + C\right) = e^{-x^2}\left(\int 2x\mathrm{d}x + C\right) = e^{-x^2}(x^2 + C),$$

其中 C 为任意常数.

方法二 凑微分法.因为

$$e^{x^2}y'+2xe^{x^2}y = (e^{x^2}y)',$$

所以原方程变为

$$(e^{x^2}y)' = 2x,$$

两端积分得通解为

$$e^{x^2}y = x^2 + C,$$

即

$$y = e^{-x^2}(x^2 + C) \quad (C \text{ 为任意常数}).$$

方法三   常数变易法.原方程变形为

$$y' + 2xy = 2xe^{-x^2},$$

其对应的齐次微分方程为

$$y' + 2xy = 0,$$

其通解为

$$\tilde{y} = Ce^{-x^2} \quad (C \text{ 为任意常数}).$$

设 $y = C(x)e^{-x^2}$ 为非齐次微分方程的解,代入原方程得

$$e^{x^2}C'(x)e^{-x^2} - 2xe^{x^2}C(x)e^{-x^2} + 2xe^{x^2}C(x)e^{-x^2} = 2x,$$

即

$$C'(x) = 2x,$$

所以

$$C(x) = x^2 + C.$$

故原方程的通解为

$$y = e^{-x^2}(x^2 + C) \quad (C \text{ 为任意常数}).$$

注   方法二是求解一阶非齐次线性微分方程的一种简便方法,实际上在方程 $y' + p(x)y = f(x)$ 两端同乘因子 $e^{\int p(x)dx}$ 得

$$e^{\int p(x)dx}y' + p(x)ye^{\int p(x)dx} = f(x)e^{\int p(x)dx},$$

即得

$$\left(ye^{\int p(x)dx}\right)' = f(x)e^{\int p(x)dx}.$$

两端积分,得

$$ye^{\int p(x)dx} = \int f(x)e^{\int p(x)dx}dx + C,$$

即

$$y = e^{-\int p(x)dx}\left(\int f(x)e^{\int p(x)dx}dx + C\right),$$

其中 C 为任意常数.

例 9-13   求方程 $y dx - (x + y^3) dy = 0$ 的通解.

解   **方法一**   此方程显然不是关于 y 的一阶线性方程,但可把它变形为

$$\frac{dx}{dy} - \frac{x}{y} = y^2.$$

因而它是将 x 看作函数,y 看作自变量的一阶线性微分方程,则

$$p(y) = -\frac{1}{y}, \quad f(y) = y^2.$$

应用公式(9-22)得

$$x = e^{-\int\left(-\frac{1}{y}\right)dy}\left[\int y^2 e^{\int\left(-\frac{1}{y}\right)dy} + C_1\right]$$

$$= |y|\left(\int y^2 \frac{1}{|y|}dy + C_1\right)$$

$$= \begin{cases} y\left(\dfrac{1}{2}y^2 + C_1\right), & y > 0, \\ -y\left(-\dfrac{1}{2}y^2 + C_1\right), & y < 0 \end{cases}$$

$$= \frac{1}{2}y^3 + Cy \quad (C \text{ 为任意常数}).$$

故原方程的通解为

$$x = \frac{1}{2}y^3 + Cy.$$

方法二 原方程变形为

$$\frac{ydx - xdy}{y^2} = ydy,$$

即

$$d\left(\frac{x}{y}\right) = ydy.$$

两端积分,得

$$\frac{x}{y} = \frac{1}{2}y^2 + C,$$

即原方程的通解为

$$x = \frac{1}{2}y^3 + Cy,$$

其中 C 为任意常数.

例 9-14 某工厂根据经验得知,其设备的运行与维修成本 C 与其设备的大修间隔时间 t 有如下关系:

$$\frac{dC}{dt} = \frac{b-1}{t}C - \frac{ab}{t^2},$$

其中 a,b 为常数,且 $a>0,b>1$.已知 $C(t_0)=C_0(t_0>0)$,求 $C(t)$.

解 原方程为成本 $C(t)$ 的一阶非齐次线性微分方程,其对应的齐次微分方程为

$$\frac{dC}{dt} = \frac{b-1}{t}C,$$

其通解为

$$C = C_1 t^{b-1} \quad (C_1 \text{为任意常数}).$$

根据常数变易法,令原方程的解为

$$C(t) = C_1(t) t^{b-1},$$

则

$$C'(t) = C_1'(t) t^{b-1} + (b-1) C_1(t) t^{b-2}.$$

将上述 $C(t), C'(t)$ 代入方程,可得

$$C_1'(t) = -abt^{-(b+1)}.$$

从而 $C_1(t) = at^{-b} + C_2$,于是方程的通解为

$$C(t) = at^{-1} + C_2 t^{b-1},$$

其中 C_2 为任意常数.将已知条件 $C(t_0) = C_0$ 代入通解,求得

$$C_2 = (C_0 t_0 - a) t_0^{-b}.$$

于是,所求成本函数为

$$C(t) = \frac{1}{t} \left[a + (C_0 t_0 - a) \left(\frac{t}{t_0} \right)^b \right].$$

四、伯努利方程

形如

$$y' + p(x) y = f(x) y^n \quad (n \neq 0, 1) \tag{9-23}$$

的微分方程称为伯努利方程.它可以通过变量代换转化为一阶线性微分方程来求解.

假定 $y \neq 0$,以 $(1-n) y^{-n}$ 乘方程(9-23)两端,得

$$(1-n) y^{-n} \frac{dy}{dx} + (1-n) p(x) y^{1-n} = (1-n) f(x).$$

令 $z = y^{1-n}$,则

$$\frac{dz}{dx} = (1-n) y^{-n} \frac{dy}{dx}$$

代入上式得

$$\frac{dz}{dx} + (1-n) p(x) z = (1-n) f(x).$$

这是 z 关于 x 的一阶非齐次线性微分方程.求得其通解后,将 $z = y^{1-n}$ 代回,便得伯努利方程 (9-23)的通解.

例 9-15　求 $y' + \dfrac{y}{x} = 2x^2 y^2$ 的通解.

解　在方程两端同乘 $-y^{-2}$ 得

$$-y^{-2}\frac{\mathrm{d}y}{\mathrm{d}x} - \frac{1}{xy} = -2x^2.$$

令 $z = y^{-1}$,则

$$\frac{\mathrm{d}z}{\mathrm{d}x} = -\frac{1}{y^2}\frac{\mathrm{d}y}{\mathrm{d}x}.$$

代入上式得

$$\frac{\mathrm{d}z}{\mathrm{d}x} - \frac{z}{x} = -2x^2.$$

求解此一阶非齐次线性微分方程得

$$z = -x^3 + Cx.$$

故原方程的通解为

$$y = \frac{1}{-x^3 + Cx},$$

其中 C 为任意常数.

本节小结

本节介绍了几种特殊形式的一阶微分方程的求解方法,包括可分离变量的微分方程、一阶齐次线性微分方程和一阶非齐次线性微分方程的求解方法,最后还指出伯努利方程的求解方法.要求:

1. 能够指出一阶微分方程类型.
2. 会求解可分离变量的微分方程.
3. 会求一阶齐次线性微分方程和一阶非齐次线性微分方程的特解和通解.
4. 会求伯努利方程的特解和通解.

练习 9.2

基础题

1. 求下列微分方程的通解或在给定初值条件下的特解:

（1）$\dfrac{\mathrm{d}y}{\mathrm{d}x} = y\sin x$；

（2）$\mathrm{d}y - 2xy\mathrm{d}x = 0$；

（3）$(1+y)\mathrm{d}x - (1-x)\mathrm{d}y = 0$；

（4）$\dfrac{\mathrm{d}x}{\mathrm{d}t} = \mathrm{e}^t\cos^2 x, x(0) = \dfrac{\pi}{4}$；

（5）$(e^{x+y}-e^x)dx+(e^{x+y}+e^y)dy=0$;   （6）$\dfrac{x}{1+y}dx-\dfrac{y}{1+x}dy=0$;

（7）$(1+e^x)yy'=e^x,y(1)=1$;   （8）$(1+x^2)dy+ydx=0,y(1)=1$.

2. 求下列微分方程的通解或特解：

（1）$y'=\dfrac{y}{y-x}$;   （2）$y'=e^{\frac{y}{x}}+\dfrac{y}{x}$;

（3）$xy'-y-\sqrt{x^2+y^2}=0$;   （4）$y'=\dfrac{y}{x}+\sin\dfrac{y}{x},y(1)=\dfrac{\pi}{2}$;

（5）$(y^2-3x^2)dy-2xydx=0,y(0)=1$;

（6）$(x+y)dy+(x-y)dx=0,y(1)=0$.

3. 求下列微分方程的通解：

（1）$(x-y+2)dx+(x-y)dy=0$;

（2）$(3y-7x+7)dx+(7y-3x+3)dy=0$;

（3）$(x+y+1)dx+(2x+2y-1)dy=0$;

（4）$(y-x+1)dx-(y-x+5)dy=0$;

（5）$(xy^2+x)dx+(y-x^2y)dy=0$;

（6）$y^3dx+(2xy^2-1)dy=0$.

4. 求下列微分方程的通解或在给定初值条件下的特解：

（1）$\dfrac{dy}{dx}+2y=4x$;   （2）$\dfrac{dy}{dx}+y=e^{-x}$;

（3）$y'+y\cos x=e^{-\sin x}$;   （4）$(x^2-1)y'+2xy-\cos x=0$;

（5）$(x-2xy+y^2)y'+y^2=0$;   （6）$(t+2)\dfrac{dx}{dt}=3x+1,x(0)=0$;

（7）$x\dfrac{dy}{dx}+y-e^x=0,y(2)=1$;   （8）$x(x-1)y'+y=x^2(2x-1),y(2)=4$.

5. 求下列微分方程的通解：

（1）$(y^3x^2+xy)y'=1$;   （2）$y'+\dfrac{y}{x}=x^2y^4$;

（3）$\dfrac{dx}{dy}=x-\dfrac{2y}{x}$;   （4）$\dfrac{dx}{dy}-3xy=x^2y$;

（5）$y'=\dfrac{y}{x}+\tan\dfrac{y}{x}$;   （6）$x^2y'+xy=1$.

6. 已知某商品的净利润 P 与广告支出 x 有如下关系：

$$P'=b-a(x+P),$$

其中 a,b 为正的已知常数，且 $P(0)=P_0\geqslant0$，求 $P=P(x)$.

7. 某公司办公用品的平均成本 $C=C(x)$ 与公司员工人数 x 有如下关系：

$$C'=C^2e^{-x}-2C,$$

且 $C(0)=1$, 求 $C(x)$.

1. 设函数 $\varphi(t)$ 在 $(-\infty,+\infty)$ 上连续, $\varphi'(0)$ 存在且满足关系式 $\varphi(t+s)=\varphi(t)\varphi(s)$, 求此函数.

2. 已知 $f(x)\int_0^x f(t)\mathrm{d}t=1(x\neq0)$, 求函数 $f(x)$ 的一般表达式.

3. 求一连续可导函数 $f(x)$, 使其满足方程 $f(x)=\sin x-\int_0^x f(x-t)\mathrm{d}t$.

§9.3　高阶常系数线性微分方程

二阶和二阶以上的微分方程均称为**高阶微分方程**.

形如 $y''+py'+qy=f(x)$ 的微分方程称为**二阶常系数微分方程**, 其中 p,q 为常数, $f(x)$ 为 x 的已知函数.

一、二阶常系数齐次线性微分方程

形如
$$y''+py'+qy=0 \tag{9-24}$$
的微分方程称为**二阶常系数齐次线性微分方程**, 其中 p,q 为常数.

首先讨论方程(9-24)的解的结构.

定理 9-1　如果函数 $y_1(x),y_2(x)$ 都是方程(9-24)的解, 那么
$$y=C_1y_1(x)+C_2y_2(x)$$
也是方程(9-24)的解, 其中 C_1,C_2 为任意常数.

证明略.

定理 9-1 也称为**叠加原理**, 它表明方程(9-24)的解的任一线性组合 $C_1y_1(x)+C_2y_2(x)$ 仍是方程(9-24)的解, 那么它是否就是我们所要求的方程(9-24)的通解呢? 这就需要讨论 $y_1(x)$ 与 $y_2(x)$ 之间的线性相关性.

定义 9-4　设两个函数 $y_1(x),y_2(x)$ 在区间 (a,b) 内有定义.

(1) 若 $\dfrac{y_1(x)}{y_2(x)}\neq$ 常数, 即 $y_1(x)$ 与 $y_2(x)$ 不成比例, 则称函数 $y_1(x),y_2(x)$ 在 (a,b) 内线

性无关.

(2) 若 $\dfrac{y_1(x)}{y_2(x)} = k$（常数），则称 $y_1(x)$ 与 $y_2(x)$ 在 (a,b) 内线性相关.

例如，函数 $y_1(x) = e^x, y_2(x) = e^{2x}$，由于 $\dfrac{y_1(x)}{y_2(x)} = e^{-x} \neq$ 常数，所以 $y_1(x)$ 与 $y_1(x)$ 线性无

关；而函数 $y_1(x) = e^x, y_2(x) = 2e^x$，由于 $\dfrac{y_1(x)}{y_2(x)} = \dfrac{1}{2} =$ 常数，所以 $y_1(x)$ 与 $y_2(x)$ 线性相关.

定理 9-2　二阶常系数齐次线性微分方程(9-24)有且仅有两个线性无关的解.

定理 9-3　若函数 $y_1(x)$ 和 $y_2(x)$ 是二阶常系数齐次线性微分方程(9-24)的两个线性无关的解，则其通解为

$$y = C_1 y_1(x) + C_2 y_2(x),$$

其中 C_1, C_2 为任意常数.

证明　由定理 9-1 知，$y = C_1 y_1(x) + C_2 y_2(x)$ 是方程(9-24)的解.而 $y_1(x), y_2(x)$ 的线性无关性保证常数 C_1, C_2 相互独立，因此 $y = C_1 y_1(x) + C_2 y_2(x)$ 是方程(9-24)的通解.

由定理 9-3 知，求方程(9-24)的通解，关键是求出方程的两个线性无关的解.下面讨论如何求方程(9-24)的两个线性无关的解.

根据观察，可以估计到方程(9-24)的解是这样的函数：函数与其一阶导数、二阶导数的表达式由同类项所构成，只有这样，它们的线性组合才可能恒等于零，因而可假设 $y = e^{\lambda x}$ 是它们的解.

将 $y = e^{\lambda x}$ 代入方程(9-24)得

$$e^{\lambda x}(\lambda^2 + p\lambda + q) = 0.$$

因为 $e^{\lambda x} > 0$，所以

$$\lambda^2 + p\lambda + q = 0. \tag{9-25}$$

这就是说只要 λ 满足方程(9-25)，那么 $y = e^{\lambda x}$ 便是方程(9-24)的解.这样求微分方程(9-24)的解的问题就转化为求代数方程(9-25)的根的问题.

方程(9-25)称为二阶常系数齐次线性微分方程 $y'' + py' + qy = 0$ 的特征方程，其根称为**特征根**.

下面我们根据特征根的不同情况来讨论方程(9-24)的通解.

(1) 当 $p^2 - 4q > 0$ 时，特征方程有两个相异实根 $\lambda_1, \lambda_2 (\lambda_1 \neq \lambda_2)$，这时 $y_1 = e^{\lambda_1 x}, y_2 = e^{\lambda_2 x}$

都是方程(9-24)的解.又因为 $\dfrac{y_1}{y_2} = e^{(\lambda_1 - \lambda_2)x} \neq$ 常数，所以 y_1, y_2 是方程(9-24)的两个线性无关的特解.故方程(9-24)的通解为

$$y = C_1 e^{\lambda_1 x} + C_2 e^{\lambda_2 x},$$

其中 C_1, C_2 为任意常数.

(2) 当 $p^2 - 4q = 0$ 时，特征方程有两个相等的实根 $\lambda_1 = \lambda_2 = \lambda$，这时只得到方程(9-24)

的一个解 $y_1 = \mathrm{e}^{\lambda x}$. 容易验证 $y_2 = x\mathrm{e}^{\lambda x}$ 也是方程 (9-24) 的一个解. 因为 $\dfrac{y_1}{y_2} = \dfrac{1}{x} \neq$ 常数, 所以 $y_1 = \mathrm{e}^{\lambda x}, y_2 = x\mathrm{e}^{\lambda x}$ 是方程 (9-24) 的两个线性无关的特解, 故方程 (9-24) 的通解为

$$y = (C_1 + C_2 x)\mathrm{e}^{\lambda x}.$$

（3）当 $p^2 - 4q < 0$ 时, 特征方程有一对共轭复根: $\lambda_1 = \alpha + \mathrm{i}\beta, \lambda_2 = \alpha - \mathrm{i}\beta$, 其中 $\alpha = -\dfrac{p}{2}$,

$\beta = \dfrac{\sqrt{4q - p^2}}{2}$, 此时 $y_1 = \mathrm{e}^{(\alpha + \mathrm{i}\beta)x}, y_2 = \mathrm{e}^{(\alpha - \mathrm{i}\beta)x}$ 是方程 (9-24) 的两个线性无关的解. 由欧拉公式 $\mathrm{e}^{\mathrm{i}x} = \cos x + \mathrm{i}\sin x$ 得

$$y_1 = \mathrm{e}^{\alpha x}(\cos \beta x + \mathrm{i}\sin \beta x), \quad y_2 = \mathrm{e}^{\alpha x}(\cos \beta x - \mathrm{i}\sin \beta x).$$

令

$$y_1^* = \frac{y_1 + y_2}{2} = \mathrm{e}^{\alpha x}\cos \beta x, \quad y_2^* = \frac{y_1 - y_2}{2\mathrm{i}} = \mathrm{e}^{\alpha x}\sin \beta x,$$

由定理 9-1 可知, y_1^*, y_2^* 是方程 (9-24) 的两个实数解, 显然 y_1^*, y_2^* 线性无关, 所以方程 (9-24) 的通解为

$$y = \mathrm{e}^{\alpha x}(C_1 \cos \beta x + C_2 \sin \beta x),$$

其中 C_1, C_2 为任意常数.

综上所述, 求二阶常系数齐次线性微分方程

$$y'' + py' + qy = 0$$

的通解的步骤如下:

（1）写出 $y'' + py' + qy = 0$ 的特征方程 $\lambda^2 + p\lambda + q = 0$;

（2）求出特征方程的两个根 λ_1, λ_2;

（3）根据特征根的不同情况, 按下表写出方程 (9-24) 的通解 (其中 C_1, C_2 为任意常数):

特征根	线性无关的特解	$y'' + py' + qy = 0$ 的通解
两个相异实根 λ_1, λ_2	$\mathrm{e}^{\lambda_1 x}, \mathrm{e}^{\lambda_2 x}$	$y = C_1 \mathrm{e}^{\lambda_1 x} + C_2 \mathrm{e}^{\lambda_2 x}$
两个相等实根 $\lambda_1 = \lambda_2 = \lambda$	$\mathrm{e}^{\lambda x}, x\mathrm{e}^{\lambda x}$	$y = (C_1 + C_2 x)\mathrm{e}^{\lambda x}$
一对共轭复根 $\lambda = \alpha \pm \mathrm{i}\beta$	$\mathrm{e}^{\alpha x}\cos \beta x, \mathrm{e}^{\alpha x}\sin \beta x$	$y = \mathrm{e}^{\alpha x}(C_1 \cos \beta x + C_2 \sin \beta x)$

例 9-16 求微分方程 $y'' - 4y' + 3y = 0$ 的通解.

解 特征方程为

$$\lambda^2 - 4\lambda + 3 = 0,$$

特征根为 $\lambda_1 = 3, \lambda_2 = 1$. 故通解为

$$y = C_1 \mathrm{e}^{3x} + C_2 \mathrm{e}^x,$$

其中 C_1, C_2 为任意常数.

例 9-17 求解初值问题

$$\begin{cases} y''+4y'+4y=0, \\ y(0)=1, y'(0)=-2. \end{cases}$$

解 特征方程为

$$\lambda^2+4\lambda+4=0,$$

特征根为 $\lambda_1=\lambda_2=-2.$ 故通解为

$$y=(C_1+C_2x)\,\mathrm{e}^{-2x}.$$

从而

$$y'=\mathrm{e}^{-2x}(C_2-2C_1-2C_2x).$$

将条件 $y(0)=1, y'(0)=-2$ 代入上两式,得

$$C_1=1, \quad C_2=0.$$

故所求特解为

$$y=\mathrm{e}^{-2x}.$$

例 9-18 求微分方程 $y''-4y'+13y=0$ 的通解.

解 特征方程为

$$\lambda^2-4\lambda+13=(\lambda-2)^2+9=0,$$

特征根为一对共轭复根: $\lambda_1=2+3\mathrm{i}, \lambda_2=2-3\mathrm{i}.$ 故通解为

$$y=\mathrm{e}^{2x}(C_1\cos 3x+C_2\sin 3x),$$

其中 C_1, C_2 为任意常数.

二、二阶常系数非齐次线性微分方程

形如

$$y''+py'+qy=f(x) \tag{9-26}$$

的微分方程称为**二阶常系数非齐次线性微分方程**,其中 p,q 为常数,$f(x)$ 为已知函数且不恒为零.

与二阶常系数齐次线性微分方程类似,我们首先考察方程(9-26)的解的结构.

定理 9-4 若 y^* 是非齐次线性微分方程(9-26)的一个特解,而 $\tilde{y}$ 是对应的齐次微分方程 $y''+py'+qy=0$ 的通解,则 $y=\tilde{y}+y^*$ 是非齐次线性微分方程(9-26)的通解.

证明略.

由定理 9-4 知,求非齐次线性微分方程 $y''+py'+qy=f(x)$ 的通解,可归结为求对应的齐次微分方程的通解和非齐次线性微分方程本身的一个特解.由前一部分内容,求齐次微分方程的通解的问题已经解决,所以这里只需讨论如何求出非齐次线性微分方程的特解.下面介绍两种方法来求非齐次线性微分方程的特解:**常数变易法和待定系数法**.

1. 常数变易法

在求解一阶非齐次线性微分方程时已使用过常数变易法.类似地,首先假定对应的齐次微分方程 $y''+py'+qy=0$ 的通解已求出,为

常数变易法

$$\tilde{y}(x) = C_1 y_1(x) + C_2 y_2(x).$$

令

$$y = C_1(x) y_1(x) + C_2(x) y_2(x) \tag{9-27}$$

为非齐次线性微分方程 $y''+py'+qy=f(x)$ 的解.将式(9-27)对 x 求导,得

$$y' = C_1'(x) y_1(x) + C_2'(x) y_2(x) + C_1(x) y_1'(x) + C_2(x) y_2'(x). \tag{9-28}$$

由于 $C_1(x)$,$C_2(x)$ 为待定函数,为求解方便,令

$$C_1'(x) y_1(x) + C_2'(x) y_2(x) = 0,$$

得到

$$y' = C_1(x) y_1'(x) + C_2(x) y_2'(x).$$

将上式对 x 求导,得

$$y'' = C_1'(x) y_1'(x) + C_2'(x) y_2'(x) + C_1(x) y_1''(x) + C_2(x) y_2''(x).$$

将 y,y',y'' 代入非齐次线性微分方程(9-26),并注意到 $y_1(x)$,$y_2(x)$ 是对应的齐次微分方程 $y''+py'+qy=0$ 的解,经整理得

$$C_1'(x) y_1'(x) + C_2'(x) y_2'(x) = f(x).$$

于是得到关于 $C_1'(x)$,$C_2'(x)$ 的二元一次线性方程组

$$\begin{cases} C_1'(x) y_1(x) + C_2'(x) y_2(x) = 0, \\ C_1'(x) y_1'(x) + C_2'(x) y_2'(x) = f(x). \end{cases} \tag{9-29}$$

当 $y_1(x)$,$y_2(x)$ 线性无关时,方程组(9-29)有唯一解,解出 $C_1'(x)$,$C_2'(x)$,再对其积分,求出一组原函数 $C_1(x)$,$C_2(x)$,便得到非齐次线性微分方程(9-26)的一个特解.

例 9-19 求微分方程 $y''-3y'+2y=\sin x+2$ 的通解.

解 对应的齐次微分方程为

$$y''-3y'+2y=0,$$

其特征方程为

$$\lambda^2-3\lambda+2=0,$$

特征根为 $\lambda_1=2$,$\lambda_2=1$.故对应的齐次微分方程的通解为

$$\tilde{y}=C_1 e^{2x}+C_2 e^x.$$

设非齐次线性微分方程的一个特解为

$$y=C_1(x) e^{2x}+C_2(x) e^x,$$

由式(9-29)可得

$$\begin{cases} C'_1(x) e^{2x} + C'_2(x) e^x = 0, \\ 2C'_1(x) e^{2x} + C'_2(x) e^x = \sin x + 2. \end{cases}$$

解上述方程组得

$$C'_1(x) = e^{-2x}(\sin x + 2),$$

$$C'_2(x) = -e^{-x}(\sin x + 2).$$

再对 $C'_1(x), C'_2(x)$ 积分, 得

$$C_1(x) = -e^{-2x}\left(\frac{2}{5}\sin x + \frac{1}{5}\cos x + 1\right),$$

$$C_2(x) = e^{-x}\left(\frac{1}{2}\sin x + \frac{1}{2}\cos x + 2\right).$$

所以原方程的一个特解为

$$y^* = 1 + \frac{1}{10}\sin x + \frac{3}{10}\cos x.$$

故原方程的通解为

$$y = C_1 e^{2x} + C_2 e^x + 1 + \frac{1}{10}\sin x + \frac{3}{10}\cos x,$$

其中 C_1, C_2 为任意常数.

常数变易法对于确定 $y'' + py' + qy = f(x)$ 的特解, 无疑是一种普遍适用的方法, 而且是很重要的方法. 但当右端 $f(x)$ 是某些特殊类型的函数时, 若采用以下介绍的待定系数法求特解, 则不需要求积分, 求解将更为方便.

2. 待定系数法

我们研究 $f(x)$ 的两种特殊形式.

待定系数法

(1) $f(x) = e^{\alpha x}(A_0 + A_1 x + \cdots + A_n x^n)$ 型.

首先对未知函数作变量代换, 令 $y = e^{\alpha x} z$, 将其代入非齐次线性微分方程 $y'' + py' + qy = f(x)$, 得

$$e^{\alpha x}\left[(z'' + 2\alpha z' + \alpha^2 z) + p(z' + \alpha z) + qz\right] = e^{\alpha x}(A_0 + A_1 x + \cdots + A_n x^n),$$

即

$$z'' + (2\alpha + p) z' + (\alpha^2 + p\alpha + q) z = A_0 + A_1 x + \cdots + A_n x^n.$$

令 $\bar{p} = 2\alpha + p, \bar{q} = \alpha^2 + p\alpha + q$, 则上式可写为

$$z'' + \bar{p} z' + \bar{q} z = A_0 + A_1 x + \cdots + A_n x^n. \tag{9-30}$$

① 当 α 不是齐次微分方程 $y'' + py' + qy = 0$ 的特征方程 $\lambda^2 + p\lambda + q = 0$ 的根, 即 $\bar{q} \neq 0$ 时, 方程 (9-30) 的特解可设为

$$z^* = B_0 + B_1 x + \cdots + B_n x^n,$$

其中 $B_0, B_1, \cdots, B_n$ 为待定系数. 将上式代入 (9-30), 比较等式两端 z 的同次幂的系数, 就

得到以 $B_0, B_1, \cdots, B_n$ 作为未知数的 $n+1$ 个方程的联立方程组, 从而可以解出这些 $B_i(i = 0, 1, \cdots, n)$. 于是, 非齐次线性微分方程 $y'' + py' + qy = f(x)$ 的特解设为

$$y^* = \mathrm{e}^{\alpha x}(B_0 + B_1 x + \cdots + B_n x^n).$$

② 当 α 是特征方程 $\lambda^2 + p\lambda + q = 0$ 的单根, 即 $\bar{q} = 0$, 但 $\bar{p} \neq 0$ 时, 方程(9-30)的特解可设为

$$z^* = x(B_0 + B_1 x + \cdots + B_n x^n),$$

于是非齐次线性微分方程 $y'' + py' + qy = f(x)$ 的特解设为

$$y^* = x\mathrm{e}^{\alpha x}(B_0 + B_1 x + \cdots + B_n x^n).$$

用①中同样的方法确定系数 $B_i(i = 0, 1, \cdots, n)$.

③ 当 α 是特征方程 $\lambda^2 + p\lambda + q = 0$ 的二重根, 即 $\bar{q} = 0$, 且 $\bar{p} = 0$ 时, 方程(9-30)的特解可设为

$$z^* = x^2(B_0 + B_1 x + \cdots + B_n x^n),$$

于是非齐次线性微分方程 $y'' + py' + qy = f(x)$ 的特解设为

$$y^* = x^2 \mathrm{e}^{\alpha x}(B_0 + B_1 x + \cdots + B_n x^n).$$

用①中同样的方法确定系数 $B_i(i = 0, 1, \cdots, n)$.

例 9-20 求方程 $y'' + y' - 2y = x^2 + x - 2$ 的通解.

解 对应的齐次微分方程为

$$y'' + y' - 2y = 0,$$

特征方程为

$$\lambda^2 + \lambda - 2 = 0,$$

特征根为 $\lambda_1 = -2, \lambda_2 = 1$. 故对应的齐次微分方程的通解为

$$\tilde{y} = C_1 \mathrm{e}^{-2x} + C_2 \mathrm{e}^x.$$

因为 $q = -2 \neq 0$, 所以可设非齐次微分方程的特解为

$$y^* = B_0 + B_1 x + B_2 x^2.$$

将 $y^*, y^{*\prime}, y^{*\prime\prime}$ 代入原方程得

$$-2B_2 x^2 + 2(B_2 - B_1)x + (2B_2 + B_1 - 2B_0) = x^2 + x - 2.$$

比较等式两端 x 的同次幂的系数, 得

$$\begin{cases} -2B_2 = 1, \\ 2(B_2 - B_1) = 1, \\ 2B_2 + B_1 - 2B_0 = -2. \end{cases}$$

解之得

$$B_2 = -\frac{1}{2}, \quad B_1 = -1, \quad B_0 = 0.$$

故非齐次线性微分方程的一个特解为

$$y^* = -\frac{1}{2}x^2 - x.$$

所以原方程的通解为

$$y = C_1 e^{-2x} + C_2 e^x - \frac{1}{2}x^2 - x \quad (C_1, C_2 为任意常数).$$

例 9-21　求方程 $y'' + y' = x^2$ 的一个特解.

解　因为 $q = 0, p = 1 \neq 0$, 所以设它的特解为

$$y^* = x(B_0 + B_1 x + B_2 x^2).$$

将 $y^*, y^{*\prime}, y^{*\prime\prime}$ 代入原方程得

$$6B_2 x + 2B_1 + 3B_2 x^2 + 2B_1 x + B_0 = x^2.$$

比较等式两端 x 的同次幂的系数, 得

$$\begin{cases} 3B_2 = 1, \\ 6B_2 + 2B_1 = 0, \\ 2B_1 + B_0 = 0. \end{cases}$$

解之得

$$B_2 = \frac{1}{3}, B_1 = -1, B_0 = 2.$$

故原方程的一个特解为

$$y^* = \frac{1}{3}x^3 - x^2 + 2x.$$

例 9-22　求方程 $y'' + 3y' + 2y = 3x e^{-x}$ 的一个特解.

解　因为 $\alpha = -1$ 是特征方程 $\lambda^2 + 3\lambda + 2 = 0$ 的单根, 所以设原方程的特解为

$$y^* = x e^{-x}(B_0 + B_1 x).$$

将 $y^*, y^{*\prime}, y^{*\prime\prime}$ 代入原方程, 得

$$[2B_1 x + (B_0 + 2B_1)] e^{-x} = 3x e^{-x}.$$

比较等式两端 x 的同次幂的系数, 得

$$\begin{cases} 2B_1 = 3, \\ B_0 + 2B_1 = 0, \end{cases}$$

解之得

$$B_0 = -3, \quad B_1 = \frac{3}{2}.$$

所以原方程的一个特解为

$$y^* = -3x e^{-x} + \frac{3}{2}x^2 e^{-x}.$$

例 9-23　求方程 $y'' - 2y' + y = (2x + 1) e^x$ 的一个特解.

解　因为 $\alpha=1$ 是特征方程 $\lambda^2-2\lambda+1=0$ 的二重根,故设原方程的特解为

$$y^* = x^2 e^x (B_0+B_1 x).$$

将 $y^*, y^{*\prime}, y^{*\prime\prime}$ 代入原方程,得

$$(6B_1 x+2B_0) e^x = (2x+1) e^x.$$

比较等式两端 x 的同次幂的系数,得

$$\begin{cases} 6B_1=2, \\ 2B_0=1, \end{cases}$$

解之得

$$B_1=\frac{1}{3}, \quad B_0=\frac{1}{2}.$$

所以原方程的一个特解为

$$y^* = x^2 e^x \left(\frac{1}{2} + \frac{1}{3}x \right) = e^x \left(\frac{1}{3}x^3 + \frac{1}{2}x^2 \right).$$

（2）$f(x) = e^{\alpha x}(M\cos \beta x+N\sin \beta x)$ 型

根据方程的特征,可分以下两种情况:

① 当 $\alpha \pm i\beta$ 不是特征根时,设原方程的特解为

$$y^* = e^{\alpha x}(A\cos \beta x+B\sin \beta x).$$

② 当 $\alpha \pm i\beta$ 是特征根时,设原方程的特解为

$$y^* = x e^{\alpha x}(A\cos \beta x+B\sin \beta x).$$

例 9-24　求方程 $y''-y'-6y = e^x \cos x$ 的通解.

解　对应的齐次微分方程为

$$y''-y'-6y = 0,$$

特征方程为

$$\lambda^2-\lambda-6 = 0,$$

特征根为 $\lambda_1=3, \lambda_2=-2$.故齐次微分方程的通解为

$$\tilde{y}(x) = C_1 e^{3x}+C_2 e^{-2x}.$$

因 $\alpha \pm i\beta = 1 \pm i$ 不是特征根,故设原方程的特解为

$$y^* = e^x (A\cos x+B\sin x).$$

将 $y^*, y^{*\prime}, y^{*\prime\prime}$ 代入原方程,并整理得

$$e^x \left[(-7A+B) \cos x+(-A-7B) \sin x \right] = e^x \cos x.$$

比较同类项系数,得

$$\begin{cases} -7A+B=1, \\ -A-7B=0, \end{cases}$$

解之得

$$A = -\frac{7}{50}, \quad B=\frac{1}{50}.$$

因而原方程的一个特解为

$$y^* = e^x\left(-\frac{7}{50}\cos x + \frac{1}{50}\sin x\right).$$

所以原方程的通解为

$$y = C_1 e^{3x} + C_2 e^{-2x} + e^x\left(-\frac{7}{50}\cos x + \frac{1}{50}\sin x\right),$$

其中 C_1, C_2 为任意常数.

非齐次线性微分方程 $y'' + py' + qy = f(x)$ 的特解 y^* 的形式与右端已知函数 $f(x)$ 的关系可归纳于下表,其中 $P_n(x) = A_0 + A_1 x + \cdots + A_n x^n$,$Q_n(x) = B_0 + B_1 x + \cdots + B_n x^n$ 分别为已知 n 次多项式和待定的 n 次多项式:

$f(x)$ 的形式	$y'' + py' + qy = f(x)$ 的特解形式	
$f(x) = e^{\alpha x} P_n(x)$	$y^* = x^s e^{\alpha x} Q_n(x)$	当 α 不是特征根时,$s = 0$ 当 α 是单特征根时,$s = 1$ 当 α 是二重特征根时,$s = 2$
$f(x) = e^{\alpha x}(M\cos \beta x + N\sin \beta x)$	$y^* = x^s e^{\alpha x}(A\cos \beta x + B\sin \beta x)$	当 $\alpha \pm i\beta$ 不是特征根时,$s = 0$ 当 $\alpha \pm i\beta$ 是特征根时,$s = 1$

注意　当 $f(x)$ 属于上述不同类型的几项之和时,可根据下述叠加原理或利用常数变易法(如例 9-19)求得特解.

定理 9-5(叠加原理)　设 y_1, y_2 分别是微分方程

$$y'' + py' + qy = f_1(x)$$

和

$$y'' + py' + qy = f_2(x)$$

的解,则对于任意常数 C_1 和 C_2,函数

$$y = C_1 y_1 + C_2 y_2$$

是微分方程

$$y'' + py' + qy = C_1 f_1(x) + C_2 f_2(x)$$

的解.

证明略.

例 9-25　求方程 $y'' + 3y' + 2y = (3x + \cos x)e^{-x}$ 的一个特解.

解　将原方程化为

$$y'' + 3y' + 2y = 3xe^{-x} + e^{-x}\cos x.$$

可分别求出微分方程 $y'' + 3y' + 2y = 3xe^{-x}$ 和 $y'' + 3y' + 2y = e^{-x}\cos x$ 的一个特解

$$y_1^* = \frac{3}{2}x^2 e^{-x} - 3xe^{-x}, \quad y_2^* = -\frac{1}{2}(\cos x - \sin x)e^{-x}.$$

根据叠加原理,原方程的一个特解为

$$y^* = y_1^* + y_2^*$$

$$= \frac{3}{2}x^2 e^{-x} - 3x e^{-x} - \frac{1}{2}(\cos x - \sin x) e^{-x}$$

$$= \left(\frac{3}{2}x^2 - 3x + \frac{1}{2}\sin x - \frac{1}{2}\cos x \right) e^{-x}.$$

三、n 阶常系数线性微分方程

1. n 阶常系数齐次线性微分方程

n 阶常系数齐次线性微分方程的一般形式为

$$p_0 y^{(n)} + p_1 y^{(n-1)} + \cdots + p_{n-1} y' + p_n y = 0, \tag{9-31}$$

其中 $p_0, p_1, \cdots, p_n$ 均为已知常数,且 $p_0 \neq 0, n > 2$.

前面讨论二阶常系数齐次线性微分方程所用的方法以及方程的通解的形式,可推广到 n 阶常系数齐次线性微分方程,对此简单叙述如下.

定义 9-5 设有 n 个函数 $y_1(x), y_2(x), \cdots, y_n(x)$ 在区间 (a,b) 内有定义,若存在不全为零的常数 $k_1, k_2, \cdots, k_n$,使

$$k_1 y_1(x) + k_2 y_2(x) + \cdots + k_n y_n(x) = 0,$$

则称 $y_1(x), y_2(x), \cdots, y_n(x)$ 线性相关,否则称 $y_1(x), y_2(x), \cdots, y_n(x)$ 线性无关.

定理 9-6 n 阶齐次线性微分方程(9-31)有且仅有 n 个线性无关的解.

定理 9-7 若 $y_1(x), y_2(x), \cdots, y_n(x)$ 是齐次线性微分方程(9-31)的 n 个线性无关的解,则其通解为

$$y = C_1 y_1(x) + C_2 y_2(x) + \cdots + C_n y_n(x),$$

其中 $C_1, C_2, \cdots, C_n$ 为任意常数.

上述定理证明略.

由定理 9-7 可知,求齐次线性微分方程的通解,关键是求它的 n 个线性无关的特解 $y_1(x), y_2(x), \cdots, y_n(x)$. 下面介绍其求法.

同二阶常系数齐次线性微分方程一样,设方程(9-31)的解的形式为

$$y = e^{\lambda x} \quad (\lambda \text{ 为待定系数}).$$

将 $y = e^{\lambda x}$ 代入方程(9-31)得

$$p_0 \lambda^n + p_1 \lambda^{n-1} + \cdots + p_{n-1} \lambda + p_n = 0. \tag{9-32}$$

此方程称为 n 阶常系数齐次线性微分方程(9-31)的**特征方程**,特征方程的根称为**特征根**. 方程(9-32)是一元 n 次方程,必有 n 个根 $\lambda_1, \lambda_2, \cdots, \lambda_n$.

(1)如果 λ 是特征方程的单根,那么 $e^{\lambda x}$ 是齐次线性微分方程的一个解.

(2)如果 λ 是特征方程的 m 重特征根,那么 $e^{\lambda x}, x e^{\lambda x}, \cdots, x^{m-1} e^{\lambda x}$ 是齐次线性微分方程

的 m 个线性无关的解.

（3）如果 $\lambda = \alpha \pm i\beta$ 分别是特征方程的单根，那么 $e^{\alpha x}\cos\beta x, e^{\alpha x}\sin\beta x$ 是齐次线性微分方程的两个线性无关的解.

（4）如果 $\lambda = \alpha \pm i\beta$ 分别是特征方程的 m 重特征根，那么 $e^{\alpha x}\cos\beta x, e^{\alpha x}\sin\beta x, xe^{\alpha x}\cos\beta x,$ $xe^{\alpha x}\sin\beta x, \cdots, x^{m-1}e^{\alpha x}\cos\beta x, x^{m-1}e^{\alpha x}\sin\beta x$ 是齐次线性微分方程的 $2m$ 个线性无关的解.

2. n 阶常系数非齐次线性微分方程

n 阶常系数非齐次线性微分方程的一般形式为

$$p_0 y^{(n)} + p_1 y^{(n-1)} + \cdots + p_{n-1} y' + p_n y = f(x),\tag{9-33}$$

其中 $p_0, p_1, \cdots, p_n$ 为已知实常数，$p_0 \neq 0, n > 2, f(x)$ 为已知函数，且 $f(x) \neq 0$.

n 阶常系数非齐次线性微分方程的解具有下列性质.

定理 9-8　若 y^* 是非齐次线性微分方程(9-33)的一个特解，而 $\tilde{y}$ 是对应的齐次微分方程(9-31)的通解，则

$$y = y^* + \tilde{y}$$

是非齐次线性微分方程(9-33)的通解.

证明略.

非齐次线性微分方程(9-33)的特解的求法可类似于二阶非齐次线性微分方程的特解的求法，包括常数变易法和待定系数法.当 $f(x)$ 为某些特殊类型的函数时，待定系数法更简便.

例 9-26　求方程 $y^{(5)} - 4y^{(4)} + 6y''' - 6y'' + 5y' - 2y = x^2 + x$ 的通解.

解　特征方程为

$$\lambda^5 - 4\lambda^4 + 6\lambda^3 - 6\lambda^2 + 5\lambda - 2 = 0,$$

它的五个特征根为

$$\lambda_1 = 2, \quad \lambda_2 = \lambda_3 = 1, \quad \lambda_4 = i, \quad \lambda_5 = -i,$$

故对应的齐次微分方程的五个线性无关的解为

$$y_1 = e^{2x}, \quad y_2 = e^x, \quad y_3 = xe^x, \quad y_4 = \cos x, \quad y_5 = \sin x,$$

因此对应的齐次微分方程的通解为

$$y = C_1 e^{2x} + C_2 e^x + C_3 xe^x + C_4 \cos x + C_5 \sin x.$$

因为 $f(x) = x^2 + x$ 是二次多项式，用待定系数法.这时零不是特征根，可设原方程的特解形式为

$$y^* = B_0 + B_1 x + B_2 x^2,$$

其中 B_0, B_1, B_2 为待定系数.将 y^* 及其一至五阶导数代入原方程，得

$$-2B_2 x^2 + (-2B_1 + 10B_2)x + (-2B_0 + 5B_1 - 12B_2) = x^2 + x.$$

比较上式两端 x 的同次幂的系数，得

$$\begin{cases} -2B_2 = 1, \\ -2B_1 + 10B_2 = 1, \\ -2B_0 + 5B_1 - 12B_2 = 0, \end{cases}$$

解得

$$B_0 = -\frac{9}{2}, \quad B_1 = -3, \quad B_2 = -\frac{1}{2}.$$

故非齐次线性微分方程的特解为

$$y^* = -\frac{1}{2}x^2 - 3x - \frac{9}{2}.$$

所以原方程的通解为

$$y = C_1 e^{2x} + C_2 e^x + C_3 x e^x + C_4 \cos x + C_5 \sin x - \frac{1}{2}x^2 - 3x - \frac{9}{2},$$

其中 C_1, C_2, C_3, C_4, C_5 为任意常数.

本节小结

本节介绍了高阶微分方程的求解方法,包括二阶常系数齐次线性微分方程、二阶常系数非齐次线性微分方程及 n 阶常系数线性微分方程的解法及其解的定理.要求:

1. 会求二阶常系数齐次线性微分方程的通解和特解.

2. 会求二阶常系数非齐次线性微分方程的通解和特解.

3. 会求 n 阶常系数线性微分方程的通解和特解.

练习 9.3

基础题

1. 求下列微分方程的通解或在给定初值条件下的特解:

(1) $y'' - 4y = 0$;

(2) $y'' + 9y = 0$;

(3) $y'' - 4y' = 0$;

(4) $y'' - 3y' + 2y = 0$;

(5) $y'' + 2y' + y = 0$;

(6) $y'' + y' + y = 0$;

(7) $y'' - 5y' + 6y = 0, y'(0) = 1, y(0) = \frac{1}{2}$;

(8) $y'' - 6y' + 9y = 0, y'(0) = 2, y(0) = 0$.

2. 求下列微分方程的通解:

(1) $y'' - 2y' - 3y = e^{4x}$;

(2) $y'' - 2y' - e^{2x} = 0$;

(3) $y'' + 4y' = 8x$;

(4) $y'' - 5y' + 6y = (4x + 3)e^{5x}$;

（5）$y''-2y'+y=(2x+1)e^{x}$；　　　（6）$y''-y'=3x^{2}-6x-1$；

（7）$y''+4y=2\cos 2x$；　　　　　　（8）$y''-2y'+5y=e^{x}\sin 2x$；

（9）$y''+y'=2x^{2}-3$；　　　　　　（10）$y''+y'-2y=e^{-2x}\sin x$.

3. 求解下列初值问题：

（1）$y''-4y=4,y(0)=1,y'(0)=0$；

（2）$y''-5y'+6y=2e^{x},y(0)=1,y'(0)=1$；

（3）$y''+y'-2y=\cos x-3\sin x,y(0)=1,y'(0)=2$；

（4）$y''-y'=x,y(0)=1,y'(0)=0$.

4. 求下列微分方程的通解：

（1）$y'''+3y''+3y'+y=0$；　　　　　（2）$y^{(4)}+8y''+16y=0$；

（3）$y'''-y''+y'-y=x^{2}+x$；　　　　（4）$y'''+5y''+9y'+5y=3e^{2x}$.

提高题

1. 求微分方程 $y''+4y'+4y=e^{ax}$ 的通解，其中 a 为实数.

2. 求微分方程 $\dfrac{d^{2}x}{dt^{2}}+2\dfrac{dx}{dt}+5x=4e^{-t}+17\sin 2t$ 的通解.

3. 设函数 $f(x)$ 二阶导数连续，且满足方程

$$f(x)=\sin x-\int_{0}^{x}(x-t)f(t)\,dt,$$

求 $f(x)$.

4. 设函数 $\varphi(x)$ 二阶导数连续，且满足

$$\varphi'(x)=e^{x}+\sqrt{x}\int_{0}^{\sqrt{x}}\varphi(\sqrt{x}\,u)\,du,\quad \varphi(0)=0,$$

求 $\varphi(x)$.

*§9.4　可降阶的高阶微分方程

本节介绍三类特殊的、可采用降阶法来求解的高阶微分方程.

一、$y^{(n)}=f(x)$ 型的微分方程

此类微分方程由于其右端只含有变量 x，可采用逐步积分求得通解.但必须注意在其

通解中必须含有 n 个独立的任意常数.

例 9-27 求方程 $y''' = xe^x$ 的通解.

解 对原方程两端积分得

$$y'' = xe^x - e^x + C_1.$$

对上式积分得

$$y' = xe^x - 2e^x + C_1 x + C_2.$$

对上式积分得原方程的通解为

$$y = xe^x - 3e^x + \frac{1}{2}C_1 x^2 + C_2 x + C_3,$$

其中 C_1, C_2, C_3 为任意常数.

二、$y'' = f(x, y')$ 型的微分方程

这种类型的微分方程的特点是不直接出现未知函数 y. 我们可以把 y' 作为一个新的未知函数, 只要找出 y' 对 x 的函数关系, 通过积分便可得到 y 对 x 的函数关系, 具体解法如下:

令 $p = y'$, 则 $y'' = p' = \dfrac{dp}{dx}$. 代入方程 $y'' = f(x, y')$ 得

$$p' = f(x, p).$$

这是变量 p 关于 x 的一阶微分方程. 假设已求得其通解为

$$p = \varphi(x, C_1),$$

即

$$y' = \varphi(x, C_1),$$

再积分可得原方程的通解为

$$y = \int \varphi(x, C_1) \, dx + C_2.$$

例 9-28 求 $(x^2 + 1)y'' - 2xy' = 0$ 的通解.

解 令 $p = y'$, 则原方程化为

$$(x^2 + 1)\frac{dp}{dx} = 2xp.$$

当 $p \neq 0$ 时, 分离变量得

$$\frac{dp}{p} = \frac{2x}{x^2 + 1} dx,$$

两端积分, 得

$$\ln|p| = \ln(x^2 + 1) + C_2.$$

所以

$$p = C_1(x^2+1) \quad (\text{其中 } C_1 = \pm e^{C_2}),$$

即

$$y' = C_1(x^2+1).$$

再积分得原方程的通解为

$$y = C_1\left(\frac{1}{3}x^3+x\right) + C_0,$$

其中 C_0, C_1 为任意常数.

三、$y'' = f(y, y')$ 型的微分方程

这种类型的微分方程的特点是不直接出现自变量 x,解这类方程的方法是把 y 当作自变量,而令

$$p = \frac{\mathrm{d}y}{\mathrm{d}x} = y',$$

则

$$y'' = \frac{\mathrm{d}p}{\mathrm{d}x} = \frac{\mathrm{d}p}{\mathrm{d}y}\frac{\mathrm{d}y}{\mathrm{d}x} = \frac{\mathrm{d}p}{\mathrm{d}y} \cdot p.$$

将上两式代入方程 $y'' = f(y, y')$,得

$$p\frac{\mathrm{d}p}{\mathrm{d}y} = f(y, p).$$

这是 p 关于 y 的一阶微分方程.假设已求得其通解为

$$p = \Phi(y, C_1),$$

即

$$\frac{\mathrm{d}y}{\mathrm{d}x} = \Phi(y, C_1).$$

分离变量,可求得原方程的通解为

$$\int \frac{\mathrm{d}y}{\Phi(y, C_1)} = x + C_2 \quad (C_1, C_2 \text{ 为任意常数}).$$

例 9-29 求微分方程 $yy'' + 1 = y'^2$ 的通解.

解 令 $y' = p$,则 $y'' = p\dfrac{\mathrm{d}p}{\mathrm{d}y}$.于是原方程化为

$$yp\frac{\mathrm{d}p}{\mathrm{d}y} + 1 = p^2.$$

此为一阶可分离变量的微分方程,分离变量得

$$\frac{p}{p^2-1}\mathrm{d}p = \frac{1}{y}\mathrm{d}y.$$

两端积分得

$$\frac{1}{2}\ln|p^2-1|=\ln|y|+\ln C_1,$$

即

$$p^2=1+C_1^2 y^2,$$
$$p=\pm\sqrt{1+C_1^2 y^2},$$

因而有

$$\frac{\mathrm{d}y}{\mathrm{d}x}=\pm\sqrt{1+C_1^2 y^2}.$$

分离变量得

$$\frac{\mathrm{d}y}{\sqrt{1+C_1^2 y^2}}=\pm\mathrm{d}x.$$

两端积分,得原方程的通解为

$$\frac{1}{C_1}\ln(C_1 y+\sqrt{1+C_1^2 y^2})=|x|+C_2,$$

其中 C_1,C_2 为任意常数.

本节小结

本节主要介绍了三类特殊的高阶微分方程的形式和性质,并讲解了用降阶法来求解这三类特殊的高阶微分方程.注意:

1. 求解 $y^{(n)}=f(x)$ 型的微分方程时,应采用逐次积分的方式.

2. 求解 $y''=f(x,y')$ 型的微分方程时,应先令 $p=y'$,则 $p'=f(x,p)$,求得 $p=\varphi(y,C_1)$,再积分得原方程的通解.

3. 求解 $y''=f(y,y')$ 型的微分方程时,应先令 $p=y'$,则 $y''=\dfrac{\mathrm{d}p}{\mathrm{d}y}\cdot p$,求得 $p=\Phi(y,C_1)$,再通过分离变量法求得原方程的通解.

练习 9.4

基础题

1. 求下列微分方程的通解:

（1）$y''' = \sin x + \cos x$；　　　　　　（2）$y'' - y' = x$；

（3）$y''(e^x + 1) + y' = 0$；　　　　　　（4）$xy'' + y' = 0$；

（5）$yy'' + y'^2 = y'$；　　　　　　　　（6）$y'' + \dfrac{2}{1-y} y'^2 = 0$.

2. 求下列微分方程在给定初值条件下的解：

（1）$y''' = \dfrac{\ln x}{x^2}, y(1) = 0, y'(1) = 1, y''(1) = 2$；

（2）$y'' + (y')^2 = 1, y'(0) = 1, y(0) = 0$；

（3）$y'' = 3\sqrt{y}, y'(0) = 2, y(0) = 1$.

提高题

1. 已知曲线 $y = f(x)$ 满足：（1）$y'' = x$；（2）经过点 $M(0,1)$ 且在此点与直线 $y = \dfrac{x}{2} + 1$

相切，求此曲线方程.

2. 求微分方程 $y'' - \dfrac{1}{x} y' + y'^2 = 0$ 的通解（提示：方程两端除以 y'）.

§9.5　差分方程的概念及模型介绍

微分方程模型的一个特点是模型中未知函数和自变量在给定区间上连续，但有许多实际问题，变量必须取离散值，差分方程就是研究这类问题的一种数学模型.

一、差分的概念

设函数 $y = f(x)$ 是自变量 x 取整数值的离散函数，其在 x 处的函数值记为 y_x.

定义 9-6　当自变量从 x 变到 $x+1$ 时，函数 $y = f(x)$ 的增量

$$\Delta y_x = y_{x+1} - y_x$$

称为函数 $y = f(x)$ 在点 x 处的一阶差分，记为 Δy_x.

由于 Δy_x 仍是自变量 x 的函数，类似地可以定义二阶及二阶以上的高阶差分.当自变量由 x 变到 $x+1$ 时，一阶差分 Δy_x 的增量

$$\Delta(\Delta y_x) = \Delta y_{x+1} - \Delta y_x$$
$$= (y_{x+2} - y_{x+1}) - (y_{x+1} - y_x)$$

$$= y_{x+2} - 2y_{x+1} + y_x$$

称为函数 $y=f(x)$ 在点 x 处的**二阶差分**，记为 $\Delta^2 y_x$，即

$$\Delta^2 y_x = y_{x+2} - 2y_{x+1} + y_x.$$

二阶差分 $\Delta^2 y_x$ 的增量（自变量由 x 变到 $x+1$）

$$\Delta(\Delta^2 y_x) = \Delta^2 y_{x+1} - \Delta^2 y_x$$
$$= (y_{x+3} - 2y_{x+2} + y_{x+1}) - (y_{x+2} - 2y_{x+1} + y_x)$$
$$= y_{x+3} - 3y_{x+2} + 3y_{x+1} - y_x$$

称为函数 $y=f(x)$ 在点 x 处的**三阶微分**，即

$$\Delta^3 y_x = y_{x+3} - 3y_{x+2} + 3y_{x+1} - y_x.$$

依次类推，可定义 $y=f(x)$ 在点 x 处的 n 阶差分

$$\Delta^n y_x = \Delta(\Delta^{n-1} y_x) = \Delta^{n-1} y_{x+1} - \Delta^{n-1} y_x$$
$$= y_{x+n} - C_n^1 y_{x+n-1} + C_n^2 y_{x+n+2} + \cdots + (-1)^n y_x$$
$$= \sum_{k=0}^{n} (-1)^k C_n^k y_{x+n-k},$$

其中 $C_n^k = \dfrac{n!}{k!(n-k)!}$，且规定 $\Delta^0 y_x = y_x = f(x)$.

由定义 9-6 知，$y=f(x)$ 的 n 阶差分是函数值 $f(x+n), f(x+n-1), \cdots, f(x+1), f(x)$ 的线性组合；反之，函数 $y=f(x)$ 的各个函数值也可以用 $y_x=f(x)$ 和它的各阶差分表示，即

$$y_{x+1} = y_x + \Delta y_x,$$
$$y_{x+2} = y_{x+1} + \Delta y_{x+1} = y_x + 2\Delta y_x + \Delta^2 y_x,$$
$$y_{x+3} = y_{x+2} + \Delta y_{x+2} = y_x + 3\Delta y_x + 3\Delta^2 y_x + \Delta^3 y_x,$$
$$\cdots$$
$$y_{x+n} = y_x + C_n^1 \Delta y_x + C_n^2 \Delta^2 y_x + \cdots + C_n^{n-1} \Delta^{n-1} y_x + \Delta^n y_x = \sum_{k=0}^{n} C_n^k \Delta^k y_x.$$

由定义容易证明，差分具有以下性质：

(1) $\Delta(C) = 0$（C 为常数）；

(2) $\Delta(Cy_x) = C\Delta y_x$（$C$ 为常数）；

(3) $\Delta(ay_x + bz_x) = a\Delta y_x + b\Delta z_x$（$a, b$ 均为常数）；

(4) $\Delta(y_x \cdot z_x) = y_{x+1}\Delta z_x + z_x\Delta y_x = y_x\Delta z_x + z_{x+1}\Delta y_x$；

(5) $\Delta\left(\dfrac{y_x}{z_x}\right) = \dfrac{z_x\Delta y_x - y_x\Delta z_x}{z_x \cdot z_{x+1}}$（其中 $z_x \neq 0$）.

例 9-30　分别求 $\Delta(a^x)$ 与 $\Delta(x^n)$.

解　由定义，

$$\Delta(a^x) = a^{x+1} - a^x = a^x(a-1),$$

$$\Delta(x^n) = (x+1)^n - x^n = \sum_{k=1}^{n} C_n^k x^{n-k}.$$

例 9-31 求 $y = 3^x \cos x$ 的一阶差分.

解
$$\Delta y_x = \Delta(3^x \cos x) = 3^{x+1} \Delta(\cos x) + \cos x \cdot \Delta(3^x)$$
$$= 3^{x+1}(\cos(x+1) - \cos x) + \cos x(3^{x+1} - 3^x)$$
$$= 3^{x+1} \cos(x+1) - 3^x \cos x.$$

例 9-32 已知 $y = x^2 - 3x + 1$，求 $\Delta^2 y_x$ 和 $\Delta^3 y_x$.

解 由差分的性质与定义，有
$$\Delta y_x = \Delta(x^2) - 3\Delta(x) + \Delta(1) = 2x + 1 - 3 \times 1 + 0 = 2x - 2,$$
$$\Delta^2 y_x = \Delta(\Delta y_x) = \Delta(2x - 2) = 2\Delta(x) - \Delta(2) = 2,$$
$$\Delta^3 y_x = \Delta(\Delta^2 y_x) = \Delta(2) = 0.$$

由例 9-32 可以看出，对于 k 次多项式，它的 k 阶差分为常数，而 $(k+1)$ 阶以上的差分均为零.

二、差分方程

定义 9-7 含有自变量、未知函数及其差分的方程，称为差分方程，其一般形式为
$$F(x, y_x, \Delta y_x, \cdots, \Delta^n y_x) = 0$$
或
$$\Phi(x, y_x, y_{x+1}, \cdots, y_{x+n}) = 0.$$

差分方程的上述两种不同形式之间可以相互转化. 例如，差分方程 $\Delta^2 y_x + \Delta y_x + 1 = 0$ 可转化为
$$y_{x+2} - y_{x+1} + 1 = 0.$$

而 $y_{x+2} - 2y_{x+1} + 3y_x = 0$ 的另一种形式为
$$\Delta^2 y_x + 2y_x = 0.$$

三、差分方程的阶和解

定义 9-8 差分方程 $\Phi(x, y_x, y_{x+1}, \cdots, y_{x+n}) = 0$ 中未知函数的下标之间的最大差称为该差分方程的阶.

例如，差分方程 $y_{x+3} + 2y_{x+2} + y_{x+1} = 0$ 是二阶差分方程，因为下标的最大差为 $(x+3) - (x+1) = 2$；差分方程 $y_{x+5} + y_{x+3} + 4y_{x+2} + y_x = e^x$ 是五阶差分方程，因为 $(x+5) - x = 5$；差分方程 $\Delta^3 y_x + y_x + 1 = 0$ 可转化为 $y_{x+3} - 3y_{x+2} + 3y_{x+1} + 1 = 0$，因而是二阶差分方程.

定义 9-9 如果某个函数代入差分方程后能使差分方程成为恒等式，那么称此函数为该差分方程的解. 如果差分方程的解中所含的相互独立的任意常数的个数与差分方程

的阶数相等,那么此解称为差分方程的**通解**.差分方程的每一个确定的解称为**特解**.

与微分方程类似,为了确定一个特解,对于 n 阶差分方程,必须给出 n 个条件,这些条件称为**定解条件**,其一般形式为

$$y_0 = a_0, y_1 = a_1, \cdots, y_{n-1} = a_{n-1},$$

其中 $a_0, a_1, \cdots, a_{n-1}$ 为常数,此条件也称为**初值条件**.

求差分方程满足初值条件的特解问题,称为**初值问题**.

四、差分方程实例模型

在现实生活中,有许多变量是离散变化的,这时我们不能用微分方程来表示它们的变化过程,但可用差分方程来描述其变化过程,以下是几个经济生活中常用的差分方程模型.

1. 市场价格动态模型

在市场经济中,一般来说,商品的生产总是先于商品出售一个时期,且 t 时期该商品的价格 P_t 不仅决定本期该商品的需求量 D_t,还影响下一时期该商品的供给量 S_t.假定需求量与供给量都是价格的线性函数,即

$$D_t = a - bP_t, \quad S_t = -c + dP_{t-1}, \tag{9-34}$$

其中 a, b, c, d 均为正常数.

假定每一时期该商品供需均衡,即

$$D_t = S_t.$$

将式(9-34)代入上式并整理,可得用差分方程表示的市场价格动态模型如下:

$$P_t + \frac{d}{b}P_{t-1} = \frac{a+c}{b}.$$

带初值条件 $P_t \big|_{t=0} = P_0$(初始价格)的初值问题如下:

$$\begin{cases} P_t + \dfrac{d}{b}P_{t-1} = \dfrac{a+c}{d}, \\ P_t \big|_{t=0} = P_0. \end{cases} \tag{9-35}$$

模型(9-35)的解为(求解方法见 §9.6)

$$P_t = \frac{a+c}{b+d} + \left(P_0 - \frac{a+c}{b+d} \right)\left(-\frac{b}{d} \right)^t.$$

2. 经济增长模型

任何一个国家或地区都面临着经济发展的问题,而经济发展的中心任务就是促进经济增长,一个国家(或地区)的经济绝对增长量可以用本年与前一年的总产值之差表示,若用 Y 表示总产值,则经济增长可表示为 $Y_t - Y_{t-1}$.而经济增长又与该国(或地区)的储蓄和投资密切相关,经济增长模型可用下述方程组描述:

$$\begin{cases} S_t = \alpha Y_{t-1}, & 0 < \alpha < 1, \\ I_t = \beta(Y_t - Y_{t-1}), & \beta > 0, \\ S_t = I_t, \end{cases}$$

其中 S_t, I_t, Y_t 分别表示 t 期的储蓄、投资、总产值，Y_{t-1} 表示前一期的总产值，α, β 为常数.

上述方程组经化简，可化为如下一阶线性差分方程：

$$\beta Y_t - (\alpha + \beta) Y_{t-1} = 0,$$

其解为(求解方法见 §9.6)

$$Y_t = C\left(\frac{\alpha + \beta}{\beta}\right)^t \quad (C \text{ 为任意常数}).$$

例如，当 $\alpha = 0.2, \beta = 2, Y_0 = 100, t = 3$ 时，总产值为

$$Y = 100 \times 1.1^3 = 133.1.$$

3. 消费模型

消费是一个国家(或地区)某一时期居民生活水平的体现，而某一时期居民的消费不仅与当期的国民收入有关，还与当期的投资有关. 若设 Y_t 为 t 期的国民收入，C_t 为 t 期的消费，I_t 为 t 期的投资，则可建立如下消费模型：

$$\begin{cases} C_t = \alpha Y_t + a, \\ I_t = \beta Y_t + b, \\ Y_t - Y_{t-1} = \theta(Y_{t-1} - C_{t-1} - I_{t-1}), \end{cases}$$

其中 α, β, a, b 和 θ 均为常数，且 $0 < \alpha < 1, 0 < \beta < 1, 0 < \alpha + \beta < 1, 0 < \theta < 1, a \geqslant 0, b \geqslant 0$. 上述第三个式子表示 t 期的经济增长取决于前一期的国民收入、消费和投资. 消去模型中的 C_t 和 I_t，得

$$Y_t = [1 + \theta(1 - \alpha - \beta)] Y_{t-1} - \theta(a + b).$$

这是关于 Y_t 的一阶非齐次线性差分方程，可以求得其解为(求解方法见 §9.6)

$$Y_t = C[1 + \theta(1 - \alpha - \beta)]^t + \frac{a + b}{1 - \alpha - \beta} \quad (C \text{ 为任意常数}).$$

若基期(即 $t = 0$)的国民收入为 Y_0，则相应的特解为

$$Y_t = \left(Y_0 - \frac{a + b}{1 - \alpha - \beta}\right)[1 + \theta(1 - \alpha - \beta)]^t + \frac{a + b}{1 - \alpha - \beta}.$$

将 Y_t 代回消费模型，可求得 C_t 和 I_t.

4. 乘数-加速数模型

设 Y_t 为 t 期的国民收入，C_t 为 t 期的消费，I_t 为 t 期的投资，G 为政府支出(各期相同)，萨缪尔森建立了如下的宏观经济运行模型(称为乘数-加速数模型)：

$$\begin{cases} Y_t = C_t + I_t + G, \\ C_t = \alpha Y_{t-1}, & 0 < \alpha < 1, \\ I_t = \beta(C_t - C_{t-1}), & \beta > 0, \end{cases}$$

其中 α 为边际消费倾向，β 为加速数，α, β 均为常数．

模型中第一个式子表示 t 期的国民收入分配情况（分为居民消费、投资、政府支出），第二个式子表示 t 期的消费取决于前一期的国民收入，第三个式子表示 t 期的投资取决于 t 期的消费增长 $(C_t - C_{t-1})$．

将后两个方程代入第一个方程，得

$$Y_t = \alpha Y_{t-1} + \alpha\beta(Y_{t-1} - Y_{t-2}) + G,$$

改写为标准形式

$$Y_{t+2} - \alpha(1+\beta)Y_{t+1} + \alpha\beta Y_t = G.$$

这是关于 Y_t 的二阶常系数非齐次线性差分方程，其求解方法将在 §9.7 中介绍．

本节小结

本节主要介绍了差分和差分方程的概念及性质、差分方程的阶和解的概念以及差分方程的初值问题的形式和性质，并分析了几个经济生活中常用的差分方程模型，包括市场价格动态模型、经济增长模型、消费模型、乘数-加速数模型．注意：

1. 差分方程的变量必须取离散值．

2. 差分方程的通解与特解的不同．

3. 差分方程与微分方程在初值问题和解的概念上的联系与区别．

4. 在市场价格动态模型分析中，需假定每个时期该商品供需均衡，即 $Q_t^s = Q_t^d$．

练习 9.5

基础题

1. 求下列函数的一阶和二阶差分：

（1）$y = \dfrac{1}{x}$；

（2）$y = e^{2x}$；

（3）$y = \ln x$；

（4）$y = x^3 + 3x - 3$．

2. 确定下列差分方程的阶：

（1）$y_{x+5}-3y_{x+4}+8y_x=8+7y_{x+2}$；　　　（2）$y_{x-2}-y_{x-4}=y_{x+2}$；

（3）$x\Delta^2 y_x+\Delta y_x+y_x=0$；　　　（4）$2\Delta^3 y_x+\Delta y_x+3y_x+\sin x=0$.

3. 证明 $y_x=C_1+c_2 2^x-x$ 是方程 $y_{x+2}-3y_{x+1}+2y_x=1$ 的解. 此解是通解还是特解？

4. 证明 $y_x=C_1+C_2 2^x+C_3 3^x$ 是方程 $y_{x+3}-6y_{x+2}+11y_{x+1}-6y_x=0$ 的解，并求满足 $y_0=1$，$y_1=1$，$y_2=-1$ 的特解.

提高题

1. 求下列函数的三阶差分：

（1）$y=x^3$；　　　（2）$y=e^{3x}$.

2. 设 y_x,U_x,Z_x 分别是下列差分方程的解：
$$y_{x+1}+ay_x=f_1(x),\quad y_{x+1}+ay_x=f_2(x),\quad y_{x+1}+ay_x=f_3(x),$$
证明 $V_x=y_x+U_x+Z_x$ 是差分方程 $y_{x+1}+ay_x=f_1(x)+f_2(x)+f_3(x)$ 的解.

3. 某个地区，若每年现有的汽车中有 $x\%$ 需报废，同时每年新购 N 辆汽车，建立 n 年后汽车总数 C_n 的差分方程.

4. 某种树 10 年后可成材，若 P_n 表示第 n 年植入的树的数量，M_n 表示第 n 年时已成材的树的数量，写出与 P_n,M_n 有关的差分方程（考虑 $n\geqslant 10$ 时的情形）. 如果 C 表示每年要砍伐的树的数量，差分方程应如何修正？

§9.6　常系数线性差分方程

一、n 阶常系数线性差分方程的性质

n 阶常系数线性差分方程的一般形式为
$$y_{x+n}+p_1 y_{x+n-1}+\cdots+p_{n-1}y_{x+1}+p_n y_x=f(x),\tag{9-36}$$
其中 $p_1,p_2,\cdots,p_n$ 为已知常数，且 $p_n\neq 0$，$f(x)$ 为已知函数.

当 $f(x)\equiv 0$ 时，
$$y_{x+n}+p_1 y_{x+n-1}+\cdots+p_{n-1}y_{x+1}+p_n y_x=0,\tag{9-37}$$
称之为 n 阶常系数齐次线性差分方程.

当 $f(x)\neq 0$ 时，方程（9-36）称为 n 阶常系数非齐次线性差分方程.

n 阶常系数线性差分方程有如下基本性质.

定理 9-9 若函数 $y_1(x), y_2(x), \cdots, y_k(x)$ 是 n 阶常系数齐次线性差分方程(9-37)的 k 个解,则这 k 个解的线性组合

$$y_x = C_1 y_1(x) + C_2 y_2(x) + \cdots + C_k y_k(x)$$

仍是该方程的解,其中 $C_1, C_2, \cdots, C_k$ 为任意常数.

定理 9-10 n 阶常系数齐次线性差分方程(9-37)有且仅有 n 个线性无关的解.

定理 9-11 如果函数 $y_1(x), y_2(x), \cdots, y_n(x)$ 是 n 阶常系数齐次线性差分方程(9-37)的 n 个线性无关的解,则其通解为

$$\widetilde{y}_x = C_1 y_1(x) + C_2 y_2(x) + \cdots + C_n y_n(x),$$

其中 $C_1, C_2, \cdots, C_n$ 为任意常数.

定理 9-12 若 y_x^* 是非齐次线性差分方程(9-36)的一个特解,而 $\widetilde{y}_x$ 是对应的齐次差分方程(9-37)的通解,则非齐次线性差分方程(9-36)的通解为

$$y_x = y_x^* + \widetilde{y}_x.$$

二、一阶常系数线性差分方程

一阶常系数线性差分方程的一般形式为

$$y_{x+1} - p y_x = f(x), \tag{9-38}$$

其中 p 为已知的非零常数,$f(x)$ 为已知函数.

在方程(9-38)中,若 $f(x) \neq 0$,则称(9-38)为一阶常系数非齐次线性差分方程;若 $f(x) \equiv 0$,则称对应的齐次差分方程

$$y_{x+1} - p y_x = 0 \tag{9-39}$$

为一阶常系数齐次线性差分方程.

1. 一阶常系数齐次线性差分方程的通解

将方程(9-39)改写为 $y_{x+1} = p y_x$,则

$$y_x = p y_{x-1} = p \cdot p y_{x-2} = p \cdot p \cdot p y_{x-3} = \cdots = p^x y_0.$$

记 $C = y_0$,则齐次线性差分方程(9-39)的通解为

$$y_x = C p^x \quad (C \text{ 为任意常数}). \tag{9-40}$$

另一方面,称 $\lambda - p = 0$ 为 $y_{x+1} - p y_x = 0$ 的**特征方程**,特征根为 $\lambda = p$,从而方程(9-39)的通解为 $y_x = C p^x$.

例 9-33 求差分方程 $y_{x+1} + 3 y_x = 0$ 的通解.

解 因为 $p = -3$,将其代入通解公式(9-40),得该方程的通解为

$$y_x = C \cdot (-3)^x \quad (C \text{ 为任意常数}).$$

例 9-34 已知本金为 A,年利率为 r,求 t 年后的本利和.

解　该问题即为求解初值问题

$$\begin{cases} y_{t+1} = y_t(1+r), \\ y_0 = A, \end{cases}$$

由式(9-40)可得通解为

$$y_t = C(1+r)^t.$$

将初值条件 $y_0 = A$ 代入上式,得 $C = A$.故原问题的解即 t 年后的本利和为

$$y_t = A(1+r)^t.$$

例 9-35(存款模型)　设 S_t 为 t 年末存款总额,r 为年利率(按年复利计息),$S_{t+1} = S_t + rS_t$,且初始存款为 S_0,求 t 年末的本利和.

解　$S_{t+1} = S_t + rS_t$,即

$$S_{t+1} - (1+r)S_t = 0.$$

这是一个一阶常系数齐次线性差分方程.其特征方程为

$$\lambda - (1+r) = 0,$$

解得特征根为

$$\lambda = 1+r.$$

故原方程的通解为

$$S_t = C(1+r)^t.$$

将初值条件代入得 $C = S_0$,因此 t 年末的本利和为

$$S_t = S_0(1+r)^t.$$

这就是一笔本金 S_0 存入银行后,年利率为 r,按年复利计息,t 年末的本利和.

2. 一阶常系数非齐次线性差分方程的特解与通解

由定理 9-12 知,非齐次线性差分方程(9-38)的通解可以用对应的齐次差分方程(9-39)的通解与非齐次差分线性方程(9-38)的任一个特解之和来表示.前面已介绍齐次差分方程(9-39)的通解的求法,故现只需讨论非齐次线性差分方程(9-38)的特解的求法.

求非齐次线性差分方程(9-38)的特解的方法有很多,当 $f(x)$ 为特殊形式时,用待定系数法较为简便.

下面介绍对 $f(x)$ 的三种特殊形式求非齐次线性差分方程(9-38)的特解的方法.

(1) $f(x) = k$ 型(k 为常数,$k \neq 0$)

此时非齐次线性差分方程(9-38)化为

$$y_{x+1} - py_x = k. \tag{9-41}$$

可设其特解形式为

$$y_x^* = Ax^s,$$

其中 s, A 为待定常数.

① 当 $p \neq 1$ 时,取 $s = 0$,即 $y_x^* = A$.代入方程(9-41)得 $A - pA = k$,于是

$$A = \frac{k}{1-p}.$$

因而非齐次线性差分方程(9-41)的一个特解为

$$y_x^* = \frac{k}{1-p}.$$

由式(9-40)知对应的齐次差分方程的通解为

$$\widetilde{y}_x = Cp^x.$$

故非齐次线性差分方程(9-41)的通解为

$$y_x = \frac{k}{1-p} + Cp^x \quad (C \text{ 为任意常数}).$$

② 当 $p = 1$ 时,取 $s = 1$,即 $y_x^* = Ax$.代入方程(9-41)得 $A = k$.因而非齐次线性差分方程(9-41)的一个特解为

$$y_x^* = kx.$$

此时对应的齐次差分方程的通解为

$$\widetilde{y}_x = C \quad (C \text{ 为任意常数}).$$

故非齐次线性差分方程(9-41)的通解为

$$y_x = kx + C \quad (C \text{ 为任意常数}).$$

例 9-36　求差分方程 $y_{x+2} + 7y_{x+1} = 16$ 的通解.

解　显然,对应的齐次差分方程

$$y_{x+2} + 7y_{x+1} = 0$$

的通解为

$$\widetilde{y}_x = C \cdot (-7)^x \quad (C \text{ 为任意常数}).$$

由于 $k = 16, p = -7 \neq 1$,所以原方程的一个特解为

$$y_x^* = \frac{16}{1-(-7)} = 2.$$

故原方程的通解为

$$y_x = 2 + C \cdot (-7)^x \quad (C \text{ 为任意常数}).$$

例 9-37　解初值问题

$$\begin{cases} y_{t+1} - y_t = 3, \\ y(0) = 2. \end{cases}$$

解　显然,对应的齐次差分方程

$$y_{t+1} - y_t = 0$$

的通解为

$$\widetilde{y}_t = C.$$

由于 $k=3, p=1$，所以原方程的一个特解为

$$y_t^* = 3t.$$

故原方程的通解为

$$y_t = 3t + C \quad (C \text{ 为任意常数}).$$

将条件 $y(0)=2$ 代入上式得 $C=2$，所以初值问题的解为

$$y_t = 3t + 2.$$

（2）$f(x) = ka^x$ 型（其中 k, a 为常数，且 $a>0, a \neq 1$）

此时非齐次线性差分方程(9-38)化为

$$y_{x+1} - py_x = ka^x. \tag{9-42}$$

设其特解为

$$y_x^* = Aa^x x^s,$$

其中 s, A 为待定常数.

① 当 $p \neq a$ 时，取 $s=0$，即 $y_x^* = Aa^x$.代入方程(9-42)得

$$Aa^{x+1} - pAa^x = ka^x,$$

即

$$A = \frac{k}{a-p}.$$

于是非齐次线性差分方程(9-42)的一个特解为

$$y_x^* = \frac{k}{a-p} a^x.$$

② 当 $p=a$ 时，取 $s=1$，即 $y_x^* = Axa^x$.代入方程(9-42)，得

$$A(x+1)a^{x+1} - aAxa^x = ka^x,$$

即 $A = \dfrac{k}{a}$.所以非齐次线性差分方程(9-42)的一个特解为

$$y_x^* = \frac{k}{a} xa^x = kxa^{x-1}.$$

例 9-38　求差分方程 $2y_{x+1} - 4y_x = 2^{x+1}$ 的通解.

解　原方程可化简为

$$y_{x+1} - 2y_x = 2^x.$$

对应的齐次差分方程的通解为

$$\widetilde{y}_x = C \cdot 2^x.$$

由于 $p=2=a$，所以原方程的特解应设为

$$y_x^* = Ax \cdot 2^x.$$

代入原方程，得

$$A(x+1) \cdot 2^{x+1} - 2Ax \cdot 2^x = 2^x,$$

即 $A = \dfrac{1}{2}$. 于是

$$y_x^* = \frac{1}{2}x \cdot 2^x = x \cdot 2^{x-1}.$$

故原方程的通解为

$$y_x = x \cdot 2^{x-1} + C \cdot 2^x \quad （C \text{ 为任意常数}）.$$

例 9-39　求解初值问题

$$\begin{cases} y_{x+1} - 2y_x = 3^x, \\ y_0 = 2. \end{cases}$$

解　对应的齐次差分方程 $y_{x+1} - 2y_x = 0$ 的通解为

$$\widetilde{y_x} = C \cdot 2^x.$$

由于 $p = 2 \neq 3 = a$, 故设原方程的一个特解为

$$y_x^* = A \cdot 3^x.$$

将其代入原方程, 得

$$A \cdot 3^{x+1} - 2A \cdot 3^x = 3^x,$$

即 $A = 1$. 故原方程的一个特解为 $y_x^* = 3^x$. 所以原方程的通解为

$$y_x = C \cdot 2^x + 3^x.$$

将 $y_0 = 2$ 代入上式得 $C = 1$, 所以初值问题的解为

$$y_x = 2^x + 3^x.$$

（3）$f(x) = kx^n$ 型（k 为常数）

此时非齐次线性差分方程（9-38）化为

$$y_{x+1} - py_x = kx^n. \tag{9-43}$$

设其特解为

$$y_x^* = x^s(A_0 + A_1x + \cdots + A_nx^n),$$

其中 $s, A_0, A_1, \cdots, A_n$ 为待定常数.

① 当 $p \neq 1$ 时, 取 $s = 0$, 则 $y_x^* = A_0 + A_1x + \cdots + A_nx^n$, 将其代入方程（9-43）, 通过比较方程两端 x 的同次幂的系数, 就可确定 $A_0, A_1, \cdots, A_n$ 的值.

② 当 $p = 1$ 时, 取 $s = 1$, 则 $y_x^* = x(A_0 + A_1x + \cdots + A_nx^n)$. 将其代入方程（9-43）, 通过比较方程两端 x 的同次幂的系数, 就可确定 $A_0, A_1, \cdots, A_n$ 的值.

例 9-40　求差分方程 $y_{x+1} + 4y_x = 2x^2 + x - 1$ 的一个特解.

解　由于 $p = -4 \neq 1$, 故设原方程的一个特解为

$$y_x^* = A_0 + A_1x + A_2x^2.$$

将其代入原方程, 得

$$A_0+A_1(x+1)+A_2(x+1)^2+4(A_0+A_1x+A_2x^2)=2x^2+x-1,$$

即

$$5A_2x^2+(2A_2+5A_1)x+5A_0+A_1+A_2=2x^2+x-1.$$

比较上述方程两端 x 的同次幂的系数,得

$$\begin{cases} 5A_2=2, \\ 2A_2+5A_1=1, \\ 5A_0+A_1+A_2=-1, \end{cases}$$

解之得

$$A_2=\frac{2}{5}, \quad A_1=\frac{1}{25}, \quad A_0=-\frac{36}{125}.$$

所以原方程的一个特解为

$$y_x^*=-\frac{36}{125}+\frac{1}{25}x+\frac{2}{5}x^2.$$

例 9-41 设 P_t,S_t,D_t 分别表示某种商品在 t 时刻的价格、供给量和需求量,这里 t 取离散值,例如 $t=0,1,2,\cdots$。由于 t 时刻的供给量 S_t 取决于 t 时刻的价格,且价格越高,供给量越大,所以常用的线性模型是

$$S_t=-c+dP_t.$$

由同样的分析可得

$$D_t=a-bP_t.$$

这里 a,b,c,d 均为正常数,实际情况告诉我们,t 时期的价格 P_t 由 $t-1$ 时期的价格 P_{t-1} 与供给量及需求量之差 $S_{t-1}-D_{t-1}$ 按下述关系确定(其中 λ 为常数):

$$P_t=P_{t-1}-\lambda(S_{t-1}-D_{t-1}).$$

(1)求供需均衡时的价格 P_e(称为均衡价格);

(2)求商品的价格随时间的变化规律.

解 (1)由 $D_t=S_t$ 可得

$$P_e=\frac{a+c}{b+d}.$$

(2)由题设可得

$$P_t=P_{t-1}-\lambda(S_{t-1}-D_{t-1})=P_{t-1}-\lambda[-a+bP_{t-1}-(c-dP_{t-1})],$$

即

$$P_t-(1-b\lambda-d\lambda)P_{t-1}=\lambda(a+c).$$

这是一个一阶常系数非齐次线性差分方程,其对应的齐次差分方程的通解为

$$\widetilde{P}_t=A(1-b\lambda-d\lambda)^t \quad (其中 A 为常数).$$

原方程的一个特解为

$$P_t^* = \frac{a+c}{b+d} = P_e,$$

从而原方程的通解为

$$P_t = A(1-b\lambda-d\lambda)^t + \frac{a+c}{b+d} = A(1-b\lambda-d\lambda)^t + P_e.$$

由于初始价格 P_0 一般为已知,故由 $P_0 = A + P_e$ 可得

$$A = P_0 - P_e.$$

从而

$$P_t = (P_0 - P_e)(1-b\lambda-d\lambda)^t + P_e.$$

与例题不一样的是,在实际经济问题中,往往是 t 时期的价格 P_t 决定下一时期的供给量 S_{t+1},同时 P_t 还决定本期该商品的需求量.因此有必要讨论下面一个例子.

例 9-42 考虑 §9.5 中的市场价格动态模型

$$D_t = a - bP_t, \quad S_t = -c + dP_{t-1},$$

其中 a, b, c, d 均为正常数.假设每一时期的价格总是确定在市场出清的水平上,即 $S_t = D_t$.

(1) 求价格随时间的变化规律;

(2) 讨论市场价格的种种变化趋势.

解 (1) 由于 $S_t = D_t$,所以

$$-c + dP_{t-1} = a - bP_t$$

即

$$bP_t + dP_{t-1} = a + c.$$

于是

$$P_t + \frac{d}{b}P_{t-1} = \frac{a+c}{b}.$$

它是一阶常系数线性差分方程,其对应的齐次差分方程的特征方程为

$$\lambda + \frac{d}{b} = 0,$$

解得

$$\lambda = -\frac{d}{b}.$$

因为 $b > 0, d > 0$,所以 $\lambda = -\frac{d}{b} \neq 1$.故对应的齐次差分方程的通解为

$$\widetilde{P}_t = A\left(-\frac{d}{b}\right)^t \quad (A \text{ 为任意常数}),$$

且原方程的一个特解为

$$P_t^* = \frac{a+c}{b+d}.$$

因此,问题的通解为

$$P_t = \frac{a+c}{b+d} + A\left(-\frac{d}{b}\right)^t \quad (A \text{ 为任意常数}).$$

假设当 $t = 0$ 时, $P_t = P_0$. 将此初值条件代入通解,得

$$A = P_0 - \frac{a+c}{b+d},$$

故满足初值条件 $t = 0$ 时 $P_t = P_0$ 的特解为

$$P_t = \frac{a+c}{b+d} + \left(P_0 - \frac{a+c}{b+d}\right)\left(-\frac{d}{b}\right)^t.$$

这一结论说明了市场趋向的种种形态,在(2)中具体分析.

(2) 若 $\left|-\dfrac{d}{b}\right| < 1$,则

$$\lim_{t \to +\infty} P_t = \frac{a+c}{b+d} = P_t^*.$$

这说明随着时间 t 增大,市场趋于均衡,且特解 $P_t^* = \dfrac{a+c}{b+d}$ 是一个均衡价格.

若 $\left|-\dfrac{d}{b}\right| > 1$,则

$$\lim_{t \to +\infty} P_t = \infty.$$

这说明随着时间 t 增大,市场价格的波动越来越大,且呈发散状态.

若 $\left|-\dfrac{d}{b}\right| = 1$,则

$$P_{2t} = P_0, \quad P_{2t+1} = 2P_t^* - P_0,$$

即市场价格呈周期变化状态.

例如,我们来讨论所谓的"供需均衡"问题:设一个时期内某商品的需求量 D 与供给量 S 都是只依赖于价格 P 的线性函数(这是最简单的情形):

$$\begin{cases} D(P) = a - b \cdot P, \\ S(P) = -c + d \cdot P, \end{cases}$$

其中 a, b, c, d 均为正常数. 令 $D = S$,可求得均衡价格

$$P_e = \frac{a+c}{b+d}.$$

以动态观点来研究价格波动的规律,结合(1)中的结果,可得商品价格随时间波动所满足的关系式:

$$P_t = (P_0 - P_e) \cdot \left(-\frac{d}{b}\right)^t + P_e.$$

不难看出,当 $b > d$(即需求曲线比供给曲线"陡峭")时,有

$$\lim_{t \to +\infty} P_t = \lim_{t \to +\infty} \left[(P_0 - P_e) \cdot \left(-\frac{d}{b} \right)^t + P_e \right] = P_e.$$

这说明随着时间的推移,商品的价格越来越接近它的均衡价格.

如图 9-2 所示,画出需求函数 $D(P)$ 和供给函数 $S(P)$ 的图像,并设 P_0 为初始价格,那么第一次市场上的商品供给量 S_1 应为 $S(P_0)$:可以在图上画一条通过 P_0 且与 Q 轴平行的直线交 $S(P)$ 而得到;而需求量等于供给量,于是市场价格 P_1 可以从 S_1 画一条与 P 轴平行的直线交需求曲线 $D(P)$ 而得到 D_1,过 D_1 再画一条与 Q 轴平行的直线交坐标轴而得到;重复进行这个过程,从 P_0 到点 $S_1,D_1,S_2,D_2,\cdots$ 的运行轨迹逐渐向中心(供需均衡点)靠拢,在平面上形成了一个如同蛛网的图像,这就是经济学中著名的**蛛网模型**.它形象而又直观地反映了商品价格的波动幅度随着时间的推移越来越小,并最终向均衡价格回归的趋势.

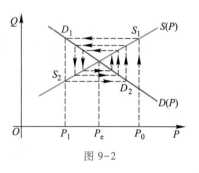

图 9-2

本节小结

本节主要介绍了 n 阶常系数线性差分方程的基本性质、一阶常系数齐次线性差分方程的通解形式和一阶常系数非齐次线性差分方程的特解和通解的形式,并结合实例进行了具体的分析.注意:

1. 齐次线性差分方程与非齐次线性差分方程的通解的差别.

2. 一阶常系数非齐次线性差分方程的三种特殊形式下的特解表达式的不同.

3. 上述蛛网模型只分析了运行轨迹逐渐向中心靠拢的情况.

练习 9.6

基础题

1. 解下列差分方程:

(1) $y_{x+1} - 2y_x = 0$;

(2) $y_{x+2} + 5y_{x+1} = 0$;

(3) $y_{x+2} - 2y_{x+1} = 3$;

(4) $2y_x - y_{x-1} = -18$;

(5) $2y_{x+1} - y_x = 3\left(\frac{1}{2}\right)^x$;

(6) $y_{x+1} - y_x = 2x^2$.

2. 求下列差分方程的特解:

（1）$4y_{x+1}-2y_x=1$，$y_0=1$；　　　　（2）$y_{x+1}+3y_x=6$，$y_0=4$；

（3）$4y_{x+1}+2y_x=1$，$y_0=1$；　　　　（4）$y_{x+1}+y_x=2^x$，$y_0=2$.

3. 已知某人欠有债务 25 000 元，月利息为 1%，计划在 12 个月内用分期付款的方式还清债务，每月要付出多少钱？设 a_n 为付款 n 次后还剩的欠款数，求每月付款 P 元使 $a_{12}=0$ 的差分方程.

4. 假设一水库中开始有 10 万条鱼，由于繁殖导致鱼的年增长率为 25%，而每年的捕鱼量为 3 万.

（1）列出每年末水库中存有鱼量的差分方程，并求解；

（2）按现在的情形，多少年后水库中的鱼将被捕捞完？

提高题

1. 求差分方程 $y_{x+1}-ay_x=2^x$ 的通解，其中 a 为非零实数.

2. 设 a,b 为非零常数且 $1+a\neq0$，证明：通过变换 $z_x=y_x-\dfrac{b}{1+a}$，可将非齐次线性差分方程 $y_{x+1}+ay_x=b$ 化为齐次线性差分方程，并求解 y_x.

3. 已知差分方程

$$(a+by_x)y_{x+1}=cy_x,$$

其中 $a>0,b>0,c>0$ 均为常数，$y_0>0$ 为给定的初值条件.

（1）证明：$y_x>0$，$x=1,2,\cdots$；

（2）证明：在变换 $z_x=\dfrac{1}{y_x}$ 下，原方程可化为关于 z_x 的线性差分方程，并求出 y_x 的解；

（3）求差分方程 $(2+3y_x)y_{x+1}=4y_x$ 在初值条件 $y_0=1$ 时的特解及 $\lim\limits_{x\to+\infty}y_x$.

§9.7　高阶常系数线性差分方程

二阶及二阶以上的线性差分方程称为高阶线性差分方程.

一、二阶常系数线性差分方程

二阶常系数线性差分方程的一般形式为

$$y_{x+2}+py_{x+1}+qy_x=f(x),\tag{9-44}$$

其中 $f(x)$ 为已知函数，p,q 为常数且 $q\neq0$.

在方程(9-44)中,若 $f(x) \neq 0$,则称(9-44)为二阶常系数非齐次线性差分方程;若 $f(x) \equiv 0$,则称方程

$$y_{x+2} + py_{x+1} + qy_x = 0 \tag{9-45}$$

为二阶常系数齐次线性差分方程.

1. 二阶常系数齐次线性差分方程的通解

由 §9.6 中定理 9-10 和定理 9-11 知,欲求齐次线性差分方程(9-45)的通解,只需找出其线性无关的两个特解.仿照一阶常系数齐次线性差分方程,假设指数函数 $y_x = \lambda^x (\lambda \neq 0)$ 是齐次线性差分方程(9-45)的解,代入(9-45)得

$$\lambda^{x+2} + p\lambda^{x+1} + q\lambda^x = 0,$$

即

$$\lambda^2 + p\lambda + q = 0. \tag{9-46}$$

方程(9-46)称为齐次线性差分方程(9-45)的特征方程,其根

$$\lambda_{1,2} = \frac{-p \pm \sqrt{p^2 - 4q}}{2}$$

称为特征根.

下面根据特征根的不同情况来确定齐次线性差分方程的通解的形式.

(1) 当 $p^2 - 4q > 0$ 时,特征方程有两个相异实根 $\lambda_1, \lambda_2 (\lambda_1 \neq \lambda_2)$.这时 $y_x^{(1)} = \lambda_1^x, y_x^{(2)} = \lambda_2^x$ 都是齐次线性差分方程(9-45)的解.因为 $\dfrac{y_x^{(1)}}{y_x^{(2)}} = \left(\dfrac{\lambda_1}{\lambda_2}\right)^x \neq$ 常数,所以 $y_x^{(1)}, y_x^{(2)}$ 是齐次差分方程的两个线性无关的解.故齐次线性差分方程(9-45)的通解为

$$y_x = C_1\lambda_1^x + C_2\lambda_2^x,$$

其中 C_1, C_2 为任意常数.

(2) 当 $p^2 - 4q = 0$ 时,特征方程有两个相等的实根

$$\lambda_1 = \lambda_2 = \lambda = -\frac{p}{2}.$$

此时只能得到方程(9-45)的一个特解 $y_x^{(1)} = \lambda^x$.容易验证 $y_x^{(2)} = x\lambda^x$ 也是方程(9-45)的解,且 $y_x^{(1)}, y_x^{(2)}$ 线性无关,故齐次线性差分方程(9-45)的通解为

$$y_x = C_1\lambda^x + C_2x\lambda^x = (C_1 + C_2x)\lambda^x,$$

其中 C_1, C_2 为任意常数.

(3) 当 $p^2 - 4q < 0$ 时,特征方程有一对共轭复根

$$\lambda_{1,2} = \alpha \pm i\beta,$$

其中 $\alpha = -\dfrac{p}{2}, \beta = \dfrac{\sqrt{4q - p^2}}{2}$,其三角表达式为

$$\lambda_1 = \alpha + i\beta = \gamma(\cos\theta + i\sin\theta),$$

$$\lambda_2 = \alpha - \mathrm{i}\beta = \gamma(\cos\theta - \mathrm{i}\sin\theta),$$

其中 $\gamma = \sqrt{\alpha^2 + \beta^2}$, $\tan\theta = \dfrac{\beta}{\alpha}$. 因而

$$\lambda_1^x = \gamma^x(\cos\theta x + \mathrm{i}\sin\theta x),$$
$$\lambda_2^x = \gamma^x(\cos\theta x - \mathrm{i}\sin\theta x)$$

都是齐次线性差分方程(9-45)的解. 分别取出 λ_1^x, λ_2^x 的实部和虚部作为 $y_x^{(1)}$ 和 $y_x^{(2)}$, 即

$$y_x^{(1)} = \gamma^x\cos\theta x, \quad y_x^{(2)} = \gamma^x\sin\theta x,$$

容易证明 $y_x^{(1)}$, $y_x^{(2)}$ 是方程(9-45)的两个线性无关的解, 所以齐次线性差分方程(9-45)的通解为

$$y_x = \gamma^x(C_1\cos\theta x + C_2\sin\theta x),$$

其中 C_1, C_2 为任意常数.

将上述结论总结于下表(其中 C_1, C_2 为任意常数):

特征根	线性无关的特解	$y_{x+2} + py_{x+1} + qy_x = 0$ 的通解
两个相异实根 λ_1, λ_2	λ_1^x, λ_2^x	$y_x = C_1\lambda_1^x + C_2\lambda_2^x$
两个相等实根 $\lambda_1 = \lambda_2 = \lambda$	λ^x, $x\lambda^x$	$y_x = (C_1 + C_2x)\lambda^x$
一对共轭复根 $\lambda = \alpha \pm \mathrm{i}\beta$	$\gamma^x\cos\theta x$, $\gamma^x\sin\theta x$ $\left(\text{其中 } \gamma = \sqrt{\alpha^2 + \beta^2}, \tan\theta = \dfrac{\beta}{\alpha}\right)$	$y_x = \gamma^x(C_1\cos\theta x + C_2\sin\theta x)$

例 9-43　求差分方程 $y_x - 2y_{x-1} + y_{x-2} = 0$ 的通解.

解　原方程的特征方程为

$$\lambda^2 - 2\lambda + 1 = 0,$$

其特征根为 $\lambda_1 = \lambda_2 = 1$. 故该方程的通解为

$$y_x = (C_1 + C_2x) \cdot 1^x = C_1 + C_2x,$$

其中 C_1, C_2 为任意常数.

例 9-44　求差分方程 $y_{x+2} - 4y_{x+1} + 16y_x = 0$ 的通解.

解　原方程的特征方程为

$$\lambda^2 - 4\lambda + 16 = 0,$$

其特征根为 $\lambda_1 = 2 + 2\sqrt{3}\,\mathrm{i}$, $\lambda_2 = 2 - 2\sqrt{3}\,\mathrm{i}$, 则

$$\gamma = 4, \quad \tan\theta = \sqrt{3}, \quad \theta = \frac{\pi}{3}.$$

所以原方程的通解为

$$y_x = 4^x\left(C_1\cos\frac{\pi}{3}x + C_2\sin\frac{\pi}{3}x\right),$$

其中 C_1, C_2 为任意常数.

例 9-45 求解初值问题

$$\begin{cases} y_{x+2} + y_{x+1} - 6y_x = 0, \\ y_0 = 1, y_1 = -8. \end{cases}$$

解 特征方程为

$$\lambda^2 + \lambda - 6 = 0,$$

其特征根为 $\lambda_1 = -3, \lambda_2 = 2$. 故原方程的通解为

$$y_x = C_1 \cdot (-3)^x + C_2 \cdot 2^x,$$

其中 C_1, C_2 为任意常数. 将 $y_0 = 1, y_1 = -8$ 代入得

$$\begin{cases} C_1 + C_2 = 1, \\ -3C_1 + 2C_2 = -8, \end{cases}$$

解得

$$C_1 = 2, \quad C_2 = -1.$$

因此初值问题的解为

$$y_x = -2^x + 2 \cdot (-3)^x.$$

2. 二阶常系数非齐次线性差分方程的特解与通解

根据 §9.6 中定理 9-12, 非齐次线性差分方程的通解等于它的一个特解与对应的齐次差分方程的通解之和. 上面已介绍齐次差分方程的通解的求法, 因此下面只需讨论如何求非齐次线性差分方程的一个特解.

当非齐次线性差分方程(9-44)中的右端 $f(x)$ 是某些特殊形式时, 仿照一阶常系数非齐次线性差分方程特解的求法, 我们仍用待定系数法求其特解, 其特解形式与 $f(x)$ 的关系如下(其中 $P_n(x) = A_0 + A_1 x + \cdots + A_n x^n$, $Q_n(x) = B_0 + B_1 x + \cdots + B_n x^n$ 分别为已知 n 次多项式和待定的 n 次多项式):

$f(x)$ 的形式	$y_{x+2} + py_{x+1} + qy_x = f(x)$ 的特解形式	
$f(x) = P_n(x)$	$y_x^* = x^s Q_n(x)$	当 1 不是特征根时, $s = 0$ 当 1 是单特征根时, $s = 1$ 当 1 是二重特征根时, $s = 2$
$f(x) = a^x P_n(x)$ (a 是常数)	$y_x^* = x^s a^x Q_n(x)$	当 a 不是特征根时, $s = 0$ 当 a 是单特征根时, $s = 1$ 当 a 是二重特征根时, $s = 2$

例 9-46 求差分方程 $y_{x+2} - 6y_{x+1} + 8y_x = 3x^2 + 2$ 的通解.

解 对应的齐次差分方程的特征方程为

$$\lambda^2 - 6\lambda + 8 = 0,$$

其特征根为 $\lambda_1 = 4, \lambda_2 = 2$. 对应的齐次差分方程的通解为

$$\widetilde{y}_x = C_1 \cdot 4^x + C_2 \cdot 2^x.$$

因 1 不是特征根, 故设非齐次线性差分方程的一个特解为

$$\widetilde{y}_x = B_0 + B_1 x + B_2 x^2.$$

代入原方程, 对比两端 x 的同次幂的系数得

$$\begin{cases} 3B_2 = 3, \\ 3B_1 - 8B_2 = 0, \\ 3B_0 - 4B_1 - 2B_2 = 2, \end{cases}$$

解之得

$$B_0 = \frac{44}{9}, \quad B_1 = \frac{8}{3}, \quad B_2 = 1.$$

即一个特解为

$$y_x^* = \frac{44}{9} + \frac{8}{3}x + x^2.$$

故原方程的通解为

$$y_x = \widetilde{y}_x + y_x^* = C_1 \cdot 4^x + C_2 \cdot 2^x + \frac{44}{9} + \frac{8}{3}x + x^2,$$

其中 C_1, C_2 为任意常数.

例 9-47　求差分方程 $y_{x+2} + y_{x+1} - 2y_x = x \cdot 2^x$ 的通解.

解　对应的齐次差分方程的特征方程为

$$\lambda^2 + \lambda - 2 = 0,$$

其特征根为 $\lambda_1 = 1, \lambda_2 = -2$. 对应的齐次差分方程的通解为

$$\widetilde{y}_x = C_1 \cdot 1^x + C_2 \cdot (-2)^x = C_1 + C_2 \cdot (-2)^x.$$

因为 $a = 2$ 不是特征根, 所以设原方程的特解为

$$y_x^* = (B_0 + B_1 x) \cdot 2^x.$$

代入原方程, 对比两端 x 的同次幂的系数得

$$B_0 = -\frac{5}{8}, \quad B_1 = \frac{1}{4}.$$

故

$$y_x^* = \left(-\frac{5}{8} + \frac{1}{4}x \right) \cdot 2^x.$$

所以原方程的通解为

$$y_x = C_1 + C_2 \cdot (-2)^x + \left(\frac{x}{4} - \frac{5}{8} \right) \cdot 2^x,$$

其中 C_1, C_2 为任意常数.

下面介绍价格与库存模型,考虑库存与价格之间的关系.

设 $P(n)$ 为第 n 个时段某类商品的价格,$L_n = L(n)$ 为第 n 个时段的库存量,$\overline{L}$ 为该商品的合理库存量.一般情况下,如果库存量超过合理库存量,那么该商品的售价下跌;如果库存量低于合理库存量,那么该商品售价上涨.于是有方程

$$P_{n+1} - P_n = c(\overline{L} - L_n), \tag{9-47}$$

其中 $c(c>0)$ 为比例常数.变形可得

$$P_{n+2} - 2P_{n+1} + P_n = -c(L_{n+1} - L_n). \tag{9-48}$$

又设库存量的改变与生产和销售状态有关,且在第 $n+1$ 个时段库存增加量等于该时段的供给量 S_{n+1} 与需求量 D_{n+1} 之差,即

$$L_{n+1} - L_n = S_{n+1} - D_{n+1}. \tag{9-49}$$

若设供给函数和需求函数分别为

$$S = a(P - \alpha) + \beta, \quad D = -b(P - \alpha) + \beta,$$

其中 a, b, α, β 都是正常数.代入(9-49)得

$$L_{n+1} - L_n = (a+b)P_{n+1} - a\alpha - b\alpha.$$

再由(9-48)得 P_n 满足的差分方程为

$$P_{n+2} + [c(a+b) - 2]P_{n+1} + P_n = (a+b)c\alpha. \tag{9-50}$$

为了求解方程(9-50),令 $y_n = P_n - \alpha$,则方程(9-50)变为

$$y_{n+2} + [c(a+b) - 2]y_{n+1} + y_n = 0. \tag{9-51}$$

它的特征方程为

$$\lambda^2 + [c(a+b) - 2]\lambda + 1 = 0,$$

解得 $\lambda_{1,2} = -r \pm \sqrt{r^2 - 1}, r = \frac{1}{2}[c(a+b) - 2]$.于是

若 $|r| < 1$,可设 $r = \cos\theta$,则方程(9-51)的通解为

$$P_n = B_1 \cos n\theta + B_2 \sin n\theta + \alpha,$$

即第 n 个时段价格将围绕稳定值 α 循环变化.

若 $|r| > 1$,则 λ_1, λ_2 为两个实根,方程(9-51)的通解为

$$P_n = A_1 \lambda_1^n + A_2 \lambda_2^n + \alpha.$$

这时由于 $\lambda_2 = -r - \sqrt{r^2 - 1} < -r < -1$,则当 $n \to +\infty$ 时,λ_2^n 将迅速变化,方程无稳定解.

因此,当 $-1 < r < 1$,即 $0 < r + 1 < 2$,也即 $0 < c < \frac{4}{a+b}$ 时,价格相对稳定.

二、n 阶常系数线性差分方程

1. n 阶常系数齐次线性差分方程的通解

n 阶常系数齐次线性差分方程(9-37)的通解的求法与二阶常系数齐次线性差分方程通解的求法类似,函数 $y=\lambda^x, \lambda \neq 0$ 为 n 阶常系数齐次线性差分方程的解的充要条件是 λ 为特征方程

$$\lambda^n + p_1\lambda^{n-1} + \cdots + p_{n-1}\lambda + p_n = 0$$

的根.解此方程,得 n 个特征根 $\lambda_1, \lambda_2, \cdots, \lambda_n$.

(1)若 $\lambda_1, \lambda_2, \cdots, \lambda_n$ 是 n 个单根,则 n 阶常系数齐次线性差分方程(9-37)的通解为

$$y_x = C_1\lambda_1^x + C_2\lambda_2^x + \cdots + C_n\lambda_n^x,$$

其中 $C_1, C_2, \cdots, C_n$ 为任意常数.

(2)若其中 λ 是 m 重根,而其余 $n-m$ 个根 $\lambda_{m+1}, \lambda_{m+2}, \cdots, \lambda_n$ 为单根,则 n 阶常系数齐次线性差分方程(9-37)的通解为

$$y_x = (C_1 + C_2 x + \cdots + C_m x^{m-1})\lambda^x + C_{m+1}\lambda_{m+1}^x + C_{m+2}\lambda_{m+2}^x + \cdots + C_n\lambda_n^x,$$

其中 $C_1, C_2, \cdots, C_n$ 为任意常数.其他有重特征根的情形可作类似处理.

(3)若特征根中有复根,重复根时,按二阶常系数齐次线性差分方程的类似方法可得 n 阶常系数齐次线性差分方程(9-37)的通解.

例 9-48　求差分方程 $y_{x+3} - 3y_{x+1} - 2y_x = 0$ 的通解.

解　其特征方程为

$$\lambda^3 - 3\lambda - 2 = 0.$$

即

$$(\lambda + 1)^2(\lambda - 2) = 0,$$

其特征根为 $\lambda_1 = \lambda_2 = -1, \lambda_3 = 2$.因此原方程的通解为

$$y_x = (C_1 + C_2 x) \cdot (-1)^x + C_3 \cdot 2^x,$$

其中 C_1, C_2, C_3 为任意常数.

2. n 阶常系数非齐次线性差分方程的特解与通解

与二阶常系数非齐次线性差分方程类似,n 阶常系数非齐次线性差分方程的通解等于它的任意一个特解与对应的齐次差分方程的通解之和.对于 n 阶常系数非齐次线性差分方程的特解,当 $f(x)$ 为某些特殊函数时,仍可用待定系数法求得.

例 9-49　求差分方程 $y_{x+3} + y_{x+2} - y_{x+1} - y_x = 2x^2$ 的通解.

解　对应的齐次差分方程的特征方程为

$$\lambda^3 + \lambda^2 - \lambda - 1 = 0,$$

即

$$(\lambda - 1)(\lambda + 1)^2 = 0,$$

特征根为 $\lambda_1 = 1, \lambda_2 = \lambda_3 = -1$.对应的齐次差分方程的通解为

$$\widetilde{y}_x = C_1 + (C_2 + C_3 x) \cdot (-1)^x.$$

因为 $\lambda = 1$ 为单特征根,所以设原方程的特解为

$$y_x^* = x(B_0 + B_1 x + B_2 x^2).$$

代入原方程,可得

$$B_0 = \frac{5}{6}, \quad B_1 = -\frac{3}{4}, \quad B_2 = \frac{1}{6},$$

所以原方程的一个特解为

$$y_x^* = \frac{5}{6}x - \frac{3}{4}x^2 + \frac{1}{6}x^3.$$

因此原方程的通解为

$$y_x = \left(\frac{5}{6}x - \frac{3}{4}x^2 + \frac{1}{6}x^3 \right) + C_1 + (C_2 + C_3 x) \cdot (-1)^x,$$

其中 C_1, C_2, C_3 为任意常数.

本节小结

本节主要介绍了二阶和 n 阶常系数齐次线性差分方程通解的性质、二阶和 n 阶常系数非齐次线性差分方程的特解与通解的性质,并结合具体实例进行分析.注意:

1. 齐次线性方程与非齐次线性方程的通解的差别.

2. 二阶齐次线性差分方程 $y_{x+2} + p y_{x+1} + q y_x = 0$ 在不同特征根下的不同通解形式.

3. 二阶常系数非齐次线性差分方程 $y_{x+2} + p y_{x+1} + q y_x = f(x)$ 的特解形式与 $f(x)$ 的关系.

练习 9.7

基础题

1. 求下列差分方程的通解或在给定初值条件下的特解:

(1) $y_{x+2} + 6 y_{x+1} + 9 y_x = 0$;

(2) $y_{x+2} - 2 y_{x+1} + 2 y_x = 0$;

(3) $9 y_x + y_{x-2} = 0$;

(4) $y_{x+2} + 3 y_{x+1} - \frac{7}{4} y_x = 0$;

（5）$2y_{x+2}+y_{x+1}-y_x=0,y_0=3,y_1=0$；

（6）$y_{x+2}-4y_{x+1}+3y_x=0,y_0=1,y_1=5$；

（7）$y_{x+2}-2y_{x+1}+2y_x=0,y_0=2,y_1=3$.

2. 求下列差分方程的通解或在给定初值条件下的特解：

（1）$y_{x+2}-5y_{x+1}+6y_x=2x^2$；　　　　（2）$y_x-6y_{x-1}+5y_{x-2}=12$；

（3）$y_{x+2}-6y_{x+1}+8y_x=-5\cdot 3^x$；　　（4）$y_x-5y_{x-1}+6y_{x-2}=12$；

（5）$y_{x+2}+\dfrac{1}{4}y_x=5,y_0=5,y_1=6$；　　（6）$y_{x+2}-2y_{x+1}+y_x=4,y_0=3,y_1=8$.

提高题

求下列差分方程的通解：

（1）$y_{x+3}+3y_{x+2}+4y_{x+1}+12y_x=0$；

（2）$y_{x+3}-3y_{x+2}+3y_{x+1}-y_x=24(x+2)$；

（3）$y_{x+2}-4y_{x+1}+4y_x=x+2^x$；

（4）$y_{x+2}-4y_{x+1}+4y_x=2^x(3x+1)$；

（5）$y_{x+2}-y_{x+1}-2y_x=5+e^x$；

（6）$y_{x+2}-4y_{x+1}+4y_x=25\sin\dfrac{\pi}{2}x$.

§9.8　常微分方程的 MATLAB 求解

一、求常微分方程的通解和特解

　　MATLAB 求解常微分方程的函数是 dsolve，应用此函数可以求得常微分方程的通解，以及给定初值条件后的特解.

　　格式：

```
y=dsolve('s','s1','s2',...,'x')
```

功能：求解常微分方程，其中 y 为结果表达式；s 为常微分方程，用字符串形式表示；s1,s2,… 为初值条件，当初值条件缺省时，结果表达式 y 为含任意常数 C1,C2,… 的通解；x 为自变量，缺省时默认为 t.

　　在微分方程的表达式 s 中，用大写字母 D 表示对自变量 x 的微分算子：D,D2,D3 分别

表示一次、二次、三次微分运算,以此类推,如符号 D2y 表示 $\dfrac{\mathrm{d}^2 y}{\mathrm{d}x^2}$.函数 dsolve 把 D 后面的字母当作因变量,即待求解的未知函数.s1,s2,…为给定的常微分方程的初值条件,初值条件亦用字符串表示,如初值条件 $y(x)\big|_{x=a}=b,y'(x)\big|_{x=c}=d,y''(x)\big|_{x=e}=f$ 可由字符串分别表示为 y(a)=b,Dy(c)=d,D2y(e)=f.

1. 求一阶常微分方程 $y'=1+y^2$ 的通解.

具体格式为

```
y=dsolve('Dy=1+y^2')
y=
  tan(t+C1)
```

故该一阶微分方程的通解为 $y=\tan(t+C_1)$,其中 C_1 为任意常数.

2. 求一阶常微分方程 $\dfrac{\mathrm{d}y}{\mathrm{d}x}=ay$ 满足初值条件 $y\big|_{x=0}=1$ 的特解,这里 a 为系数.

具体格式为

```
y=dsolve('Dy=a*y','y(0)=1','x')
y=
  exp(a*x)
```

故该一阶微分方程的特解为 $y=\mathrm{e}^{ax}$.

3. 求二阶常系数非齐次线性微分方程 $\dfrac{\mathrm{d}^2 y}{\mathrm{d}x^2}+2x=2y$ 的通解.

具体格式为

```
y=dsolve('D2y+2*x=2*y','x')
y=
  C1*exp(2^(1/2)*x)+C2/exp(2^(1/2)*x)+x
```

故该二阶微分方程的通解为 $y=C_1\mathrm{e}^{\sqrt{2}x}+C_2\mathrm{e}^{-\sqrt{2}x}+x$,其中 C_1,C_2 为任意常数.

4. 求二阶常系数非齐次线性微分方程 $\dfrac{\mathrm{d}^2 y}{\mathrm{d}x^2}+2x=2y$ 满足初值条件 $y(2)=5,y'(1)=2$ 的特解.

具体格式为

```
y=dsolve('D2y+2*x=2*y','y(2)=5','Dy(1)=2','x')
y =
  (exp(2^(1/2)*x)*(6*exp(2^(1/2))+2^(1/2)))/(2*exp(2^(1/2))*(exp(2*2^(1/2))+1))-(2^(1/2)*exp(2*2^(1/2))*(exp(2^(1/2))-3*2^(1/2)))/(2*exp(2^(1/2)*x)*(exp(2*2^(1/2))+1))+x
```

故该二阶微分方程的特解为

$$y=\frac{(6\mathrm{e}^{\sqrt{2}}+\sqrt{2})}{2\mathrm{e}^{\sqrt{2}}(\mathrm{e}^{2\sqrt{2}}+1)}\mathrm{e}^{\sqrt{2}x}-\frac{\sqrt{2}\,\mathrm{e}^{2\sqrt{2}}(\mathrm{e}^{\sqrt{2}}-3\sqrt{2})}{2(\mathrm{e}^{2\sqrt{2}}+1)}\mathrm{e}^{-\sqrt{2}x}+x.$$

二、常微分方程初值问题的近似计算

关于常微分方程初值问题的近似计算,常见的方法是龙格–库塔方法,用命令 ode45 求方程初值问题的数值解,其基本格式:$[\,x,y\,] = ode45\,(\,odefun,xspan,y0\,)$,其中输入参数 odefun 为微分方程标准函数文件,xspan 为求解范围,可以是自变量的区间或数组,y0 为微分方程的初值,输出参数 t 为求解范围数组,y 为对应于 t 的数值解,即函数值.

5. 给定常微分方程初值问题:

$$\begin{cases} y' = 1+y^2, \\ y(0) = 0, \end{cases} \quad x \in \left[\,0,\dfrac{\pi}{3}\,\right],$$

求当自变量 x 分别取为 $0.1,0.2,0.3,0.4,0.5$ 时,该初值问题的近似解.

首先构造微分方程标准函数的 m 文件,函数名取"fun"并存为 fun.m:

```
function  z=fun(x,y)
z=1+y^2;
```

然后再求解:

```
xspan=0:0.1:pi/6;
y0=0;
[x,y]=ode45('fun',xspan,y0);
yy=tan(x);
[x,y,yy]
ans =
```

0	0	0
0.10000000000000	0.10033467247552	0.10033467208545
0.20000000000000	0.20271003600688	0.20271003550867
0.30000000000000	0.30933625033156	0.30933624960962
0.40000000000000	0.42279321989825	0.42279321873816
0.50000000000000	0.54630248981934	0.54630248984379

上面数组的第一列为该初值问题的精确解 $y=\tan x$ 的自变量取值范围,第二列为数值解,第三列为精确解.读者可以比较,误差不超过 10^{-8}.

思维导图

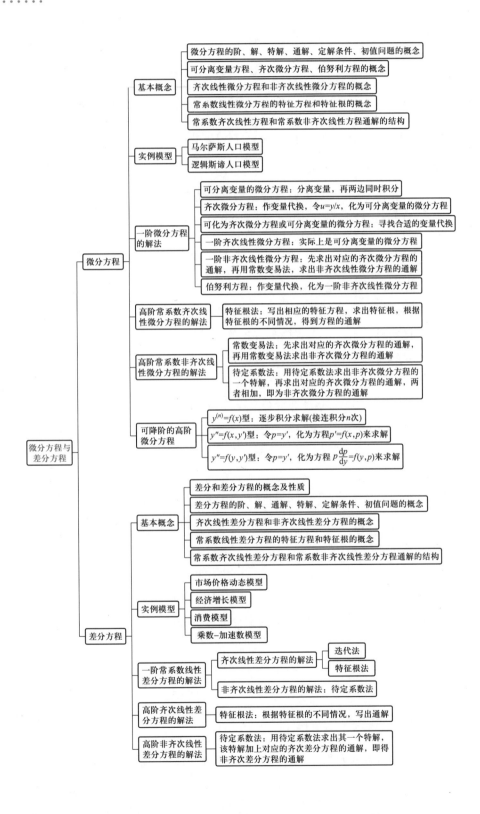

习题九

1. 选择题：

（1）下列方程中，（　　）不是微分方程；

A. $\left(\dfrac{\mathrm{d}y}{\mathrm{d}x}\right)^2 - 3y = 0$ 　　　　　　　　　　B. $\mathrm{d}y + y\,\mathrm{d}x = 2$

C. $y'' + y = \sin x$ 　　　　　　　　　　D. $\mathrm{e}^x \sin x + y\cos x = 1$

（2）微分方程 $5x\dfrac{\mathrm{d}^2 y}{\mathrm{d}x^2} + y\dfrac{\mathrm{d}y}{\mathrm{d}x} + 3xy = \mathrm{e}^x$ 是（　　）方程；

A. 一阶　　　　　　B. 二阶　　　　　　C. 三阶　　　　　　D. 四阶

（3）下列方程中，（　　）是可分离变量的微分方程；

A. $(\mathrm{e}^{x+y} - \mathrm{e}^x)\,\mathrm{d}x + (\mathrm{e}^{x+y} + \mathrm{e}^x)\,\mathrm{d}y = 0$ 　　　　B. $y^2\,\mathrm{d}x + (x^2 - xy)\,\mathrm{d}y = 0$

C. $\dfrac{\mathrm{d}y}{\mathrm{d}x} + y = \mathrm{e}^{-x}$ 　　　　　　　　　　D. $(y^2 - 2xy)\,\mathrm{d}x = (x^2 - 2xy)\,\mathrm{d}y$

（4）下列叙述不正确的是（　　）；

A. 微分方程的通解应包括微分方程的所有解

B. 微分方程的通解不一定包含微分方程的所有解

C. 微分方程的通解中相互独立的常数的个数与微分方程的阶数相同

D. 微分方程的奇解一般不包含在通解中

（5）下列函数中，（　　）是微分方程 $\mathrm{d}y - 2x\,\mathrm{d}x = 0$ 的解；

A. $y = 2x$ 　　　　　B. $y = x^2$ 　　　　　C. $y = -2x$ 　　　　　D. $y = -x^2$

（6）微分方程 $y\ln x\,\mathrm{d}x = x\ln y\,\mathrm{d}y$ 满足 $y(1) = 1$ 的特解是（　　）；

A. $\ln^2 x + \ln^2 y = 0$ 　　　　　　　　B. $\ln^2 x + \ln^2 y = 1$

C. $\ln^2 x = \ln^2 y$ 　　　　　　　　　D. $\ln^2 x = \ln^2 y + 1$

（7）设非齐次线性微分方程 $y' + P(x)y = Q(x)$ 有两个不同的解 $y_1(x), y_2(x)$，C 为任意常数，则该方程的通解是（　　）；

A. $C(y_1(x) - y_2(x))$ 　　　　　　　　B. $y_1(x) + C(y_1(x) - y_2(x))$

C. $C(y_1(x) + y_2(x))$ 　　　　　　　　D. $y_1(x) + C(y_1(x) + y_2(x))$

（8）下列方程中可化为可分离变量的微分方程的是（　　）；

A. $y\,\mathrm{d}x + (x - y^3)\,\mathrm{d}y = 0$ 　　　　　　B. $y' + \dfrac{y}{x} = 2x^2 y^2$

C. $xy' - y - \sqrt{x^2 + y^2} = 0$ 　　　　　　D. $y'' + 9y = 0$

（9）方程 $\dfrac{\mathrm{d}y}{\mathrm{d}x} = \dfrac{y - x + 1}{y + x + 5}$ 是（　　）；

A. 可分离变量的微分方程　　　　　　B. 齐次微分方程

C. 可化为齐次微分方程的方程 　　　D. 不能化为齐次微分方程的方程

（10）设一阶齐次线性微分方程的通解是 $y=Ce^{-x^2}$，则此微分方程是（　　　）；

A. $dy+x^2ydx=0$ 　　　　　　　　B. $dy+2xydx=0$

C. $dy-x^2ydx=0$ 　　　　　　　　D. $dy-2xydx=0$

（11）函数 $y=e^{-x}+x-1$ 是微分方程 $y'+y=x$ 在定解条件（　　　）下的特解；

A. $y(0)=1$ 　　　B. $y(0)=0$ 　　　C. $y(1)=0$ 　　　D. $y(0)=-1$

（12）求解微分方程 $y''-2y'-3y=e^{4x}$ 时，应设其特解为（　　　）；

A. $y^*=Ae^{4x}$ 　　　　　　　　　B. $y^*=Axe^{4x}$

C. $y^*=Ax^2e^{4x}$ 　　　　　　　　D. 以上都不对

（13）微分方程（　　　）是伯努利方程；

A. $xy'-2y=x^3\cos x$ 　　　　　　B. $3y'+y=\dfrac{1}{y^2}$

C. $x^2+xy'=y$ 　　　　　　　　　D. $(x^2+1)y'-1=xy$

（14）设 $y_1(x)$ 是方程 $y''+py'+qy=f_1(x)$ 的一个解，$y_2(x)$ 是方程 $y''+py'+qy=f_2(x)$ 的一个解，则 $y=y_1(x)+y_2(x)$ 是方程（　　　）的解；

A. $y''+py'+qy=f_1(x)+f_2(x)$ 　　　B. $y''+py'+qy=f_1(x)-f_2(x)$

C. $y''+py'+qy=f_1(x)\cdot f_2(x)$ 　　　D. $y''+py'+qy=\dfrac{f_1(x)}{f_2(x)}$

（15）设二阶常系数齐次线性微分方程 $y''+py'+qy=0$ 的通解为 $y=C_1y_1(x)+C_2y_2(x)$，且 $y_3(x)$ 也是它的解，则 $y_1(x),y_2(x),y_3(x)$（　　　）；

A. 线性无关 　　　　　　　　　B. 线性相关

C. 可能线性无关，也可能线性相关 　　D. 以上没有一个确切答案

（16）微分方程 $3y''-2y'-8y=0$ 的通解是（　　　）；

A. $y=C_1e^{-\frac{4}{3}x}+C_2xe^{2x}$ 　　　　B. $y=C_1xe^{-\frac{4}{3}x}+C_2e^{2x}$

C. $y=C_1e^{-\frac{4}{3}x}+C_2e^{-2x}$ 　　　　D. $y=C_1e^{-\frac{4}{3}x}+C_2e^{2x}$

（17）微分方程 $(x-2xy-y^2)y'+y^2=0$ 的通解为（　　　）；

A. $y=x^2(1+Ce^{\frac{1}{x}})$ 　　　　　　B. $x=y^2(1+e^{\ln y})$

C. $x=y^2(1+Ce^{\frac{1}{y}})$ 　　　　　　D. $y=x^2(1+Ce^{\ln x})$

（18）微分方程 $y'''y'=f(x)$ 应和（　　　）构成初值问题；

A. $y(0)=A,y'(0)=B,y''(0)=C$

B. $y(0)=A,y'(0)=B$

C. $y(0)=A,y'(0)=B,y''(0)=C,y'''(0)=D$

D. $y(0)=A$

（19）下列差分方程中为二阶差分方程的是（　　　）；

A. $\Delta^2 y_x + \Delta y_x = 0$ B. $y_{x+2} - 3y_{x+1} = x$

C. $\Delta^2 y_x - y_x = 3^x$ D. $\Delta^2 y_x = 0$

（20）二阶常系数线性差分方程 $y_{x+2} + y_{x+1} + y_x = 3$ 的一个特解是（　　　）.

A. 1   B. $\dfrac{3}{2}$

C. $\dfrac{3}{2}x^2$ D. -1

2. 给定一阶微分方程 $y' = 2x$，求：

（1）它的通解；

（2）过点 $(1,4)$ 的特解；

（3）与直线 $y = 2x+3$ 相切的解；

（4）满足条件 $\displaystyle\int_0^1 y \mathrm{d}x = 2$ 的解.

3. 证明 $y = cx^3 + \dfrac{1}{c}$ 是方程 $x(y')^2 - 3yy' + 9x^2 = 0$ 的通解，且 $y = 2x^{\frac{3}{2}}$ 也是它的解. 解 $y = 2x^{\frac{3}{2}}$ 是否包含在通解之中？

4. 解微分方程 $\displaystyle\int_0^x y \mathrm{d}x = 1 - y$.

5. 求下列微分方程的通解：

（1）$\dfrac{\mathrm{d}y}{\mathrm{d}x} = 2\sqrt{\dfrac{y}{x}} + \dfrac{y}{x}$；

（2）$\left(x + y\cos\dfrac{y}{x}\right)\mathrm{d}x - x\cos\dfrac{y}{x}\mathrm{d}y = 0$；

（3）$y'\cos x = y\sin x + \cos^2 x$；

（4）$(x^2+1)y' + yx - 1 = 0$；

（5）$(y^2 - 6x)y' + 2y = 0$；

（6）$y' = x^3 y^3 - xy$；

（7）$y' - y = \dfrac{x^2}{y}$；

（8）$3x^2 x' - ax^3 = y + 1$；

（9）$y' - \dfrac{n}{x}y = x^n \mathrm{e}^x$；

（10）$y' = \dfrac{1}{x + \mathrm{e}^y}$.

6. 求下列微分方程的特解：

（1）$xy' + y = 0, y(1) = 1$；

（2）$(y^2 - 3x^2)\mathrm{d}y + 2xy\mathrm{d}x = 0, y(0) = 1$；

（3）$y' + y\cos x = \sin x\cos x, y(0) = 1$.

7. 求下列微分方程的通解：

（1）$(2x + y + 1)\mathrm{d}x + (x + 2y - 1)\mathrm{d}y = 0$；   （2）$(x - y + 2)\mathrm{d}x + (x + y)\mathrm{d}y = 0$.

8. 求下列微分方程的通解或特解：

（1）$y'' + y = \sin x$；

（2）$y'' + 4y' + 3y = x\mathrm{e}^{-3x}$；

（3）$y''+y = 6\cos 2x + 3\sin x$；

（4）$y''+3y'+2y = x$；

（5）$y''+\sqrt{1-(y')^2} = 0, y(0) = 0, y'(0) = 1$；

（6）$4y''+4y'+y = 0, y(0) = 2, y'(0) = 0$.

9. 求下列微分方程的通解或特解：

（1）$y^{(5)}-5y^{(4)}+10y'''-4y''+16y'-8y = 0$；

（2）$y^{(5)}-4y^{(4)}+6y'''-6y''+y'-2y = x^2+x$；

（3）$y'' = 3\sqrt{y}, y(0) = 1, y'(0) = 2$；

（4）$y''-4y = 8\sin 2x, y(0) = 0, y'(0) = 2$.

10. 求下列差分方程的通解或特解：

（1）$y_{x+1}-2y_x = 0, y_0 = 2$；　　　　（2）$y_{x+1}-2y_x = e^{2x}$；

（3）$y_{x+1}+y_x = 4x$；　　　　　　　　（4）$y_{t+1}-y_t = t \cdot 2^t$；

（5）$y_{t+2}-4y_{t+1}+4y_t = 0, y_0 = 1, y_1 = 2$；　　（6）$4y_{x+2}-4y_{x+1}+y_x = 8$；

（7）$y_{x+2}-3y_{x+1}+2y_x = 3 \cdot 2^x$；　　（8）$y_{t+2}+y_{t+1}+y_t = 0, y_0 = y_1 = 1$.

11. 设可导函数 $\varphi(x)$ 满足 $\varphi(x)\cos x + 2\int_0^x \varphi(t)\sin t \, dt = x + 1$，求 $\varphi(x)$.

12. 设 $F(x) = f(x)g(x)$，其中函数 $f(x), g(x)$ 在 $(-\infty, +\infty)$ 内满足以下条件：

$$f'(x) = g(x), \quad g'(x) = f(x), \quad f(0) = 0, \quad f(x)+g(x) = 2e^x.$$

（1）求 $F(x)$ 所满足的一阶微分方程；

（2）求出 $F(x)$ 的表达式.

13. 求具有性质 $x(t+s) = \dfrac{x(t)+x(s)}{1-x(t)x(s)}$ 的函数 $x(t)$，已知 $x'(0)$ 存在.

14. 利用代换 $y = \dfrac{u}{\cos x}$ 将方程 $y''\cos x - 2y'\sin x + 3y\cos x = e^x$ 化简，并求出原方程的通解.

15. 设函数 $f(x)$ 在 $(0, +\infty)$ 内连续，$f(1) = \dfrac{5}{2}$，且对所有 $x, t \in (0, +\infty)$，满足条件

$$\int_1^{xt} f(u)\,du = t\int_1^x f(u)\,du + x\int_1^t f(u)\,du,$$

求 $f(x)$.

16. 求解下列微分方程：

（1）$f(xy)y\,dx + g(xy)x\,dy = 0$；　　　（2）$y' = \dfrac{1}{xy} \cdot \dfrac{1}{\sin^2(xy^2)} - \dfrac{y}{2x}$；

（3）$y' = \dfrac{y}{2x} + \dfrac{1}{2y}\tan\dfrac{y^2}{x}$；　　　（4）$xy'-y[\ln(xy)-1] = 0$.

17. 求解下列微分方程：

（1）$\left(x-y\cos\dfrac{y}{x}\right)dx + x\cos\dfrac{y}{x}dy = 0$；　　（2）$\left(1+e^{-\frac{x}{y}}\right)y\,dx + (y-x)\,dy = 0$；

（3）$x^2y\mathrm{d}x-(x^3+y^3)\mathrm{d}y=0$.

18. 求解下列微分方程：

（1）$(x+1)y'-ny=(1+x)^{n+1}\sin x$；　　　（2）$y'=\dfrac{x}{\cos y}-\tan y$；

（3）$y'=\dfrac{1}{x\cos y+\sin 2y}$；　　　（4）$x\mathrm{d}y-y\mathrm{d}x=y^2\mathrm{e}^y\mathrm{d}y$.

19. 求下列微分方程的通解：

（1）$y''+2y'-3y=3x+1+\cos x$；

（2）$y''+a^2y=\sin x$，其中 $a>0$ 为常数；

（3）$y''+y=x^2+\sin x\sin 2x$.

20. 甲工厂通过广告与乙工厂进行商品销售竞争，设 $y(t)$，$z(t)$ 分别为两工厂商品年销量.从商品产销的调查分析可知，市场对商品的需求量 $M(t)$ 满足如下关系式：

$$M(t)=\alpha(1-\mathrm{e}^{-\beta t})\quad(\alpha,\beta\ \text{均为常数}).$$

由于广告竞争，两工厂的商品销量不断变化，且其变化量与潜在需求量成比例，即

$$\frac{\mathrm{d}y}{\mathrm{d}t}=C_1(M(t)-y(t)-z(t)),$$

$$\frac{\mathrm{d}z}{\mathrm{d}t}=C_2(M(t)-y(t)-z(t)).$$

求甲工厂的销售规律 $y=y(t)$.

21. 设 Y_t 为第 t 期国民收入，C_t 为第 t 期消费，I 为投资（假定各期相同），它们之间的关系为 $Y_t=C_t+I$，$C_t=\alpha Y_{t-1}+\beta$，其中 $0<\alpha<1$，$\beta>0$.假定 Y_0 已知，求 Y_t 和 C_t.

22. 设某商品在时期 t 的价格，总供给与总需求分别有如下关系：

$$\begin{cases}D_t=-4P_t+5,\\[4pt]S_t=2P_{t-1}-1,\\[4pt]S_t=D_t.\end{cases}$$

已知当 $t=0$ 时，$P_t=P_0$，求价格函数 P_t.

23. 设某商品的供给方程和需求方程分别为

$$S_t=12+3\left(P_{t-1}-\frac{1}{3}\Delta P_{t-2}\right),\quad D_t=40-4P_t,$$

其中 P_{t-1} 和 P_{t-2} 分别表示第 $t-1$ 期和第 $t-2$ 期的价格，供方在第 t 期的售价为 $P_{t-1}-$

$\dfrac{1}{3}\Delta P_{t-2}$, 需方以价格 P_t 就可以使该商品在第 t 期售完 (即供需均衡). 已知 $P_0 = 4$, $P_1 = \dfrac{13}{4}$, 求价格函数 P_t 的表达式.

第 9 章部分习题

参考答案与提示

第 10 章

无穷级数

无穷级数简称为级数，它是表示函数与研究函数性质的重要工具. 一方面，我们可以用级数表示很多有用的非初等函数；另一方面，又可以将函数表示为级数，从而能够通过级数来研究这些函数的性质. 不仅如此，级数也是进行数值计算、积分计算、解微分方程的有力工具，并且在经济学中有广泛应用. 因此，无论是在理论研究还是实际应用中，级数都占有十分重要的地位，它是微积分学的一个重要组成部分. 无穷级数包括数项级数和函数项级数，本章我们先讨论数项级数的基本概念、基本性质及其敛散性判别方法，然后在此基础上再讨论函数项级数（主要是幂级数）的收敛半径、收敛域、和函数，以及函数的幂级数展开（直接展开法和间接展开法）及其应用.

1. 理解无穷级数及其敛散性概念、无穷级数的基本性质；

2. 掌握正项级数收敛的充要条件、比较判别法、比值判别法、根值判别法；

3. 掌握交错级数收敛的莱布尼茨判别法和任意项级数绝对收敛和条件收敛的判定；

4. 理解函数项级数收敛及收敛域的概念，掌握幂级数收敛半径和收敛区间的求解方法；

5. 掌握将函数展开为泰勒级数的基本方法和技巧.

无穷级数及其敛散性概念；部分和数列；常见的数项级数；无穷级数的基本性质；正项级数收敛的必要条件；比较判别法；比值判别法；根值判别法；莱布尼茨判别法；绝对收敛；条件收敛；函数项级数的收敛域；幂级数的收敛半径和收敛区间；阿贝尔定理；泰勒公式；泰勒级数；函数的幂级数展开.

§10.1 无穷级数的概念

一、 无穷级数的概念

定义 10-1 设有无穷序列 $u_1, u_2, \cdots, u_n, \cdots$,将此序列的各项依次用加号连接起来的表达式

$$u_1 + u_2 + \cdots + u_n + \cdots$$

称为无穷级数,简称级数,记为 $\sum\limits_{n=1}^{\infty} u_n$,其中 $u_1, u_2, \cdots, u_n, \cdots$ 称为级数的项,u_n 称为级数的通项(或一般项),n 称为求和变量.

如果 $u_n(n=1,2,\cdots)$ 均为常数,那么称该级数为常数项级数,简称为数项级数. 如果 $u_n(n=1,2,\cdots)$ 为变量 x 的函数 $u_n(x)$,那么称该级数为函数项级数.

可以看出,数项级数是函数项级数的特殊情形. 我们一般约定常数项级数记为 $\sum\limits_{n=1}^{\infty} u_n$,函数项级数记为 $\sum\limits_{n=1}^{\infty} u_n(x)$.

例如,把首项为 a,公比为 q 的等比数列加起来就得到等比级数(又称为几何级数)

$$a + aq + aq^2 + \cdots + aq^{n-1} + \cdots = \sum_{n=1}^{\infty} aq^{n-1} \quad (a \neq 0).$$

又如,通项为 $u_n = \dfrac{1}{n}$ 的级数是

$$1 + \frac{1}{2} + \frac{1}{3} + \cdots + \frac{1}{n} + \cdots = \sum_{n=1}^{\infty} \frac{1}{n},$$

称为调和级数. 还有

$$1 + x + x^2 + \cdots + x^{n-1} + \cdots,$$

这是一个以 x^{n-1} 为通项的函数项级数. 本节只讨论数项级数.

数项级数是无穷多个有顺序的数相加,它和有限个数相加有着本质的不同,有限个数相加只要一个接一个地加下去,最后一定能求出和,但数项级数有无穷多个加数,因而无法一个一个加起来. 因此,什么是数项级数的和、数项级数是否都有和? 这是首先要解决的问题. 为此,我们引入数项级数的敛散性的概念.

二、 数项级数的敛散性概念

记

$$S_n = u_1 + u_2 + \cdots + u_n = \sum_{k=1}^{n} u_k,$$

称 S_n 为数项级数 $\sum\limits_{n=1}^{\infty} u_n$ 的前 n 项部分和,简称部分和. $\sum\limits_{n=1}^{\infty} u_n$ 的部分和组成的数列

$$S_1, S_2, \cdots, S_n, \cdots$$

称为该级数的部分和数列. 级数的部分和数列的极限可能存在也可能不存在,据此我们引进级数收敛与发散的概念.

定义 10-2 若当 $n \to \infty$ 时,级数 $\sum\limits_{n=1}^{\infty} u_n$ 的部分和数列 $\{S_n\}$ 有极限,即

$$\lim_{n\to\infty} S_n = S,$$

则称级数 $\sum\limits_{n=1}^{\infty} u_n$ **收敛**,极限值 S 称为该级数的和,记作

$$S = u_1 + u_2 + \cdots + u_n + \cdots \quad \text{或} \quad \sum_{n=1}^{\infty} u_n = S,$$

此时又称级数 $\sum\limits_{n=1}^{\infty} u_n$ **收敛于** S.

若部分和数列 $\{S_n\}$ 的极限不存在,则称级数 $\sum\limits_{n=1}^{\infty} u_n$ **发散**. 发散的级数没有和.

当级数 $\sum\limits_{n=1}^{\infty} u_n$ 收敛时,其和 S 与部分和 S_n 的差称为该级数的**余项**,记为

$$R_n = S - S_n = u_{n+1} + u_{n+2} + \cdots.$$

由于 $\lim\limits_{n\to\infty} R_n = \lim\limits_{n\to\infty}(S - S_n) = 0$,所以收敛级数的余项收敛于零. 用 S_n 作为 S 的近似值所产生的误差,就是余项的绝对值 $|R_n|$.

例 10-1 判定无穷级数 $\sum\limits_{n=1}^{\infty} \dfrac{1}{n(n+1)}$ 的敛散性.

解 由于

$$\frac{1}{n(n+1)} = \frac{1}{n} - \frac{1}{n+1} \quad (n = 1, 2, \cdots),$$

故级数的部分和

$$\begin{aligned}
S_n &= \frac{1}{1 \cdot 2} + \frac{1}{2 \cdot 3} + \cdots + \frac{1}{n(n+1)} \\
&= \left(1 - \frac{1}{2}\right) + \left(\frac{1}{2} - \frac{1}{3}\right) + \cdots + \left(\frac{1}{n} - \frac{1}{n+1}\right) \\
&= 1 - \frac{1}{n+1}.
\end{aligned}$$

而

$$\lim_{n\to\infty} S_n = \lim_{n\to\infty}\left(1 - \frac{1}{n+1}\right) = 1,$$

所以级数 $\sum\limits_{n=1}^{\infty} \dfrac{1}{n(n+1)}$ 收敛,且和 $S = 1$.

例 10-2 讨论等比级数

$$\sum_{n=1}^{\infty} aq^{n-1} = a + aq + aq^2 + \cdots + aq^{n-1} + \cdots \quad (a \neq 0, q \neq 0)$$

的敛散性.

解 当 $|q| \neq 1$ 时,级数的部分和

$$S_n = a + aq + \cdots + aq^{n-1} = \frac{a(1-q^n)}{1-q}.$$

当 $|q| < 1$ 时,由于 $\lim\limits_{n \to \infty} q^n = 0$,所以

$$\lim_{n \to \infty} S_n = \lim_{n \to \infty} \frac{a(1-q^n)}{1-q} = \frac{a}{1-q},$$

从而等比数列 $\sum\limits_{n=1}^{\infty} aq^{n-1}$ 收敛,其和为 $\dfrac{a}{1-q}$.

当 $|q| > 1$ 时,由于 $\lim\limits_{n \to \infty} q^n = \infty$,所以 $\lim\limits_{n \to \infty} S_n = \infty$,从而级数发散.

当 $q = 1$ 时,级数为

$$\sum_{n=1}^{\infty} aq^{n-1} = a + a + a + \cdots + a + \cdots.$$

由于 $S_n = na$,所以 $\lim\limits_{n \to \infty} S_n = \lim\limits_{n \to \infty} na = \infty$,从而级数发散.

当 $q = -1$ 时,级数为

$$\sum_{n=1}^{\infty} aq^{n-1} = a - a + a - a + a - a + \cdots,$$

此时

$$S_n = a - a + a - a + \cdots + (-1)^{n-1}a.$$

当 n 为偶数时,$S_n = 0$;当 n 为奇数时,$S_n = a$,所以当 $n \to \infty$ 时,S_n 的极限不存在,故级数发散.

综合上述讨论,等比级数 $\sum\limits_{n=1}^{\infty} aq^{n-1}$ 当 $|q| < 1$ 时收敛于 $\dfrac{a}{1-q}$,当 $|q| \geq 1$ 时发散.

等比级数的敛散性可以用公比 q 的值来判定.例如,级数 $\sum\limits_{n=0}^{\infty} \left(\dfrac{1}{2}\right)^n$ 的公比的绝对值 $|q| = \dfrac{1}{2} < 1$,所以级数收敛,其和为 $S = \dfrac{a}{1-q} = \dfrac{1}{1-\dfrac{1}{2}} = 2$;级数 $\sum\limits_{n=0}^{\infty} \left(-\dfrac{5}{4}\right)^n$ 是发散的,因其公比的绝对值 $|q| = \dfrac{5}{4} > 1$.

例 10-3 证明级数

$$\sum_{n=1}^{\infty} \frac{1}{\sqrt{n+1} + \sqrt{n}} = \frac{1}{\sqrt{2} + \sqrt{1}} + \frac{1}{\sqrt{3} + \sqrt{2}} + \frac{1}{\sqrt{4} + \sqrt{3}} + \cdots + \frac{1}{\sqrt{n+1} + \sqrt{n}} + \cdots$$

发散.

证明 因为级数的通项

$$\frac{1}{\sqrt{n+1}+\sqrt{n}} = \sqrt{n+1} - \sqrt{n},$$

故级数的部分和

$$S_n = (\sqrt{2}-\sqrt{1}) + (\sqrt{3}-\sqrt{2}) + (\sqrt{4}-\sqrt{3}) + \cdots + (\sqrt{n+1}-\sqrt{n})$$
$$= \sqrt{n+1} - 1.$$

显然, $\lim\limits_{n\to\infty} S_n = \lim\limits_{n\to\infty}(\sqrt{n+1}-1) = +\infty$, 因此级数 $\sum\limits_{n=1}^{\infty} \dfrac{1}{\sqrt{n+1}+\sqrt{n}}$ 发散.

本节小结

本节主要介绍了无穷级数的概念、部分和数列、数项级数的敛散性、两个重要级数(调和级数、等比级数),要求会用定义结合因式分解、有理化等初等数学技巧判定简单级数的敛散性. 注意:

1. 区分级数的通项数列 $\{a_n\}$ 与部分和数列 $\{S_n\}$.

2. 调和级数与等比级数是常用的参照级数,对其敛散性要熟练掌握.

练习 10.1

基础题

1. 写出下列级数的通项:

(1) $1-1+1-1+1-1+\cdots$;

(2) $\dfrac{a^2}{3} - \dfrac{a^3}{5} + \dfrac{a^4}{7} - \dfrac{a^5}{9} + \cdots$;

(3) $\dfrac{1}{2} + \dfrac{2}{5} + \dfrac{3}{10} + \dfrac{4}{17} + \cdots$;

(4) $-\dfrac{1}{2} + 0 + \dfrac{1}{4} + \dfrac{2}{5} + \dfrac{3}{6} + \cdots$.

2. 用定义判定下列级数的敛散性:

(1) $\sum\limits_{n=0}^{\infty} (-1)^n$;

(2) $\sum\limits_{n=1}^{\infty} (\sqrt{n+1} - \sqrt{n})$;

(3) $\sum\limits_{n=1}^{\infty} \ln \dfrac{n+1}{n}$;

(4) $\sum\limits_{n=1}^{\infty} 99 \cdot \dfrac{1}{5^n}$;

(5) $\sum\limits_{n=0}^{\infty} (-1)^n x^n$;

(6) $\sum\limits_{n=1}^{\infty} \dfrac{1}{(2n-1)(2n+1)}$.

提高题

证明调和级数 $\displaystyle\sum_{n=1}^{\infty}\frac{1}{n}=1+\frac{1}{2}+\frac{1}{3}+\cdots+\frac{1}{n}+\cdots$ 发散.

§10.2　无穷级数的基本性质

根据 §10.1,我们知道无穷级数的敛散性是由部分和数列的极限存在性定义的,结合极限性质,可以得到以下关于无穷级数的重要基本性质.

性质 10-1　一个级数去掉前面的有限项或在前面加上有限项,所得到的新级数与原级数同时收敛或同时发散. 即级数 $\displaystyle\sum_{n=1}^{\infty}u_n$ 与级数 $\displaystyle\sum_{n=k+1}^{\infty}u_n$($k$ 为常数)同时收敛或同时发散,且在同时收敛的情况下,两级数的和一般不相同.

证明　将原级数

$$\sum_{n=1}^{\infty}u_n=u_1+u_2+\cdots+u_k+u_{k+1}+\cdots+u_{k+n}+\cdots$$

的前 k 项去掉,得新级数

$$\sum_{n=k+1}^{\infty}u_n=u_{k+1}+u_{k+2}+\cdots+u_{k+n}+\cdots.$$

设原级数的前 n 项部分和为 S_n,新级数的前 n 项部分和为 σ_n,则

$$\sigma_n=u_{k+1}+u_{k+2}+\cdots+u_{k+n}=S_{k+n}-S_k.$$

若原级数收敛于和 S,则 $\displaystyle\lim_{n\to\infty}S_n=S$,$\displaystyle\lim_{n\to\infty}S_{k+n}=S$,从而

$$\lim_{n\to\infty}\sigma_n=\lim_{n\to\infty}(S_{k+n}-S_k)=\lim_{n\to\infty}S_{k+n}-S_k=S-S_k,$$

故级数 $\displaystyle\sum_{n=k+1}^{\infty}u_n$ 收敛,其和为 $S-S_k$.

若原级数发散,则 $\displaystyle\lim_{n\to\infty}S_n$ 不存在,从而 $\displaystyle\lim_{n\to\infty}S_{k+n}$ 不存在,则 $\displaystyle\lim_{n\to\infty}\sigma_n$ 也不存在,即级数 $\displaystyle\sum_{n=k+1}^{\infty}u_n$ 发散.

综上所述,$\displaystyle\sum_{n=1}^{\infty}u_n$ 与 $\displaystyle\sum_{n=k+1}^{\infty}u_n$ 同时收敛或同时发散.

类似地可以证明,在级数前面加上有限项,不会改变级数的敛散性.

例 10-4　判定级数 $1\,000+100+10+1+\dfrac{1}{2}+\dfrac{1}{2^2}+\dfrac{1}{2^3}+\cdots+\dfrac{1}{2^n}+\cdots$ 的敛散性.

解 这一级数可看成在级数 $\displaystyle\sum_{n=0}^{\infty}\frac{1}{2^{n}}$ 前面加上三项,而级数 $\displaystyle\sum_{n=0}^{\infty}\frac{1}{2^{n}}$ 收敛,由性质 10-1 知,级数 $1\,000+100+10+1+\dfrac{1}{2}+\dfrac{1}{2^{2}}+\dfrac{1}{2^{3}}+\cdots+\dfrac{1}{2^{n}}+\cdots$ 收敛.

推论 改变级数 $\displaystyle\sum_{n=1}^{\infty}u_{n}$ 的有限项的值,其敛散性不变.

性质 10-2 收敛级数的各项乘同一常数所成的级数仍收敛. 即若级数 $\displaystyle\sum_{n=1}^{\infty}u_{n}$ 收敛,则级数 $\displaystyle\sum_{n=1}^{\infty}ku_{n}$ (k 为常数) 也收敛,且若 $\displaystyle\sum_{n=1}^{\infty}u_{n}=S$,则 $\displaystyle\sum_{n=1}^{\infty}ku_{n}=k\sum_{n=1}^{\infty}u_{n}=kS.$

证明 设级数 $\displaystyle\sum_{n=1}^{\infty}u_{n}$ 的前 n 项部分和为 S_{n} ,级数 $\displaystyle\sum_{n=1}^{\infty}ku_{n}$ 的前 n 项部分和为 σ_{n} ,那么

$$\sigma_{n}=ku_{1}+ku_{2}+\cdots+ku_{n}=k(u_{1}+u_{2}+\cdots+u_{n})=kS_{n}.$$

已知级数 $\displaystyle\sum_{n=1}^{\infty}u_{n}$ 收敛于 S ,且 $\displaystyle\lim_{n\to\infty}S_{n}=S$,则

$$\lim_{n\to\infty}\sigma_{n}=\lim_{n\to\infty}kS_{n}=k\lim_{n\to\infty}S_{n}=kS.$$

这表明级数 $\displaystyle\sum_{n=1}^{\infty}ku_{n}$ 收敛且收敛于和 kS ,即 $\displaystyle\sum_{n=1}^{\infty}ku_{n}=kS.$

性质 10-3 两收敛级数逐项相加 (或相减) 所得的级数仍收敛,即若 $\displaystyle\sum_{n=1}^{\infty}u_{n}$ 与 $\displaystyle\sum_{n=1}^{\infty}v_{n}$ 收敛,则 $\displaystyle\sum_{n=1}^{\infty}(u_{n}\pm v_{n})$ 也收敛,且若 $\displaystyle\sum_{n=1}^{\infty}u_{n}=S$, $\displaystyle\sum_{n=1}^{\infty}v_{n}=\sigma$,则 $\displaystyle\sum_{n=1}^{\infty}(u_{n}\pm v_{n})=S\pm\sigma.$

证明 设 $\displaystyle\sum_{n=1}^{\infty}u_{n}$ 与 $\displaystyle\sum_{n=1}^{\infty}v_{n}$ 的前 n 项部分和分别为 S_{n} 和 σ_{n} ,级数 $\displaystyle\sum_{n=1}^{\infty}(u_{n}\pm v_{n})$ 的前 n 项部分和为 W_{n} ,则

$$
\begin{aligned}
W_{n}&=(u_{1}\pm v_{1})+(u_{2}\pm v_{2})+\cdots+(u_{n}\pm v_{n})\\
&=(u_{1}+u_{2}+\cdots+u_{n})\pm(v_{1}+v_{2}+\cdots+v_{n})\\
&=S_{n}\pm\sigma_{n}.
\end{aligned}
$$

已知级数 $\displaystyle\sum_{n=1}^{\infty}u_{n}$ 收敛于 S ,级数 $\displaystyle\sum_{n=1}^{\infty}v_{n}$ 收敛于 σ ,则 $\displaystyle\lim_{n\to\infty}S_{n}=S$, $\displaystyle\lim_{n\to\infty}\sigma_{n}=\sigma$. 故

$$\lim_{n\to\infty}W_{n}=\lim_{n\to\infty}(S_{n}\pm\sigma_{n})=\lim_{n\to\infty}S_{n}\pm\lim_{n\to\infty}\sigma_{n}=S\pm\sigma.$$

这表明级数 $\displaystyle\sum_{n=1}^{\infty}(u_{n}\pm v_{n})$ 收敛,且 $\displaystyle\sum_{n=1}^{\infty}(u_{n}\pm v_{n})=S\pm\sigma.$

例 10-5 判定下列级数的敛散性,若收敛,求其和:

(1) $\displaystyle\sum_{n=1}^{\infty}\left(\frac{1}{2^{n-1}}+\frac{2}{3^{n}}\right)$;　　　　　　　(2) $\displaystyle\sum_{n=1}^{\infty}\left(3^{n}-\frac{1}{3^{n}}\right).$

解 (1) 因为 $\displaystyle\sum_{n=1}^{\infty}\frac{1}{2^{n-1}}$ 与 $\displaystyle\sum_{n=1}^{\infty}\frac{1}{3^{n}}$ 都是公比的绝对值小于 1 的等比级数,所以它们都收

敛,且和分别为 $\dfrac{1}{1-\dfrac{1}{2}}=2$ 和 $\dfrac{\dfrac{1}{3}}{1-\dfrac{1}{3}}=\dfrac{1}{2}$. 由性质 10-2 知,$\displaystyle\sum_{n=1}^{\infty}\dfrac{2}{3^{n}}$ 也收敛,和为 $2\times\dfrac{1}{2}=1$. 再

由性质 10-3 知,$\displaystyle\sum_{n=1}^{\infty}\left(\dfrac{1}{2^{n-1}}+\dfrac{2}{3^{n}}\right)$ 收敛,和为 $2+1=3$.

（2）由等比级数的敛散性结论知,级数 $\displaystyle\sum_{n=1}^{\infty}3^{n}$ 发散,$\displaystyle\sum_{n=1}^{\infty}\dfrac{1}{3^{n}}$ 收敛. 假设

$\displaystyle\sum_{n=1}^{\infty}\left(3^{n}-\dfrac{1}{3^{n}}\right)$ 收敛,则由性质 10-3,有

$$\sum_{n=1}^{\infty}\left[\left(3^{n}-\dfrac{1}{3^{n}}\right)+\dfrac{1}{3^{n}}\right]=\sum_{n=1}^{\infty}3^{n}$$

收敛,这与 $\displaystyle\sum_{n=1}^{\infty}3^{n}$ 发散矛盾. 因此级数 $\displaystyle\sum_{n=1}^{\infty}\left(3^{n}-\dfrac{1}{3^{n}}\right)$ 发散.

从例 10-5 我们看到,若级数 $\displaystyle\sum_{n=1}^{\infty}u_{n}$ 与级数 $\displaystyle\sum_{n=1}^{\infty}v_{n}$ 其中之一收敛,另一个发散,则级数 $\displaystyle\sum_{n=1}^{\infty}(u_{n}\pm v_{n})$ 发散.

请读者思考:如果级数 $\displaystyle\sum_{n=1}^{\infty}u_{n}$ 与级数 $\displaystyle\sum_{n=1}^{\infty}v_{n}$ 都发散,那么级数 $\displaystyle\sum_{n=1}^{\infty}(u_{n}\pm v_{n})$ 是否发散?

性质 10-4（级数收敛的必要条件） 若级数 $\displaystyle\sum_{n=1}^{\infty}u_{n}$ 收敛,则 $\displaystyle\lim_{n\to\infty}u_{n}=0$.

证明 设所给级数 $\displaystyle\sum_{n=1}^{\infty}u_{n}$ 的前 n 项部分和为 S_{n},且级数 $\displaystyle\sum_{n=1}^{\infty}u_{n}$ 收敛于 S,则有

$$\lim_{n\to\infty}S_{n}=S,\quad \lim_{n\to\infty}S_{n-1}=S.$$

而 $u_{n}=S_{n}-S_{n-1}$,所以

$$\lim_{n\to\infty}u_{n}=\lim_{n\to\infty}(S_{n}-S_{n-1})=\lim_{n\to\infty}S_{n}-\lim_{n\to\infty}S_{n-1}=S-S=0.$$

级数收敛的必要条件是 $\displaystyle\lim_{n\to\infty}u_{n}=0$,这说明只有一个级数的通项趋于零($n\to\infty$),它才有可能收敛;但必须注意,$\displaystyle\lim_{n\to\infty}u_{n}=0$ 并不是级数收敛的充分条件.

例如,对于级数 $\displaystyle\sum_{n=1}^{\infty}\dfrac{1}{\sqrt{n+1}+\sqrt{n}}$,有

$$\lim_{n\to\infty}u_{n}=\lim_{n\to\infty}\dfrac{1}{\sqrt{n+1}+\sqrt{n}}=0.$$

而由 §10.1 中例 10-3 可知,该级数发散.

这个性质虽然不能用来判断一个级数收敛,却可以用它的逆否命题来判断一个级数发散.

推论（级数发散的充分条件） 若级数 $\displaystyle\sum_{n=1}^{\infty}u_{n}$ 满足 $\displaystyle\lim_{n\to\infty}u_{n}\neq0$,则级数 $\displaystyle\sum_{n=1}^{\infty}u_{n}$ 必发散.

例如,对于级数 $\sum\limits_{n=1}^{\infty}\dfrac{2n-1}{2n}$,由于 $\lim\limits_{n\to\infty}u_n=\lim\limits_{n\to\infty}\dfrac{2n-1}{2n}=1\neq 0$,所以级数 $\sum\limits_{n=1}^{\infty}\dfrac{2n-1}{2n}$ 发散;

再如,对于级数 $\sum\limits_{n=1}^{\infty}\ln\dfrac{1}{n}$,由于 $\lim\limits_{n\to\infty}u_n=\lim\limits_{n\to\infty}\ln\dfrac{1}{n}=-\infty$,所以级数 $\sum\limits_{n=1}^{\infty}\ln\dfrac{1}{n}$ 发散.

性质 10-5　若一个级数收敛于 S,则对该级数的项任意加括号后所得级数也收敛于 S.

证明略.

推论　若加括号后所得级数发散,则原级数必发散.

收敛级数加括号后仍收敛,发散级数加括号后的情况如何呢?例如

$$\sum_{n=1}^{\infty}(-1)^{n+1}=1-1+1-1+1-\cdots$$

发散,但

$$(1-1)+(1-1)+(1-1)+\cdots$$

收敛于 0,而

$$(1-1+1)+(-1+1-1)+(1-1+1)+(-1+1-1)+\cdots$$

发散.

由此可知,发散级数加括号所得级数可能收敛也可能发散,但有时可用此推论判定级数发散.

例如,判定级数

$$3-\frac{1}{3}+3^2-\frac{1}{3^2}+\cdots+3^n-\frac{1}{3^n}+\cdots$$

的敛散性.

对原级数两两加括号后新级数为

$$\left(3-\frac{1}{3}\right)+\left(3^2-\frac{1}{3^2}\right)+\cdots+\left(3^n-\frac{1}{3^n}\right)+\cdots=\sum_{n=1}^{\infty}\left(3^n-\frac{1}{3^n}\right).$$

由例 10-5 知新级数发散,再由推论知原级数发散.

本节小结

本节主要介绍了无穷级数的几个基本性质,这些性质有助于我们更深入地了解级数的敛散性.注意:

1. 级数收敛和通项收敛的区别,$\lim\limits_{n\to\infty}u_n=0$ 是级数 $\sum\limits_{n=1}^{\infty}u_n$ 收敛的必要条件,但不是充分条件.

2. 级数收敛与部分和数列收敛是一致的,所有性质的证明都利用了收敛定义也就是部分和数列的极限存在性.

练习 10.2

基础题

1. 根据级数的基本性质判定下列级数的敛散性：

(1) $\displaystyle\sum_{n=1}^{\infty} \frac{2n-1}{2n}$；

(2) $\displaystyle\sum_{n=1}^{\infty} \sin\frac{n\pi}{6}$；

(3) $\displaystyle\sum_{n=1}^{\infty} n \cdot \sin\frac{1}{n}$；

(4) $\displaystyle\sum_{n=1}^{\infty} \frac{1}{\sqrt[n]{5}}$；

(5) $\displaystyle\sum_{n=1}^{\infty} \frac{3^n - 2^n}{6^n}$；

(6) $\displaystyle\sum_{n=1}^{100} 2^n + \sum_{n=101}^{\infty} \frac{1}{2^n}$；

(7) $\displaystyle\sum_{n=1}^{\infty} \left(\frac{1}{3n} + \frac{1}{2^n}\right)$；

(8) $\displaystyle\sum_{n=1}^{\infty} \left(\frac{1+n}{n}\right)^n$.

2. 若级数 $\displaystyle\sum_{n=1}^{\infty} u_n$ 收敛，指出下列哪些级数一定收敛，哪些级数发散：

(1) $\displaystyle\sum_{n=2}^{\infty} (u_n - u_{n-1})$；

(2) $\displaystyle\sum_{n=1}^{\infty} u_{n+k}$（$k$ 为某一确定的正整数）；

(3) $\displaystyle\sum_{n=1}^{\infty} \frac{1}{u_n}$.

提高题

1. 若两级数 $\displaystyle\sum_{n=1}^{\infty} u_n$ 和 $\displaystyle\sum_{n=1}^{\infty} v_n$ 中一个收敛，一个发散，证明级数 $\displaystyle\sum_{n=1}^{\infty} (u_n \pm v_n)$ 必发散.

2. 请举例说明：两级数 $\displaystyle\sum_{n=1}^{\infty} u_n$ 和 $\displaystyle\sum_{n=1}^{\infty} v_n$ 都发散，但级数 $\displaystyle\sum_{n=1}^{\infty} (u_n \pm v_n)$ 不一定发散.

3. 证明本节的性质 10-5.

§10.3 数项级数的敛散性判别方法

用定义判定 $\displaystyle\sum_{n=1}^{\infty} u_n$ 的敛散性，需要求部分和数列 $\{S_n\}$ 的极限 $\displaystyle\lim_{n\to\infty} S_n$，但应用这种方法

必须把部分和化为易求极限的形式. 对大多数级数来说,这一点不易做到,因而这种方法的应用受到了很大的限制,还需进一步讨论判定级数收敛的法则. 本节将从正项级数、交错级数、任意项级数三个层次来讨论数项级数的敛散性,对于不同类型的级数,将有适合其特点的敛散性判别方法.

一、 正项级数及其敛散性判别方法

正项级数就是每一项都是非负数(即 $u_n \geq 0$)的级数,这类级数虽然比较简单,却特别重要,而且其他级数敛散性的判定问题也常常归结为正项级数的敛散性判定问题.

设 $\sum\limits_{n=1}^{\infty} u_n$ 是一个正项级数,其部分和为 $S_n = \sum\limits_{k=1}^{n} u_k$. 因 $u_n \geq 0$,故 $S_n = S_{n-1} + u_n \geq S_{n-1}$,所以正项级数的部分和数列 $\{S_n\}$ 单调递增,可能有下列两种情形:

(1) 当 $n \to \infty$ 时,$S_n \to \infty$,此时级数 $\sum\limits_{n=1}^{\infty} u_n$ 发散;

(2) 部分和数列 $\{S_n\}$ 有界,则由单调有界数列必有极限可知 $\lim\limits_{n \to \infty} S_n$ 必定存在,故级数 $\sum\limits_{n=1}^{\infty} u_n$ 必收敛.

反之,若正项级数 $\sum\limits_{n=1}^{\infty} u_n$ 收敛于 S,即 $\lim\limits_{n \to \infty} S_n = S$,则由极限存在的数列必为有界数列可知,数列 $\{S_n\}$ 必有界. 因此得到以下基本定理.

定理 10-1　正项级数 $\sum\limits_{n=1}^{\infty} u_n$ 收敛的充要条件是它的部分和数列 $\{S_n\}$ 有界.

利用定理 10-1 可以推导出判定正项级数敛散性的几个更为实用的方法.

定理 10-2(比较判别法)　设 $\sum\limits_{n=1}^{\infty} u_n$ 和 $\sum\limits_{n=1}^{\infty} v_n$ 均为正项级数,且满足 $0 \leq u_n \leq v_n (n = 1, 2, \cdots)$,则

(1) 若级数 $\sum\limits_{n=1}^{\infty} v_n$ 收敛,则级数 $\sum\limits_{n=1}^{\infty} u_n$ 也收敛;

(2) 若级数 $\sum\limits_{n=1}^{\infty} u_n$ 发散,则级数 $\sum\limits_{n=1}^{\infty} v_n$ 也发散;

证明　设级数 $\sum\limits_{n=1}^{\infty} u_n$,$\sum\limits_{n=1}^{\infty} v_n$ 的前 n 项部分和分别为 S_n 和 σ_n,因为 $u_n \leq v_n, n = 1, 2, \cdots$,所以

$$S_n = u_1 + u_2 + \cdots + u_n \leq v_1 + v_2 + \cdots + v_n = \sigma_n.$$

(1) 若级数 $\sum\limits_{n=1}^{\infty} v_n$ 收敛,则由定理 10-1 可知其部分和数列 $\{\sigma_n\}$ 有界,因而数列 $\{S_n\}$ 也有界,再由定理 10-1 可知级数 $\sum\limits_{n=1}^{\infty} u_n$ 收敛.

（2）若级数 $\sum\limits_{n=1}^{\infty} u_n$ 发散,则由定理 10-1 可知其部分和数列 $\{S_n\}$ 无界,因而数列 $\{\sigma_n\}$ 也无界,级数 $\sum\limits_{n=1}^{\infty} v_n$ 发散.

定理 10-2 说明,如果通项较大的正项级数收敛,那么通项比它小的正项级数也收敛;如果通项较小的正项级数发散,那么通项比它大的正项级数也发散.

由级数的基本性质和定理 10-1 及定理 10-2 可得

推论 1 正项级数 $\sum\limits_{n=1}^{\infty} u_n$ 与其加括号后所得级数有相同的敛散性,且收敛时和相等.

根据级数敛散性的性质,级数的每一项同乘不为零的常数 k 以及去掉级数的有限项不会影响级数的敛散性,从而得到比较判别法的另一种形式.

推论 2 对两正项级数 $\sum\limits_{n=1}^{\infty} u_n$ 和 $\sum\limits_{n=1}^{\infty} v_n$,若从某项起(例如从第 N 项起)有 $u_n \leqslant k v_n$($n \geqslant N$,k 为大于零的常数),则

（1）若 $\sum\limits_{n=1}^{\infty} v_n$ 收敛,则 $\sum\limits_{n=1}^{\infty} u_n$ 也收敛;

（2）若 $\sum\limits_{n=1}^{\infty} u_n$ 发散,则 $\sum\limits_{n=1}^{\infty} v_n$ 也发散;

正项级数的
敛散性判别
方法(一)

例 10-6 当 $a>0$ 时,判定级数 $\sum\limits_{n=1}^{\infty} \dfrac{1}{1+a^n}$ 的敛散性.

解 当 $0<a<1$ 时,$\lim\limits_{n\to\infty} \dfrac{1}{1+a^n} = 1 \neq 0$,因此级数 $\sum\limits_{n=1}^{\infty} \dfrac{1}{1+a^n}$ 发散;

当 $a=1$ 时,$\lim\limits_{n\to\infty} \dfrac{1}{1+1^n} = \dfrac{1}{2} \neq 0$,因此级数 $\sum\limits_{n=1}^{\infty} \dfrac{1}{1+a^n}$ 发散;

当 $a>1$ 时,$\dfrac{1}{1+a^n} < \left(\dfrac{1}{a}\right)^n$,等比级数 $\sum\limits_{n=1}^{\infty} \left(\dfrac{1}{a}\right)^n$ 的公比绝对值 $|q| = \dfrac{1}{a} < 1$,故级数

$\sum\limits_{n=1}^{\infty} \left(\dfrac{1}{a}\right)^n$ 收敛,由比较判别法可知 $\sum\limits_{n=1}^{\infty} \dfrac{1}{1+a^n}$ 收敛.

例 10-7 证明调和级数 $\sum\limits_{n=1}^{\infty} \dfrac{1}{n} = 1 + \dfrac{1}{2} + \dfrac{1}{3} + \cdots + \dfrac{1}{n} + \cdots$ 是发散的.

证明 将调和级数 $\sum\limits_{n=1}^{\infty} \dfrac{1}{n}$ 的第 1 项,第 2 项,第 3 项和第 4 项,第 5 项至第 8 项……加括号得级数

$$1 + \frac{1}{2} + \left(\frac{1}{3} + \frac{1}{4}\right) + \left(\frac{1}{5} + \frac{1}{6} + \frac{1}{7} + \frac{1}{8}\right) + \cdots. \tag{10-1}$$

级数(10-1)的各项不小于级数

$$\frac{1}{2} + \frac{1}{2} + \left(\frac{1}{4} + \frac{1}{4}\right) + \left(\frac{1}{8} + \frac{1}{8} + \frac{1}{8} + \frac{1}{8}\right) + \cdots \tag{10-2}$$

的对应项,而级数(10-2)的通项 $\dfrac{1}{2}$ 不趋于 0,因而级数(10-2)发散. 由定理 10-2 知级数

(10-1)发散,再由推论 1 知调和级数 $\displaystyle\sum_{n=1}^{\infty}\dfrac{1}{n}$ 发散.

例 10-8　讨论 p 级数(又称广义调和级数)

$$\sum_{n=1}^{\infty}\frac{1}{n^p}=1+\frac{1}{2^p}+\frac{1}{3^p}+\cdots+\frac{1}{n^p}+\cdots$$

的敛散性,其中 p 为常数.

解　当 $p\leq 0$ 时,显然 $\dfrac{1}{n^p}\geq 1(n=1,2,\cdots)$,于是 $\displaystyle\lim_{n\to\infty}\dfrac{1}{n^p}\neq 0$. 由级数收敛的必要条件知,

当 $p\leq 0$ 时,p 级数发散.

当 $0<p\leq 1$ 时,显然 $\dfrac{1}{n^p}\geq\dfrac{1}{n}(n=1,2,\cdots)$. 由调和级数 $\displaystyle\sum_{n=1}^{\infty}\dfrac{1}{n}$ 发散及比较判别法知,当

$0<p\leq 1$ 时,p 级数发散.

当 $p>1$ 时,对 p 级数 $\displaystyle\sum_{n=1}^{\infty}\dfrac{1}{n^p}$ 加括号得一新级数

$$1+\left(\frac{1}{2^p}+\frac{1}{3^p}\right)+\left(\frac{1}{4^p}+\frac{1}{5^p}+\frac{1}{6^p}+\frac{1}{7^p}\right)+\cdots \tag{10-3}$$

$$\leq 1+\left(\frac{1}{2^p}+\frac{1}{2^p}\right)+\left(\frac{1}{4^p}+\frac{1}{4^p}+\frac{1}{4^p}+\frac{1}{4^p}\right)+\cdots$$

$$=1+\frac{1}{2^{p-1}}+\frac{1}{4^{p-1}}+\cdots$$

$$=1+\frac{1}{2^{p-1}}+\left(\frac{1}{2^{p-1}}\right)^2+\cdots. \tag{10-4}$$

级数(10-3)的各项均小于级数(10-4)的对应项,而级数(10-4)为等比级数 $\displaystyle\sum_{n=0}^{\infty}\left(\dfrac{1}{2^{p-1}}\right)^n$,

其公比的绝对值 $|q|=\dfrac{1}{2^{p-1}}<1$(因 $p>1$),因此它是收敛的,由比较判别法知级数(10-3)收

敛,再由推论 1 知级数 $\displaystyle\sum_{n=1}^{\infty}\dfrac{1}{n^p}$ 收敛.

综上所述,p 级数 $\displaystyle\sum_{n=1}^{\infty}\dfrac{1}{n^p}$ 当 $p>1$ 时收敛,当 $p\leq 1$ 时发散.

例如,级数 $\displaystyle\sum_{n=1}^{\infty}\dfrac{1}{n^2}$ 是 p 级数,且 $p=2$,故它是收敛的;级数 $\displaystyle\sum_{n=1}^{\infty}\dfrac{1}{\sqrt[3]{n}}$ 是 p 级数,且 $p=\dfrac{1}{3}$,

故它是发散的;而级数 $\displaystyle\sum_{n=1}^{\infty}\dfrac{1}{n^n}$,$\displaystyle\sum_{n=1}^{\infty}\dfrac{1}{\sqrt[n]{n}}$ 都不是 p 级数,不能用 p 级数的结论进行讨论.

对于级数 $\displaystyle\sum_{n=1}^{\infty}\dfrac{1}{n^n}$,由于 $\dfrac{1}{n^n}<\dfrac{1}{2^n}$(当 $n>2$ 时),而级数 $\displaystyle\sum_{n=1}^{\infty}\dfrac{1}{2^n}$ 收敛,由推论 2 知级数

$\displaystyle\sum_{n=1}^{\infty}\frac{1}{n^{n}}$ 收敛.

对于级数 $\displaystyle\sum_{n=1}^{\infty}\frac{1}{\sqrt[n]{n}}$，由于 $\displaystyle\lim_{n\to\infty}u_{n}=\lim_{n\to\infty}\frac{1}{\sqrt[n]{n}}=1\neq0$，所以级数 $\displaystyle\sum_{n=1}^{\infty}\frac{1}{\sqrt[n]{n}}$ 发散.

例 10-9 判定级数 $1+\dfrac{1+2}{1+2^{2}}+\dfrac{1+3}{1+3^{2}}+\cdots+\dfrac{1+n}{1+n^{2}}+\cdots$ 的敛散性.

解 级数通项

$$u_{n}=\frac{1+n}{1+n^{2}}>\frac{1+n}{1+2n+n^{2}}=\frac{1+n}{(1+n)^{2}}=\frac{1}{1+n}=v_{n}.$$

由级数性质知级数 $\displaystyle\sum_{n=1}^{\infty}\frac{1}{n+1}$ 与调和级数 $\displaystyle\sum_{n=1}^{\infty}\frac{1}{n}$ 有相同的敛散性，而 $\displaystyle\sum_{n=1}^{\infty}\frac{1}{n}$ 发散，从而 $\displaystyle\sum_{n=1}^{\infty}\frac{1}{n+1}$ 也发散. 由比较判别法知级数 $\displaystyle\sum_{n=1}^{\infty}u_{n}=\sum_{n=1}^{\infty}\frac{1+n}{1+n^{2}}$ 也发散.

由以上例题可知，用比较判别法判定 $\displaystyle\sum_{n=1}^{\infty}u_{n}$ 的敛散性时，需建立与级数 $\displaystyle\sum_{n=1}^{\infty}u_{n}$ 通项相关的不等式，具体做法：放大判敛，即 $u_{n}\leqslant v_{n}$，此时 v_{n} 必须是收敛级数 $\displaystyle\sum_{n=1}^{\infty}v_{n}$ 的通项；缩小判散，即 $u_{n}\geqslant v_{n}$，此时 $\displaystyle\sum_{n=1}^{\infty}v_{n}$ 必须是发散级数.

用比较判别法判定级数的敛散性时，我们经常用等比级数、p 级数等简单级数作为参照级数.

例 10-10 判断级数 $\displaystyle\sum_{n=1}^{\infty}\frac{n!}{n^{n}}$ 是否收敛.

解 因为

$$\frac{n!}{n^{n}}=\frac{n\cdot(n-1)\cdot\cdots\cdot3\cdot2\cdot1}{n\cdot n\cdot\cdots\cdot n\cdot n}\leqslant\frac{2\cdot1}{n^{2}}=\frac{2}{n^{2}}\quad(n>1),$$

而级数 $\displaystyle\sum_{n=1}^{\infty}\frac{2}{n^{2}}$ 收敛，所以级数 $\displaystyle\sum_{n=1}^{\infty}\frac{n!}{n^{n}}$ 收敛.

例 10-11 判定级数 $\displaystyle\sum_{n=1}^{\infty}\frac{3}{2^{n}+n^{2}}$ 的敛散性.

解 方法一 因为

$$\frac{3}{2^{n}+n^{2}}\leqslant\frac{3}{2^{n}},$$

而 $\displaystyle\sum_{n=1}^{\infty}\frac{3}{2^{n}}$ 为公比绝对值 $|q|=\dfrac{1}{2}<1$ 的等比级数，故级数 $\displaystyle\sum_{n=1}^{\infty}\frac{3}{2^{n}}$ 是收敛的，所以由比较判别法知级数 $\displaystyle\sum_{n=1}^{\infty}\frac{3}{2^{n}+n^{2}}$ 收敛.

方法二 因为

$$\frac{3}{2^n+n^2} \leqslant \frac{3}{n^2},$$

而 $\sum\limits_{n=1}^{\infty} \frac{1}{n^2}$ 为 $p=2>1$ 的 p 级数,故级数 $\sum\limits_{n=1}^{\infty} \frac{1}{n^2}$ 是收敛的,从而 $\sum\limits_{n=1}^{\infty} \frac{3}{n^2}$ 也收敛,所以由比较判别法知级数 $\sum\limits_{n=1}^{\infty} \frac{3}{2^n+n^2}$ 收敛.

在实际应用中,有时很难判断两个级数通项的绝对大小,而且需要预判原级数的敛散性,才能决定将通项放大还是缩小,下面介绍的比较判别法的极限形式常常更加方便.

定理 10 − 3(比较判别法的极限形式) 设 $\sum\limits_{n=1}^{\infty} u_n$ 和 $\sum\limits_{n=1}^{\infty} v_n$ 为两个正项级数,若 $\lim\limits_{n\to\infty} \frac{u_n}{v_n} = l$,则

(1)当 $0<l<+\infty$ 时,级数 $\sum\limits_{n=1}^{\infty} u_n$ 和 $\sum\limits_{n=1}^{\infty} v_n$ 具有相同的敛散性;

(2)当 $l=0$ 时,若 $\sum\limits_{n=1}^{\infty} u_n$ 发散,则 $\sum\limits_{n=1}^{\infty} v_n$ 也发散;若 $\sum\limits_{n=1}^{\infty} v_n$ 收敛,则 $\sum\limits_{n=1}^{\infty} u_n$ 也收敛;

(3)当 $l=+\infty$ 时,若 $\sum\limits_{n=1}^{\infty} v_n$ 发散,则 $\sum\limits_{n=1}^{\infty} u_n$ 也发散;若 $\sum\limits_{n=1}^{\infty} u_n$ 收敛,则 $\sum\limits_{n=1}^{\infty} v_n$ 也收敛;

证明 (1)若 $\lim\limits_{n\to\infty} \frac{u_n}{v_n} = l(0<l<+\infty)$,则对于给定的 $\varepsilon_0 = \frac{l}{2}>0$,存在正整数 N,使当 $n>N$ 时,有

$$\left| \frac{u_n}{v_n} - l \right| < \varepsilon_0 = \frac{l}{2},$$

即

$$\frac{l}{2} v_n < u_n < \frac{3l}{2} v_n.$$

由比较判别法的推论 2 可知,级数 $\sum\limits_{n=1}^{\infty} u_n$ 和级数 $\sum\limits_{n=1}^{\infty} v_n$ 具有相同的敛散性.

(2)若 $\lim\limits_{n\to\infty} \frac{u_n}{v_n} = 0$,则对于给定的 $\varepsilon_0 = 1$,存在正整数 N,使当 $n>N$ 时,有

$$\left| \frac{u_n}{v_n} - 0 \right| < \varepsilon_0 = 1,$$

即

$$u_n < v_n.$$

由比较判别法可知,若级数 $\sum\limits_{n=1}^{\infty} u_n$ 发散,则级数 $\sum\limits_{n=1}^{\infty} v_n$ 也发散;若级数 $\sum\limits_{n=1}^{\infty} v_n$ 收敛,则级数

$\displaystyle\sum_{n=1}^{\infty} u_n$ 也收敛.

（3）$\displaystyle\lim_{n \to \infty} \frac{u_n}{v_n} = +\infty$ 的情形可类似证明.

例 10-12　判定级数 $\displaystyle\sum_{n=1}^{\infty} \frac{1}{2^n - n}$ 的敛散性.

解　该级数是正项级数,且

$$\lim_{n \to \infty} \frac{\dfrac{1}{2^n - n}}{\dfrac{1}{2^n}} = \lim_{n \to \infty} \frac{2^n}{2^n - n} = \lim_{n \to \infty} \frac{1}{1 - \dfrac{n}{2^n}} = 1.$$

而等比级数 $\displaystyle\sum_{n=1}^{\infty} \frac{1}{2^n}$ 收敛,所以由定理 10-3,级数 $\displaystyle\sum_{n=1}^{\infty} \frac{1}{2^n - n}$ 也收敛.

例 10-13　判定级数 $\displaystyle\sum_{n=1}^{\infty} \frac{1}{\ln(n+1)}$ 的敛散性.

解　该级数是正项级数,且

$$\lim_{n \to \infty} \frac{\dfrac{1}{\ln(n+1)}}{\dfrac{1}{n}} = \lim_{n \to \infty} \frac{n}{\ln(n+1)} = +\infty.$$

而调和级数 $\displaystyle\sum_{n=1}^{\infty} \frac{1}{n}$ 发散,所以由定理 10-3,级数 $\displaystyle\sum_{n=1}^{\infty} \frac{1}{\ln(n+1)}$ 也发散.

例 10-14　判定级数 $\displaystyle\sum_{n=1}^{\infty} \sin \frac{1}{n}$ 的敛散性.

解　该级数为正项级数,且

$$\lim_{n \to \infty} \frac{\sin \dfrac{1}{n}}{\dfrac{1}{n}} = 1.$$

而调和级数 $\displaystyle\sum_{n=1}^{\infty} \frac{1}{n}$ 发散,所以由定理 10-3,级数 $\displaystyle\sum_{n=1}^{\infty} \sin \frac{1}{n}$ 也发散.

　　正项级数的比较判别法是利用已知收敛或发散的级数作为参照对象来判别其他级数的敛散性,用比较判别法要先选择一个参照级数,有时选择参照级数很难.下面介绍不需要参照级数的比值判别法和根值判别法,它们更适用于通项形式比较复杂的正项级数敛散性的判定问题.

　　定理 10-4（比值判别法）　设 $\displaystyle\sum_{n=1}^{\infty} u_n$ 为正项级数,若 $\displaystyle\lim_{n \to \infty} \frac{u_{n+1}}{u_n} = l$,则

　　（1）当 $l < 1$ 时,级数 $\displaystyle\sum_{n=1}^{\infty} u_n$ 收敛;

（2）当 $l>1$ 时，级数 $\sum\limits_{n=1}^{\infty} u_n$ 发散；

（3）当 $l=1$ 时，级数 $\sum\limits_{n=1}^{\infty} u_n$ 可能收敛，也可能发散.

证明　若 $\lim\limits_{n\to\infty}\dfrac{u_{n+1}}{u_n}=l$，则对于任意给定的 $\varepsilon>0$，必存在正整数 N，使当 $n\geqslant N$ 时，有 $\left|\dfrac{u_{n+1}}{u_n}-l\right|<\varepsilon$，即

$$l-\varepsilon<\frac{u_{n+1}}{u_n}<l+\varepsilon. \tag{10-5}$$

（1）当 $l<1$ 时，总可选取某一适当的正数 ε_0，使 $l+\varepsilon_0=r<1$，由式（10-5）有

$$\frac{u_{n+1}}{u_n}<l+\varepsilon_0=r<1,$$

即 $\dfrac{u_{n+1}}{u_n}<1$，因此

$$u_{N+1}<ru_N,\ u_{N+2}<ru_{N+1}<r^2u_N,\ u_{N+3}<ru_{N+2}<r^3u_N,\cdots.$$

这样，级数 $u_{N+1}+u_{N+2}+u_{N+3}+\cdots$ 的各项就小于收敛的等比级数 $ru_N+r^2u_N+r^3u_N+\cdots$ 的对应项，所以它也收敛. 在这个级数前面加上有限项 $u_1+u_2+\cdots+u_N$ 后，所得的级数 $\sum\limits_{n=1}^{\infty} u_n$ 仍是收敛的.

（2）当 $l>1$ 时，选取某一适当小的正数 ε_0，使 $l-\varepsilon_0=r>1$，则由式（10-5）有

$$\frac{u_{n+1}}{u_n}>l-\varepsilon_0=r>1,$$

即 $u_{n+1}>u_n(n\geqslant N)$，因此级数 $\sum\limits_{n=1}^{\infty} u_n$ 从第 N 项开始，以后的项随着 n 增大而增大，从而 $\lim\limits_{n\to\infty} u_n\neq 0$. 根据级数收敛的必要条件，级数 $\lim\limits_{n\to\infty} u_n$ 发散.

（3）当 $l=1$ 时，级数可能收敛也可能发散. 例如对于 p 级数，不论 p 为何值，均有

$$\lim_{n\to\infty}\frac{u_{n+1}}{u_n}=\lim_{n\to\infty}\frac{\dfrac{1}{(n+1)^p}}{\dfrac{1}{n^p}}=1,$$

但我们已经知道，当 $p\leqslant 1$ 时级数发散，而当 $p>1$ 时级数收敛.

比值判别法也称为达朗贝尔判别法，其特点是无需参照级数，用通项本身直接判定级数的敛散性，较比较判别法更加灵活.

正项级数的
敛散性判别
方法（二）

例 10-15　判定级数 $\sum\limits_{n=1}^{\infty}\dfrac{3^n\cdot n!}{n^n}$ 的敛散性.

解　该级数为正项级数，且

$$\lim_{n \to \infty} \frac{u_{n+1}}{u_n} = \lim_{n \to \infty} \frac{\dfrac{3^{n+1} \cdot (n+1)!}{(n+1)^{n+1}}}{\dfrac{3^n \cdot n!}{n^n}} = \lim_{n \to \infty} 3\left(\frac{n}{n+1}\right)^n = \lim_{n \to \infty} \frac{3}{\left(\dfrac{n+1}{n}\right)^n} = \frac{3}{e} > 1,$$

故由比值判别法可知级数 $\displaystyle\sum_{n=1}^{\infty} \frac{3^n \cdot n!}{n^n}$ 发散.

例 10-16 判定级数 $\displaystyle\sum_{n=1}^{\infty} \frac{1}{n!}$ 的敛散性.

解 该级数为正项级数,且

$$\lim_{n \to \infty} \frac{u_{n+1}}{u_n} = \lim_{n \to \infty} \frac{\dfrac{1}{(n+1)!}}{\dfrac{1}{n!}} = \lim_{n \to \infty} \frac{1}{n+1} = 0,$$

故由比值判别法知级数 $\displaystyle\sum_{n=1}^{\infty} \frac{1}{n!}$ 收敛.

例 10-17 判定级数 $\displaystyle\sum_{n=1}^{\infty} \frac{n^{n+1}}{(n+1)^{n+2}}$ 的敛散性.

解 若用比值判别法,有

$$\lim_{n \to \infty} \frac{u_{n+1}}{u_n} = \lim_{n \to \infty} \frac{\dfrac{(n+1)^{n+2}}{(n+2)^{n+3}}}{\dfrac{n^{n+1}}{(n+1)^{n+2}}} = \lim_{n \to \infty} \frac{(n+2-1)^{n+3}(n+1)^{n+2}n}{(n+2)^{n+3}(n+1)(n+1-1)^{n+2}}$$

$$= \lim_{n \to \infty} \frac{n\left(1 - \dfrac{1}{n+2}\right)^{n+3}}{(n+1)\left(1 - \dfrac{1}{n+1}\right)^{n+2}} = 1.$$

此时比值判别法失效,改用其他方法.

我们知道 $1 + \dfrac{1}{n}$ 是有界的,且 $2 \leqslant \left(1 + \dfrac{1}{n}\right)^n < 3$,故

$$\frac{n^{n+1}}{(n+1)^{n+2}} = \frac{1}{\left(1 + \dfrac{1}{n}\right)^n} \cdot \frac{n}{(n+1)^2} > \frac{1}{3} \frac{n}{(n+1)^2}.$$

又

$$\lim_{n \to \infty} \frac{\dfrac{1}{3} \dfrac{n}{(n+1)^2}}{\dfrac{1}{n}} = \frac{1}{3},$$

而调和级数 $\displaystyle\sum_{n=1}^{\infty} \frac{1}{n}$ 发散,故级数 $\displaystyle\sum_{n=1}^{\infty} \frac{1}{3} \cdot \frac{n}{(n+1)^2}$ 发散.由比较判别法知级数

$$\sum_{n=1}^{\infty} \frac{n^{n+1}}{(n+1)^{n+2}} \text{ 也发散.}$$

例 10-18   判定级数 $\displaystyle\sum_{n=1}^{\infty} \frac{n^2 \sin^2 \frac{n\pi}{3}}{3^n}$ 的敛散性.

解   因 $\sin^2 \dfrac{n\pi}{3} \leqslant 1$，故 $\dfrac{n^2 \sin^2 \frac{n\pi}{3}}{3^n} \leqslant \dfrac{n^2}{3^n}$. 又对于级数 $\displaystyle\sum_{n=1}^{\infty} \frac{n^2}{3^n}$，

$$\lim_{n \to \infty} \frac{u_{n+1}}{u_n} = \lim_{n \to \infty} \frac{\frac{(n+1)^2}{3^{n+1}}}{\frac{n^2}{3^n}} = \lim_{n \to \infty} \left[\frac{1}{3} \cdot \frac{(n+1)^2}{n^2} \right] = \frac{1}{3} < 1,$$

由比值判别法知级数 $\displaystyle\sum_{n=1}^{\infty} \frac{n^2}{3^n}$ 收敛. 再由比较判别法知级数 $\displaystyle\sum_{n=1}^{\infty} \frac{n^2 \sin^2 \frac{n\pi}{3}}{3^n}$ 也收敛.

一般地，当通项中含有阶乘、幂指函数和指数函数时，可试用比值判别法判定敛散性，当 $\displaystyle\lim_{n \to \infty} \frac{u_{n+1}}{u_n} = 1$ 时，比值判别法失效，需改用其他方法，如例 10-17；有时要同时用几种判别方法，如例 10-18.

定理 10-5（根值判别法）   设 $\displaystyle\sum_{n=1}^{\infty} u_n$ 为正项级数，且 $\displaystyle\lim_{n \to \infty} \sqrt[n]{u_n} = \rho$，则

（1）当 $\rho < 1$ 时，级数 $\displaystyle\sum_{n=1}^{\infty} u_n$ 收敛；

（2）当 $\rho > 1$ 时，级数 $\displaystyle\sum_{n=1}^{\infty} u_n$ 发散；

（3）当 $\rho = 1$ 时，不能确定其敛散性.

根值判别法也称为**柯西判别法**. 这个定理证明与比值判别法的证明类似，读者可以自己仿照证明.

例 10-19   判定级数 $\displaystyle\sum_{n=1}^{\infty} \frac{3 + (-1)^n}{2^n}$ 的敛散性.

解   该级数为正项级数，且

$$\lim_{n \to \infty} \sqrt[n]{u_n} = \lim_{n \to \infty} \sqrt[n]{\frac{3 + (-1)^n}{2^n}} = \lim_{n \to \infty} \frac{\sqrt[n]{3 + (-1)^n}}{2} = \frac{1}{2} < 1,$$

故由根值判别法知级数 $\displaystyle\sum_{n=1}^{\infty} \frac{3 + (-1)^n}{2^n}$ 收敛.

根值判别法一般用来判定通项中含有 n 次幂的级数的敛散性.

二、 交错级数及其敛散性判别方法

前面介绍了正项级数敛散性的判别方法,负项级数以及包含有限个负项的级数的敛散性都可以用正项级数的判别方法来判别. 现在我们来讨论既有无穷多正项又有无穷多负项的级数的敛散性,首先讨论比较简单的交错级数.

各项符号正负相间的级数称为**交错级数**,其一般形式可写成

$$\sum_{n=1}^{\infty} (-1)^{n-1} u_n = u_1 - u_2 + u_3 - u_4 + \cdots$$

或

$$\sum_{n=1}^{\infty} (-1)^{n} u_n = -u_1 + u_2 - u_3 + u_4 - \cdots,$$

其中 $u_n > 0 (n=1,2,3,\cdots)$. 显然有 $\sum_{n=1}^{\infty} (-1)^{n} u_n = -\sum_{n=1}^{\infty} (-1)^{n-1} u_n$, 故下面只讨论级数 $\sum_{n=1}^{\infty} (-1)^{n-1} u_n$ 的敛散性. 关于交错级数 $\sum_{n=1}^{\infty} (-1)^{n-1} u_n$ 的敛散性,有如下的莱布尼茨判别法.

定理 10-6(莱布尼茨判别法) 若交错级数 $\sum_{n=1}^{\infty} (-1)^{n-1} u_n$ 满足下述两个条件:

(1) $u_n \geqslant u_{n+1}$, 即数列 $\{u_n\}$ 单调递减;

(2) $\lim_{n \to \infty} u_n = 0$, 即数列 $\{u_n\}$ 极限存在且趋于零,

则级数 $\sum_{n=1}^{\infty} (-1)^{n-1} u_n$ 收敛,且其和 $S \leqslant u_1$, 其余项 $R_n = S - S_n$ 的绝对值 $|R_n| \leqslant u_{n+1}$.

证明 先考察交错级数 $\sum_{n=1}^{\infty} (-1)^{n-1} u_n$ 的部分和数列 $\{S_n\}$ 中下标为偶数的项,并把 S_{2m} 以下面两种方式组合:

$$S_{2m} = (u_1 - u_2) + (u_3 - u_4) + \cdots + (u_{2m-1} - u_{2m}),$$
$$S_{2m} = u_1 - (u_2 - u_3) - (u_4 - u_5) - \cdots - (u_{2m-2} - u_{2m-1}) - u_{2m}.$$

由 $\{u_n\}$ 单调递减可知,所有括号中的差都是非负的. 于是,由前一组合可知

$$S_{2m+2} = S_{2m} + (u_{2m+1} - u_{2m+2}) \geqslant S_{2m},$$

即 $\{S_{2m}\}$ 是单调递增的;由后一组合形式可知 $S_{2m} \leqslant u_1$, 即 $\{S_{2m}\}$ 是有界的. 由单调有界数列必有极限可知 S_{2m} 的极限存在,设其极限为 S, 则

$$\lim_{m \to \infty} S_{2m} = S \leqslant u_1.$$

再证明前 $2m+1$ 项部分和的极限也是 S. 由于

$$S_{2m+1} = S_{2m} + u_{2m+1},$$

两端取极限,并根据条件(2)得

$$\lim_{m \to \infty} S_{2m+1} = \lim_{m \to \infty} (S_{2m} + u_{2m+1}) = \lim_{m \to \infty} S_{2m} + \lim_{m \to \infty} u_{2m+1} = S + 0 = S.$$

由于 S_{2m} 与 S_{2m+1} 的极限都存在且都等于 S,所以交错级数 $\sum\limits_{n=1}^{\infty} u_n$ 的部分和数列 $\{S_n\}$ 当 $n \to \infty$ 时有极限 S,即交错级数 $\sum\limits_{n=1}^{\infty} u_n$ 收敛,且 $S \leqslant u_1$.

另外,注意到余项 R_n 的绝对值

$$|R_n| = u_{n+1} - u_{n+2} + \cdots,$$

右端也是一个交错级数,它仍满足定理 10-6 的两个条件,根据以上证明,$|R_n|$ 收敛且其和小于级数的第一项,即 $|R_n| \leqslant u_{n+1}$.

例 10-20　判定级数 $\dfrac{1}{\ln 2} - \dfrac{1}{\ln 3} + \cdots + (-1)^n \dfrac{1}{\ln n} + \cdots$ 的敛散性.

解　这是一个交错级数,且满足

$$u_n = \frac{1}{\ln n} > \frac{1}{\ln(n+1)} = u_{n+1},$$

$$\lim_{n \to \infty} u_n = \lim_{n \to \infty} \frac{1}{\ln n} = 0,$$

所以由莱布尼茨判别法知级数收敛.

例 10-21　判定级数 $\sum\limits_{n=1}^{\infty} (-1)^{n+1} \dfrac{n}{3n+1}$ 的敛散性.

解　因为 $\lim\limits_{n \to \infty} (-1)^{n+1} \dfrac{n}{3n+1}$ 不存在,不满足级数收敛的必要条件,所以此交错级数发散.

注意　莱布尼茨判别法的条件只是充分条件,不是必要条件,不能由不满足莱布尼茨判别法的条件推断交错级数发散.

例 10-22　设数列 $\{u_n\}$ 单调递减,$u_n > 0$ $(n = 1, 2, \cdots)$,且 $\lim\limits_{n \to \infty} u_n = 0$,证明级数 $\sum\limits_{n=1}^{\infty} (-1)^n \dfrac{u_1 + u_2 + \cdots + u_n}{n}$ 收敛.

证明　设 $v_n = \dfrac{u_1 + u_2 + \cdots + u_n}{n}$,则 $v_n > 0$ $(n = 1, 2, \cdots)$,$\lim\limits_{n \to \infty} v_n = 0$. 又

$$nv_n - (n+1)v_{n+1} = -u_{n+1},$$

即

$$n(v_n - v_{n+1}) = v_{n+1} - u_{n+1},$$

$$v_n - v_{n+1} = \frac{1}{n}(v_{n+1} - u_{n+1}).$$

由 $\{u_n\}$ 单调递减可知

$$v_{n+1} > u_{n+1},$$

$$v_n - v_{n+1} = \frac{1}{n}(v_{n+1} - u_{n+1}) \geqslant 0,$$

即
$$v_n \geqslant v_{n+1}.$$

由莱布尼茨判别法知级数 $\displaystyle\sum_{n=1}^{\infty} (-1)^n \frac{u_1 + u_2 + \cdots + u_n}{n}$ 收敛.

三、 任意项级数的绝对收敛与条件收敛

当级数 $\displaystyle\sum_{n=1}^{\infty} u_n$ 的通项可取任意实数时, 称 $\displaystyle\sum_{n=1}^{\infty} u_n$ 为任意项级数. 正项级数与交错级数都是任意项级数的特殊情形.

若级数 $\displaystyle\sum_{n=1}^{\infty} u_n$ 为任意项级数, 其各项的绝对值构成正项级数 $\displaystyle\sum_{n=1}^{\infty} |u_n|$, 则我们可以通过该正项级数 $\displaystyle\sum_{n=1}^{\infty} |u_n|$ 收敛来推断原任意项级数 $\displaystyle\sum_{n=1}^{\infty} u_n$ 也收敛.

定理 10-7   若级数 $\displaystyle\sum_{n=1}^{\infty} |u_n|$ 收敛, 则级数 $\displaystyle\sum_{n=1}^{\infty} u_n$ 也收敛.

证明   构造一个级数, 使其通项为
$$v_n = \frac{u_n + |u_n|}{2}.$$

因 $-|u_n| \leqslant u_n \leqslant |u_n|$, 则有 $0 \leqslant u_n + |u_n| \leqslant 2|u_n|$, 于是得到
$$0 \leqslant v_n \leqslant |u_n|,$$

即 $\displaystyle\sum_{n=1}^{\infty} v_n$ 为正项级数. 根据正项级数的比较判别法, 由 $\displaystyle\sum_{n=1}^{\infty} |u_n|$ 收敛可得 $\displaystyle\sum_{n=1}^{\infty} v_n$ 收敛. 又
$$u_n = 2v_n - |u_n|,$$

由级数性质可知级数 $\displaystyle\sum_{n=1}^{\infty} u_n$ 收敛.

这个定理使得许多任意项级数的敛散性判定问题可化为正项级数的敛散性判定问题. 事实上, 将一个级数的各项取绝对值, 就得到一个正项级数, 如果用正项级数的判别方法能证明它是收敛的, 那么原级数也是收敛的.

定义 10-3   若正项级数 $\displaystyle\sum_{n=1}^{\infty} |u_n|$ 收敛, 则称相应的级数 $\displaystyle\sum_{n=1}^{\infty} u_n$ 绝对收敛; 若 $\displaystyle\sum_{n=1}^{\infty} u_n$ 收敛, 而 $\displaystyle\sum_{n=1}^{\infty} |u_n|$ 发散, 则称级数 $\displaystyle\sum_{n=1}^{\infty} u_n$ 条件收敛.

显然, 由定理 10-7 可知, 绝对收敛的级数必为收敛级数.

例 10-23   证明级数 $\displaystyle\sum_{n=1}^{\infty} \frac{a^n}{n!}$ 绝对收敛(a 是某一确定实数).

证明 $\displaystyle\sum_{n=1}^{\infty} \frac{a^n}{n!}$ 的各项绝对值组成的级数为 $\displaystyle\sum_{n=1}^{\infty} \frac{|a|^n}{n!}$. 设 $u_n = \dfrac{|a|^n}{n!}$, 应用比值判别法,

对于任何实数 a, 都有

$$\lim_{n \to \infty} \frac{u_{n+1}}{u_n} = \lim_{n \to \infty} \frac{|a|}{n+1} = 0,$$

故级数 $\sum\limits_{n=1}^{\infty} \frac{|a|^n}{n!}$ 收敛. 因此级数 $\sum\limits_{n=1}^{\infty} \frac{a^n}{n!}$ 对于任何实数 a 都绝对收敛.

　　例 10-24　判定级数 $\sum\limits_{n=1}^{\infty} (-1)^{n-1} \frac{\ln n}{n}$ 的敛散性, 若收敛, 指出是条件收敛还是绝对收敛.

　　解　显然当 $n \geqslant 3$ 时,

$$\left| (-1)^{n-1} \frac{\ln n}{n} \right| = \frac{\ln n}{n} > \frac{1}{n},$$

而调和级数 $\sum\limits_{n=1}^{\infty} \frac{1}{n}$ 发散, 由比较判别法可知 $\sum\limits_{n=1}^{\infty} \frac{\ln n}{n}$ 发散, 即 $\sum\limits_{n=1}^{\infty} \left| (-1)^{n-1} \frac{\ln n}{n} \right|$ 发散, 因此 $\sum\limits_{n=1}^{\infty} (-1)^{n-1} \frac{\ln n}{n}$ 不绝对收敛.

　　设 $u_n = \frac{\ln n}{n}$, 则 $\lim\limits_{n \to \infty} u_n = 0$. 令

$$f(x) = \frac{\ln x}{x},$$

则 $f(x)$ 在 $(0, +\infty)$ 上连续, 且

$$f'(x) = \frac{1 - \ln x}{x^2}.$$

当 $x > e$ 时, $f'(x) < 0$, 即 $f(x)$ 在区间 $(e, +\infty)$ 内单调递减, 故当 $n \geqslant 3$ 时, 有 $f(n) > f(n+1)$, 从而

$$u_n = \frac{\ln n}{n} > u_{n+1} = \frac{\ln(n+1)}{n+1}.$$

所以由莱布尼茨判别法可知, 级数 $\sum\limits_{n=1}^{\infty} (-1)^{n-1} \frac{\ln n}{n}$ 收敛.

　　综上所述, 级数 $\sum\limits_{n=1}^{\infty} (-1)^{n-1} \frac{\ln n}{n}$ 条件收敛.

　　如果一个级数不绝对收敛, 那么它是否收敛? 这需要用别的方法进一步判定. 下面介绍一个定理, 用它不但能判定一个级数是否绝对收敛, 同时也能判定它是否发散.

　　定理 10-8　若任意项级数 $\sum\limits_{n=1}^{\infty} u_n$ 满足条件

$$\lim_{n \to \infty} \left| \frac{u_{n+1}}{u_n} \right| = l,$$

则当 $l < 1$ 时, 级数 $\sum\limits_{n=1}^{\infty} u_n$ 绝对收敛; 当 $l > 1$ 时, 级数 $\sum\limits_{n=1}^{\infty} u_n$ 发散; 当 $l = 1$ 时, 不能判定 $\sum\limits_{n=1}^{\infty} u_n$

的敛散性.

证明略.

例 10-25 判定级数 $\sum\limits_{n=1}^{\infty} (-1)^{n-1} \dfrac{2^{n^2}}{n!}$ 的敛散性.

解 因为

$$\lim_{n \to \infty} \left| \frac{u_{n+1}}{u_n} \right| = \lim_{n \to \infty} \frac{2^{(n+1)^2}/(n+1)!}{2^{n^2}/n!} = \lim_{n \to \infty} \frac{2^{2n+1}}{n+1} = +\infty > 1,$$

所以原级数发散.

例 10-26 判定级数 $\sum\limits_{n=1}^{\infty} \dfrac{x^n}{n}$ 的敛散性.

解 由于

$$\lim_{n \to \infty} \left| \frac{u_{n+1}}{u_n} \right| = \lim_{n \to \infty} \left| \frac{\dfrac{x^{n+1}}{n+1}}{\dfrac{x^n}{n}} \right| = \lim_{n \to \infty} \left(\frac{n}{n+1} |x| \right) = |x|,$$

所以, 当 $|x| < 1$ 时, 级数 $\sum\limits_{n=1}^{\infty} \dfrac{x^n}{n}$ 绝对收敛; 当 $|x| > 1$ 时, 级数 $\sum\limits_{n=1}^{\infty} \dfrac{x^n}{n}$ 发散; 当 $x = 1$ 时, $\sum\limits_{n=1}^{\infty} \dfrac{x^n}{n} = \sum\limits_{n=1}^{\infty} \dfrac{1}{n}$, 级数 $\sum\limits_{n=1}^{\infty} \dfrac{x^n}{n}$ 发散; 当 $x = -1$ 时, $\sum\limits_{n=1}^{\infty} \dfrac{x^n}{n} = \sum\limits_{n=1}^{\infty} \dfrac{(-1)^n}{n}$, 级数 $\sum\limits_{n=1}^{\infty} \dfrac{x^n}{n}$ 条件收敛.

四、 判定常数项级数敛散性的一般程序和方法

对于一个常数项级数 $\sum\limits_{n=1}^{\infty} u_n$ 的敛散性判定问题, 一般可按图 10-1 所示流程进行.

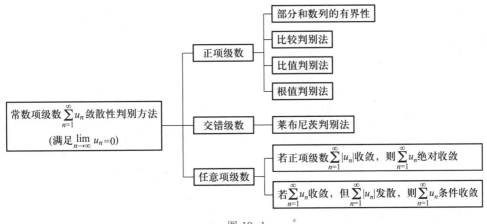

图 10-1

本节小结

　　本节主要介绍了正项级数的敛散性判别方法(部分和数列有界、比较判别法、比值判别法、根值判别法)、交错级数的敛散性判别方法(莱布尼茨判别法)、任意项级数的绝对收敛和条件收敛. 注意:

　　1. 比较判别法、比值判别法、根值判别法用于判断正项级数是否收敛,使用之前要预先判断级数是否为正项级数.

　　2. 比较判别法需要参照级数,参照级数常采用调和级数、p 级数、等比级数,只有熟练掌握这些级数的敛散性,才能用好比较判别法;比较时不要记错大小方向,一般按照"大的收敛则小的收敛,小的发散则大的发散"的原则;采用比较判别法的极限形式有时会更方便.

　　3. 比值判别法采用相邻项比值的极限来判定正项级数的敛散性,通常针对通项含有 $n!$ 或 n 次幂的正项级数. 当 $\lim\limits_{n\to\infty}\dfrac{u_{n+1}}{u_n}=l=1$ 时,此判别法不能判定级数是否收敛.

　　4. 根值判别法通过判断 $\lim\limits_{n\to\infty}\sqrt[n]{u_n}=\rho$ 的大小来判定正项级数的敛散性,通常针对含有 n 次幂的正项级数. 同样当 $\lim\limits_{n\to\infty}\sqrt[n]{u_n}=\rho=1$ 时,此判别法失效.

　　5. 通常只有熟练掌握正项级数的判别法,才能更好地使用相关方法来判定交错级数的敛散性、任意项级数的绝对收敛和条件收敛以及计算 §10.4 中幂级数的收敛半径.

练习 10.3

基础题

　　1. 用比较判别法判定下列级数的敛散性:

(1) $\displaystyle\sum_{n=1}^{\infty}\left(\dfrac{n}{2n+1}\right)^n$;

(2) $\displaystyle\sum_{n=1}^{\infty}\dfrac{1}{2n^2+1}$;

(3) $\displaystyle\sum_{n=1}^{\infty}\dfrac{1}{\sqrt{n(n+2)}}$;

(4) $\displaystyle\sum_{n=1}^{\infty}\dfrac{1}{na+b}\,(a>0,b>0)$;

(5) $\displaystyle\sum_{n=1}^{\infty}\dfrac{10n}{3n^3-1}$;

(6) $\displaystyle\sum_{n=1}^{\infty}\dfrac{1}{n^2+n+1}$;

(7) $\displaystyle\sum_{n=1}^{\infty}\dfrac{\sqrt{n+1}}{n^2+2n-1}$;

(8) $\displaystyle\sum_{n=1}^{\infty}\dfrac{\sqrt{n}}{\sqrt{n^4+1}}$.

2. 用比值判别法或根值判别法判定下列级数的敛散性:

(1) $\sum\limits_{n=1}^{\infty} n\tan\dfrac{\pi}{2^{n+1}}$;

(2) $\sum\limits_{n=1}^{\infty} \dfrac{3^n}{n \cdot 2^n}$;

(3) $\sum\limits_{n=1}^{\infty} \dfrac{1}{n^n}$;

(4) $\sum\limits_{n=1}^{\infty} \dfrac{\left(\dfrac{n+1}{n}\right)^{n^2}}{3^n}$;

(5) $\sum\limits_{n=1}^{\infty} \left(1 - \dfrac{1}{n}\right)^{n^2}$;

(6) $\sum\limits_{n=1}^{\infty} \dfrac{1}{\lceil \ln(1+n)\rceil^n}$.

3. 判定下列级数的敛散性,若收敛,指出是绝对收敛还是条件收敛:

(1) $\sum\limits_{n=1}^{\infty} \dfrac{(-1)^n}{2n-1}$;

(2) $\sum\limits_{n=1}^{\infty} \dfrac{(-1)^{n-1} n^n}{(n+1)^n}$;

(3) $\sum\limits_{n=1}^{\infty} (-1)^{n+1} \dfrac{n}{2^n}$;

(4) $\sum\limits_{n=1}^{\infty} \dfrac{1}{\pi^n}\cos\dfrac{n\pi}{4}$;

(5) $\sum\limits_{n=1}^{\infty} \dfrac{(-1)^{n-1}}{n^p}$;

(6) $\sum\limits_{n=1}^{\infty} (-1)^n \dfrac{(n+1)!}{n^{n+1}}$.

提高题

1. 设正项级数 $\sum\limits_{n=1}^{\infty} u_n$ 和 $\sum\limits_{n=1}^{\infty} v_n$ 都收敛,证明级数 $\sum\limits_{n=1}^{\infty} (u_n + v_n)^2$ 也收敛.

2. 证明级数 $\sum\limits_{n=1}^{\infty} \dfrac{1}{3^n}\left(1 + \dfrac{1}{n}\right)^{n^2}$ 收敛,并求极限 $\lim\limits_{n\to\infty} \dfrac{1}{n}\sum\limits_{k=1}^{n} \dfrac{1}{3^k}\left(1 + \dfrac{1}{k}\right)^{k^2}$.

3. 设 $a_n > 0$ $(n = 1, 2, \cdots)$,且 $\sum\limits_{n=1}^{\infty} a_n$ 收敛,常数 $\lambda \in \left(0, \dfrac{\pi}{2}\right)$,证明级数 $\sum\limits_{n=1}^{\infty} (-1)^n \left(n\tan\dfrac{\lambda}{n}\right) a_{2n}$ 绝对收敛.

§10.4 函数项级数与幂级数

一、函数项级数的概念

设 $u_1(x), u_2(x), \cdots, u_n(x), \cdots$ 是定义在数集 E 上的一个函数序列,和式

$$\sum_{n=1}^{\infty} u_n(x) = u_1(x) + u_2(x) + \cdots + u_n(x) + \cdots$$

称为定义在数集 E 上的**函数项级数**.

函数项级
数、幂级
数的概念

当 x 在数集 E 上取定值 x_0 时,函数项级数 $\sum\limits_{n=1}^{\infty} u_n(x)$ 就成为常数项级数 $\sum\limits_{n=1}^{\infty} u_n(x_0)$,若这个常数项级数收敛,则称 x_0 为函数项级数 $\sum\limits_{n=1}^{\infty} u_n(x)$ 的**收敛点**;若发散,则称 x_0 为函数项级数 $\sum\limits_{n=1}^{\infty} u_n(x)$ 的**发散点**.

函数项级数的收敛点的全体称为它的**收敛域**,一般用 D 表示,发散点的全体称为它的**发散域**.

函数项级数 $\sum\limits_{n=1}^{\infty} u_n(x)$ 对于其收敛域 D 内的任意一点 x 收敛,也就相应有一个和 S,这样定义了一个在收敛域 D 上的函数 $S(x)$,称其为函数项级数的**和函数**,即

$$S(x) = \sum_{n=1}^{\infty} u_n(x), \quad x \in D.$$

将级数 $\sum\limits_{n=1}^{\infty} u_n(x)$ 的前 n 项和记为 $S_n(x)$,称之为级数 $\sum\limits_{n=1}^{\infty} u_n(x)$ 的**部分和**,则在收敛域 D 内有 $S(x) = \lim\limits_{n\to\infty} S_n(x)$. 称 $R_n(x) = S(x) - S_n(x)$ 为函数项级数的**余项**. 显然在收敛域 D 内

$$\lim_{n\to\infty} R_n(x) = 0.$$

例 10-27 求函数项级数 $\sum\limits_{n=0}^{\infty} (-1)^n x^n$ 的收敛域及和函数.

解 级数 $\sum\limits_{n=0}^{\infty} (-1)^n x^n$ 的部分和为

$$S_n(x) = 1 - x + x^2 + \cdots + (-1)^n x^n = \frac{1 - (-1)^{n+1} x^{n+1}}{1+x}.$$

因此,当 $|x| < 1$ 时,有 $\lim\limits_{n\to\infty} S_n(x) = \dfrac{1}{1+x}$;当 $|x| \geqslant 1$ 时,$S_n(x)$ 的极限不存在. 从而函数项级数 $\sum\limits_{n=0}^{\infty} (-1)^n x^n$ 的收敛域为 $(-1,1)$,在收敛域 $(-1,1)$ 内和函数为 $S(x) = \dfrac{1}{1+x}$.

函数项级数中的幂函数是一类重要而特殊的级数,它的形式简单,且具有优良的运算性质和广泛的应用. 幂级数也是科学计算中一个重要的工具,从而成为函数项级数的重要研究对象.

二、幂级数

形如

$$\sum_{n=0}^{\infty} a_n(x-x_0)^n = a_0 + a_1(x-x_0) + a_2(x-x_0)^2 + \cdots + a_n(x-x_0)^n + \cdots$$

的函数项级数,称为 $(x-x_0)$ 的**幂级数**,其中 $a_0, a_1, a_2, \cdots, a_n, \cdots$ 均为常数,称为幂级数的

系数.

当 $x_0 = 0$ 时, 幂级数 $\sum\limits_{n=0}^{\infty} a_n(x - x_0)^n$ 便成为

$$\sum_{n=0}^{\infty} a_n x^n = a_0 + a_1 x + a_2 x^2 + \cdots + a_n x^n + \cdots.$$

它的每一项都是 x 的幂函数, 称 $\sum\limits_{n=0}^{\infty} a_n x^n$ 为 x 的幂级数.

因为只要经过变换 $y = x - x_0$, 幂级数 $\sum\limits_{n=0}^{\infty} a_n(x - x_0)^n$ 就化为形如 $\sum\limits_{n=0}^{\infty} a_n y^n$ 的幂级数, 所以下面主要讨论形如 $\sum\limits_{n=0}^{\infty} a_n x^n$ 的幂级数.

显然, 幂级数 $\sum\limits_{n=0}^{\infty} a_n x^n$ 在整个数轴上都有定义, 但只有在收敛域内它才可以表示一个函数, 因此首先讨论其收敛域问题.

1. 幂级数的收敛半径和收敛区间

解决幂级数的收敛域问题是以下面的阿贝尔定理为基础的.

定理 10-9(阿贝尔定理) 如果幂级数 $\sum\limits_{n=0}^{\infty} a_n x^n$ 在 $x = x_0 (x_0 \neq 0)$ 处收敛, 那么该级数必在满足不等式 $|x| < |x_0|$ 的一切点 x 处收敛, 并且绝对收敛; 如果幂级数 $\sum\limits_{n=0}^{\infty} a_n x^n$ 在 $x = x_0 (x_0 \neq 0)$ 处发散, 那么该级数必在满足不等式 $|x| > |x_0|$ 的一切点 x 处发散.

证明 假设幂级数 $\sum\limits_{n=0}^{\infty} a_n x^n$ 在 $x = x_0 (x_0 \neq 0)$ 处收敛, 即数项级数 $\sum\limits_{n=0}^{\infty} a_n x_0^n$ 收敛, 根据级数收敛的必要条件, 有

$$\lim_{n \to \infty} a_n x_0^n = 0,$$

即数列 $\{a_n x_0^n\}$ 的极限存在. 由数列极限的性质知数列 $\{a_n x_0^n\}$ 有界, 所以存在一个正常数 M, 使

$$|a_n x_0^n| \leqslant M (n = 0, 1, 2, \cdots).$$

于是当 $|x| < |x_0|$ 时, 有

$$|a_n x^n| = \left| a_n x_0^n \frac{x^n}{x_0^n} \right| = |a_n x_0^n| \left| \left(\frac{x}{x_0} \right)^n \right| \leqslant M \cdot \left| \frac{x}{x_0} \right|^n.$$

由于 $|x| < |x_0|$, 等比级数 $\sum\limits_{n=0}^{\infty} M \left| \frac{x}{x_0} \right|^n$ 的公比 $\left| \frac{x}{x_0} \right|$ 的绝对值小于 1, 故该级数收敛. 由正项级数的比较判别法知级数 $\sum\limits_{n=0}^{\infty} |a_n x^n|$ 在满足 $|x| < |x_0|$ 的一切点 x 处收敛, 即幂级数 $\sum\limits_{n=0}^{\infty} a_n x^n$ 在 $|x| < |x_0|$ 内绝对收敛.

定理的后一部分可用反证法证明. 假设幂级数 $\sum\limits_{n=0}^{\infty} a_n x^n$ 在 $x = x_0$ 处发散, 而存在一点

$x_1(|x_1|>|x_0|)$，使 $\sum\limits_{n=0}^{\infty} a_n x^n$ 在 $x=x_1$ 处收敛，则由定理的前一部分可知 $\sum\limits_{n=0}^{\infty} a_n x^n$ 在 $x=x_0$ 处绝对收敛，这与假设矛盾. 定理得证.

由定理 10-9 可知，如果幂级数 $\sum\limits_{n=0}^{\infty} a_n x^n$ 在 $x=x_0$ 处收敛，那么对于开区间 $(-|x_0|,|x_0|)$ 内的任意点 x，该幂级数都收敛；如果幂级数 $\sum\limits_{n=0}^{\infty} a_n x^n$ 在 $x=x_0$ 处发散，那么对于闭区间 $[-|x_0|,|x_0|]$ 以外的任意点 x，该幂级数都发散. 因此对于幂级数 $\sum\limits_{n=0}^{\infty} a_n x^n$，收敛点之间不可能有发散点，位于原点同一侧的发散点之间也不可能存在收敛点，所以幂级数 $\sum\limits_{n=0}^{\infty} a_n x^n$ 的收敛域是以原点为中心的对称区间. 若区间长度为 $2R$，则 R 称为幂级数的收敛半径，称开区间 $(-R,R)$ 为幂级数的收敛区间. 根据幂级数 $\sum\limits_{n=0}^{\infty} a_n x^n$ 的收敛半径或收敛区间，结合幂级数 $\sum\limits_{n=0}^{\infty} a_n x^n$ 在 $x=\pm R$ 处的敛散性就可得到其收敛域. 显然，幂级数 $\sum\limits_{n=0}^{\infty} a_n x^n$ 的收敛域必为 $(-R,R)$，$[-R,R]$，$(-R,R]$ 和 $[-R,R)$ 四者之一.

综上所述，关于幂级数的收敛与发散，不外乎下列三种情况：

（1）$R=0$，幂级数 $\sum\limits_{n=0}^{\infty} a_n x^n$ 仅在 $x=0$ 处收敛（显然 $\sum\limits_{n=0}^{\infty} a_n x^n$ 在 $x=0$ 处总是收敛的）.

（2）$R=+\infty$，幂级数 $\sum\limits_{n=0}^{\infty} a_n x^n$ 在整个实数域 $(-\infty,+\infty)$ 上收敛.

（3）$0<R<+\infty$，幂级数 $\sum\limits_{n=0}^{\infty} a_n x^n$ 在 $(-R,R)$ 内收敛，而在 $[-R,R]$ 外的每一点都发散，在 $x=\pm R$ 处，幂级数 $\sum\limits_{n=0}^{\infty} a_n x^n$ 可能收敛也可能发散，这时要对相应的数项级数进行讨论.

上述分析表明，确定幂级数 $\sum\limits_{n=0}^{\infty} a_n x^n$ 的收敛域与发散域的关键是确定收敛半径 R，下面讨论如何求幂级数的收敛半径.

定理 10-10　设幂级数 $\sum\limits_{n=0}^{\infty} a_n x^n$ 的收敛半径为 R，若

$$\lim_{n\to\infty}\left|\frac{a_{n+1}}{a_n}\right|=\rho,$$

则

（1）当 $0<\rho<+\infty$ 时，收敛半径 $R=\dfrac{1}{\rho}$；

（2）当 $\rho=0$ 时，收敛半径 $R=+\infty$；

（3）当 $\rho=+\infty$ 时，收敛半径 $R=0$.

证明　考虑级数 $\sum\limits_{n=0}^{\infty}|a_n x^n|$，由 $\lim\limits_{n\to\infty}\left|\dfrac{a_{n+1}}{a_n}\right|=\rho$ 得

$$\lim_{n \to \infty} \left| \frac{a_{n+1} x^{n+1}}{a_n x^n} \right| = \lim_{n \to \infty} \left| \frac{a_{n+1}}{a_n} \right| |x| = \rho |x|.$$

（1）当 $0 < \rho < +\infty$ 时，根据比值判别法，当 $\rho |x| < 1$ 即 $|x| < \dfrac{1}{\rho}$ 时，$\displaystyle\sum_{n=0}^{\infty} |a_n x^n|$ 收敛，故

$\displaystyle\sum_{n=0}^{\infty} a_n x^n$ 绝对收敛；当 $\rho |x| > 1$ 即 $|x| > \dfrac{1}{\rho}$ 时，级数 $\displaystyle\sum_{n=0}^{\infty} |a_n x^n|$ 发散且从某一个 n 开始

$|a_{n+1} x^{n+1}| > |a_n x^n|$，故通项 $|a_n x^n|$ 不能趋于零，所以 $a_n x^n$ 也不能趋于零，从而级数 $\displaystyle\sum_{n=0}^{\infty} a_n x^n$

发散. 因此当 $0 < \rho < +\infty$ 时，$R = \dfrac{1}{\rho}$.

（2）若 $\rho = 0$，则对任意的 $x(x \neq 0)$ 都有 $\rho |x| = 0 < 1$，由比值判别法可知级数

$\displaystyle\sum_{n=0}^{\infty} |a_n x^n|$ 收敛，故 $\displaystyle\sum_{n=0}^{\infty} a_n x^n$ 绝对收敛. 因此当 $\rho = 0$ 时，$R = +\infty$.

（3）若 $\rho = +\infty$，则对除 $x = 0$ 外的一切 x，

$$\lim_{n \to \infty} \left| \frac{a_{n+1} x^{n+1}}{a_n x^n} \right| = \lim_{n \to \infty} \left| \frac{a_{n+1}}{a_n} \right| \cdot |x| = +\infty,$$

级数 $\displaystyle\sum_{n=0}^{\infty} a_n x^n$ 发散. 因此当 $\rho = +\infty$ 时，$R = 0$.

例 10-28　求幂级数 $\displaystyle\sum_{n=0}^{\infty} \dfrac{3^n}{n+2} x^n$ 的收敛半径、收敛区间和收敛域.

解　令 $a_n = \dfrac{3^n}{n+2}$，有

$$\lim_{n \to \infty} \left| \frac{a_{n+1}}{a_n} \right| = \lim_{n \to \infty} \frac{\dfrac{3^{n+1}}{n+3}}{\dfrac{3^n}{n+2}} = 3,$$

所以幂级数 $\displaystyle\sum_{n=0}^{\infty} \dfrac{3^n}{n+2} x^n$ 的收敛半径 $R = \dfrac{1}{3}$，收敛区间为 $\left(-\dfrac{1}{3}, \dfrac{1}{3} \right)$.

当 $x = \dfrac{1}{3}$ 时，$\displaystyle\sum_{n=0}^{\infty} \dfrac{3^n}{n+2} x^n = \sum_{n=0}^{\infty} \dfrac{1}{n+2}$，与调和级数 $\displaystyle\sum_{n=1}^{\infty} \dfrac{1}{n}$ 比较，可知此级数发散.

当 $x = -\dfrac{1}{3}$ 时，$\displaystyle\sum_{n=0}^{\infty} \dfrac{3^n}{n+2} x^n = \sum_{n=0}^{\infty} (-1)^n \dfrac{1}{n+2}$，此为交错级数，根据莱布尼茨判别法，

该级数收敛.

因此，幂级数 $\displaystyle\sum_{n=0}^{\infty} \dfrac{3^n}{n+2} x^n$ 的收敛域为 $\left[-\dfrac{1}{3}, \dfrac{1}{3} \right)$.

例 10-29　求幂级数 $\displaystyle\sum_{n=1}^{\infty} \left(1 + \dfrac{1}{2} + \cdots + \dfrac{1}{n} \right) x^n$ 的收敛半径.

解　因为

$$1 > \left| \frac{a_n}{a_{n+1}} \right| = \frac{1 + \frac{1}{2} + \cdots + \frac{1}{n}}{1 + \frac{1}{2} + \cdots + \frac{1}{n} + \frac{1}{n+1}}$$

$$= \frac{1 + \frac{1}{2} + \cdots + \frac{1}{n} + \frac{1}{n+1} - \frac{1}{n+1}}{1 + \frac{1}{2} + \cdots + \frac{1}{n} + \frac{1}{n+1}}$$

$$= 1 - \frac{\frac{1}{n+1}}{1 + \frac{1}{2} + \cdots + \frac{1}{n} + \frac{1}{n+1}}$$

$$> 1 - \frac{1}{n+1},$$

根据夹逼准则, $\lim\limits_{n \to \infty} \left| \frac{a_{n+1}}{a_n} \right| = 1$, 故 $R = 1$.

例 10-30   求幂级数 $\sum\limits_{n=1}^{\infty} (-1)^{n-1} \frac{(x-1)^n}{5n}$ 的收敛半径、收敛区间和收敛域.

此级数是 $(x - x_0)$ 的幂级数, 不能直接使用定理 10-10, 但令 $z = x - x_0$, 就可以把 $(x - x_0)$ 的幂级数化为 z 的幂级数.

解   令 $z = x - 1$, 则幂级数 $\sum\limits_{n=1}^{\infty} (-1)^{n-1} \frac{(x-1)^n}{5n}$ 变成 $\sum\limits_{n=1}^{\infty} (-1)^{n-1} \frac{z^n}{5n}$, 对后一幂级数, 因为

$$\lim_{n \to \infty} \left| \frac{a_{n+1}}{a_n} \right| = \lim_{n \to \infty} \frac{\frac{1}{5(n+1)}}{\frac{1}{5n}} = 1,$$

所以 $R = 1$.

对于端点 $z = 1$, 幂级数 $\sum\limits_{n=1}^{\infty} (-1)^{n-1} \frac{z^n}{5n} = \sum\limits_{n=1}^{\infty} (-1)^{n-1} \frac{1}{5n}$, 此级数收敛; 对于端点 $z = -1$, 幂级数 $\sum\limits_{n=1}^{\infty} (-1)^{n-1} \frac{z^n}{5n} = \sum\limits_{n=1}^{\infty} \left(-\frac{1}{5n} \right)$, 此级数发散. 所以幂级数 $\sum\limits_{n=1}^{\infty} (-1)^{n-1} \frac{z^n}{5n}$ 的收敛域为 $(-1, 1]$, 即当 $-1 < x - 1 \leqslant 1$ 时, 幂级数 $\sum\limits_{n=1}^{\infty} (-1)^{n-1} \frac{(x-1)^n}{5n}$ 收敛.

于是, 幂级数 $\sum\limits_{n=1}^{\infty} (-1)^{n-1} \frac{(x-1)^n}{5n}$ 的收敛半径 $R = 1$, 收敛区间为 $(0, 2)$, 收敛域为 $(0, 2]$.

例 10-31   求级数 $\sum\limits_{n=0}^{\infty} \frac{3^n}{2n+1} x^{2n+1}$ 的收敛域.

因为原级数有缺项,只有奇次幂项,所以不能直接使用定理 10-10,可以用 $z = x^2$ 代换,也可以采用下面的通项比值法.

解 令 $u_n(x) = \dfrac{3^n}{2n+1} x^{2n+1}$,则

$$\lim_{n \to \infty} \left| \frac{u_{n+1}(x)}{u_n(x)} \right| = \lim_{n \to \infty} \left| \frac{\dfrac{3^{n+1}}{2n+3} x^{2n+3}}{\dfrac{3^n}{2n+1} x^{2n+1}} \right| = 3x^2.$$

当 $3x^2 < 1$,即 $-\dfrac{1}{\sqrt{3}} < x < \dfrac{1}{\sqrt{3}}$ 时,级数绝对收敛.

当 $3x^2 = 1$,即 $x = \pm\dfrac{1}{\sqrt{3}}$ 时,原级数为数项级数. 当 $x = \dfrac{1}{\sqrt{3}}$ 时,$\displaystyle\sum_{n=0}^{\infty} \frac{3^n}{2n+1} x^{2n+1} = \displaystyle\sum_{n=0}^{\infty} \frac{1}{\sqrt{3}(2n+1)}$,与调和级数比较知其发散;当 $x = -\dfrac{1}{\sqrt{3}}$ 时,$\displaystyle\sum_{n=0}^{\infty} \frac{3^n}{2n+1} x^{2n+1} = -\displaystyle\sum_{n=0}^{\infty} \frac{1}{\sqrt{3}(2n+1)}$,此级数也发散.

因此,原级数的收敛半径为 $R = \dfrac{1}{\sqrt{3}}$,收敛域为 $\left(-\dfrac{1}{\sqrt{3}}, \dfrac{1}{\sqrt{3}} \right)$.

2. 幂级数的运算

幂级数在收敛域内的和是一个函数,下面介绍幂级数的四则运算和分析运算.

(1)四则运算

设有两个幂级数 $f(x) = \displaystyle\sum_{n=0}^{\infty} a_n x^n$ 和 $g(x) = \displaystyle\sum_{n=0}^{\infty} b_n x^n$,它们的收敛半径分别为 R_1 和 R_2,对它们进行四则运算后有如下结论:

① 加减运算

$$f(x) \pm g(x) = \sum_{n=0}^{\infty} a_n x^n \pm \sum_{n=0}^{\infty} b_n x^n = \sum_{n=0}^{\infty} (a_n \pm b_n) x^n,$$

且级数 $\displaystyle\sum_{n=0}^{\infty} (a_n \pm b_n) x^n$ 的收敛半径 $R = \min\{R_1, R_2\}$.

② 乘法运算

$$f(x)g(x) = \sum_{n=0}^{\infty} a_n x^n \cdot \sum_{n=0}^{\infty} b_n x^n = \sum_{n=0}^{\infty} (a_0 b_n + a_1 b_{n-1} + \cdots + a_{n-1} b_1 + a_n b_0) x^n,$$

且级数 $\displaystyle\sum_{n=0}^{\infty} a_n x^n \cdot \sum_{n=0}^{\infty} b_n x^n$ 的收敛半径 $R = \min\{R_1, R_2\}$.

③ 除法运算

$$\frac{f(x)}{g(x)} = \frac{\displaystyle\sum_{n=0}^{\infty} a_n x^n}{\displaystyle\sum_{n=0}^{\infty} b_n x^n} = c_0 + c_1 x + \cdots + c_n x^n + \cdots \quad (b_0 \neq 0).$$

为了确定系数 $c_0, c_1, c_2, \cdots, c_n, \cdots$，可将 $\sum\limits_{n=0}^{\infty} b_n x^n$ 和 $\sum\limits_{n=0}^{\infty} c_n x^n$ 相乘，并令乘积中各项系数分别等于级数 $\sum\limits_{n=0}^{\infty} a_n x^n$ 中 x 的同次幂的系数，即得

$$a_0 = b_0 c_0,$$
$$a_1 = b_1 c_0 + b_0 c_1,$$
$$a_2 = b_2 c_0 + b_1 c_1 + b_0 c_2,$$
$$\cdots$$

由这些方程就可求出 $c_0, c_1, c_2, \cdots, c_n, \cdots$，相除后所得的幂级数 $\sum\limits_{n=0}^{\infty} c_n x^n$ 的收敛半径 R 可能小于原来两级数的收敛半径 R_1, R_2.

（2）分析运算

关于幂级数的分析运算有如下结论：

① 幂级数 $\sum\limits_{n=0}^{\infty} a_n x^n$ 的和函数 $S(x)$ 在其收敛区间 $(-R, R)$ 内是连续函数.

② 幂级数 $\sum\limits_{n=0}^{\infty} a_n x^n$ 的和函数 $S(x)$ 在其收敛区间 $(-R, R)$ 内是可导的，且有逐项求导公式

$$S'(x) = \left(\sum_{n=0}^{\infty} a_n x^n \right)' = \sum_{n=0}^{\infty} (a_n x^n)' = \sum_{n=1}^{\infty} n a_n x^{n-1},$$

求导后所得的幂级数 $\sum\limits_{n=1}^{\infty} n a_n x^{n-1}$ 的收敛半径不变，另外注意求导后的幂级数项从 $n=1$ 开始.

③ 幂级数 $\sum\limits_{n=1}^{\infty} a_n x^n$ 的和函数 $S(x)$ 在其收敛区间 $(-R, R)$ 内是可积的，且有逐项积分公式

$$\int_0^x S(x)\,dx = \int_0^x \left(\sum_{n=0}^{\infty} a_n x^n \right) dx = \sum_{n=0}^{\infty} \int_0^x (a_n x^n)\,dx = \sum_{n=0}^{\infty} \frac{a_n}{n+1} x^{n+1},$$

积分后所得的幂级数 $\sum\limits_{n=0}^{\infty} \dfrac{a_n}{n+1} x^{n+1}$ 的收敛半径不变. 注意幂级数逐项积分采用的是 $[0, x]$ 上的定积分.

幂级数在它的收敛区间内可逐项微分或逐项积分，逐项微分或逐项积分后所得的幂级数和原幂级数有相同的收敛半径，但在收敛区间端点处的敛散性可能会改变.

由例 10-27 知

$$\frac{1}{1+x} = \sum_{n=0}^{\infty} (-1)^n x^n = 1 - x + x^2 - x^3 + \cdots + (-1)^n x^n + \cdots \quad (-1 < x < 1),$$

逐项微分可得

$$-\frac{1}{(1+x)^2} = -1+2x-3x^2+\cdots+(-1)^n nx^{n-1}+\cdots = \sum_{n=1}^{\infty}(-1)^n nx^{n-1} \quad (-1<x<1).$$

逐项积分可得

$$\int_0^x \frac{1}{1+x}dx = \ln(1+x)$$

$$= x - \frac{x^2}{2} + \frac{x^3}{3} - \frac{x^4}{4} + \cdots + (-1)^n \frac{x^{n+1}}{n+1} + \cdots$$

$$= \sum_{n=0}^{\infty}(-1)^n \frac{x^{n+1}}{n+1} \quad (-1<x<1).$$

容易知道幂级数 $\sum\limits_{n=0}^{\infty}(-1)^n \dfrac{x^{n+1}}{n+1}$ 在 $x=1$ 处收敛,所以上式的成立范围 $(-1,1)$ 可扩

大到 $(-1,1]$,即

$$\ln(1+x) = \sum_{n=0}^{\infty}(-1)^n \frac{x^{n+1}}{n+1} \quad (-1<x\leqslant 1).$$

例 10-32　求幂级数 $\sum\limits_{n=1}^{\infty} nx^{n-1}$ 的和函数,并求级数 $\sum\limits_{n=1}^{\infty} \dfrac{n}{2^n}$ 的和.

解　对幂级数 $\sum\limits_{n=1}^{\infty} nx^{n-1}$,因为

$$\lim_{n\to\infty}\left|\frac{a_{n+1}}{a_n}\right| = \lim_{n\to\infty}\left|\frac{n+1}{n}\right| = 1,$$

所以 $R=1$.

对于端点 $x=1$,级数 $\sum\limits_{n=1}^{\infty} nx^{n-1} = \sum\limits_{n=1}^{\infty} n$,通项不趋于零,此级数发散;对于端点 $x=-1$,级

数 $\sum\limits_{n=1}^{\infty} nx^{n-1} = \sum\limits_{n=1}^{\infty} n(-1)^{n-1}$,此级数发散. 所以,$\sum\limits_{n=1}^{\infty} nx^{n-1}$ 的收敛区间为 $(-1,1)$.

当 $x\in(-1,1)$ 时,和函数

$$S(x) = \sum_{n=1}^{\infty} nx^{n-1} = 1 + 2x + 3x^2 + \cdots + nx^{n-1} + \cdots.$$

对上式逐项积分,得

$$\int_0^x S(x)dx = \int_0^x \left(\sum_{n=1}^{\infty} nx^{n-1}\right)dx = \sum_{n=1}^{\infty}\int_0^x nx^{n-1}dx$$

$$= \sum_{n=1}^{\infty} x^n = \frac{x}{1-x}, \quad x\in(-1,1).$$

上式两端再对 x 求导,得

$$S(x) = \left[\int_0^x S(x)dx\right]' = \left(\frac{x}{1-x}\right)' = \frac{1}{(1-x)^2}.$$

所以

$$\sum_{n=1}^{\infty} nx^{n-1} = \frac{1}{(1-x)^2}, \quad x \in (-1,1).$$

取 $x = \frac{1}{2} \in (-1,1)$,得

$$\sum_{n=1}^{\infty} n \cdot \left(\frac{1}{2}\right)^{n-1} = \sum_{n=1}^{\infty} \frac{n}{2^{n-1}} = \frac{1}{\left(1-\frac{1}{2}\right)^2} = 4,$$

故

$$\sum_{n=1}^{\infty} \frac{n}{2^n} = \frac{1}{2} \sum_{n=1}^{\infty} \frac{n}{2^{n-1}} = 2.$$

注意 （1）幂级数只有在它的收敛域内才有和函数,所以在求和函数时,必须指明和函数的定义域,即幂级数的收敛域.

（2）和函数的定义域与函数本身的自然定义域不一定相等. 如例 10-32,和函数 $S(x) = \frac{1}{(1-x)^2}$ 的定义域即幂级数的收敛区间是 $(-1,1)$,但 $\frac{1}{(1-x)^2}$ 本身的自然定义域为 $x \neq 1$ 的全体实数.

（3）求幂级数的和函数时,常用到一些已知和函数的幂级数,如

$$\sum_{n=0}^{\infty} x^n = 1 + x + \cdots + x^n + \cdots = \frac{1}{1-x}, \quad x \in (-1,1),$$

$$\sum_{n=1}^{\infty} x^n = x + x^2 + \cdots + x^n + \cdots = \frac{x}{1-x}, \quad x \in (-1,1).$$

例 10-33 求下列幂级数的和函数:

（1）$\displaystyle\sum_{n=1}^{\infty} \frac{x^{2n-1}}{2n-1}$;　　　　　　　　（2）$\displaystyle\sum_{n=0}^{\infty} \frac{x^n}{n!}$.

解 （1）令 $u_n(x) = \frac{x^{2n-1}}{2n-1}$,则

$$\lim_{n \to \infty} \left| \frac{u_{n+1}(x)}{u_n(x)} \right| = \lim_{n \to \infty} \left| \frac{\dfrac{x^{2n+1}}{2n+1}}{\dfrac{x^{2n-1}}{2n-1}} \right| = x^2.$$

当 $x^2 < 1$,即 $-1 < x < 1$ 时,级数 $\displaystyle\sum_{n=1}^{\infty} \frac{x^{2n-1}}{2n-1}$ 收敛;当 $x = 1$ 时,$\displaystyle\sum_{n=1}^{\infty} \frac{x^{2n-1}}{2n-1} = \sum_{n=1}^{\infty} \frac{1}{2n-1}$,级数发散;当 $x = -1$ 时,$\displaystyle\sum_{n=1}^{\infty} \frac{x^{2n-1}}{2n-1} = \sum_{n=1}^{\infty} \frac{(-1)^{2n-1}}{2n-1}$,级数发散. 故级数 $\displaystyle\sum_{n=1}^{\infty} \frac{x^{2n-1}}{2n-1}$ 的收敛域为 $(-1,1)$.

设 $S(x) = \displaystyle\sum_{n=1}^{\infty} \frac{x^{2n-1}}{2n-1}, x \in (-1,1)$,两端对 x 求导得

$$S'(x) = \sum_{n=1}^{\infty} x^{2n-2} = \frac{1}{1-x^2}, \quad x \in (-1,1).$$

于是

$$\int_0^x S'(x)\,\mathrm{d}x = \int_0^x \frac{1}{1-x^2}\mathrm{d}x,$$

即

$$S(x)-S(0)=\frac{1}{2}\ln\left|\frac{1+x}{1-x}\right|,\quad x\in(-1,1),$$

因为 $S(0)=0$,所以

$$S(x)=\frac{1}{2}\ln\frac{1+x}{1-x},\quad x\in(-1,1),$$

即

$$\sum_{n=1}^{\infty}\frac{x^{2n-1}}{2n-1}=\frac{1}{2}\ln\frac{1+x}{1-x},\quad x\in(-1,1).$$

(2) $\lim\limits_{n\to\infty}\left|\dfrac{a_{n+1}}{a_n}\right|=\lim\limits_{n\to\infty}\left|\dfrac{1/(n+1)!}{1/n!}\right|=0$,故 $R=+\infty$. 因此级数 $\sum\limits_{n=0}^{\infty}\dfrac{x^n}{n!}$ 的收敛域为 $(-\infty,+\infty)$.

设

$$S(x)=\sum_{n=0}^{\infty}\frac{x^n}{n!},\quad x\in(-\infty,+\infty),$$

两端对 x 求导得

$$S'(x)=\sum_{n=1}^{\infty}\frac{x^{n-1}}{(n-1)!}=\sum_{n=0}^{\infty}\frac{x^n}{n!}=S(x),$$

即

$$\frac{S'(x)}{S(x)}=1,$$

所以

$$\int_0^x \frac{S'(x)}{S(x)}\mathrm{d}x = \int_0^x 1\mathrm{d}x = x.$$

因为 $S(0)=1$,所以 $\ln S(x)=x$,即 $S(x)=\mathrm{e}^x$. 因此

$$\sum_{n=0}^{\infty}\frac{x^n}{n!}=\mathrm{e}^x,\quad x\in(-\infty,+\infty).$$

记住 $\mathrm{e}^x=\sum\limits_{n=0}^{\infty}\dfrac{x^n}{n!},x\in(-\infty,+\infty)$,在 §10.5 中将有重要作用.

例 10-34 求幂级数 $\sum\limits_{n=0}^{\infty}(2n+1)x^n$ 的和函数.

解 $\lim\limits_{n\to\infty}\left|\dfrac{a_{n+1}}{a_n}\right|=\lim\limits_{n\to\infty}\left|\dfrac{2n+3}{2n+1}\right|=1$,故 $R=1$.

当 $x=\pm 1$ 时,$\sum\limits_{n=0}^{\infty}(2n+1)x^n$ 对应的数项级数 $\sum\limits_{n=0}^{\infty}(\pm 1)^n(2n+1)$ 均发散,所以

$\displaystyle\sum_{n=0}^{\infty}(2n+1)x^{n}$ 的收敛域为 $(-1,1)$.

设 $S(x)=\displaystyle\sum_{n=0}^{\infty}(2n+1)x^{n},x\in(-1,1)$,则

$$S(x)=\sum_{n=0}^{\infty}2nx^{n}+\sum_{n=0}^{\infty}x^{n}=2x\sum_{n=1}^{\infty}nx^{n-1}+\sum_{n=0}^{\infty}x^{n}$$

$$=2x\left(\sum_{n=1}^{\infty}x^{n}\right)'+\sum_{n=0}^{\infty}x^{n}=2x\left(\frac{x}{1-x}\right)'+\frac{1}{1-x}$$

$$=\frac{2x}{(1-x)^{2}}+\frac{1}{1-x}=\frac{1+x}{(1-x)^{2}},\quad x\in(-1,1).$$

所以

$$\sum_{n=0}^{\infty}(2n+1)x^{n}=\frac{1+x}{(1-x)^{2}},\quad x\in(-1,1).$$

注意　系数为若干项代数和的幂级数,求和函数时可以写成若干个幂级数的代数和,求得的各和函数的代数和即为原幂级数的和函数.

本节小结

本节主要介绍了函数项级数的收敛域及和函数、幂级数的收敛半径和收敛区间的概念与求法、幂级数的相关运算以及幂级数的和函数,注意:

1. 求幂级数的收敛半径的常用方法实际上就是 §10.3 中的比值判别法和根值判别法.

2. 对于不规范的幂级数,要注意收敛半径和收敛区间的换算.

3. 幂级数在收敛区间内可以逐项微分或逐项积分,逐项微分或逐项积分后所得的幂级数收敛半径不变,但收敛区间端点的收敛性可能会改变.

4. 幂级数的求和主要通过幂级数的相关运算(如四则运算、逐项微分和逐项积分)将幂级数化为简单的等比级数求和,再通过相关运算还原,要注意收敛区间端点的敛散性变化.

练习 10.4

基础题

1. 求下列幂级数的收敛区间:

(1) $\displaystyle\sum_{n=1}^{\infty}\frac{\ln(n+1)}{n+1}x^{n+1}$;

(2) $\displaystyle\sum_{n=1}^{\infty}\frac{(2x)^{n}}{n!}$;

(3) $\displaystyle\sum_{n=1}^{\infty} (nx)^n$;   (4) $\displaystyle\sum_{n=1}^{\infty} \left(\sqrt{n+1} - \sqrt{n}\right) 2^n x^{2n}$;

(5) $\displaystyle\sum_{n=1}^{\infty} \frac{2^n}{n} (x-1)^n$.

2. 利用例 10-33 的结果, 求级数 $\displaystyle\sum_{n=0}^{\infty} \frac{2^{n+1}}{(n+1)!}$ 的和.

3. 求幂级数 $\displaystyle\sum_{n=0}^{\infty} \frac{x^{2n+1}}{2n+1}$ 的和函数, 并求级数 $\displaystyle\sum_{n=0}^{\infty} \frac{1}{2n+1} \cdot \frac{1}{2^{2n+1}}$ 的和.

提高题

1. 求幂级数 $\displaystyle\sum_{n=1}^{\infty} nx^n$ 的和函数 $S(x)$, 并求极限 $\displaystyle\lim_{n\to\infty}\left(\frac{1}{a} + \frac{2}{a^2} + \cdots + \frac{n}{a^n}\right)$, 其中实数 $a > 1$.

2. 求幂级数 $\displaystyle\sum_{n=0}^{\infty} \frac{x^n}{n+1}$ 的和函数 $S(x)$, 并求级数 $\displaystyle\sum_{n=0}^{\infty} \frac{(-1)^n}{n+1}$ 的和.

3. 求幂级数 $1 + \displaystyle\sum_{n=1}^{\infty} (-1)^n \frac{x^{2n}}{2n}\ (-1 < x < 1)$ 的和函数 $S(x)$ 及其极值.

§10.5　函数的幂级数展开

从 §10.4 中我们知道, 幂级数在其收敛域内可表示为一个关于 x 的函数——和函数 $S(x)$, 即给定幂级数可求得相应的和函数. 幂级数是函数项级数中最简单的一种, 但它却具有很好的代数性质和分析性质, 因此在理论分析和数值计算中经常需要将一个函数表示为某个幂级数的形式.

定义 10-4　一个给定的函数 $f(x)$, 若在区域 D 内的每一点, 级数 $\displaystyle\sum_{n=0}^{\infty} a_n x^n$ 的和恰好等于该点处的函数值 $f(x)$, 即

$$f(x) = \sum_{n=0}^{\infty} a_n x^n, \quad x \in D, \tag{10-6}$$

则称函数 $f(x)$ 在区域 D 内可以展开成 x 的幂级数 $\displaystyle\sum_{n=0}^{\infty} a_n x^n$. 式 (10-6) 称为 $f(x)$ 的关于 x 的幂级数展开式. 显然区域 D 为幂级数 $\displaystyle\sum_{n=0}^{\infty} a_n x^n$ 的收敛域.

我们先考虑用多项式近似地表示函数.

一、泰勒公式

在第 4 章中我们有微分中值定理

$$f(x)=f(x_0)+f'(\xi)(x-x_0) \quad (\xi \text{ 在 } x \text{ 与 } x_0 \text{ 之间}),$$

从而有近似公式

$$f(x) \approx f(x_0)+f'(x)(x-x_0).$$

近似公式表明在一定条件下，$f(x)$ 可用 $(x-x_0)$ 的一次多项式近似表示，但是这种近似表示精确度不高，且没有给出估计误差的公式.

定理 10-11（泰勒中值定理）　设函数 $f(x)$ 在点 x_0 的某邻域内具有到 $n+1$ 阶导数，则对于该邻域内的任意一点 x，$f(x)$ 在点 x_0 处的 n 阶泰勒公式

$$f(x)=f(x_0)+f'(x_0)(x-x_0)+\frac{f''(x_0)}{2!}(x-x_0)^2+\cdots+\frac{f^{(n)}(x_0)}{n!}(x-x_0)^n+R_n(x) \quad (10\text{-}7)$$

成立，其中

$$R_n(x)=\frac{f^{(n+1)}(\xi)}{(n+1)!}(x-x_0)^{n+1} \quad (\xi \text{ 在 } x_0 \text{ 与 } x \text{ 之间}),$$

$R_n(x)$ 称为 $f(x)$ 的 n 阶泰勒公式的**拉格朗日余项**.

特别地，当 $x_0=0$ 时，式（10-7）成为

$$f(x)=f(0)+f'(0)x+\frac{f''(0)}{2!}x^2+\cdots+\frac{f^{(n)}(0)}{n!}x^n+R_n(x), \quad (10\text{-}8)$$

其中

$$R_n(x)=\frac{f^{(n+1)}(\xi)}{(n+1)!}x^{n+1} \quad (\xi \text{ 在 } 0 \text{ 与 } x \text{ 之间}),$$

或者表示为

$$R_n(x)=\frac{f^{(n+1)}(\theta x)}{(n+1)!}x^{n+1} \quad (0<\theta<1).$$

式（10-8）称为 $f(x)$ 的 n **阶麦克劳林公式**.

例 10-35　求函数 $f(x)=(1+x)^m (x>-1)$ 的麦克劳林公式，其中 m 是正整数.

解　由 $f^{(n)}(x)=m(m-1)\cdots(m-n+1)(1+x)^{m-n}$，得

$$f^{(n)}(0)=m(m-1)\cdots(m-n+1) \quad (n=1,2,\cdots).$$

因此

$$(1+x)^m=1+mx+\frac{m(m-1)}{2!}x^2+\cdots+\frac{m(m-1)\cdots(m-n+1)}{n!}x^n+R_n(x),$$

其中

$$R_n(x)=\frac{m(m-1)\cdots(m-n)}{(n+1)!}(1+\theta x)^{m-n-1}x^{n+1} \quad (0<\theta<1).$$

　　泰勒中值定理表明对于满足条件的函数 $f(x)$，可以用一个关于 $(x-x_0)$ 或 x 的 n 次多项式逼近，其误差为 $|R_n(x)|$.

二、 泰勒级数

　　定义 10-5　若函数 $f(x)$ 在点 x_0 的某邻域内具有任意阶导数，则级数

$$\sum_{n=0}^{\infty} \frac{f^{(n)}(x_0)}{n!}(x-x_0)^n$$

$$=f(x_0)+f'(x_0)(x-x_0)+\frac{f''(x_0)}{2!}(x-x_0)^2+\cdots+\frac{f^{(n)}(x_0)}{n!}(x-x_0)^n+\cdots$$

泰勒公式和
泰勒级数

$$(10-9)$$

称为函数 $f(x)$ 在 $x=x_0$ 处的**泰勒级数**（或**泰勒展开式**）. 特别地，当泰勒级数中的 $x_0=0$ 时，

$$\sum_{n=0}^{\infty} \frac{f^{(n)}(0)}{n!}x^n=f(0)+f'(0)x+\frac{f''(0)}{2!}x^2+\cdots+\frac{f^{(n)}(0)}{n!}x^n+\cdots \qquad (10-10)$$

称为函数 $f(x)$ 的**麦克劳林级数**（或**麦克劳林展开式**）.

　　由定义 10-5 可知，只要 $f(x)$ 在点 x_0 的某邻域内有任意阶导数，我们总是可以形式上写出它的泰勒级数. 泰勒级数是幂级数，它的收敛域是什么？收敛域内其和函数是不是函数 $f(x)$？这些问题的解决都取决于当 $n\to\infty$ 时泰勒公式中的余项是否趋于 0，于是有下面的定理.

　　定理 10-12　设 $f(x)$ 在点 x_0 的某邻域内有任意阶导数，则 $f(x)$ 在该邻域内能展开成它的泰勒级数，即展开式

$$f(x)=f(x_0)+f'(x_0)(x-x_0)+\frac{f''(x_0)}{2!}(x-x_0)^2+\cdots+\frac{f^{(n)}(x_0)}{n!}(x-x_0)^n+\cdots$$

成立的充要条件是 $f(x)$ 的泰勒公式中的余项 $R_n(x)$ 对于该邻域内的所有的 x 均有 $\lim\limits_{n\to\infty} R_n(x)=0$.

　　证明　$f(x)$ 在点 x_0 的某邻域内有任意阶导数，故 $f(x)$ 的 n 阶泰勒公式成立，即

$$f(x)=f(x_0)+f'(x_0)(x-x_0)+\frac{f''(x_0)}{2!}(x-x_0)^2+\cdots+\frac{f^{(n)}(x_0)}{n!}(x-x_0)^n+R_n(x)$$

$$=S_n(x)+R_n(x).$$

　　（必要性）若 $f(x)$ 的泰勒级数在点 x_0 的邻域内收敛于 $f(x)$，则级数的前 n 项部分和 $S_n(x)$ 的极限存在，且等于 $f(x)$，即

$$f(x)=\lim_{n\to\infty} S_n(x)$$

$$=\lim_{n\to\infty}\left[f(x_0)+f'(x_0)(x-x_0)+\cdots+\frac{f^{(n)}(x_0)}{n!}(x-x_0)^n\right].$$

在泰勒公式两端取极限,得

$$\lim_{n \to \infty} f(x) = \lim_{n \to \infty} \left[S_n(x) + R_n(x) \right],$$

即

$$f(x) = \lim_{n \to \infty} S_n(x) + \lim_{n \to \infty} R_n(x) = f(x) + \lim_{n \to \infty} R_n(x),$$

故

$$\lim_{n \to \infty} R_n(x) = 0.$$

(充分性)若 $\lim_{n \to \infty} R_n(x) = 0$,则由泰勒公式得

$$\lim_{n \to \infty} S_n(x) = f(x),$$

即泰勒级数的前 n 项部分和 $S_n(x)$ 的极限存在,故泰勒级数收敛,且收敛于极限值 $f(x)$. 因此

$$f(x) = f(x_0) + f'(x_0)(x - x_0) + \frac{f''(x_0)}{2!}(x - x_0)^2 + \cdots + \frac{f^{(n)}(x_0)}{n!}(x - x_0)^n + \cdots.$$

我们还可以证明:若一个函数能展开成幂级数,则此幂级数就是它的泰勒级数,即函数的泰勒展开式是唯一的.

定理 10-13　若 $f(x)$ 在点 x_0 的某邻域内可展开成幂级数,即

$$f(x) = \sum_{n=0}^{\infty} a_n (x - x_0)^n,$$

则

$$a_n = \frac{f^{(n)}(x_0)}{n!} \quad (n = 0, 1, 2, \cdots).$$

证明　因幂级数可逐项求导任意次,将 $f(x) = \sum_{n=0}^{\infty} a_n (x - x_0)^n$ 对 x 求导得

$$f'(x) = a_1 + 2a_2(x - x_0) + 3a_3(x - x_0)^2 + \cdots + na_n(x - x_0)^{n-1} + \cdots$$

$$f''(x) = 2!a_2 + 3!a_3(x - x_0) + \cdots + n(n-1)a_n(x - x_0)^{n-2} + \cdots$$

$$f'''(x) = 3!a_3 + 4 \cdot 3 \cdot 2a_4(x - x_0) + \cdots + n(n-1)(n-2)a_n(x - x_0)^{n-3} + \cdots$$

$$\cdots$$

$$f^{(n)}(x) = n!a_n + (n+1)n(n-1) \cdot \cdots \cdot 3 \cdot 2 \cdot a_{n+1}(x - x_0) + \cdots$$

把 $x = x_0$ 代入 $f(x)$ 及以上各式得

$$a_0 = f(x_0), \ a_1 = f'(x_0), \ a_2 = \frac{f''(x_0)}{2!}, \cdots, \ a_n = \frac{f^{(n)}(x_0)}{n!}, \cdots.$$

这个定理对于将一个函数展开成泰勒级数很重要,有了它就可使展开方法大为简化且实用.

三、　函数的幂级数展开式

1. 直接展开法

从上面的讨论知道,如果函数能展开成幂级数,那么该幂级数一定是函数的泰勒级

数. 由此可得到将函数 $f(x)$ 展开成 x 的幂级数的步骤：

（1）求函数 $f(x)$ 的各阶导数 $f'(x), f''(x), \cdots, f^{(n)}(x), \cdots$（如果 $f(x)$ 在 $x=0$ 处有某阶导数不存在，那么它不能展开成 x 的幂级数）.

（2）求 $f(x)$ 及其各阶导数在 $x=0$ 处的值

$$f(0), f'(0), f''(0), \cdots, f^{(n)}(0), \cdots.$$

（3）写出幂级数

$$f(0) + f'(0) + \frac{f''(0)}{2!}x^2 + \cdots + \frac{f^{(n)}(0)}{n!}x^n + \cdots,$$

并求出它的收敛半径 R 及收敛域 D.

（4）在收敛域 D 内，若

$$\lim_{n \to \infty} R_n(x) = \lim_{n \to \infty} \frac{f^{(n+1)}(\theta x)}{(n+1)!}x^{n+1} = 0 \quad (0 < \theta < 1),$$

则 $f(x)$ 可展开成 x 的幂级数，它的幂级数展开式为 $f(x) = \sum_{n=0}^{\infty} \frac{f^{(n)}(0)}{n!}x^n$，否则不能展开成 x 的幂级数.

例 10-36 将 $f(x) = \mathrm{e}^x$ 展开成 x 的幂级数.

解 由

$$f^{(n)}(x) = \mathrm{e}^x \quad (n = 1, 2, \cdots),$$

得 $f(x) = \mathrm{e}^x$ 的麦克劳林级数为

$$\sum_{n=0}^{\infty} \frac{f^{(n)}(0)}{n!}x^n = \sum_{n=0}^{\infty} \frac{1}{n!}x^n,$$

它的收敛区间为 $(-\infty, +\infty)$.

考虑余项的绝对值

$$|R_n(x)| = \left| \frac{\mathrm{e}^\varepsilon}{(n+1)!}x^{n+1} \right| \quad (\xi \text{ 在 0 和 } x \text{ 之间}).$$

由于

$$\lim_{n \to \infty} \left| \frac{\dfrac{x^{n+2}}{(n+2)!}}{\dfrac{x^{n+1}}{(n+1)!}} \right| = \lim_{n \to \infty} \frac{|x|}{n+2} = 0,$$

根据比值判别法，级数 $\sum_{n=0}^{\infty} \frac{x^{n+1}}{(n+1)!}$ 收敛. 由级数收敛的必要条件可得

$$\lim_{n \to \infty} \frac{x^{n+1}}{(n+1)!} = 0.$$

又对于固定的 x，e^ξ 有界，则

$$\lim_{n \to \infty} R_n = \lim_{n \to \infty} \frac{\mathrm{e}^\xi}{(n+1)!}x^{n+1} = \mathrm{e}^\xi \lim_{n \to \infty} \frac{x^{n+1}}{(n+1)!} = 0.$$

因此得到 e^x 的幂级数展开式：

$$e^x = \sum_{n=0}^{\infty} \frac{x^n}{n!} = 1 + x + \frac{1}{2!}x^2 + \cdots + \frac{x^n}{n!} + \cdots, \quad x \in (-\infty, +\infty).$$

例 10-37   求函数 $f(x) = \sin x$ 的麦克劳林展开式.

解   因 $f^{(n)}(x) = \sin\left(x + \frac{n\pi}{2}\right)$，则

$$f^{(2n)}(0) = 0, \quad f^{(2n+1)}(0) = (-1)^n (n = 1, 2, \cdots).$$

故 $f(x)$ 的麦克劳林级数为

$$\sum_{n=0}^{\infty} \frac{f^{(n)}(0)}{n!} x^n = \sum_{n=0}^{\infty} (-1)^n \frac{x^{2n+1}}{(2n+1)!}$$

$$= x - \frac{x^3}{3!} + \frac{x^5}{5!} + \cdots + (-1)^n \frac{x^{2n+1}}{(2n+1)!} + \cdots.$$

因为

$$\lim_{n \to \infty} \left| \frac{\dfrac{x^{2n+1}}{(2n+1)!}}{\dfrac{x^{2n-1}}{(2n-1)!}} \right| = \lim_{n \to \infty} \frac{x^2}{2n(2n+1)} = 0,$$

所以它的收敛区间为 $(-\infty, +\infty)$.

对于任意有限的数 x,

$$|R_{2n+2}(x)| = \left| \frac{\sin\left(\theta x + \dfrac{2n+3}{2}\pi\right) x^{2n+3}}{(2n+3)!} \right| \leqslant \frac{|x^{2n+3}|}{(2n+3)!} \to 0 \ (n \to \infty)(0 < \theta < 1),$$

所以 $f(x) = \sin x$ 的麦克劳林展开式为

$$\sin x = \sum_{n=0}^{\infty} (-1)^n \frac{x^{2n+1}}{(2n+1)!}$$

$$= x - \frac{x^3}{3!} + \frac{x^5}{5!} + \cdots + (-1)^n \frac{x^{2n+1}}{(2n+1)!} + \cdots, \quad x \in (-\infty, +\infty).$$

2. 间接展开法

直接展开法比较烦琐，这是由于求 $f(x)$ 的各阶导数一般都比较麻烦，并且研究余项 $R_n(x)$ 是否趋于零往往也并非易事. 因此在可能的条件下，我们尽量不用直接展开法而用间接展开法. 间接展开法就是利用一些已知函数展开式以及幂级数的运算（如四则运算和分析运算），将待求函数展开成幂级数. 例如对于 $\frac{1}{x+1}$ 的展开式 $\frac{1}{x+1} = \sum_{n=0}^{\infty} (-x)^n, x \in (-1, 1)$，若用 x^2 代替 x，则得

$$\frac{1}{1+x^2} = 1 - x^2 + x^4 - x^6 + \cdots + (-1)^n x^{2n} + \cdots, \quad x \in (-1, 1).$$

例 10-38   将 $f(x) = \cos x$ 展开成 x 的幂级数.

解　因为

$$\sin x = \sum_{n=0}^{\infty} (-1)^n \frac{x^{2n+1}}{(2n+1)!}, \quad x \in (-\infty, +\infty),$$

对级数逐项求导,得

$$\cos x = (\sin x)' = \left[\sum_{n=0}^{\infty} (-1)^n \frac{x^{2n+1}}{(2n+1)!} \right]' = \sum_{n=0}^{\infty} (-1)^n \frac{x^{2n}}{(2n)!}$$

$$= 1 - \frac{x^2}{2!} + \frac{x^4}{4!} + \cdots + (-1)^n \frac{x^{2n}}{(2n)!} + \cdots, \quad x \in (-\infty, +\infty).$$

例 10-39　将函数 $f(x) = \ln(1+x)$ 展开成 x 的幂级数.

解　因

$$\frac{1}{1+x} = 1 - x + x^2 - x^3 + \cdots + (-1)^n x^n + \cdots$$

$$= \sum_{n=0}^{\infty} (-1)^n x^n, \quad x \in (-1, 1),$$

对上式逐项积分,得

$$f(x) = \ln(1+x) = \int_0^x \frac{1}{1+t} dt$$

$$= \int_0^x \sum_{n=0}^{\infty} (-1)^n t^n dt = \sum_{n=0}^{\infty} (-1)^n \int_0^x t^n dt$$

$$= \sum_{n=0}^{\infty} (-1)^n \frac{x^{n+1}}{n+1}, \quad x \in (-1, 1).$$

因为 $\sum_{n=0}^{\infty} (-1)^n \frac{x^{n+1}}{n+1}$ 当 $x=1$ 时收敛,当 $x=-1$ 时发散,所以

$$\ln(1+x) = \sum_{n=0}^{\infty} (-1)^n \frac{x^{n+1}}{n+1}, \quad x \in (-1, 1].$$

例 10-40　将函数 $f(x) = \sin^2 x$ 展开成麦克劳林级数.

解　$f(x) = \sin^2 x = \frac{1-\cos 2x}{2} = \frac{1}{2} - \frac{1}{2} \cos 2x.$

而 $\cos x = \sum_{n=0}^{\infty} (-1)^n \frac{x^{2n}}{(2n)!}, x \in (-\infty, +\infty)$,所以

$$\cos 2x = \sum_{n=0}^{\infty} (-1)^n \frac{(2x)^{2n}}{(2n)!}, \quad x \in (-\infty, +\infty),$$

从而

$$f(x) = \sin^2 x = \frac{1}{2} - \frac{1}{2} \cos 2x$$

$$= \frac{1}{2} - \frac{1}{2} \left[1 - \frac{(2x)^2}{2!} + \frac{(2x)^4}{4!} - \cdots + (-1)^n \frac{(2x)^{2n}}{(2n)!} + \cdots \right]$$

$$= x^2 - \frac{x^4}{3} + \cdots + (-1)^{n+1} \frac{2^{2n-1} x^{2n}}{(2n)!} + \cdots, \quad x \in (-\infty, +\infty).$$

例 10-41 将 $\dfrac{\mathrm{d}}{\mathrm{d}x}\left(\dfrac{\mathrm{e}^x - 1}{x}\right)$ 展开成 x 的幂级数.

解 因 $\mathrm{e}^x = 1 + x + \dfrac{x^2}{2!} + \cdots + \dfrac{x^n}{n!} + \cdots, x \in (-\infty, +\infty)$，故

$$\mathrm{e}^x - 1 = x + \frac{x^2}{2!} + \cdots + \frac{x^n}{n!} + \cdots,$$

$$\frac{\mathrm{e}^x - 1}{x} = 1 + \frac{x}{2!} + \cdots + \frac{x^{n-1}}{n!} + \cdots \quad (x \neq 0).$$

上式两端逐项微分，得

$$\frac{\mathrm{d}}{\mathrm{d}x}\left(\frac{\mathrm{e}^x - 1}{x}\right) = \frac{1}{2!} + \frac{2x}{3!} + \cdots + \frac{(n-1)x^{n-2}}{n!} + \cdots \quad (x \neq 0).$$

将函数展开成 x 的幂级数时，常用到如下几个已知的幂级数展开式，应熟记并灵活运用：

(1) $\dfrac{1}{1-x} = 1 + x + x^2 + \cdots + x^n + \cdots = \displaystyle\sum_{n=0}^{\infty} x^n, \ x \in (-1, 1).$

(2) $\ln(1+x) = x - \dfrac{x^2}{2} + \dfrac{x^3}{3} - \dfrac{x^4}{4} + \cdots + (-1)^n \dfrac{x^{n+1}}{n+1} + \cdots$

$$= \sum_{n=0}^{\infty} (-1)^n \frac{x^{n+1}}{n+1}, \ x \in (-1, 1].$$

(3) $\mathrm{e}^x = 1 + x + \dfrac{x^2}{2!} + \cdots + \dfrac{x^n}{n!} + \cdots = \displaystyle\sum_{n=0}^{\infty} \frac{x^n}{n!}, \ x \in (-\infty, +\infty).$

(4) $\sin x = x - \dfrac{x^3}{3!} + \dfrac{x^5}{5!} - \cdots + (-1)^n \dfrac{x^{2n+1}}{(2n+1)!} + \cdots$

$$= \sum_{n=0}^{\infty} (-1)^n \frac{x^{2n+1}}{(2n+1)!}, \ x \in (-\infty, +\infty).$$

(5) $\cos x = 1 - \dfrac{x^2}{2!} + \dfrac{x^4}{4!} - \cdots + (-1)^n \dfrac{x^{2n}}{(2n)!} + \cdots$

$$= \sum_{n=0}^{\infty} (-1)^n \frac{x^{2n}}{(2n)!}, \ x \in (-\infty, +\infty).$$

(6) $(1+x)^\alpha = 1 + \alpha x + \dfrac{\alpha(\alpha-1)}{2!} x^2 + \cdots + \dfrac{\alpha(\alpha-1)\cdots(\alpha-n+1)}{n!} x^n + \cdots, x \in (-1, 1), \alpha$ 为任意

实数. 该级数的收敛半径 $R = 1$，对于收敛区间端点的敛散性，与 α 的取值有关.

当 $\alpha \leqslant -1$ 时，收敛域为 $(-1, 1)$；

当 $-1 < \alpha < 0$ 时，收敛域为 $(-1, 1]$；

当 $\alpha > 0$ 时，收敛域为 $[-1, 1]$.

这个级数称为二项式级数，特别地，当 α 为正整数 n 时，就是初等数学中的二项式公式，即

$$(1+x)^n = 1 + nx + \frac{n(n-1)}{2!}x^2 + \cdots + nx^{n-1} + x^n.$$

例 10-42 将 $f(x) = \dfrac{x}{x^2-x-2}$ 展开成 x 的幂级数.

解 $f(x) = \dfrac{x}{x^2-x-2} = \dfrac{x}{(x-2)(x+1)}$

$$= \frac{1}{3}\left(\frac{1}{x+1} + \frac{2}{x-2}\right) = \frac{1}{3}\left(\frac{1}{1+x} - \frac{1}{1-\dfrac{x}{2}}\right).$$

又 $\dfrac{1}{1+x} = \displaystyle\sum_{n=0}^{\infty}(-1)^n x^n$, $x \in (-1,1)$, $\dfrac{1}{1-\dfrac{x}{2}} = \displaystyle\sum_{n=0}^{\infty}\left(\frac{x}{2}\right)^n$, $x \in (-2,2)$, 所以

$$f(x) = \frac{1}{3}\left[\sum_{n=0}^{\infty}(-1)^n x^n - \sum_{n=0}^{\infty}\left(\frac{x}{2}\right)^n\right]$$

$$= \frac{1}{3}\sum_{n=0}^{\infty}\left[(-1)^n - \frac{1}{2^n}\right]x^n, \quad x \in (-1,1).$$

例 10-43 将函数 $f(x) = \dfrac{1}{5-x}$ 展开成 $(x-2)$ 的幂级数,并指出收敛域.

解 令 $t = x-2$, 则 $x = t+2$. 于是

$$f(x) = \frac{1}{5-x} = \frac{1}{3-t} = \frac{1}{3}\frac{1}{1-\dfrac{t}{3}} = \frac{1}{3}\sum_{n=0}^{\infty}\left(\frac{t}{3}\right)^n, \quad t \in (-3,3).$$

将 $t = x-2$ 代入,得

$$f(x) = \frac{1}{3}\sum_{n=0}^{\infty}\frac{(x-2)^n}{3^n} = \sum_{n=0}^{\infty}\frac{(x-2)^n}{3^{n+1}}, \quad x \in (-1,5),$$

其收敛域为 $(-1,5)$.

例 10-44 将函数 $f(x) = \dfrac{x}{x^2-5x+6}$ 展开成 $(x-5)$ 的幂级数.

解 $f(x) = \dfrac{x}{(x-3)(x-2)} = \dfrac{3}{x-3} - \dfrac{2}{x-2} = \dfrac{3}{2}\dfrac{1}{1+\dfrac{x-5}{2}} - \dfrac{2}{3}\dfrac{1}{1+\dfrac{x-5}{3}}.$

根据 $\dfrac{1}{1+x} = \displaystyle\sum_{n=0}^{\infty}(-1)^n x^n$, $x \in (-1,1)$, 有

$$\frac{1}{1+\dfrac{x-5}{2}} = \sum_{n=0}^{\infty}(-1)^n\left(\frac{x-5}{2}\right)^n, \quad \frac{x-5}{2} \in (-1,1),$$

$$\frac{1}{1+\dfrac{x-5}{3}} = \sum_{n=0}^{\infty}(-1)^n\left(\frac{x-5}{3}\right)^n, \quad \frac{x-5}{3} \in (-1,1).$$

所以

$$f(x) = \sum_{n=0}^{\infty} (-1)^n \left(\frac{3}{2^{n+1}} - \frac{2}{3^{n+1}} \right) (x-5)^n, \quad x \in (3,7).$$

四、 幂级数的应用举例

级数的应用是很广泛的,可用于数值计算、积分计算、解微分方程和表示初等函数等方面,在这里仅介绍几种数值计算方面的应用.

例 10-45 证明:$\dfrac{\pi}{4} = 1 - \dfrac{1}{3} + \dfrac{1}{5} + \cdots + (-1)^{n-1} \dfrac{1}{2n-1} + \cdots$.

证明 因为

$$(\arctan x)' = \frac{1}{1+x^2} = \sum_{n=0}^{\infty} (-x^2)^n, \quad x \in (-1,1),$$

所以

$$\arctan x = \int_0^x \frac{1}{1+x^2} dx = \int_0^x \sum_{n=0}^{\infty} (-1)^n x^{2n} dx$$

$$= \sum_{n=0}^{\infty} (-1)^n \frac{x^{2n+1}}{2n+1}, \quad x \in [-1,1].$$

在上式中令 $x=1$,得

$$\frac{\pi}{4} = \arctan 1 = \sum_{n=0}^{\infty} \frac{(-1)^n}{2n+1} = 1 - \frac{1}{3} + \frac{1}{5} + \cdots + (-1)^{n-1} \frac{1}{2n-1} + \cdots.$$

例 10-46 计算 ln 2 的近似值.

解 因为

$$\ln(1+x) = x - \frac{x^2}{2} + \frac{x^3}{3} - \cdots + (-1)^{n-1} \frac{x^n}{n} + \cdots,$$

取 $x=1$,得

$$\ln 2 = 1 - \frac{1}{2} + \frac{1}{3} - \cdots + (-1)^{n-1} \frac{1}{n} + \cdots,$$

则可计算 ln 2 的近似值,其误差 $|r_n| < \dfrac{1}{n+1}$,但这个级数收敛很慢. 比如,要精确到 10^{-4},就要计算出级数的前 10 000 项,计算量太大,因此需要找一个收敛较快的级数. 因为

$$\ln(1+x) = \sum_{n=1}^{\infty} (-1)^{n-1} \frac{x^n}{n}, \quad x \in (-1,1],$$

$$\ln(1-x) = \sum_{n=1}^{\infty} (-1)^{n-1} \frac{(-x)^n}{n} = -\sum_{n=1}^{\infty} \frac{x^n}{n}, \quad x \in [-1,1),$$

两式相减,得

$$\ln \frac{1+x}{1-x} = \ln(1+x) - \ln(1-x)$$

$$= \sum_{n=1}^{\infty} (-1)^{n-1} \frac{x^n}{n} + \sum_{n=1}^{\infty} \frac{x^n}{n}$$

$$= \sum_{n=1}^{\infty} [(-1)^{n-1} + 1] \frac{x^n}{n}$$

$$= 2x + \frac{2}{3}x^3 + \frac{2}{5}x^5 + \cdots + \frac{2}{2n-1}x^{2n-1} + \cdots$$

$$= 2\left(x + \frac{x^3}{3} + \frac{x^5}{5} + \cdots + \frac{x^{2n-1}}{2n-1} + \cdots \right), \quad x \in (-1, 1).$$

令 $\dfrac{1+x}{1-x} = 2$，即取 $x = \dfrac{1}{3}$，以 $x = \dfrac{1}{3}$ 代入上式，得

$$\ln 2 = 2\left(\frac{1}{3} + \frac{1}{3} \cdot \frac{1}{3^3} + \frac{1}{5} \cdot \frac{1}{3^5} + \cdots + \frac{1}{2n-1} \cdot \frac{1}{3^{2n-1}} + \cdots \right).$$

用这个级数计算 $\ln 2$，只要少数几项就可以得到相当好的近似值. 如果取前四项作为 $\ln 2$ 的近似值，那么误差

$$|r_n| = 2\left(\frac{1}{9} \cdot \frac{1}{3^9} + \frac{1}{11} \cdot \frac{1}{3^{11}} + \cdots \right) < \frac{2}{3^{11}}\left(1 + \frac{1}{3^2} + \frac{1}{3^4} + \cdots \right)$$

$$= \frac{2}{3^{11}} \cdot \frac{1}{1 - \dfrac{1}{9}} = \frac{1}{4 \cdot 3^9} < \frac{1}{70\,000}.$$

所以

$$\ln 2 \approx 2\left(\frac{1}{3} + \frac{1}{3} \cdot \frac{1}{3^3} + \frac{1}{5} \cdot \frac{1}{3^5} + \frac{1}{7} \cdot \frac{1}{3^7} \right),$$

即
$$\ln 2 \approx 0.693\,1.$$

例 10-47 求 $\sqrt[5]{245}$ 的精确值，精确到 10^{-4}.

解 因

$$\sqrt[5]{245} = \sqrt[5]{3^5 + 2} = 3\left(1 + \frac{2}{3^5} \right)^{\frac{1}{5}},$$

所以在 $(1+x)^\alpha$ 的展开式中取 $x = \dfrac{2}{3^5}, \alpha = \dfrac{1}{5}$，得

$$\sqrt[5]{245} = 3\left[1 + \frac{1}{5} \cdot \frac{2}{3^5} + \frac{\dfrac{1}{5}\left(\dfrac{1}{5} - 1 \right)}{2!} \cdot \left(\frac{2}{3^5} \right)^2 + \cdots \right]$$

$$= 3\left(1 + \frac{1}{5} \cdot \frac{2}{3^5} + \frac{-4}{1 \cdot 2 \cdot 5^2} \cdot \frac{2^2}{3^{10}} + \cdots \right).$$

如果取前两项的和作为 $\sqrt[5]{245}$ 的近似值，那么误差

$$|r_2| < 3 \cdot \frac{4}{1 \cdot 2 \cdot 5^2} \cdot \frac{2^2}{3^{10}} = \frac{8}{5^2 3^9} < \frac{2}{100\ 000},$$

所以 $\sqrt[5]{245} \approx 3.004\ 9$.

我们知道有一些定积分的被积函数的原函数无法用初等函数表示出来,故其精确值无法求出,下面我们用幂级数展开来讨论定积分的近似值.

例 10-48　求 $\int_0^1 e^{-x^2} dx$ 的近似值.

解　该积分的被积函数的原函数不能用初等函数来表示,我们可将被积函数展开成幂级数后再积分,即

$$\begin{aligned}
\int_0^1 e^{-x^2} dx &= \int_0^1 \sum_{n=0}^{\infty} \frac{(-x^2)^n}{n!} dx \\
&= \int_0^1 \left(1 - x^2 + \frac{x^4}{2!} - \frac{x^6}{3!} + \frac{x^8}{4!} + \cdots \right) dx \\
&= \left(x - \frac{x^3}{3} + \frac{x^5}{5 \cdot 2!} - \frac{x^7}{7 \cdot 3!} + \frac{x^9}{9 \cdot 4!} + \cdots \right) \Big|_0^1 \\
&= 1 - \frac{1}{3} + \frac{1}{5 \cdot 2!} - \frac{1}{7 \cdot 3!} + \frac{1}{9 \cdot 4!} + \cdots.
\end{aligned}$$

如果取前四项之和作为 $\int_0^1 e^{-x^2} dx$ 的近似值,那么误差

$$|r_4| \leq \frac{1}{9 \cdot 4!} = \frac{1}{216}.$$

故

$$\int_0^1 e^{-x^2} dx \approx 1 - \frac{1}{3} + \frac{1}{5 \cdot 2!} - \frac{1}{7 \cdot 3!} \approx 0.742\ 9.$$

例 10-49　求 $\int_0^1 \frac{\sin x}{x} dx$ 的近似值,精确到 10^{-4}.

解　因为 $\lim\limits_{x \to 0} \frac{\sin x}{x} = 1$,所以 $\int_0^1 \frac{\sin x}{x} dx$ 不是反常积分. 将被积函数展开成幂级数后再积分,即

$$\begin{aligned}
\int_0^1 \frac{\sin x}{x} dx &= \int_0^1 \frac{1}{x} \left(x - \frac{x^3}{3!} + \frac{x^5}{5!} - \frac{x^7}{7!} + \cdots \right) dx \\
&= \int_0^1 \left(1 - \frac{x^2}{3} + \frac{x^4}{5} - \frac{x^6}{7} + \cdots \right) dx \\
&= \left(x - \frac{x^3}{3 \cdot 3!} + \frac{x^5}{5 \cdot 5!} - \frac{x^7}{7 \cdot 7!} + \cdots \right) \Big|_0^1 \\
&= 1 - \frac{1}{3 \cdot 3!} + \frac{1}{5 \cdot 5!} - \frac{1}{7 \cdot 7!} + \cdots.
\end{aligned}$$

因为第四项 $\frac{1}{7 \cdot 7!} < 10^{-4}$,所以取前三项之和作为所求的近似值,即

$$\int_0^1 \frac{\sin x}{x}\,\mathrm{d}x \approx 1 - \frac{1}{3 \cdot 3!} + \frac{1}{5 \cdot 5!} \approx 0.946\ 1.$$

本节小结

本节主要介绍了泰勒中值定理、泰勒级数（含麦克劳林级数）和函数展开成幂级数的方法（直接展开法和间接展开法）. 注意：

1. 泰勒级数（含麦克劳林级数）是针对任意阶可微函数的, 展开式必须有相应的中心点 $x = x_0$（或 $x = 0$）.

2. 泰勒级数（含麦克劳林级数）本质上为幂级数, 具有相应的以 $x = x_0$（或 $x = 0$）为中心的收敛区间, 因此泰勒级数（含麦克劳林级数）与相应的函数不一定等价, 至少定义域可能不同.

3. 函数展开为幂级数的间接展开法需要用到常见的幂级数展开式$\left(如 \dfrac{1}{1+x}, \dfrac{1}{1-x}, \sin x, \cos x, \ln(1+x), \mathrm{e}^x\ 等的展开式\right)$, 要熟悉这些函数的展开式及其收敛域.

练习 10.5

基础题

1. 写出下列函数的 n 阶麦克劳林公式：

(1) $f(x) = \ln(1+x)$; (2) $f(x) = (1+x)^\alpha$.

2. 将下列函数展开成 x 的幂级数, 并求收敛域：

(1) $f(x) = x^2 \mathrm{e}^{\frac{x}{2}}$; (2) $f(x) = \cos^2 \dfrac{x}{2}$;

(3) $f(x) = (1-x)\ln(1+x)$; (4) $f(x) = \ln\left(x + \sqrt{1+x^2}\right)$.

3. 将函数 $f(x) = \ln x$ 展开成 $(x-1)$ 的幂级数.

4. 将函数 $f(x) = \dfrac{1}{x}$ 展开成 $(x-3)$ 的幂级数.

5. 将函数 $f(x) = \cos x$ 展开成 $\left(x + \dfrac{\pi}{3}\right)$ 的幂级数.

6. 将函数 $f(x) = \dfrac{1}{x^2+4x+3}$ 展开成 $(x-1)$ 的幂级数.

提高题

1. 利用函数的幂级数展开式求下列各数的近似值:

(1) $\sqrt{e}$(精确到 0.001);　　　　　　(2) $\sqrt[5]{250}$(精确到 0.001);

(3) $\ln 3$(精确到 0.000 1);　　　　　　(4) $\cos 10°$(精确到 0.000 1).

2. 利用被积函数的幂级数展开式求下列定积分的近似值:

(1) $\int_0^{0.5} \dfrac{1}{1+x^4}\mathrm{d}x$ (误差不超过 0.000 1);

(2) $\int_0^{0.5} \dfrac{\arctan x}{x}\mathrm{d}x$ (误差不超过 0.001).

§10.6　级数问题的 MATLAB 求解

一、级数求和

在 MATLAB 中,用于级数求和的命令是 symsum,该命令的格式如下:

```
y=symsum (s, k, n1, n2)
```

功能:求表达式 s 中的符号变量 k 从第 n1 项到第 n2 项的级数和,其中 y 为结果表达式. 若 n2 为无穷大∞,则 n2 用 inf 表示. 如果 k 为系统默认的符号变量,那么 k 这一项可省略;如果 k 和 n1 这两项省略,那么表示符号变量 k 从 k=0 到 k=n2 进行求和.

1. 求数项级数 $1+\dfrac{1}{2}+\dfrac{1}{3}+\cdots+\dfrac{1}{k}$ 的前三项的和.

命令及结果为

```
syms k
symsum(1/k,1,3)
ans =
    11/6
```

故该级数前三项的和为 $\dfrac{11}{6}$.

2. 求数项级数 $\displaystyle\sum_{n=1}^{\infty} \dfrac{2n-1}{2^n}$ 的和.

命令及结果为

```
syms n
symsum((2 * n-1)/2^n,n,1,inf)
ans =
    3
```

故该数项级数的和为 3.

3. 求交错级数 $\sum\limits_{n=1}^{\infty} \dfrac{(-1)^{n-1}}{n}$ 的和.

命令及结果为

```
syms n
symsum((-1)^(n-1)/n,n,1,inf)
ans =
    log(2)
```

故该交错级数的和为 ln 2.

4. 求等比级数 $1+x+x^2+\cdots+x^k+\cdots$ 的和.

命令及结果为

```
syms x k n
symsum(x^k, k, 0, inf)
ans =
    -1/(x-1)
```

故该等比级数的和为 $-\dfrac{1}{x-1}$.

5. 求函数项级数 $\sum\limits_{n=1}^{\infty} \dfrac{\sin x}{n^2}$ 的和.

命令及结果为

```
syms n x
symsum(sin(x)/n^2, n, 1, inf)
ans =
    (pi^2 * sin(x))/6
```

故该函数项级数的和为 $\dfrac{\pi^2 \sin x}{6}$.

由上述这些例子可知,命令 symsum 不仅可以求数项级数的和,也可以求函数项级数的和.

二、 函数的幂级数展开

MATLAB 提供的函数 taylor 可以用来求给定函数的泰勒展开式(也就是函数的幂级数展开式),其调用格式为

```
h=taylor (f, k, x, a)
```

功能:将函数 f 对自变量 x 在 x = a 处泰勒展开到 k-1 阶,其中 a 是一个数值,h 为结果表达式. 当数值 a 省略时,得到 f 在自变量 x = 0 处的 k-1 阶泰勒展开式,即麦克劳林展开式;当 x, a 和 k 都省略时,得到函数 f 在默认自变量 x = 0 处的 5 阶泰勒展开式. 注意:由函数 $f(x)$ 在 $x = a$ 处的泰勒展开式的定义:$f(x) = \sum_{n=0}^{\infty} \frac{f^{(n)}(a)}{n!}(x-a)^n$, 可知将 $f(x)$ 泰勒展开到 $k-1$ 阶(或 $k-1$ 次幂)就是将 $f(x)$ 展开至第 k 项.

6. 将函数 $\sin x$ 展开成 x 的幂级数,展开至 5 次幂.

命令及结果为

```
syms x
taylor(sin(x))
ans =

    x-x^3/6+x^5/120
```

故 $\sin x = x - \dfrac{x^3}{6} + \dfrac{x^5}{120} + \cdots$.

7. 将函数 $\sin x$ 展开成 $\left(x - \dfrac{\pi}{2}\right)$ 的幂级数,展开至 6 次幂.

命令及结果为

```
syms x
y=taylor(sin(x),7, x, pi/2);
ans =

    1-(x-pi/2)^2/2+(x-pi/2)^4/24-(x-pi/2)^6/720
```

故 $\sin x = 1 - \dfrac{1}{2}\left(x - \dfrac{\pi}{2}\right)^2 + \dfrac{1}{24}\left(x - \dfrac{\pi}{2}\right)^4 - \dfrac{1}{720}\left(x - \dfrac{\pi}{2}\right)^6 + \cdots$.

8. 将函数 $f(x) = \dfrac{1}{x^2 + 3x + 2}$ 展开成 $(x+4)$ 的幂级数,展开至 4 次幂.

命令及结果为

```
syms x
taylor(1/(x^2+3 * x+2), 5, x, -4)
ans =

    13/18+(5 * x)/36+(19 * (x+4)^2)/216+(65 * (x+4)^3)/1296+
    (211 * (x+4)^4)/7776
```

故 $f(x) = \dfrac{13}{18} + \dfrac{5}{36}x + \dfrac{19}{216}(x+4)^2 + \dfrac{65}{1\,296}(x+4)^3 + \dfrac{211}{7\,776}(x+4)^4 + \cdots$.

思维导图

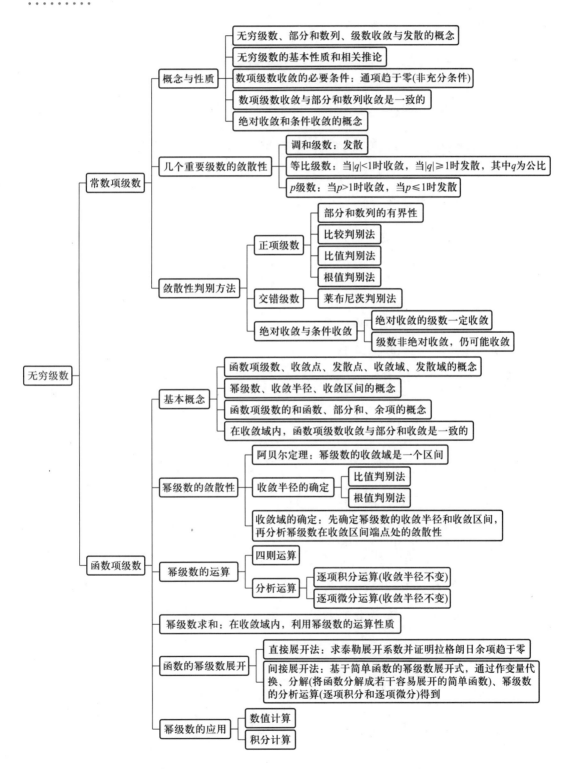

习题十

1. 选择题：

(1) 若级数 $\sum\limits_{n=1}^{\infty} |a_n|$ 收敛，则(　　)；

A. 级数 $\sum\limits_{n=1}^{\infty} (a_n + a_{n+1})$ 收敛 　　　　 B. 级数 $\sum\limits_{n=1}^{\infty} a_{2n}$ 收敛

C. 级数 $\sum\limits_{n=1}^{\infty} a_n a_{n+1}$ 收敛 　　　　 D. 级数 $\sum\limits_{n=1}^{\infty} (-1)^n a_n$ 收敛

(2) 若级数 $\sum\limits_{n=1}^{\infty} v_n$ 收敛，且 $u_n \leqslant v_n (n = 1, 2, \cdots)$，则 $\sum\limits_{n=1}^{\infty} u_n$ 必定(　　)；

A. 收敛 　　　　　　　　　　 B. 发散

C. 可能收敛，可能发散 　　　　 D. 以上都不对

(3) $\lim\limits_{n \to \infty} u_n \neq 0$ 是级数 $\sum\limits_{n=1}^{\infty} u_n$ 发散的(　　)；

A. 充分条件 　　　　　　　　 B. 必要条件

C. 充要条件 　　　　　　　　 D. 既非充分也非必要条件

(4) 已知 $\lim\limits_{n \to \infty} u_n = a$，则 $\sum\limits_{n=1}^{\infty} (u_n - u_{n+1})$ (　　)；

A. 收敛于 0 　　 B. 收敛于 a 　　 C. 收敛于 $u_1 - a$ 　　 D. 发散

(5) 若级数 $\sum\limits_{n=1}^{\infty} a_n, \sum\limits_{n=1}^{\infty} b_n$ 均发散，则(　　)；

A. $\sum\limits_{n=1}^{\infty} (a_n + b_n)$ 发散 　　　　 B. $\sum\limits_{n=1}^{\infty} a_n b_n$ 发散

C. $\sum\limits_{n=1}^{\infty} (|a_n| + |b_n|)$ 发散 　　 D. $\sum\limits_{n=1}^{\infty} (a_n^2 + b_n^2)$ 发散

(6) 若级数 $\sum\limits_{n=1}^{\infty} u_n$ 收敛，则必有(　　)；

A. $\sum\limits_{n=1}^{\infty} |u_n|$ 收敛 　　 B. $\sum\limits_{n=1}^{\infty} \sqrt{u_n}$ 收敛 　　 C. $\lim\limits_{n \to \infty} \left| \dfrac{u_{n+1}}{u_n} \right| < 1$ 　　 D. $\sum\limits_{n=1}^{\infty} \dfrac{1}{u_n}$ 发散

(7) 级数 $\sum\limits_{n=1}^{\infty} |u_n|$ 收敛是级数 $\sum\limits_{n=1}^{\infty} u_n$ 收敛的(　　)；

A. 必要条件 　　 B. 充分条件 　　 C. 充要条件 　　 D. 无关条件

(8) 设 $\sum\limits_{n=1}^{\infty} u_n$ 为正项级数，下列结论正确的是(　　)；

A. 若 $u_n \to 0$，则 $\sum\limits_{n=1}^{\infty} u_n$ 收敛 　　　　 B. 若 $\sum\limits_{n=1}^{\infty} u_n$ 收敛，则 $\sum\limits_{n=1}^{\infty} u_n^2$ 收敛

C. 若 $\sum\limits_{n=1}^{\infty} u_n^2$ 收敛，则 $\sum\limits_{n=1}^{\infty} u_n$ 收敛 　　 D. $\sum\limits_{n=1}^{\infty} u_n$ 与 $\sum\limits_{n=1}^{\infty} u_n^2$ 的敛散性互不相关

(9) 设对 $n=0,1,2,\cdots$,总有不等式 $a_n \leqslant b_n \leqslant c_n$ 成立,下列叙述正确的是(　　);

A. 若 $\sum\limits_{n=1}^{\infty} a_n$, $\sum\limits_{n=1}^{\infty} c_n$ 收敛,则必有 $\sum\limits_{n=1}^{\infty} b_n$ 收敛

B. 若 $\sum\limits_{n=1}^{\infty} a_n$, $\sum\limits_{n=1}^{\infty} c_n$ 发散,则必有 $\sum\limits_{n=1}^{\infty} b_n$ 发散

C. $\sum\limits_{n=1}^{\infty} a_n \leqslant \sum\limits_{n=1}^{\infty} b_n \leqslant \sum\limits_{n=1}^{\infty} c_n$

D. 以上结论均不成立

(10) 若正项级数 $\sum\limits_{n=1}^{\infty} u_n$ 收敛,且其和为 S,则下列叙述不正确的是(　　);

A. k 为任意正整数, $\sum\limits_{n=1}^{\infty} ku_n$ 收敛

B. $\sum\limits_{n=1}^{\infty} u_{2n-1}$ 和 $\sum\limits_{n=1}^{\infty} u_{2n}$ 都收敛

C. $\sum\limits_{n=1}^{\infty} (u_n + u_{n+1})$ 收敛,且 $\sum\limits_{n=1}^{\infty} (u_n + u_{n+1}) = 2S - u_1$

D. $\sum\limits_{n=1}^{\infty} u_n u_{n+1}$ 可能收敛,也可能发散

(11) 级数 $\sum\limits_{n=1}^{\infty} \dfrac{1}{\sqrt[n]{n+1}}$ 发散,因为(　　);

A. 它是 p 级数,且 $p = \dfrac{1}{n} < 1$

B. $\lim\limits_{n \to \infty} \dfrac{u_{n+1}}{u_n} = \lim\limits_{n \to \infty} \dfrac{\sqrt[n]{n+1}}{\sqrt[n+1]{n+2}} > 1$

C. $\lim\limits_{n \to \infty} \dfrac{1}{\sqrt[n]{n+1}} = 1$,通项 u_n 不趋于 0

D. 以上都不对

(12) 设 a 为常数,则级数 $\sum\limits_{n=1}^{\infty} \left(\dfrac{\sin a}{n^2} - \dfrac{1}{\sqrt{n}} \right)$ (　　);

A. 绝对收敛

B. 条件收敛

C. 发散

D. 收敛性取决于 a 的值

(13) 设 $0 < a_n < \dfrac{1}{n}$ ($n=1,2,\cdots$),则下列级数中必收敛的是(　　);

A. $\sum\limits_{n=1}^{\infty} \sqrt{a_n}$　　　　B. $\sum\limits_{n=1}^{\infty} a_n$　　　　C. $\sum\limits_{n=1}^{\infty} a_n^2$　　　　D. $\sum\limits_{n=1}^{\infty} \dfrac{1}{a_n}$

(14) 若级数 $\sum\limits_{n=1}^{\infty} \dfrac{(-1)^n}{n^p}$ (p 为实数)条件收敛,则(　　);

A. $p > 2$　　　　B. $p > 1$　　　　C. $p < 0$　　　　D. $0 < p < 1$

(15) 若幂级数 $\sum\limits_{n=1}^{\infty} a_n x^n$ 在 $x = x_0$ 处发散,则该级数的收敛半径(　　);

A. $R = |x_0|$　　　B. $R < |x_0|$　　　C. $R > |x_0|$　　　D. $R \leqslant |x_0|$

(16) 对于幂级数 $\displaystyle\sum_{n=1}^{\infty} a_n x^n$, 下列叙述不正确的是( );

A. $x=0$ 是它的收敛点

B. 其收敛域是一个以原点为中心的区间

C. 其收敛半径 $R=\lim\limits_{n\to\infty}\left|\dfrac{a_n}{a_{n+1}}\right|$

D. 它的收敛域有可能为空集

(17) 若级数 $\displaystyle\sum_{n=1}^{\infty} a_n(x-1)^n$ 当 $x=-1$ 时收敛,则级数当 $x=2$ 时( );

A. 条件收敛　　　　B. 绝对收敛　　　　C. 发散　　　　D. 敛散性不能确定

(18) 若级数 $\displaystyle\sum_{n=1}^{\infty}(-1)^{n-1}\dfrac{(x-a)^n}{n}$ 当 $x>0$ 时发散,当 $x=0$ 时收敛,则常数 $a=($);

A. 1　　　　　　　B. -1　　　　　　C. 2　　　　　　D. -2

(19) 级数 $\displaystyle\sum_{n=1}^{\infty}(-1)^{n-1}\dfrac{(x-1)^n}{n}$ 的和函数是( );

A. e^{x-1}　　　　B. $\ln(x-1)$　　　　C. $\ln(x+1)$　　　　D. $\ln x$

(20) 已知级数 $\displaystyle\sum_{n=0}^{\infty}\dfrac{1}{n!}=e$,则 $\displaystyle\sum_{n=1}^{\infty}\dfrac{3n+1}{n!}=($).

A. e　　　　　　　B. $3e$　　　　　　C. $4e-1$　　　　D. $4e$

2. 填空题:

(1) 若幂级数 $\displaystyle\sum_{n=1}^{\infty} u_n$ 的前 n 项部分和 $S_n=\dfrac{2n}{n+1}$,则 $u_n=$ _____, $\displaystyle\sum_{n=1}^{\infty} u_n=$ _____;

(2) 若级数 $\displaystyle\sum_{n=1}^{\infty} u_n=S$,则级数 $\displaystyle\sum_{n=1}^{\infty}(u_n+u_{n+1})=$ _____;

(3) 若级数 $\displaystyle\sum_{n=1}^{\infty}\dfrac{(-1)^n+a}{n}$ 收敛,则 a 的取值范围为_____;

(4) 幂级数 $\displaystyle\sum_{n=1}^{\infty}\dfrac{n+1}{x^n}$ 的收敛域为_____;

(5) 若幂级数 $\displaystyle\sum_{n=0}^{\infty} a^{n^2} x^n (a>0)$ 在实轴上收敛,则 a 满足条件_____;

(6) $\displaystyle\sum_{n=1}^{\infty}\dfrac{0.1^n}{n}=$ _____;

(7) $\displaystyle\int_0^1 x\left[x^2-\dfrac{1}{3!}x^6+\dfrac{1}{5!}x^{10}+\cdots+(-1)^n\dfrac{1}{(2n+1)!}x^{4n+2}+\cdots\right]dx=$ _____.

3. 判断题:

(1) 若 $\lim\limits_{n\to\infty} u_n=0$,则级数 $\displaystyle\sum_{n=1}^{\infty} u_n$ 收敛;　　　　　　　　( )

(2) 若级数 $\displaystyle\sum_{n=1}^{\infty} u_n$ 发散,则级数 $\displaystyle\sum_{n=1}^{\infty}\dfrac{1}{u_n}$ 收敛;　　　　　　　　( )

(3) 若级数 $\sum\limits_{n=1}^{\infty}(a_n+b_n)$ 收敛,由级数 $\sum\limits_{n=1}^{\infty}a_n$ 收敛必推得级数 $\sum\limits_{n=1}^{\infty}b_n$ 收敛;　(　　)

(4) $\sum\limits_{n=1}^{\infty}(a_n+b_n)=\sum\limits_{n=1}^{\infty}a_n+\sum\limits_{n=1}^{\infty}b_n$;　(　　)

(5) 设对 $n=1,2,\cdots$,总有不等式 $a_n<b_n$ 成立,则若级数 $\sum\limits_{n=1}^{\infty}a_n$ 发散, $\sum\limits_{n=1}^{\infty}b_n$ 也发散;

(　　)

(6) 若级数 $\sum\limits_{n=1}^{\infty}u_n$ 中加括号后发散,则原级数必发散;　(　　)

(7) 若正项级数 $\sum\limits_{n=1}^{\infty}u_n$ 收敛,则必有 $\lim\limits_{n\to\infty}\dfrac{u_{n+1}}{u_n}<1$;　(　　)

(8) 若级数 $\sum\limits_{n=1}^{\infty}u_n$ 收敛,则 $\sum\limits_{n=1}^{\infty}(u_n+k)$ 也收敛,其中 k 为一个非零常数;　(　　)

(9) 由展开式 $\arctan x=\sum\limits_{n=0}^{\infty}\dfrac{(-1)^n x^{2n+1}}{2n+1}$,有 $\sum\limits_{n=0}^{\infty}\dfrac{(-1)^n(\sqrt{3})^{2n+1}}{2n+1}=\arctan\sqrt{3}=\dfrac{\pi}{3}$;　(　　)

(10) 若 $\sum\limits_{n=1}^{\infty}u_n$ 为收敛的正项级数, $\sum\limits_{n=1}^{\infty}v_n$ 为正项级数,且 $\sum\limits_{n=1}^{\infty}\dfrac{u_n}{v_n}=l$,则当 $l>1$ 时,级数

$\sum\limits_{n=1}^{\infty}v_n$ 发散;　(　　)

(11) 若 $\sum\limits_{n=1}^{\infty}u_n$ 为发散的正项级数,则必有 $\lim\limits_{n\to\infty}\dfrac{u_{n+1}}{u_n}>1$;　(　　)

(12) 若级数 $\sum\limits_{n=1}^{\infty}|u_n|$ 收敛,则级数 $\sum\limits_{n=1}^{\infty}u_n$ 收敛;　(　　)

(13) 若级数 $\sum\limits_{n=1}^{\infty}u_n$ 发散,则级数 $\sum\limits_{n=1}^{\infty}|u_n|$ 发散;　(　　)

(14) 若对正项级数 $\sum\limits_{n=1}^{\infty}u_n$,总有 $\dfrac{u_n}{u_{n+1}}>1$,则该级数收敛;　(　　)

(15) 若对任意项级数 $\sum\limits_{n=1}^{\infty}u_n$,总有 $\left|\dfrac{u_n}{u_{n+1}}\right|<1$,则该级数发散;　(　　)

(16) 若对 $n=1,2,\cdots$,总有不等式 $a_n>b_n$,则必有 $\sum\limits_{n=1}^{\infty}a_n>\sum\limits_{n=1}^{\infty}b_n$;　(　　)

(17) 若 $\lim\limits_{n\to\infty}\dfrac{a_n}{b_n}=1$,则级数 $\sum\limits_{n=1}^{\infty}a_n$ 与 $\sum\limits_{n=1}^{\infty}b_n$ 有相同的敛散性.　(　　)

4. 根据级数收敛与发散的定义判定下列级数的敛散性:

(1) $\sum\limits_{n=1}^{\infty}n^2$;　　　(2) $\dfrac{2}{3}+\dfrac{4}{9}+\dfrac{8}{27}+\dfrac{16}{81}+\cdots$;　　　(3) $\sum\limits_{n=0}^{\infty}\dfrac{1}{n^2+5n+6}$.

5. 已知级数的部分和 $S_n=\dfrac{n+1}{n}$,写出这个级数.

6. 判定下列级数的敛散性：

(1) $\displaystyle\sum_{n=1}^{\infty} \frac{n^3 - 2n + 5}{(2n-1)(2n+1)(2n+3)}$;

(2) $\displaystyle\sum_{n=1}^{\infty} \frac{3n^n}{(1+n)^n}$;

(3) $\displaystyle\sum_{n=1}^{\infty} \frac{(-2)^{n-1} + 3^{n+2}}{6^n}$;

(4) $\displaystyle\sum_{n=1}^{\infty} u_n = 50 - \sqrt{31} + 47 + \sin 1 + (\sin 1)^2 + \cdots + (\sin 1)^{n-3} + \cdots$;

(5) $\displaystyle\sum_{n=1}^{\infty} \sqrt[n]{0.001}$;

(6) $\displaystyle\sum_{n=1}^{\infty} a^n \sin \frac{\pi}{b^n}$ $(0 < a < b, b > 1)$.

7. 用比较判别法判定下列级数的敛散性：

(1) $\displaystyle\sum_{n=1}^{\infty} \sin \frac{\pi}{2^n}$;

(2) $\displaystyle\sum_{n=1}^{\infty} \frac{1}{n^2 + a^2}$;

(3) $\displaystyle\sum_{n=1}^{\infty} \frac{1}{\sqrt{1+n^2}}$;

(4) $\displaystyle\sum_{n=2}^{\infty} \frac{1}{(\ln n)^n}$;

(5) $\displaystyle\sum_{n=1}^{\infty} \left(1 - \cos \frac{1}{n}\right)$;

(6) $\displaystyle\sum_{n=1}^{\infty} \frac{1}{n\sqrt[n]{n}}$.

8. 用比值判别法或根值判别法判定下列级数的敛散性：

(1) $\displaystyle\sum_{n=1}^{\infty} \frac{2^n}{3^{\ln n}}$;

(2) $\displaystyle\sum_{n=1}^{\infty} \frac{n\cos^2 \frac{n\pi}{3}}{2^n}$;

(3) $\displaystyle\sum_{n=1}^{\infty} \frac{1 \cdot 3 \cdot \cdots \cdot (2n-1)}{n!}$;

(4) $\displaystyle\sum_{n=1}^{\infty} \frac{(n+1)!}{10^n}$;

(5) $\displaystyle\sum_{n=1}^{\infty} \left(\frac{n}{2n+1}\right)^n$;

(6) $\displaystyle\sum_{n=1}^{\infty} \frac{n!}{n^n}$;

(7) $\displaystyle\sum_{n=1}^{\infty} \frac{n^2}{2^n}$;

(8) $\displaystyle\sum_{n=1}^{\infty} \left(\frac{b}{a_n}\right)^n$ (其中 $a_n \to a (n \to \infty)$, $a_n > 0, a > 0, b > 0$ 且 $a \neq b$);

(9) $\displaystyle\sum_{n=1}^{\infty} \frac{(n+1)!}{n^{n+1}}$.

9. 判定下列级数的敛散性：

(1) $\displaystyle\sum_{n=1}^{\infty} \frac{\sqrt{n}}{3^{n+1}}$;

(2) $\displaystyle\sum_{n=1}^{\infty} \left(\frac{1}{n} - e^{-n^2}\right)$;

(3) $\sum\limits_{n=1}^{\infty} \dfrac{n-3}{2n^2+n+1}$;

(4) $\sum\limits_{n=1}^{\infty} \dfrac{(n!)^2}{(2n)!}$;

(5) $\sum\limits_{n=1}^{\infty} \left(\dfrac{e}{n}\right)^n$;

(6) $\sum\limits_{n=1}^{\infty} \left(\sqrt{n^3+1}-\sqrt{n^3-1}\right)$;

(7) $\sum\limits_{n=1}^{\infty} \dfrac{1}{(b+n)\sqrt[n]{n}}$;

(8) $\sum\limits_{n=1}^{\infty} \dfrac{n^{n+\frac{1}{n}}}{\left(n+\dfrac{1}{n}\right)^n}$;

(9) $\sum\limits_{n=1}^{\infty} \left[1+(-1)^{n-1}\right]\dfrac{\sin\dfrac{1}{n}}{n}$;

(10) $\sum\limits_{n=1}^{\infty} \dfrac{1}{n^2}\sin\dfrac{n\pi}{4}$;

(11) $\sqrt{2}+\sqrt{2-\sqrt{2}}+\sqrt{2-\sqrt{2+\sqrt{2}}}+\sqrt{2-\sqrt{2+\sqrt{2+\sqrt{2}}}}+\cdots$;

(12) $\sum\limits_{n=1}^{\infty} \dfrac{x^n}{(1+x)+(1+x^2)+\cdots+(1+x^n)}$　$(x\geqslant 0)$;

(13) $\sum\limits_{n=2}^{\infty} \dfrac{(-1)^n}{\sqrt{n}+(-1)^n}$;

(14) $\sum\limits_{n=1}^{\infty} \dfrac{n^{n-1}}{(n+1)^{n+1}}$;

(15) $\sum\limits_{n=1}^{\infty} \dfrac{(2n)!!}{(2n+1)!!}$.

10. 下列级数哪些绝对收敛、条件收敛或发散:

(1) $\sum\limits_{n=1}^{\infty} (-1)^n\dfrac{\sqrt{n}}{n+1}$;

(2) $\sum\limits_{n=1}^{\infty} \ln\left(1+\dfrac{x}{n}\right)$　$(x>0)$;

(3) $\sum\limits_{n=1}^{\infty} \dfrac{\sin n}{2(n^2+1)}$;

(4) $\sum\limits_{n=1}^{\infty} \dfrac{\sin nx}{n!}$;

(5) $\sum\limits_{n=1}^{\infty} (-1)^n\left(\dfrac{2n+100}{3n}\right)^n$;

(6) $\sum\limits_{n=1}^{\infty} (-1)^n\sin\dfrac{2}{n}$;

(7) $\sum\limits_{n=1}^{\infty} \dfrac{(-1)^{n-1}\cos nx}{\sqrt{n^3}}$;

(8) $\sum\limits_{n=1}^{\infty} \dfrac{(-1)^{n-1}(a+n)}{n^2}$　$(a\neq 0)$;

(9) $\sum\limits_{n=1}^{\infty} (-1)^{n-1}\left(\sqrt{n+1}-\sqrt{n}\right)$;

(10) $\sum\limits_{n=1}^{\infty} (-1)^{\frac{n(n+1)}{2}}\cdot\dfrac{n^2}{2^n}$;

(11) $\sum\limits_{n=1}^{\infty} (-1)^n\dfrac{2^{n+1}+1}{3^{n-3}+5}$;

(12) $\sum\limits_{n=1}^{\infty} \dfrac{(-1)^n x^n}{n^\rho}(\rho>0)$;

(13) $\sum\limits_{n=1}^{\infty} \dfrac{\sin n^2}{n^2-3n+1}$;

(14) $\sum\limits_{n=1}^{\infty} (-1)^n\ln\left(1+\dfrac{1}{n}\right)$;

(15) $\sum\limits_{n=1}^{\infty} (-1)^n(\sqrt[n]{a}-1)$　$(a>0)$;

(16) $\sum\limits_{n=1}^{\infty} (-1)^{n-1}n^{-x}$;

(17) $\displaystyle\sum_{n=1}^{\infty} \frac{a^n}{n^k + n}$.

11. 判定级数 $\displaystyle\sum_{n=1}^{\infty} \left(\frac{an}{n+1}\right)^n (a > 0)$ 的敛散性.

12. 判定级数 $\displaystyle\sum_{n=1}^{\infty} \frac{(-1)^n}{np^{n+1}} (p > 0)$ 的敛散性.

13. 证明当 $|x| \neq 1$ 时,级数 $\displaystyle\sum_{n=1}^{\infty} \frac{x^n}{1 + x^{2n}}$ 绝对收敛.

14. (1) 设正项级数 $\displaystyle\sum_{n=1}^{\infty} u_n$ 收敛,证明级数 $\displaystyle\sum_{n=1}^{\infty} u_n^2$ 也收敛;反之是否成立?

(2) 设 $a_n \geqslant 0$,且数列 $\{na_n\}$ 有界,证明级数 $\displaystyle\sum_{n=1}^{\infty} a_n^2$ 收敛;

(3) 若级数 $\displaystyle\sum_{n=1}^{\infty} a_n^2, \sum_{n=1}^{\infty} b_n^2$ 收敛,证明 $\displaystyle\sum_{n=1}^{\infty} a_n b_n$ 绝对收敛;

(4) 设级数 $\displaystyle\sum_{n=1}^{\infty} u_n^2$ 收敛,证明级数 $\displaystyle\sum_{n=1}^{\infty} \frac{u_n}{n} (u_n \geqslant 0)$ 也收敛.

15. 设级数 $\displaystyle\sum_{n=1}^{\infty} u_n$ 绝对收敛,证明:由 $\displaystyle\sum_{n=1}^{\infty} u_n$ 的一切正项组成的级数 $\displaystyle\sum_{n=1}^{\infty} p_n$ 是收敛的,

由 $\displaystyle\sum_{n=1}^{\infty} u_n$ 的一切负项组成的级数 $\displaystyle\sum_{n=1}^{\infty} q_n$ 也是收敛的.

16. 证明: $\displaystyle\lim_{n \to \infty} \frac{c^n}{n!} = 0$,其中 c 为常数且 $c > 1$.

17. 确定下列幂级数的收敛域:

(1) $\displaystyle\sum_{n=1}^{\infty} \frac{(x-3)^n}{n^2}$;

(2) $\displaystyle\sum_{n=1}^{\infty} \frac{x^n}{2n-1}$;

(3) $\displaystyle\sum_{n=0}^{\infty} \frac{n!}{2^n} x^n$;

(4) $\displaystyle\sum_{n=1}^{\infty} (-1)^{n-1} \frac{x^n}{\ln(n+1)}$;

(5) $\displaystyle\sum_{n=1}^{\infty} (-1)^{n-1} \frac{x^{2n-1}}{(2n-1) \cdot 2^n}$;

(6) $\displaystyle\sum_{n=1}^{\infty} (-1)^{n-1} \frac{(x-1)^n}{\sqrt{n}\,e^n}$;

(7) $\displaystyle\sum_{n=1}^{\infty} \left(\frac{n}{x}\right)^n$;

(8) $\displaystyle\sum_{n=1}^{\infty} \frac{x^n}{1 + x^n}$.

18. 将下列函数展开成 x 的幂级数,并求收敛域:

(1) $f(x) = \arctan x$;

(2) $f(x) = \ln(a+x) \quad (a > 0)$;

(3) $f(x) = e^{x^2}$;

(4) $f(x) = \arcsin x$;

(5) $f(x) = \sqrt{1+x}$.

19. 将函数 $\dfrac{1}{3-x}$ 展开成 $(x-1)$ 的幂级数.

20. 将 $\ln\sqrt{\dfrac{1-x}{1+x}}$ 展开成 x 的幂级数.

21. 将 $f(x)=\dfrac{1}{x^2+3x+2}$ 展开成 $(x-1)$ 的幂级数.

22. 求下列函数在 $x=1$ 处的泰勒展开式:

（1）$f(x)=3+2x-4x^2+7x^3$;   （2）$f(x)=\dfrac{1}{x}$.

23. 求和函数:

（1）$\displaystyle\sum_{n=1}^{\infty}\dfrac{x^n}{n(n+1)}$;   （2）$x+\dfrac{x^3}{3}+\dfrac{x^5}{5}+\cdots+\dfrac{x^{2n+1}}{2n+1}+\cdots$;

（3）$x+2x^2+3x^3+\cdots+nx^n+\cdots$.

24. 求幂级数 $\displaystyle\sum_{n=1}^{\infty}\dfrac{x^{2n-1}}{2n-1}$ 在 $(-1,1)$ 内的和函数,并求级数 $\displaystyle\sum_{n=1}^{\infty}\dfrac{1}{(2n-1)\cdot 3^{2n-1}}$ 的和.

25. 求数项级数 $\displaystyle\sum_{n=2}^{\infty}\dfrac{1}{(n^2-1)\cdot 2^n}$ 的和.

26. 已知 $f_n(x)$ 满足 $f_n'(x)=f_n(x)+x^{n-1}e^x$（$n$ 为正整数）,且 $f_n(1)=\dfrac{e}{n}$,求函数项级数 $\displaystyle\sum_{n=1}^{\infty}f_n(x)$ 的和.

27. 设 $q>0$,级数 $\displaystyle\sum_{n=1}^{\infty}(n+1)(3q)^n$ 收敛,确定 q 的取值范围.

28. 设正项数列 $\{a_n\}$ 单调递减,且 $\displaystyle\sum_{n=1}^{\infty}(-1)^n a_n$ 发散,问 $\displaystyle\sum_{n=1}^{\infty}\left(\dfrac{1}{a_n+1}\right)^n$ 是否收敛？并说明理由.

29. 设 $p>0$,讨论 p 取何值时,级数 $\displaystyle\sum_{n=1}^{\infty}\dfrac{(-1)^n}{n\cdot p^{n+1}}$

（1）绝对收敛;   （2）条件收敛;   （3）发散.

30. 将函数 $f(x)=\arctan\dfrac{1+x}{1-x}$ 展开成 x 的幂级数.

31. 求幂级数 $\displaystyle\sum_{n=0}^{\infty}\dfrac{x^n}{n!}$ 的和函数.

32. 求级数 $\displaystyle\sum_{n=1}^{\infty}(-1)^n\dfrac{n}{2^n}$ 的和.

第 10 章部分习题
参考答案与提示

附录 微积分综合应用案例

参考文献

［1］上海财经大学数学学院. 微积分. 2 版. 上海:上海财经大学出版社,2015.

［2］上海财经大学应用数学系. 微积分习题集. 上海:上海财经大学出版社,2008.

［3］同济大学数学系. 高等数学:下册. 7 版. 北京:高等教育出版社,2014.

［4］同济大学数学系. 高等数学习题全解指南:同济·第七版. 北京:高等教育出版社, 2014.

［5］华长生,邓咏梅,罗春林,等. 微积分:二. 北京:科学出版社,2018.

［6］STEWART J. 微积分(第 7 版):影印版. 北京:高等教育出版社,2014.

［7］CIORDANO W H. 托马斯微积分(第 11 版):影印版. 北京:高等教育出版社,2016.

［8］华东师范大学数学科学学院. 数学分析:下册. 5 版. 北京:高等教育出版社,2019.

［9］李文林. 数学史概论. 4 版. 北京:高等教育出版社,2021.

［10］蔡旭晖,刘卫国,蔡立燕. MATLAB 基础与应用教程. 2 版. 北京:人民邮电出版社, 2019.

郑重声明

高等教育出版社依法对本书享有专有出版权。任何未经许可的复制、销售行为均违反《中华人民共和国著作权法》,其行为人将承担相应的民事责任和行政责任;构成犯罪的,将被依法追究刑事责任。为了维护市场秩序,保护读者的合法权益,避免读者误用盗版书造成不良后果,我社将配合行政执法部门和司法机关对违法犯罪的单位和个人进行严厉打击。社会各界人士如发现上述侵权行为,希望及时举报,我社将奖励举报有功人员。

反盗版举报电话　(010)58581999　58582371

反盗版举报邮箱　dd@hep.com.cn

通信地址　北京市西城区德外大街4号　高等教育出版社法律事务部

邮政编码　100120

读者意见反馈

为收集对教材的意见建议,进一步完善教材编写并做好服务工作,读者可将对本教材的意见建议通过如下渠道反馈至我社。

咨询电话　400-810-0598

反馈邮箱　hepsci@pub.hep.cn

通信地址　北京市朝阳区惠新东街4号富盛大厦1座
　　　　　高等教育出版社理科事业部

邮政编码　100029

防伪查询说明

用户购书后刮开封底防伪涂层,使用手机微信等软件扫描二维码,会跳转至防伪查询网页,获得所购图书详细信息。

防伪客服电话

(010)58582300